憲法

池田 実 著

［第2版］

はしがき

　本書は，大学の講義で使用されることを想定した憲法の入門書です。そのわりには文章ばかりで，図表や写真はなく，活字も小さめなので，ちょっと強面(こわもて)な印象をもたれるかもしれません。でも，いまどきこんな本を書いたのにはワケがあります。

　憲法に限らず，法律学習の中心は，法令・判例・学説です。

　第一に法令。どんなに問題意識が旺盛でも，現行の法制度をふまえない意見は，法律学の世界では通用しませんから，なによりもまず，法令をよく読み，制度の趣旨を理解しておかなければなりません。

　第二に判例。裁判所が行った法解釈は，当事者を法的に拘束し，その後の事件にも事実上の拘束力をもちます。裁判官の書く文は読みづらいですが，法的思考に特有のクセがよく表れていますから，できるだけ多くの判例に触れ，法的な判断の道筋を経験的に学ばなければなりません。

　第三に学説。判例に表れた法解釈が必ずしも正しいとは限りません。そこを議論するのが学者の役目ですが，彼ら（私もその端(はし)くれですが……）は「学問の自由」を行使して好きなことを言うので，そのすべてを律儀にフォローしていたらキリがありません。学説はほどほどに，まずは通説・多数説とみられている考え方を知識として記憶しておくことが，初学者にとっては重要だと思います。

　法令・判例・学説を効率よく学んでもらえるよう，私はまず，平易な本文記述に努めました。といっても，くだけた表現や喩(たと)え話を多用しているという意味ではありません。多少生硬(せいこう)でも，読者が無理なく論旨を追うことのできる，明快な文章表現を心がけたということです。また，経験上，若い人たちにとって読みづらいと思われる言葉には，やや過剰なぐらいルビを振りました。

　そして，本書の最大の特徴は，読者の「？」に先手を打ち，本文中に出てくる専門用語を，括弧(かっこ)や脚註で説明し尽くしていることにあります。これにより，予備知識のない人でも，途中つまずくことなく，本文の論旨を追うことができるでしょう。

　また，本文で言及した法令の条文は，その節や項の冒頭に正文を載せました。本文

中に法令名と条文番号が書いてあるだけですと，読者はそれを六法等で調べ直さなければならず，結果として，法令の条文自体を読むことがおろそかになりがちです。それは，学習上，かなり致命的なので，読者の手間を筆者が肩代わりしてみたのです。法令用語は変わった読み方をするものが多いので，ルビも丹念に振りました。憲法以外の法令も含め，しっかりと条文を読むクセをつけてください。

　さらに本書は，本文の流れに沿って，数多くの判例を紹介しています。その際，筆者の言葉で判旨を要約することは極力避け，重要部分の正確な引用を心がけました。特にじっくり読んでいただきたい判例は，別枠で詳しく取り上げています。

　つまりこの本は，六法や判例集や辞典をいちいち参照しなくても，これ一冊で，いつでもどこでも憲法を学べる，オールインワンの入門書というわけです。意外と，ありそうでなかったタイプではないでしょうか。

　法令や判例に字数を食われ，活字が小さくなりました。すみません。

　図表・写真・資料・コラムの類は皆無です。面目次第もございません。

　でも，実際に学習を始めれば，半年ないし１年をかけて法令・判例・学説をじっくり学ぶことがいかに重要かを理解していただけるものと，私は確信しています。赤ペンや蛍光ペンでどんどん書き込みをしながら，ゆるぎない基礎力を築いてください。

　本書の執筆に当たっては，参考文献一覧に掲げた数多くの優れた先行業績を参照させていただきました。しかし，教科書・入門書としての本書の性格上，通説的見解については，その記述のある文献を逐一列挙することを省略させていただき，その代わり，通説を代表するような言説や，有力と思われる言説は，私が勝手な言い換えや要約をすることなく，原文をそのまま引用させていただき，脚註に出典を明記することとしました。ご寛恕をお願いする次第です。

　最後に，本書の出版を快くお引き受けくださった嵯峨野書院の中村忠義社長に感謝の意を表します。また，執筆の遅れにもかかわらず編集・校正で終始お世話いただいた嵯峨野書院編集部の大庭学氏に，心から御礼を申し上げる次第です。

2011（平成23）年２月

池　田　　　実

第 2 版はしがき

　初版の発行から 5 年が経過し，その間に新しい判例，政府による憲法解釈の変更，法改正，新法などが多数現れましたので，版を改めることにしました。

　各章の記述の軽微な修正で対応しきれない加筆部分は，「第 16 章 補訂」にまとめました。新しい判例などの重要項目には，かなりの紙面が割かれています。学習に際しては，まずこの「第 16 章 補訂」をご覧いただき，該当ページの 補訂○○ にマーカーを付するなどしておくと，見落としを避けることができると思います。

　第 2 版の発行を快くお引き受けくださった嵯峨野書院の前田茂社長，中村忠義相談役に感謝の意を表します。また，煩雑な編集・校正で終始お世話いただいた嵯峨野書院編集部の平山妙子氏に，心から御礼を申し上げる次第です。

2016（平成 28）年 2 月

池 田　　実

目　次

はしがき ———————————————————————————— i
第2版はしがき ————————————————————————— iii

第1章　憲法総論 ——————————————————————— 1
1 憲法とは何か ——————————————————————— 1
2 立憲主義の展開 —————————————————————— 7
3 明治憲法 ————————————————————————— 9
4 日本国憲法総論 —————————————————————— 12

第2章　天　皇 ——————————————————————— 23
1 象徴天皇制 ———————————————————————— 23
2 国事行為 ————————————————————————— 34
3 皇室経済 ————————————————————————— 41

第3章　戦争の放棄 ————————————————————— 44
1 平和主義の理念 —————————————————————— 44
2 憲法9条 ————————————————————————— 49
3 日米安保条約と自衛権 ——————————————————— 65
4 国防法制の展開 —————————————————————— 73

第4章　個人の尊重と幸福追求権 ———————————————— 77
1 個人の尊重 ———————————————————————— 77
2 幸福追求権 ———————————————————————— 79
3 幸福追求権から導かれる「新しい人権」————————————— 83

第 5 章　法の下の平等 ― 107
1. 「法の下の平等」の意義 ― 107
2. 日本国憲法の「平等」条項 ― 110
3. 「法の下の平等」をめぐる判例 ― 116

第 6 章　精神的自由権 ― 136
1. 思想・良心の自由 ― 136
2. 信教の自由 ― 140
3. 学問の自由 ― 161
4. 表現の自由 ― 165
5. 集会・結社の自由，通信の秘密 ― 187

第 7 章　経済的自由権 ― 201
1. 経済的自由権の意義 ― 201
2. 職業選択の自由 ― 203
3. 財産権 ― 211
4. 居住・移転の自由 ― 220
5. 外国移住，国籍離脱の自由 ― 223

第 8 章　身体的自由権 ― 225
1. 身体的自由権（人身の自由）の基本原則 ― 225
2. 被疑者の権利 ― 233
3. 刑事被告人の権利 ― 239

第 9 章　受益権 ― 251
1. 受益権の意義 ― 251
2. 裁判を受ける権利 ― 252

3　国家賠償請求権 —— *254*
　　4　刑事補償請求権 —— *258*
　　5　請　願　権 —— *261*

第 10 章　社　会　権 —— *264*
　　1　社会権の意義 —— *264*
　　2　生　存　権 —— *267*
　　3　教育を受ける権利 —— *277*
　　4　勤労の権利 —— *280*
　　5　労働基本権 —— *282*

第 11 章　国　　会 —— *291*
　　1　国会の地位 —— *291*
　　2　国会の活動 —— *300*
　　3　国会の権能と衆議院の優越 —— *306*
　　4　議院の権能 —— *315*
　　5　参政権と選挙制度 —— *320*

第 12 章　内　　閣 —— *327*
　　1　行政権と内閣 —— *327*
　　2　議院内閣制 —— *330*
　　3　内閣の組織 —— *337*
　　4　内閣の権能 —— *342*

第 13 章　裁　判　所 —— *349*
　　1　司　法　権 —— *349*
　　2　司法権の独立 —— *354*

  3 裁判所の組織および権能 ──── 360
  4 違憲審査制 ──── 370

第14章 財　政 ──── 375
  1 財政の基本原則 ──── 375
  2 予　算 ──── 379
  3 決算／財政状況の報告 ──── 384
  4 公金支出等の禁止 ──── 386

第15章 地方自治 ──── 390
  1 地方自治の本旨 ──── 390
  2 地方公共団体の組織 ──── 393
  3 条例制定権 ──── 404

第16章 補　訂 ──── 411

参考文献一覧 ──── 430
大日本帝国憲法（明治憲法） ──── 436
日本国憲法 ──── 445
判例索引 ──── 446

凡　例

【法令名略語（有斐閣『六法全書（平成22年版）』による）】

安保約	日本国とアメリカ合衆国との間の相互協力及び安全保障条約
会検	会計検査院法
家審	家事審判法
議院証言	議院における証人の宣誓及び証言等に関する法律
行訴	行政事件訴訟法
行組	国家行政組織法
行手	行政手続法
刑	刑法
警	警察法
刑訴	刑事訴訟法
刑補	刑事補償法
憲	日本国憲法
憲改	日本国憲法の改正手続に関する法律
皇経	皇室経済法
公選	公職選挙法
国会	国会法
国公	国家公務員法
国事代行	国事行為の臨時代行に関する法律
国籍	国籍法
国賠	国家賠償法
国民保護	武力攻撃事態等における国民の保護のための措置に関する法律
国連憲章	国際連合憲章
国連平和維持	国際連合平和維持活動等に対する協力に関する法律
裁	裁判所法
災害基	災害対策基本法
裁限	裁判官分限法
裁審	最高裁判所裁判官国民審査法
裁弾	裁判官弾劾法
裁判員	裁判員の参加する刑事裁判に関する法律
裁報	裁判官の報酬等に関する法律
財	財政法
参規	参議院規則
自衛	自衛隊法
私学	私立学校法
私学助成	私立学校振興助成法
自治	地方自治法
衆規	衆議院規則
所税	所得税法
人訴	人事訴訟法
請願	請願法
地行等労	地方公営企業等の労働関係に関する法律
地公	地方公務員法
知財高裁	知的財産高等裁判所設置法

地税	地方税法
通信傍受	犯罪捜査のための通信傍受に関する法律
典	皇室典範
電通事	電気通信事業法
道交	道路交通法
独行等労	特定独立行政法人等の労働関係に関する法律
独禁	私的独占の禁止及び公正取引の確保に関する法律
内	内閣法
内閣府	内閣府設置法
破防	破壊活動防止法
民	民法
民訴	民事訴訟法
明憲	大日本帝国憲法
郵便	郵便法
労組	労働組合法

【判例略語】

大判	大審院判決
最大判（決）	最高裁判所大法廷判決（決定）
最一判（決）	最高裁判所第一小法廷判決（決定）
最二判（決）	最高裁判所第二小法廷判決（決定）
最三判（決）	最高裁判所第三小法廷判決（決定）
高判（決）	高等裁判所判決（決定）
地判（決）	地方裁判所判決（決定）
簡判	簡易裁判所判決

【判例掲載文献名略語】

民集	最高裁判所民事判例集
刑集	最高裁判所刑事判例集
裁集民事	最高裁判所裁判集民事
裁集刑事	最高裁判所裁判集刑事
高民集	高等裁判所民事判例集
高刑集	高等裁判所刑事判例集
下民集	下級裁判所民事裁判例集
下刑集	下級裁判所刑事裁判例集
行集	行政事件裁判例集
裁時	裁判所時報
訟月	訟務月報
判時	判例時報
判タ	判例タイムズ

第1章 憲法総論

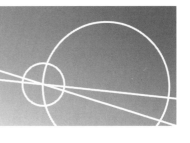

1 憲法とは何か

1 憲法の前提としての国家

　憲法（constitution）は，国家（state）の存在を前提とする。国家とは何かについては，さまざまな立場からの定義がありうるが，社会学的観点からは，領土・国民・主権（「国家の三要素」）を備えた統治団体として理解される。国家はまた，法的には，法人格を有し，権利義務の主体となりうる存在とみることもできる（「国家法人説」）。法人としての国家は，その機関を通じて，権利を行使し義務を履行する。

　およそ国家のあるところには，政治権力と，それを行使する機関が存在し，国民を統治（支配）する作用がみられる。法規範としての憲法とは，一般に，国家がその領土内において，国民に対し，統治権を行使するしくみを定めた基本法を指している。

2 憲法の意味

　憲法という言葉はいろいろな意味で用いられるが，大きく分けて，形式的な意味と実質的な意味とがあるといわれる。

---

1) 主権（sovereignty）も多義的な概念である。国内法上は，①国政のあり方を最終的に決定する力（「国民主権」などの言い方がこれに当たる），②国家権力の最高性，③国民を支配する権利すなわち統治権を意味する。一方，国際法上は，①国内における最高の権力（「統治権」と同義），②外部の他の支配権力に従属しない国家の地位を意味する。
2) 権利義務の主体である個人を自然人といい，自然人以外で権利義務の主体となることを認められているものを法人という。

形式的意味の憲法　「アメリカ合衆国憲法」,「日本国憲法」などのように, 憲法という名称をもつ単一の文書（成文憲法典）を指して憲法という言葉が用いられるとき, これを形式的意味の憲法という。国によっては,「ドイツ連邦共和国基本法」のように, 基本法（Grundgesetz）など, 憲法に相当する別の言葉が用いられる場合もある。一方, イギリスのように, 単一の成文憲法典が存在しない国には, 形式的意味の憲法は存在しないということになる。

実質的意味の憲法　憲法という名称の成文法典が存在するか否かを問わず, ある特定の内容をもったルールを憲法と呼ぶとき, これを実質的意味の憲法という。実質的意味の憲法には, 固有の意味の憲法と立憲的（近代的）意味の憲法とがある。

(1) **固有の意味の憲法**　憲法（constitution）は, 本来, 国家の構造や組織を意味する言葉であった。そのような意味のconstitutionは, どんな国にも必ず存在する。ある国に事実として存在する統治（支配）の基本に関するルールそのものを指してconstitutionという言葉を用いるとき, これを固有の意味の憲法という。

たった一人の支配者に国民が隷従（れいじゅう）している国には, 専制政治という統治の基本ルールが存在し, 公正に選挙された代表者が多数決原理に基づいて統治している国には, 民主政治という統治の基本ルールが存在する。この概念は, 統治形態や成文・不文のいかんを問わないので, 専制国家も民主国家も, 固有の意味の憲法をもつという点では変わりがないことになる。つまり,「固有の意味の憲法が存在する」とは,「国家が存在する」ことを言い換えたにすぎない。

(2) **立憲的（近代的）意味の憲法**　欧米の市民革命[3]は, 憲法という言葉に新しい重要な意味を与えることになった。

旧体制（アンシャン・レジーム）[4]のもとで, 個人の自然権[5]は, 君主をはじめとする国家機関の恣意的（しいてき）な権力行使によって抑圧されていた。革命を成し遂げた人々は, 個人の諸権利が国家によっ

---

[3] 市民階級（ブルジョワジー）（都市の富裕な商工業者）が中心となり, 封建制（国王, 教会, 諸侯（しょこう）, 騎士などの領主による支配）や絶対君主制（国王の権力行使が法によって制限されていない君主制）などの国家体制を実力で打倒した変革を, 市民革命という。イギリスの清教徒（ピューリタン）革命（1641-1649年）および名誉革命（1688-1689年）, アメリカ独立革命（1775-1783年）, フランス革命（1789-1794年）などが代表例とされる。市民革命の結果, 封建的身分制が打破され, 自由な意思をもつ個人を構成員とする近代的な市民社会が成立し, 資本主義経済秩序の基礎が築かれた。

て再び脅かされることのないようにするために，前もって国家統治のルールを定め，これを為政者に守らせることで国家権力を管理しようと考えた。この考え方を立憲主義（constitutionalism）という。そして，国民の諸権利を保護するために国家権力を制限する内容をもつ統治の基本ルールが，憲法という形式でつくられることになった。

ここに憲法は，事実として存在する統治のしくみではなく，国家権力を制限して国民の自由および権利を守るという目的のために，人為的につくり出されるべき統治の基本ルールとして認識されるに至った。このように，自由主義に基づいてつくられた国家の基礎法は，「立憲的意味の憲法」または「近代的意味の憲法」といわれる。[6]

フランス人権宣言（1789年）16条に「権利の保障が確保されず，権力分立が規定されないすべての社会は，憲法をもつものでない」[7]と述べられているように，権利の保障を目的とし，そのために国家権力を制限する手段としての権力分立の統治機構を定めていることが，立憲的（近代的）意味の憲法といえるための条件である。[8]

---

4) 広義では市民革命以前の社会体制を，狭義ではフランス革命によって打倒された絶対主義体制をアンシャン・レジーム（ancien régime）という。この体制の下で，第一身分（聖職者）や第二身分（貴族）は数多くの特権を享受していたが，第三身分（商人・農民・都市市民）は抑圧と貧困に苦しんでいた。
5) 人間が生まれながらにもっているとされる権利を自然権という。国家以前の権利であり，国家がこれを侵すときは，国民は抵抗権を行使することができると考えられた。自然権の具体的内容は時代により一定しないが，自己保存権，自由権，平等権，所有権などはその代表的なものである。日本の自由民権運動の時期には，福沢諭吉，加藤弘らによって「天賦人権」と訳された。
6) 「憲（ルール）を立てる」という内容に注目した言い方が「立憲的意味の憲法」であり，それが生まれた時代（西欧の近代初期）に注目した言い方が「近代的意味の憲法」である（「立憲的憲法」「近代憲法」と表現されることもある）。
7) フランス人権宣言の邦訳は，高木八尺・末延三次・宮沢俊義（編）『人権宣言集』（岩波文庫，1957年）133頁〔山本桂一訳〕による。
8) 国家作用を複数の国家機関に分属させ，これら諸機関が相互に牽制するように仕向けることによって，国家権力の濫用と市民生活への過干渉を防ぎ，市民的自由（精神的自由権，身体的自由権，経済的自由権）を確保しようとする思想および制度を権力分立という。ロックは『統治二論（市民政府論）』（1690年）で，立法権，執行権，連合権（国防・外交に関する権限）を区別した。モンテスキューは『法の精神』（1748年）で，立法権，万民法に属する事項の執行権力（執行権），公民法に属する事項の執行権力（裁判権）の三権を挙げつつ，具体的な制度としては，国王（執行権）・貴族（立法権）・市民（同じく立法権）という既存の社会的勢力による相互抑制を構想した。現在では立法権，行政権，司法権という区分が一般的で，三権分立と呼ばれることが多い。

3 立憲的憲法（近代憲法）の特徴

　立憲的憲法は近代的合理主義の所産であり，市民革命以前の constitution とは異なる際立った特徴をもっている。形式的な面における成文憲法という特徴と，性質の面における硬性憲法という特徴とがそれである。

　成文憲法　立憲的憲法が，一般に，成文の法形式をもって定められているのは，社会契約説[9]の影響が大きいといわれている。憲法は個人の自然権を守るために権力の樹立を合意する社会契約であるから，単なる口約束よりも，きちんと文書化されている方が望ましい。つまり，慣習法などの不文法[10]よりも成文法の方がより合理的なものとみられたのである。

　硬性憲法　憲法は主権者が憲法制定権力[11]を行使してつくった根本法であるから，その憲法によってつくられた機関である立法府が通常の立法と同じ方法で憲法を改正する資格をもつことはできない。この考え方に基づいて，通常の立法手続よりも厳格な憲法改正手続[12]を定めている憲法を，硬性憲法[13]という。硬性憲法は，憲法の人工的・

---

9) 国家や政府の成立を人々の契約で根拠づける仮説を社会契約説という。ホッブズは『リヴァイアサン』(1651 年) で，自然状態において「万人の万人に対する闘争」の状態に置かれていた人々が，自己保存のために相互に契約を結んで国家をつくり，生来の自然権を国家に委ねると説いた。ロックは『統治二論（市民政府論）』(1690 年) で，人々が契約により政府に権力を信託するのは自然権を保障するためであるから，信託に反して政府が人民の自由や権利を侵害する場合は，人民は抵抗権を行使することができるとした。ルソーは『社会契約論』(1762 年) で，社会契約を結んだ人民が直接民主主義的な政治参加を通じて一般意思（常に公共の福祉を目指して誤ることがないとされる理念的な人民一般の意思）を形成し，これに自律的に服従すべきことを説いた。

10) 文書の形式をとらない法を不文法という。慣習法（社会における慣習が法としての効力をもつに至った法規範）と判例法（裁判の判決例が蓄積され，法としての効力をもつに至ったもの）が主なものであるが，条理（ものごとの道理），法の一般原則（諸国の国内法に共通に認められる原則），自然法なども不文法と呼ばれることがある。

11) 憲法そのものをつくり出し，憲法上の諸機関に権限を付与する力を，「憲法制定権力」(pouvoir constituant) という。憲法によって組織され，その枠内において行使される立法・行政・司法などの諸権力 (pouvoirs constitués) とは異なり，憲法制定に先立って政治的事実として存在する力を意味する。

12) 具体的な手続としては，議会での憲法改正案の議決に特別多数決要件を設けるもの，議会の議決以外に国民投票による承認や連邦支邦国の承認を求めるものなどがある。

人為的側面，すなわち理性の所産としての成文憲法の特質を重視している点で，軟性憲法（通常の立法手続と同じ条件で改正できる憲法）よりも優位に立つものとみられたのである。

4 法体系における憲法の地位

一国にはさまざまな種類の成文法（「制定法」ともいう。）が存在し，それらは一般に，段階構造をもつ法体系において秩序づけられている。成文法は，種類に応じて，その効力に優劣がある。わが国の場合，憲法→法律→命令→自治法規の順に上下の優劣関係が定まっており，上位法と矛盾する下位法の効力が排除されることによって，全体として統一的な国法秩序が形成されている。

このような成文法の体系において，憲法は，組織規範，制限規範，授権規範および最高法規としての性質をもっている。

組織規範　憲法はまず，国会，内閣，裁判所など統治を担う国家機関のあり方を定めた組織規範としての性質をもっている。この性質は固有の意味の憲法にもみられ

---

13) ブライス（Bryce, James: 1838-1922）は『近代民主政治』（1921年）で，非常時などに憲法を棚上げにするような対応が議会に許されている憲法を軟性（flexible）憲法（イギリス憲法がその代表例），常に厳格に適用されなければならない憲法を硬性（rigid）憲法と呼んで区別した。つまり，もともとこの区別は，憲法が立法権をどの程度まで拘束するのかを問題にしたものであったが，現在では，もっぱら成文憲法典について，その改正手続の難易を基準にした分類として用いられている。
14) 法律という言葉は，広義では広く法一般を意味するが，狭義では，国会両院の議決によって成立し，主任の国務大臣の署名および内閣総理大臣の連署を経て，天皇により公布される法の一形式を指す。
15) 国の行政機関によって制定される法を命令という。命令には，内閣が制定する「政令」（憲73六），内閣府の長たる内閣総理大臣が制定する「内閣府令」（内閣府7③），各省大臣が制定する「省令」（行組12①）などがある。命令の性格は，その根拠となる法律との関係によって，委任命令（法律により委任された事項を定める命令）と執行命令（法律の規定を執行するために必要な細目または手続を定める命令）に大別される。
16) 地方公共団体は，法律の範囲内で条例を制定することができる（憲94）。ここにいう広義の条例には，普通地方公共団体の議会（都道府県議会および市町村議会）が制定する（狭義の）「条例」（自治14），普通地方公共団体の長（都道府県知事および市町村長）が制定する「規則」（自治15），普通地方公共団体の委員会（教育委員会，人事委員会，公平委員会など）が制定する「規則」（自治138の4②）が含まれる。

るが，立憲的（近代的）意味の憲法は，自由主義に基づいて定められた国家の基礎法（自由の基礎法）として，権力分立を組織規範の基本原理としているところに特徴がある。

制限規範 憲法は，国家行為の内容（国家機関の権限）を画定する制限規範としての性質をもっている。立憲的意味の憲法は権利の保障を目的とする自由の基礎法であることから，とりわけ近代初期においては，この制限規範としての意義が重要なものとみられていた。

授権規範 憲法は，立法権を国会に（憲41），行政権を内閣に（憲65），司法権を裁判所に（憲76①）付与するなど，国家機関に国家作用に関する権能を授ける（委任する）授権規範としての性質をもっている[17]。このことを国法秩序における憲法の地位という観点から捉え直してみると，憲法は，国家機関に憲法以外の法規範を制定する権能を授ける規範としての役割を果たしていることがわかる。法規範の制定を授権された機関は，さらに他の機関に下位法の制定を授権し，そのようにして制定された複数の法令を通じて憲法の意図が具体化され，その目的が達成されることになる[18]。社会国家・福祉国家を実現するため，国家権力の積極的な作用が期待されるようになった現代憲法には，制限規範としての性質だけでなく，またそれ以上に，授権規範としての性質が重視されるようになってきている。

最高法規 日本国憲法98条1項に「この憲法は，国の最高法規であつて，その条規に反する法律，命令，詔勅及び国務に関するその他の行為の全部又は一部は，その効力を有しない」と規定されているように，憲法は国法秩序の頂点に位置する最高法規である。

(1) **形式的最高法規性** 憲法が最高法規であることは，第一義的には，憲法が手続・実体両面にわたる最終的授権規範であり[19]，法律をはじめすべての下位法は，憲法

---

17) 国，地方公共団体その他の権力機関に法令上認められている能力を，「権能」（power）という。「権限」も同義である。

18) たとえば，憲法26条に定める「教育を受ける権利」は，国会の制定した学校教育法という法律と，学校教育法の授権に基づいて内閣が制定した学校教育法施行令という政令，および文部科学大臣が制定した学校教育法施行規則という省令などの下位規範を通じて，学校教育という制度において具体化される。

と矛盾するものであってはならないことを意味している。憲法がそのような強い形式的効力をもつことを，形式的最高法規性という。この性質は，成文・硬性憲法であれば当然に備わっているものと考えられている。

(2) **実質的最高法規性**　わが国の学界では，憲法が基本的人権を不可侵のものとして保障する価値秩序（＝自由の基礎法）であることを重視し，憲法が最高法規であることの実質的根拠を「人間の尊厳」という価値に見出す見解が，広く支持されている。日本国憲法の場合でいえば，11 条および 97 条において「侵すことのできない永久の権利」とされている基本的人権の保障が最高の実体的価値とみなされ，それが憲法の最高法規性を真に支えていると説かれるのである。これを憲法の実質的最高法規性という。[20]

しかし，このような見方は，憲法を統治のプロセスを定めたものとみる立場（プロセス的憲法観）からの批判をまぬかれない。すなわち，「人間の尊厳」を「実定化された超実定法」と捉える理解は，結局のところ，憲法を超える「自然法」を承認するに等しいが，そのような絶対的・普遍的な規範の存在を想定することには無理がある。なぜなら，成文憲法を支える実質的な憲法原理自体は，政治共同体の決定にその根拠を求める以外にないと考えられるからである。[21]

2　立憲主義の展開

I　近代立憲主義

立憲主義の第一の目的は，国家権力による国民生活への過干渉を防ぎ，もって国民

---

19) 法律は，憲法所定の手続を経て制定されたことをもって手続的妥当性が付与され，法的効力をもつことになる。また，法律の実体面における妥当性も，法律の内容が憲法の理念や原則に反していないことによって確認される。つまり，下位法の妥当性は，手続においても実体においても，つねに上位法によって根拠づけられるのであり，すべての法の最終的な存立根拠となるのが憲法ということになる。
20) 芦部信喜（高橋和之補訂）『憲法（第四版）』（岩波書店，2007 年）12 頁。
21) 松井茂記『日本国憲法（第 3 版）』（有斐閣，2007 年）47-50 頁。

の自由および権利を守ることにある。18世紀末に成立した近代立憲主義は、国家権力の濫用を防ぐことを主眼としていたため,「自由国家」,「消極国家」,「夜警国家」のような国家のあり方[22)]が望ましいと考えられていた。すなわち,「仕事をしない政府」こそが最良の政府とされ,政府には,国民の福祉を増進させるための積極的な作用は期待されていなかったのである。

フランス人権宣言（1789年）16条で立憲的（近代的）意味の憲法たる条件の一つとされていた権力分立は，国家権力を複数（通常は三権）に分割し，相互に牽制し合うように仕向けることによって，国家権力を全体として不活発な状態に追いやり，国家権力が国民生活に必要以上に干渉しないようにすることのみを目的としている。その役割は「仕事をしない政府」をつくり出すことであって，国民のために働く政府をつくり出すことではない。したがって，立憲的（近代的）意味の憲法によって確保される「権利の保障」とは，第一義的には，国家の積極的な働きによって実現されるものではなく，国民生活に対する国家権力の介入を排除することによっておのずと確保される自由および権利を意味していたのである。

2 現代立憲主義

近代立憲主義（近代憲法）の前提にあった国民の等質性は，19世紀後半から20世紀初頭にかけての資本主義の進展とともに失われ，国民の間には貧富の差が拡大していった。社会・経済的な格差や不平等が固定化するにつれて，自由・権利の享受における実質的平等を要求する動きが顕著となり，これに呼応して近代立憲主義（近代憲法）も変容を迫られることになった。それが，ドイツのワイマール憲法（1919年）などに示された現代立憲主義（現代憲法）への変容である。

20世紀以降の現代立憲主義（現代憲法）の最大の特徴は，「自由国家」から「社会

---

22) 個人の自由という価値を尊重する国家であるから「自由国家」，それを実現するためにできるだけ国民生活に干渉しないようにする国家であるから「消極国家」，国家のなすべき仕事は国内の治安維持と国防ぐらいのものであるから「夜警国家」と呼ばれる。ただし，「夜警国家」はもともと，ドイツの政治学者ラッサール（Lassalle, Ferdinand: 1825-1864）が，社会主義の立場から，自由主義的国家観を批判する意図で用いた言葉である。

国家」への転換と社会権の登場である。生存権（健康で文化的な最低限度の生活を営む権利）をはじめとする社会権は，国家の積極的な社会・経済政策によってはじめて実現される性質のものであるため，権力濫用の防止に加えて，権力を活用することも必要であることが認識され，国民生活に積極的に介入して仕事をすることが，望ましい政府のあり方とみられるようになった（「消極国家」から「積極国家」へ）。近代初期には不可侵とされていた財産権に一定の制約を課することを前提として，国家は，国内の治安維持や国防だけでなく，公共の福祉を実現するためのさまざまな施策に取り組むようになった（「夜警国家」から「福祉国家」へ）。

現代立憲主義（現代憲法）は，近代立憲主義（近代憲法）の否定の上に成り立っているのではなく，自由という価値を大切にしてきた後者の考え方を前提としつつ，社会的な価値に対する配慮を加味したものである。これら二つの価値は，ときに矛盾・対立をみせるので，それをどう解決するかは，現代立憲主義（現代憲法）の中心課題にもなっている。

3 ／ 明治憲法

I　明治憲法の成立

大日本帝国憲法（明治憲法）は，1889（明治22）年2月11日に公布され，翌年11月29日から1947（昭和22）年5月2日まで57年間施行されて，近代日本の成文憲法典としての役割を果たした。

明治憲法の原点は，1868（明治1）年3月14日の「五箇条の御誓文」と，同年4月21日の「政体書」にある。五箇条の御誓文にいう「広ク会議ヲ興シ万機公論ニ決スヘシ」とは，議会制民主主義を採ることの宣言であり，政体書にいう「太政官ノ権力ヲ分ツテ立法行政司法ノ三権トス」は，三権分立制を採ることの宣言であって，この両宣言の結実が，近代憲法としての明治憲法だったのである。

御誓文・政体書以後，政府筋では憲法起草や国会設立に向けての動きが盛んになり，1876（明治9）年9月6日，明治天皇は憲法草案起草の勅命を発し，憲法制度の調査

のため,伊藤博文を欧州に派遣した。伊藤は主としてドイツの学者から憲法の理論と実践を学び,翌年帰国した。伊藤の帰国後,1884（明治17）年3月より,宮中に設けられた制度取調局において,伊藤博文,井上 毅,伊東巳代治,金子堅太郎らにより,大日本帝国憲法草案が起草され,1888（明治21）年4月27日に天皇に捧呈された。5月8日,憲法草案は枢密院の諮詢（意見を聴くこと）に付され,枢密院は約9か月をかけてこれを審議した。そして,1889（明治22）年2月11日に,大日本帝国憲法は,皇室典範と共に公布されたのである。

2 明治憲法の基本原理

天皇主権 明治憲法は,一般に,天皇主権主義を基本原理とする外見的立憲主義[23]の憲法とみられ,その点が,国民主権主義をとる現行憲法との最大の違いとされている。しかし,明治憲法それ自体には,「主権」の語はみられず,「天皇ハ国ノ元首ニシテ統治権ヲ総攬シ此ノ憲法ノ条規ニ依リ之ヲ行フ」（明憲4）という規定が,天皇主権を意味するものと解されている。

「主権」とは,国政のあり方を最終的に決定する力を意味し,この力をもつ者を「主権者」と呼ぶ。「主権」は,西欧諸国における君主と国民との間の対立・抗争の歴史的風土の中から生まれた対抗的概念であり,それゆえ,単一・不可分・不可譲という属性をもつものである。しかし,中世後期以降の日本の歴史のなかで,天皇と国民との間に,西欧諸国のそれに匹敵するような対立・抗争が顕著にみられたわけではない。そのため,明治維新の指導者たちは,日本の伝統的な風土をふまえ,それになじむ形で西洋立憲主義を導入し定着させるため,独自の憲法理論を構築した。その支柱をなしたのは,「国体」という概念であった。

第2章 *1* I（註1）で触れているように,一般には,「国体」も主権の所在を表す

---

23) 近代憲法の外観を備えてはいるものの,権力分立や人権保障が十分でない憲法を,「外見的立憲主義」の憲法という。明治憲法の場合,一応は三権の分立が規定されているが,統治権は天皇が「総攬」していた（明憲4）ので,三権は結局のところ天皇に帰属するとみられることや,権利・自由の保障が自然権思想に立脚するものではなく,天皇の恩恵として臣民に与えられたものにすぎないことなどから,外見的立憲主義の憲法と評価されている。

言葉と解されている。しかしその一方で,「国体」とは,その国をその国たらしめている,その国の根本的性質,すなわち「国柄(くにがら)」を意味するとし,明治憲法は,日本の伝統的な「国体」の基礎の上に,西洋近代的な「立憲政体」を採り入れたものであるとする見方もある。[24] この観点に立てば,明治憲法に「主権」の語がみられない理由も,敗戦に際して日本側が,これもまた明治憲法には明文規定のない「国体」の護持にこだわった(第2章 *1* I 参照)理由も,説明がつくであろう。

憲政の常道　明治憲法の条文を一見すると,天皇の強大な権能が目につくのは事実であり,それが外見的立憲主義という評価の根拠にもなっている。しかし,明治憲法の運用は,イギリス的制限君主制のそれに準ずるものであり,いわゆる「憲政の常道」の実践がみられたのである。たとえば,明治憲法は議院内閣制を明文で定めていなかったが,政党政治の発達に伴って議院内閣制の流儀(=衆議院で多数を占めた政党の党首を内閣総理大臣に任命すること)が採用され,大隈,西園寺,原,高橋,加藤(高明),若槻,田中(義一),浜口,犬養などの政党内閣が現れた。また,「公論」を尊重するという精神から,天皇は帝国議会の審議を経た法律案を必ず裁可するという慣行も徹底していた。

法律の留保　明治憲法における権利・自由の保障は,「法律ノ範囲内ニ於(おい)テ」とか「法律ニ定メタル場合ヲ除ク外(ほか)」という,「法律の留保」の付いたものであって,法律によっていくらでも骨抜きにすることのできる不十分な権利保障にすぎなかった,と批判されることが多い。たしかに,法律による制限の可能性というネガティヴな側面はあったが,それだけを強調するのは一面的にすぎる。なぜなら,「法律の留保」は,権利を制限する法律をつくる場合にも,その法律は,帝国議会の議決がなければ成立しない,つまり,国民代表機関の意思に反し,天皇の意思のみで,権利を制限する法律をつくることはできないという,権力制限的意義をもっていたからである。

---

24) 小森義峯『現行日本国憲法の包含する諸問題』(國民會館叢書,2000年) 92頁以下。

4 日本国憲法総論

I 前　文

> **憲法前文**　日本国民は、正当に選挙された国会における代表者を通じて行動し、われらとわれらの子孫のために、諸国民との協和による成果と、わが国全土にわたつて自由のもたらす恵沢を確保し、政府の行為によつて再び戦争の惨禍が起ることのないやうにすることを決意し、ここに主権が国民に存することを宣言し、この憲法を確定する。そもそも国政は、国民の厳粛な信託によるものであつて、その権威は国民に由来し、その権力は国民の代表者がこれを行使し、その福利は国民がこれを享受する。これは人類普遍の原理であり、この憲法は、かかる原理に基くものである。われらは、これに反する一切の憲法、法令及び詔勅を排除する。
>
> 　日本国民は、恒久の平和を念願し、人間相互の関係を支配する崇高な理想を深く自覚するのであつて、平和を愛する諸国民の公正と信義に信頼して、われらの安全と生存を保持しようと決意した。われらは、平和を維持し、専制と隷従、圧迫と偏狭を地上から永遠に除去しようと努めてゐる国際社会において、名誉ある地位を占めたいと思ふ。われらは、全世界の国民が、ひとしく恐怖と欠乏から免かれ、平和のうちに生存する権利を有することを確認する。
>
> 　われらは、いづれの国家も、自国のことのみに専念して他国を無視してはならないのであつて、政治道徳の法則は、普遍的なものであり、この法則に従ふことは、自国の主権を維持し、他国と対等関係に立たうとする各国の責務であると信ずる。
>
> 　日本国民は、国家の名誉にかけ、全力をあげてこの崇高な理想と目的を達成することを誓ふ。

　第2章**1** Iでみるような手続を経て成立した日本国憲法は、国民主権、基本的人権の尊重、平和主義の三つを基本原理とし、これに基づいて、国民の自由および権利、ならびに三権分立の統治機構を定めている。

　前文に表れた基本原理　日本国憲法の冒頭には、比較的長い「前文」が置かれ、この憲法の基本原理が宣言されている。

　(1)　**国民主権・代表民主制・基本的人権の尊重**　前文1段は、日本国憲法が国民

主権に基づく民定憲法であること，国家統治のあり方として，代表民主制を採用することが明示されている。基本的人権の尊重という趣旨は，直接的な表現では言及されていないが，「わが国全土にわたつて自由のもたらす恵沢を確保」するという部分がそれに当たると解されている。

　(2)　**平和主義**　前文2段は，平和主義の理念を謳っている。そこには，平和の維持は，日本国民の積極的な行動によってではなく，「平和を愛する諸国民の公正と信義」に期待し，日本が平和を乱すような行動を慎むことによって達成されるという考え方が顕著に表れている。

　(3)　**国際協調主義**　前文3段は，国際協調主義に基づいて，国家の独善性を戒めている。唐突に出てくる「政治道徳の法則」という言葉は，一般に，直前に書かれた「自国のことのみに専念して他国を無視してはならない」という考え方を指すものと解されている。

　前文の法的性格　前文には一般的・抽象的な原理が多く記されているため，その法的性格のいかんが問題となる。後述する「上諭」とは異なり，前文は，憲法の一部をなす法規範として，本文と同じ法的性格を有し，前文を改正するには，憲法96条所定の改正手続を経ることが必要であると解される。

　しかし，前文の内容が裁判規範（裁判所が裁判を通じて紛争を解決する際に，裁判官が判断の根拠として引き合いに出すことのできる法規範）としての性格をもつか否か，あるいは前文のなかに裁判規範性をもつ部分があるか否かについては，争いがあり，通説は，前文に裁判規範としての具体的権利性を認めることはむずかしいと解している（第3章 2 2参照）。

2　基本的人権

> **憲法11条**　国民は，すべての基本的人権の享有を妨げられない。この憲法が国民に保障する基本的人権は，侵すことのできない永久の権利として，現在及び将来の国民に与へられる。
> **憲法12条**　この憲法が国民に保障する自由及び権利は，国民の不断の努力によって，これを保持しなければならない。又，国民は，これを濫用してはならないのであつて，

> 常に公共の福祉のためにこれを利用する責任を負ふ。
> **憲法97条** この憲法が日本国民に保障する基本的人権は,人類の多年にわたる自由獲得の努力の成果であつて,これらの権利は,過去幾多の試錬に堪へ,現在及び将来の国民に対し,侵すことのできない永久の権利として信託されたものである。

人権の固有性・不可侵性・普遍性 憲法11条は,人権が憲法や天皇によって与えられたものではなく,人間が生まれながらにしてもっているものであり(=固有性),侵すことのできないものであり(=不可侵性),すべての国民が享有できるものである(=普遍性)ことを明らかにしている。また,97条は,基本的人権が「人類の多年にわたる自由獲得の努力の成果」であるとして,その歴史性を強調し,12条はその濫用を戒め,これを公共の福祉のために利用する責任を記している。

人権の類型 日本国憲法第3章「国民の権利及び義務」に規定されている諸権利のカタログは,一般に,自由権,参政権,受益権,社会権の四種に大別される。

(1) **自由権** 国家が個人の領域に対して権力的に介入することを排除して,個人の自由な意思決定と活動を保障する人権(=国家の不作為を要求する権利)を,「自由権」という。「国家からの自由」とも呼ばれる。自由権はさらに,精神的自由権(憲19~21・23),経済的自由権(憲22・29),身体的自由権(憲18・31・33~39)の三種に区分される。18世紀末から19世紀にかけ,近代市民革命とともに生まれたこれらの「市民的自由」は,今日においてもなお,人権の中心に位置している。

(2) **参政権** 国民の,国政に参加する権利を,「参政権」という。「国家への自由」とも呼ばれる。通常は選挙権(憲15)を指すが,広義においては,被選挙権,公務就任権,憲法改正国民投票(憲96①),最高裁判所裁判官の国民審査(憲79②~④),請願権(憲16)なども含まれる。西欧では,19世紀後半において,普通選挙制という形でその享有主体が著しく拡大された。

(3) **受益権** 人権を確保するために,国家に対して積極的な作為を要求する権利を,「受益権」という。「国務請求権」とも呼ばれる。その中心をなすのは,裁判を受ける権利(憲32)であるが,そのほかにも,近代立憲主義(近代憲法)成立以前からの古い歴史をもつ請願権(憲16)や,20世紀以降登場した国家賠償請求権(憲17)および刑事補償請求権(憲40)がある。

(4) **社会権** 社会的・経済的弱者救済という社会国家的見地から，国家に対して適切な施策を要求する権利を，「社会権」という。「国家による自由」とも呼ばれる。日本国憲法は，社会権として，生存権（憲25），教育を受ける権利（憲26），勤労の権利（憲27），労働基本権（憲28）を明文で保障している。

人権の享有主体 人権は，人間が生まれながらにしてもっているものと観念されるが，日本国憲法第3章は「国民の権利及び義務」という表題を用いて，人権の主体を「国民」に限定するかのような外観をとっているため，日本国籍を有する「国民」でない者や，国民であっても特殊な地位にある者が，人権の享有主体となるのか，どの範囲で人権を享有できるのかが問題となる。

(1) **未成年者** 日本国籍をもつ「国民」には，未成年者も含まれている。しかし，心身の発達途上にある未成年者は，成年者と同等の判断能力を備えていないとみなされるため，憲法上の権利のなかでは，特に参政権に制約が課せられる。

(2) **天皇・皇族** 天皇および皇族も，日本国籍を有する日本国民であり，人間として，人権の享有主体となるが，憲法自体が認めるその地位や職務の特殊性から，必要最小限度の特例が認められる。たとえば天皇は，財産の譲り渡し・譲り受けの自由（憲8），参政権（憲15①），政治活動の自由（憲21①），職業選択・外国移住・国籍離脱の自由（憲22），婚姻の自由（憲24）などにつき，一般国民とは異なる扱い（制限）を受ける。

(3) **外国人** 外国人の人権享有主体性について，かつては，憲法の人権条項において主語が「国民」とされているものは享有できず，「何人も」とされているものは享有できるとする説（文言説）がいわれていたが，現在ではこの説は支持されていない。アメリカ国籍の英語教師が，日本在留期間中にベトナム反戦運動などの政治活動をしたことを理由に，法務大臣により在留期間の更新を拒否されたため，処分の取消しを求めて提訴した「マクリーン事件」の最高裁判決（最大判昭53・10・4民集32・7・1223）がいうように，「憲法第3章の諸規定による基本的人権の保障は，権利の性質上日本国民のみをその対象としていると解されるものを除き，わが国に在留する外国人に対しても等しく及ぶものと解すべき」であるとする説（性質説）が通説となっている。外国人の人権享有主体性は，権利の性質に応じて，個別に検討しなければ

ならないのである。

　その性質上，外国人に保障されない権利としては，①参政権（第11章 5 Ⅰ参照），②入国の自由，③再入国（在留外国人の「帰国を前提とする出国」）の自由が挙げられる。

　②について，上記「マクリーン事件」の最高裁判決（最大判昭53・10・4民集32・7・1223）は，「憲法22条1項は，日本国内における居住・移転の自由を保障する旨を規定するにとどまり，外国人がわが国に入国することについてはなんら規定していないものであり，このことは，国際慣習法上，国家は外国人を受け入れる義務を負うものではなく，特別の条約がない限り，外国人を自国内に受け入れるかどうか，また，これを受け入れる場合にいかなる条件を付するかを，当該国家が自由に決定することができるものとされていることと，その考えを同じくするものと解される……。したがつて，憲法上，外国人は，わが国に入国する自由を保障されているものでないことはもちろん，……在留の権利ないし引き続き在留することを要求しうる権利を保障されているものでもないと解すべきである」と判示している。

　③については，日本人と結婚したアメリカ国籍の定住外国人が，指紋押捺を拒否したことを理由に再入国許可申請を拒否されたため，処分の取消と国家賠償を求めて提訴した「森川キャサリーン事件」の最高裁判決（最一判平4・11・16裁集民事166・575）が，「我が国に在留する外国人は，憲法上，外国へ一時旅行する自由を保障されているものでない」と判示している。もっとも，日本国との平和条約に基づき日本の国籍を離脱した者等の出入国管理に関する特例法10条により，特別永住者[25]の再入国に関しては，「特別永住者の本邦における生活の安定に資するとのこの法律の趣旨を尊重するものとする」とされ，法律上，再入国の自由が認められている。

　(4) 法人　　人権は本来，生身の人間（＝自然人）の権利であるが，資本主義的経済活動の発展に伴い，法人その他の団体の活動の重要性が増大し，法人も人権の享有主体とみなされるようになった。八幡製鉄（当時）の代表取締役が自由民主党に政

---

25) 「特別永住者」とは，日本国との平和条約に基づき日本の国籍を離脱した者等の出入国管理に関する特例法（1991年）に定める在留資格を有する外国人をいう。1945（昭和20）年9月2日（日本が降伏文書に調印した日）以前から日本（内地）に居住している韓国人・朝鮮人・台湾人とその子孫が対象である。

治献金をした行為を追及して同社の株主が提訴した「八幡製鉄政治献金事件」で,最高裁 (最大判昭45・6・24民集24・6・625) は,「会社が,納税の義務を有し自然人たる国民とひとしく国税等の負担に任ずるものである以上,納税者たる立場において,国や地方公共団体の施策に対し,意見の表明その他の行動に出たとしても,これを禁圧すべき理由はない。のみならず,憲法第3章に定める国民の権利および義務の各条項は,性質上可能なかぎり,内国の法人にも適用されるものと解すべきであるから,会社は,自然人たる国民と同様,国や政党の特定の政策を支持,推進または反対するなどの政治的行為をなす自由を有する」と判示した。

人権の私人間効力(第三者効力)　公法である憲法の人権規定は,第一義的には,公権力との関係において個人の権利・自由を保護するものである。しかし,資本主義経済の進展に伴い,社会のなかに,国家に匹敵するような巨大な力をもつ私的団体(企業,労働組合,経済団体,職能団体など)が数多く現れ,かつての国家に代わって個人の人権を脅かす事態が生じたため,憲法の人権規定を私人(私的団体)と私人(個人)の間にも適用すべきではないかが議論されることになった。これを「人権の私人間効力(第三者効力)」の問題という。

まず,権利の性質上,公権力と個人の間だけでなく,私人間にも直接適用でき,あるいは直接適用しないとその意義を全うすることができないと考えられるものがある。たとえば,投票の秘密 (憲15④),奴隷的拘束および苦役からの自由 (憲18),婚姻の自由 (憲24),児童酷使の禁止 (憲27③),労働基本権 (憲28) などがそれである。しかし,憲法上の権利・自由のすべてに私人間における直接的効力を認める (直接適用説) と,「私的自治の原則」(私法の領域では,対等な個人どうしが,公権力の介入を受けずに,自由意思に基づいて権利義務関係を決定できるとする考え方) が侵害され,憲法を通じて公権力があらゆる私的領域に介入するのを許すことになり,何のために憲法をつくったのかわからなくなってしまう。このため,一般には,間接適用説が妥当であると考えられている。

間接適用説は,民法1条・90条のような私法の一般条項を,憲法の趣旨を取り込んで解釈・適用することにより,直接的には憲法ではなく私法を適用しつつ,憲法の効力を私人間の行為に間接的に及ぼそうとする見解である。学生運動歴を隠して入社

試験を受けたこと（虚偽回答）を理由に，試用期間後の本採用を会社に拒否された者が，雇用契約上の権利を有することの確認と賃金の支払いを求めて提訴した「三菱樹脂事件」において，最高裁（最大判昭 48・12・12 民集 27・11・1536）は，憲法の人権規定は「私人相互の関係を直接規律することを予定するものではない」が，「個人の基本的な自由や平等に対する具体的な侵害またはそのおそれがあり，その態様，程度が社会的に許容しうる限度を超えるときは，これに対する立法措置によつてその是正を図ることが可能であるし，また，場合によつては，私的自治に対する一般的制限規定である民法1条，90条や不法行為に関する諸規定等の適切な運用によつて，一面で私的自治の原則を尊重しながら，他面で社会的許容性の限度を超える侵害に対し基本的な自由や平等の利益を保護し，その間の適切な調整を図る方途も存する」として，間接適用説に立つことを明らかにしたうえで，企業は雇用の自由を有し，「特定の思想，信条を有する者をそのゆえをもつて雇い入れることを拒んでも，それを当然に違法とすることはできない」と判示した。

3 憲法改正

> 大日本帝国憲法 73 条　① 将来此ノ憲法ノ条項ヲ改正スルノ必要アルトキハ勅命ヲ以テ議案ヲ帝国議会ノ議ニ付スヘシ
> ② 此ノ場合ニ於テ両議院ハ各々其ノ総員三分ノ二以上出席スルニ非サレハ議事ヲ開クコトヲ得ス出席議員三分ノ二以上ノ多数ヲ得ルニ非サレハ改正ノ議決ヲ為スコトヲ得ス
> 日本国憲法の上諭　朕は，日本国民の総意に基いて，新日本建設の礎が，定まるに至つたことを，深くよろこび，枢密顧問の諮詢及び帝国憲法第七十三条による帝国議会の議決を経た帝国憲法の改正を裁可し，ここにこれを公布せしめる。
> 憲法 96 条　① この憲法の改正は，各議院の総議員の三分の二以上の賛成で，国会が，これを発議し，国民に提案してその承認を経なければならない。この承認には，特別

---

26) 民法1条「① 私権は，公共の福祉に適合しなければならない。
　　② 権利の行使及び義務の履行は，信義に従い誠実に行わなければならない。
　　③ 権利の濫用は，これを許さない。」
　民法 90 条「公の秩序又は善良の風俗に反する事項を目的とする法律行為は，無効とする。」

の国民投票又は国会の定める選挙の際行はれる投票において，その過半数の賛成を必要とする。

② 憲法改正について前項の承認を経たときは，天皇は，国民の名で，この憲法と一体を成すものとして，直ちにこれを公布する。

国会法 68 条の 2　議員が日本国憲法の改正案（以下「憲法改正案」という。）の原案（以下「憲法改正原案」という。）を発議するには，第五十六条第一項の規定にかかわらず，衆議院においては議員百人以上，参議院においては議員五十人以上の賛成を要する。

国会法 68 条の 3　前条の憲法改正原案の発議に当たつては，内容において関連する事項ごとに区分して行うものとする。

国会法 68 条の 4　憲法改正原案につき議院の会議で修正の動議を議題とするには，第五十七条の規定にかかわらず，衆議院においては議員百人以上，参議院においては議員五十人以上の賛成を要する。

国会法 68 条の 5　① 憲法改正原案について国会において最後の可決があつた場合には，その可決をもつて，国会が日本国憲法第九十六条第一項に定める日本国憲法の改正（以下「憲法改正」という。）の発議をし，国民に提案したものとする。この場合において，両議院の議長は，憲法改正の発議をした旨及び発議に係る憲法改正案を官報に公示する。

② 憲法改正原案について前項の最後の可決があつた場合には，第六十五条第一項の規定にかかわらず，その院の議長から，内閣に対し，その旨を通知するとともに，これを送付する。

国会法 102 条の 6　日本国憲法及び日本国憲法に密接に関連する基本法制について広範かつ総合的に調査を行い，憲法改正原案，日本国憲法に係る改正の発議又は国民投票に関する法律案等を審査するため，各議院に憲法審査会を設ける。

国会法 102 条の 7　① 憲法審査会は，憲法改正原案及び日本国憲法に係る改正の発議又は国民投票に関する法律案を提出することができる。この場合における憲法改正原案の提出については，第六十八条の三の規定を準用する。

② 前項の憲法改正原案及び日本国憲法に係る改正の発議又は国民投票に関する法律案については，憲法審査会の会長をもつて提出者とする。

日本国憲法の改正手続に関する法律 1 条　この法律は，日本国憲法第九十六条に定める日本国憲法の改正（以下「憲法改正」という。）について，国民の承認に係る投票（以下「国民投票」という。）に関する手続を定めるとともに，あわせて憲法改正の発議に係る手続の整備を行うものとする。

> 日本国憲法の改正手続に関する法律2条1項　国民投票は，国会が憲法改正を発議した日（……省略……）から起算して六十日以後百八十日以内において，国会の議決した期日に行う。
> 日本国憲法の改正手続に関する法律3条　日本国民で年齢満十八年以上の者は，国民投票の投票権を有する。
> 日本国憲法の改正手続に関する法律47条　投票は，国民投票に係る憲法改正案ごとに，一人一票に限る。
> 日本国憲法の改正手続に関する法律98条2項　中央選挙管理会は，……憲法改正案に対する賛成の投票の数及び反対の投票の数，投票総数（憲法改正案に対する賛成の投票の数及び反対の投票の数を合計した数をいう。）並びに憲法改正案に対する賛成の投票の数が当該投票総数の二分の一を超える旨又は超えない旨を官報で告示するとともに，総務大臣を通じ内閣総理大臣に通知しなければならない。
> 日本国憲法の改正手続に関する法律126条1項　国民投票において，憲法改正案に対する賛成の投票の数が第九十八条第二項に規定する投票総数の二分の一を超えた場合は，当該憲法改正について日本国憲法第九十六条第一項の国民の承認があったものとする。

憲法改正の意義　憲法典の定める改正手続に従って，憲法典の一部を修正・削除・追加すること，あるいは全面的に書き改めることを，憲法の「改正」という。憲法典には，一般に，改正手続が規定されている。「不磨ノ大典」（明治憲法発布勅語）といわれた明治憲法にも改正手続の規定（明憲73）があった。

憲法改正の限界　憲法の条文そのものに，憲法上の特定の原則や制度につき，改正してはならない旨が明記されている場合を除き，憲法所定の改正手続に従えばいかなる内容の改正も行うことができるのか否かについては，見解が分かれている。大陸ヨーロッパ諸国では，いかなる内容の改正も可能であるとする憲法改正無限界説が，どちらかといえば有力であると思われるが，わが国では，主権の所在など，憲法の根幹をなす原理は，憲法所定の改正手続を経ても改正することができないとする憲法改正限界説が多数説となっている。

このこととの関連で，日本国憲法の前文と上諭との矛盾の問題が指摘される。前文に明記されているように，日本国憲法は，天皇主権ではなく，国民主権に立脚して「確定」（＝制定）されたものである。ところが，公布文である上諭には，この憲法が明治憲法73条の改正手続に従って「改正」されたものであるという歴史的事実が，

淡々と記されている。そこには，天皇主権という明治憲法の根幹をなす原理を，明治憲法の改正手続を通じて変更することが許されるのかという，日本国憲法の正統性ないし法的有効性にかかわる難問が横たわっているのである。

この矛盾を説明し，日本国憲法が法的に有効であることを肯定する学説に，宮沢俊義教授の「八月革命説」がある。この説は，憲法改正限界説に立ち，ポツダム宣言の受諾により主権が天皇から国民へ移行したとみなし，これを法的な意味の「革命」であると主張して，明治憲法と日本国憲法の法的連続性を否定した上で，革命により新たに主権者となった国民が「制定」した日本国憲法の法的有効性を肯定するものである。「八月革命説」は，現在もなお多数説・通説の位置を占めているが，"革命"というフィクションないし比喩を持ち出してまで憲法の正統性を根拠づけなければならなかったところに，日本国憲法の拠って立つ基盤の危うさが表れている。憲法改正限界説に立つならば，理論的には，日本国憲法は，明治憲法の改正の限界を超えた違法な改正憲法であるとの結論（日本国憲法無効論）が導かれるはずだからである。

一方，わが国では少数説にとどまる憲法改正無限界説に立てば，明治憲法73条の手続を経た日本国憲法は，明治憲法の改正憲法として，それが法的に有効な憲法であることを容易に説明することができる。ただし，法的に有効であることは，日本国憲法の内容自体が妥当であることを意味するわけではない。

憲法改正の手続　日本国憲法96条には，憲法改正には国民投票を要する旨が規定されているにもかかわらず，国民投票の手続を定める法律が制定されないという立法不作為の違憲状態が，じつに60余年にわたり放置されてきたが，2007（平成19）年5月18日にようやく「日本国憲法の改正手続に関する法律」（通称「憲法改正手続法」あるいは「憲法改正国民投票法」）が制定された。この法律の施行にともない，国会法の関連諸規定も一部改正された。憲法改正の手続は，以下のとおりである。

憲法改正案の国会審議　(1) **憲法改正原案の発議**　国会議員が日本国憲法の改正案の原案を発議するには，衆議院においては議員100人以上，参議院においては議員50人以上の賛成を要する（国会68の2）。憲法改正原案の発議に当たっては，内容において関連する事項ごとに区分して行うものとする（国会68の3）。憲法改正原案につき議院の会議で修正の動議を議題とするには，衆議院においては議員100人以上，

参議院においては議員50人以上の賛成を要する（国会68の4）。

(2) **憲法審査会**　「日本国憲法及び日本国憲法に密接に関連する基本法制について広範かつ総合的に調査を行い，憲法改正原案，日本国憲法に係る改正の発議又は国民投票に関する法律案等を審査するため，各議院に憲法審査会を設ける」(国会102の6)。憲法審査会は，国会法68条の3の規定を準用しつつ，憲法審査会の会長を提出者として，憲法改正原案および日本国憲法に係る改正の発議または国民投票に関する法律案を提出することができる（国会102の7）。

(3) **憲法改正の発議**　ここにいう「発議」は，国会が憲法改正案を決定し，国民投票を求めて国民に提案することを意味する。通常の議案についての原案の提出を意味する「発議」(国会56)とは異なる。憲法改正の発議には国会の「各議院の総議員の3分の2以上の賛成」(憲96①)を必要とするが，憲法改正原案について国会において最後の可決があった場合には，その可決をもって，国会が憲法改正の発議をし，国民に提案したものとする（国会68の5①）。

憲法改正の国民投票　(1) **国民投票の対象**　国民投票の対象は，憲法改正案件のみに限られる（憲改1）。

(2) **投票権**　国民投票の投票権は，日本国民で年齢満18年以上の者に与えられる（憲改3）。

(3) **投票の方法**　憲法改正発議の後，60日以後180日以内において，国会の議決した期日に国民投票を行なう（憲改2①）。投票は，国民投票に係る憲法改正案ごとに，1人1票に限られる（憲改47）。投票総数（賛成票と反対票の合計）の過半数の賛成で憲法改正が成立する（憲改98②・126①）。

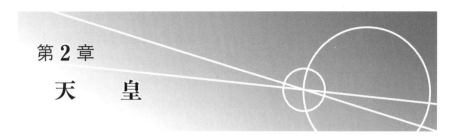

第2章 天 皇

1 象徴天皇制

I 日本国憲法の成立と象徴天皇制

ポツダム宣言 1945（昭和20）年7月26日に発表されたポツダム宣言は，日本政府の最大の関心事であった「国体の護持」[1]を明示的には保証していなかったが，8月14日の御前会議（重要な国策を決定するため，天皇の出席の下に，首相，国務大臣，軍部首脳などによって開かれる会議）における天皇の聖断（「天皇のご決断」を意味する俗称）により受諾が決定され，日本は終戦を迎えた。天皇は，翌15日の「終戦ノ詔勅」（いわゆる玉音放送）において，「朕ハ茲ニ國體ヲ護持シ得テ……」と述べ，ポツダム宣言の受諾によって国体が護持されたとの認識を示していた。

ポツダム宣言は，「日本国政府ハ日本国国民ノ間ニ於ケル民主主義的傾向ノ復活強化ニ対スル一切ノ障礙ヲ除去スヘシ」，「言論，宗教及思想ノ自由並ニ基本的人権ノ尊重ハ確立セラルヘシ」として，民主化や基本的人権の尊重を求めていたが，憲法改正の義務までも日本に負わせるものではなかったし，占領軍が占領地の法律を変更することは，すでに国際法上禁じられていた[2]。日本政府は，明治憲法を民主的に運用す

---

1) 明治憲法には「国体」という言葉はなく，その概念をどう理解するかも論者により異なっていたが，大審院（明治憲法下の裁判所構成法に基づいて設置されていた終審裁判所。現行の最高裁判所に相当する。）は，「国体」を「万世一系ノ天皇君臨シ統治権ヲ総攬シ給フコト」（永遠に続く一つの血統から出た天皇が君主の地位にあり，国家の統治意思力を全体として掌握すること）を意味するものと理解していた（大判昭4・5・31刑集8・317）。

ればポツダム宣言の要求事項を実現できると考え，憲法改正には消極的であった。

象徴天皇制の成立　しかし，連合国軍総司令部（GHQ）最高司令官マッカーサーは，幣原首相に対して憲法改正の必要性を強く示唆し，これを受けて日本政府は，1945（昭和20）年10月に憲法問題調査委員会（通称「松本委員会」）を設置し，憲法改正作業に着手した。一方でマッカーサーは，占領政策の効率的な遂行という観点から，天皇の存在に大きな利用価値を見出し，天皇の政治的・軍事的権能を徹底的に剥奪する[3]ことと引き換えに，天皇制自体の存続を認める意向を固めた。これを受けてアメリカ政府は，1946（昭和21）年1月7日，「日本の統治体制の改革」（SWNCC-228[4]）という文書をGHQに送付した。同文書は，「日本の最終的な統治形態は，日本国民の自由に表明する意思により確定されなければならない」としつつも，天皇制を維持する場合には，議院内閣制の採用，大臣助言制の徹底，天皇の軍事的権能の剥奪，皇室収入の国庫への繰り入れ，議会による皇室支出の承認などを定めるよう求めていた。

1946（昭和21）年2月1日，松本委員会が用意していた憲法改正案が毎日新聞によってスクープされると，その保守的な内容を知ったマッカーサーは，これを全面的に拒否する意向を固め，2月3日には，GHQ民政局に対し，いわゆるマッカーサー三原則（マッカーサー・ノート[5]）およびSWNCC-228を指針として憲法草案を作成するよう命じた。民政局は約9日間という短期間のうちに起草を完了し，2月13日にこれを日本政府に手渡した。GHQは，この総司令部案（マッカーサー草案）をベースに日本政府案を作成するよう強く迫ったため，日本政府はやむなくこれを受け入れ，

---

2) ハーグ陸戦条約（1907年）附属書「陸戦ノ法規慣例ニ関スル規則」43条は，「国ノ権力カ事実上占領者ノ手ニ移リタル上ハ占領者ハ絶対的ノ支障ナキ限 占領地ノ現行法律ヲ尊重シテ成ルヘク公共ノ秩序生活ヲ回復確保スル為施シ得ヘキ一切ノ手段ヲ尽スヘシ」と規定している。
3) 敗戦後の日本国民が天皇に対してそれまでと変わらぬ異敬と忠誠を示していることに驚き，実際にも天皇と会見してその紳士的な人柄に感服したマッカーサーは，「天皇の存在は20個師団の兵力に匹敵する」と述べたといわれる。つまり，天皇制を廃止すれば日本国民の猛烈な抵抗を引き起こすであろうが，天皇制の外形を維持し，その権威を利用すれば，占領統治を効率良く行うことができると考えたのである。
4) SWNCC-228は，「国務・陸軍・海軍三省調整委員会」（State War Navy Coordinating Committee：SWNCC）が承認した日本の憲法改正に関するアメリカ政府の方針を示す文書である。

「憲法改正草案要綱」(3月6日)や「憲法改正草案」(4月17日)として発表した。

総司令部案は、マッカーサー三原則にあった「元首」の語を避け、「天皇は、日本国および国民統合の象徴であり、その地位は国民の主権的意思に由来し、他のいかなる起源も有しない」(1条)とした上で、皇位が世襲されること(2条)、天皇の行為には内閣の助言と承認が必要であり内閣が責任を負うこと(3条)、天皇が国政権能をもたないこと(同)、天皇の国事行為(5条)などを規定していた。日本政府の草案は、衆議院総選挙後に開かれた第90帝国議会での審議・修正、枢密院の諮詢(意見を聴くこと)を経て、1946(昭和21)年11月3日に「日本国憲法」として公布され、翌年5月3日に施行されることになるが、その過程においても、総司令部案が構想した象徴天皇制の基本的な枠組みは変わらなかった。

2 日本国および日本国民統合の象徴

> 憲法1条 天皇は、日本国の象徴であり、日本国民統合の象徴であつて、この地位は、主権の存する日本国民の総意に基く。

「象徴」という言葉　こうして成立した日本国憲法は、「天皇は、日本国の象徴であり、日本国民統合の象徴であつて、この地位は、主権の存する日本国民の総意に基く」(憲1)と定める一方、後述するように、天皇の行為を憲法所定の国事行為に限定し、天皇の国政権能を明確に否定している(憲4①)。つまり、現行憲法の規定上、天

---

5) 2月3日にマッカーサーが総司令部民政局長ホイットニーに手渡したメモ(マッカーサー・ノート)には、次の三つの基本原則が書かれていた。「Ⅰ　天皇は国の元首の地位にある。／皇位継承は世襲である。／天皇の義務および権能は憲法に基づいて行使され、憲法の定めるところにより国民の基本的意思に対し責任を負う。
　Ⅱ　国家の主権的権利としての戦争は、放棄される。日本は、紛争解決の手段としての戦争および自己の安全を保持する手段としての戦争をも、放棄する。日本はその防衛および保護を、今や世界を動かしつつある崇高な理想にゆだねる。／日本のいかなる陸海空軍も認められず、日本軍には一切の交戦権も認められない。
　Ⅲ　日本の封建制度は、これを廃止する。／皇族を除き、華族の権利は現存する者一代をこえて及ばない。／華族の特権は、今後いかなる国民的または公民的な政治権力も伴わない。／予算は、イギリスの制度に倣う。」

皇の地位は「象徴」としての地位がすべてということになる。

象徴 (symbol) とは，一般に，無形の抽象的な概念を有形の具体的なものによって表現する作用またはその表現物を意味する。たとえば各国の国旗には，用いられる色やデザインに，その国の伝統的な国柄，建国の理念，国是などを表現したものが多くみられる。あるいは，「地上げ屋」や「億ション（億単位価格のマンション）」がバブル景気の象徴といわれるように，特定の時代や現象を想起させる典型的なものを指して用いられることもある。

法規定上，君主の地位に関して象徴という言葉が用いられた事例としては，イギリスのウェストミンスター憲章 (1931年) 前文の「王位 (Crown) は，英連邦構成国の自由な結合の象徴であり……」が知られており，マッカーサー草案を起草したGHQ民政局の人々もこれを念頭に置いていたと考えられている。日本国憲法以後も，スペイン憲法 (1978年)，ネパール憲法 (1990年)，モロッコ王国憲法 (1992年)，カンボジア王国憲法 (1993年) などに，国王を国家や国民統合の象徴とする規定があらわれているほか，君主以外の国家機関についても，たとえば大統領を「象徴的国家元首」と規定するフィリピン憲法 (1973年) の例もある。

天皇の「象徴」性　象徴には，特定の意図をもって人為的に創設されたものと，長い歴史や伝統のなかでおのずと人々の意識に定着したものとがあるが，古代から連綿とその地位を継承してきた天皇には，後者の性格が濃厚である。芦部信喜教授はじめ多くの論者が指摘するように，「明治憲法の下でも，天皇は象徴であった」が，「統治権の総攬者としての地位が前面に出ていたために，象徴としての地位は背後に隠れていた」とみるべきであろう。中世後期以降の天皇が政治的実権を顕著に失い，近世にはもっぱら権威あるいは文化的な役割のみを担っていたことを考えれば，近代化のため天皇に再び政治権力を付与した明治憲法体制は一時期の例外をなすものであり，

---

6) ウェストミンスター憲章 (The Statute of Westminster, 1931) は，イギリス帝国 (British Empire) からイギリス連邦 (British Commonwealth：イギリスと旧イギリス植民地から独立した国々とが対等の立場で構成している緩やかな国家連合体) への転換を法的に確認した文書である。イギリス議会が法律の形式で制定した。

7) 芦部信喜（高橋和之補訂）『憲法（第四版）』（岩波書店，2007年）46頁。

> **判例**
>
> **プラカード事件（最大判昭23・5・26刑集2・6・529）**
>
> 　1946（昭和21）年5月19日の「食糧メーデー」において、「ヒロヒト　詔書曰く　国体はゴジされたぞ　朕はタラフク　食つてるぞ　ナンジ人民　飢えて死ね　ギョメイ　ギョジ　日本共産党　田中精機細胞」と書いたプラカードを掲げて行進に参加した者が、当時の刑法74条に定める不敬罪に当たるとして起訴された事件。不敬罪の規定がいつ失効したかが争点となった。
>
> 　一審（東京刑地判昭21・11・2刑集2・6・603）は、ポツダム宣言受諾・降伏文書調印により天皇の特殊的地位は変革し、そのときから不敬罪は失効したが、プラカードは天皇制批判ではなく、天皇の一身に対する誹毀侮辱であり、刑法230条1項の名誉毀損罪が相当として、懲役8月の判決を下した。
>
> 　一審判決の翌日に日本国憲法が公布され、同時に不敬罪に対する大赦令（11月3日前に刑法74条の罪を犯した者を赦免する命令）も公布・施行されたため、二審（東京高判昭22・6・28刑集2・6・607）は、不敬罪は名誉毀損の特別罪としてなお存続しているとしながらも、大赦を理由に免訴の判決を下したため、検察官が上告した。
>
> 　最高裁は、大赦により公訴権（検察官が裁判所に対して刑事事件の審判を請求する権利）は消滅したとして、上告を棄却した。

　日本国憲法は、象徴天皇制という新機軸を示したというよりは、伝統的な天皇制のあり方に回帰したものといえるかもしれない。

　象徴はもともと法律用語ではないため、まず注目されるのは、その社会的意味である。たとえば憲法制定過程においては、政体が変わっても国体は不変であることの根拠として、「憧れの中心」としての天皇と国民とのつながりが熱烈に主張された（1946年衆議院特別委員会での金森徳次郎国務大臣の答弁）。しかし、国体概念への関心が薄れ、これを無視または否定するのが当然のようになった昨今では、個々人の間ですでに国民統合が成立しているという社会的事実を象徴するだけのように説かれることが多い。

　憲法が天皇を象徴と定めていることの法的意味は、天皇が政治的権能をもたず、参政権や政治活動の自由を制約されるなど、もっぱら消極的なものにとどまると解され

ており，憲法1条は「そこから憲法上具体的な権限が導出されるような権限付与規定ではない」[8]とされる。その一方で，象徴たる天皇の地位の特殊性に配慮し，これを維持するための特別な法制度を設けることは認められ，現行法上，天皇には，成年を18年とすること（典22），敬称を「陛下」とすること（典23①）など，さまざまな特別扱いがなされている。ただし，明治憲法下の不敬罪のような刑罰を定めることは，国民主権や「法の下の平等」原理の観点から，現行憲法下では許されない。[9]

国民主権と天皇制　明治憲法において，統治権の総攬者(そうらんしゃ)である天皇の地位は天照大神(あまてらすおおみかみ)の天孫降臨(てんそんこうりん)の神勅(しんちょく)（神のお告げ）に由来するものであったが，現行憲法下の天皇の地位は，主権者たる国民の総意に基づくものとなった。このため，「天皇制は絶対的なもの，不可変的なものではなく，国民の総意により可変的なものとなった」[10]と説かれ，国民の多数意思が確認されれば天皇制自体を廃止することも可能になったと考えられている。[11]しかし，天皇条項に限らず，ほとんどの憲法条文は96条の手続に従って改正することができるし，憲法改正無限界説（第1章**4**3参照）に立てば，いわゆる三大原理（国民主権，基本的人権の尊重，平和主義）ですら，政治共同体の決定によっていかようにも改変することができるのであるから，天皇制の可変性を強調することに特別重要な意味があるわけではない。

3　「元首」と「君主」

天皇は「元首」か？　明治憲法4条は，「天皇ハ国ノ元首(げんしゅ)ニシテ統治権(そうらん)ヲ総攬シ

---

8)　大石眞『憲法講義Ⅰ（第2版）』（有斐閣，2009年）112頁。
9)　旧刑法74条「①　天皇，太皇太后(たいこうたいごう)，皇太后(こうたいごう)，皇后，皇太子又ハ皇太孫ニ対シ不敬ノ行為アリタル者ハ三月以上五年以下ノ懲役(ちょうえき)ニ處ス
　　②　神宮又ハ皇陵(こうりょう)ニ対シ不敬ノ行為アリタル者亦同(またおなじ)シ」
10)　芦部，前掲書44頁。
11)　これに対し，憲法1条にいう「総意」は国民の政治的多数意思を意味するものではなく，皇位が「永年にわたる日本国史の中に，遠い祖先から各世代相伝えて保持し，培(つちか)って来た『日本人の普遍意志』によるものであることを明示している」のであるから，「革命によって立国法が否定され，従来の日本国が滅亡することの無い限り，永遠無窮(むきゅう)に子々孫々に承継され，保持されてゆくべきものである」とする説（三潴信吾『日本憲法要論』洋販出版，1994年，102頁）もあるが，このような理解は，学界ではごく少数説にとどまっている。

此ノ憲法ノ条規ニ依リ之ヲ行フ」として，天皇が国家元首であることを明記していたが，日本国憲法にはこのような規定がない。そのため，誰が日本の元首であるかをめぐって，天皇であるとする説，内閣総理大臣であるとする説，内閣であるとする説，元首は存在しないとする説などが対立している。

　元首 (head of state / chef d'État / Staatsoberhaupt) という概念は，国家を人体になぞらえ (国家有機体説)[12]，その頂点に位置する機関を head と称したものである。一般に，国家を対外的に代表しうる資格をもつ機関を元首といい，君主国では国王，共和国では大統領が元首とされる。しかし，現代立憲君主制国家の国王は，元首といっても，必ずしも対外的に国家の政治的意思を代表しているわけではなく，国のいわば"顔"として，名目的・儀礼的な権能を行使しているにすぎないものがほとんどである。共和国でも，ドイツのように議院内閣制を採る国では，首相とは別に，わざわざ大統領が選出され，これが国家元首として，やはり名目的・儀礼的な権能を行使している。逆に，アメリカ型の大統領制国家では，最高の政治権力をもつ大統領が同時に国家元首の役割を果たしており，その地位は，かつての絶対君主制国家における国王のそれを彷彿とさせる。

　長谷部恭男教授は，「元首という概念自体に，なんらかの権限の有無を導くような法律上の意味はないことがはっきりしている限り，天皇が元首か否かという問題はさして重要なものではない」と述べ[13]，学界にもそのような認識が浸透しているとみられる。しかし，これは国際法上のさまざまな手続にかかわる問題であり，他国との関係において，誰が元首であるかを曖昧にしたままでよいということにはならない。また，後述するように，天皇の国事行為の性格に照らせば，首相や内閣を元首とする説も理論としては成立するが，外交慣習を無視してまで天皇は元首ではないと主張することにどのような意味があるのかは不明である。実務上，諸外国は総じて天皇を国家元首とみなし，儀礼的な文書の名宛人を天皇としてきた。それによって外交がスムーズにこそなれ，支障を生じることがなかったことを考えれば，天皇を元首とみるのが妥当

---

12) 国家を生物のような統一的組織体とみる学説。国家を構成する個々の国民を単独では生命を維持できない細胞であるとみる点で，原子的個人の自律を前提とする社会契約説と対立する。
13) 長谷部恭男『憲法 (第 4 版)』(新世社，2008 年) 78 頁。

であろう。

　天皇は「君主」か？　　天皇は君主なのか，日本は君主制国家なのかの問題は，つまるところ，君主や君主制をどのように定義するかにかかっている。そして，元首の場合と同じく，その結論の如何が天皇の法的地位や国際社会における日本の立場に影響を及ぼすわけではない。

　君主のメルクマール（Merkmal 標識）として，たとえば清宮四郎教授は，「(1)単一人で構成する機関であること，(2)その地位が世襲であること，(3)その地位に伝統的な威厳を伴うこと，(4)統治権，少なくとも行政権の一部をもつこと，(5)象徴的機能が認められること，(6)対外的に国家を代表すること，(7)その行為について責任を負わないこと」を挙げている。現行憲法下の天皇は，少なくとも(4)の要件を満たしていないため，その限りでは，天皇は君主とはいえず，日本は君主制国家ではないことになる。しかし，今日では，多くの君主制国家の国王が行政権をもたないか，もっていても形式的・名目的なものになってきているほか，ごく例外的ではあるが，スルタン（各州のイスラム王）が互選で国王の地位に就くマレーシアのように，選挙君主制をとる国も存在する。こうなると，従来型の君主のメルクマール自体の妥当性が問われることになる。

　現行憲法下の天皇制のありようには，「国王は君臨するが統治しない」(The King reigns, but does not govern.) といわれる現代イギリスの立憲君主制イメージが重ね合わされることがある。たしかに，憲法に規定された天皇の国事行為には，一見，イギリス国王の権能に類似の（というより，ほとんどの立憲君主に通有の）ものが多くみられる。しかし，両者の間には，その性質において決定的な違いがある。

　イギリス国王は，通常，内閣の助言に従って行動し，みずからの意思でその権能を行使することはない。しかし，国王の権能自体はあくまでも国政権能であり，それを実質的に行使する余地は残されている。つまり，国王が意欲すれば国政権能を実質的に行使することができるのであり，そのことが国王の「君臨」を可能にしている。この場合，内閣の助言は，国王の国政権能を名目的・形式的なものに変えるフィルター

---

14)　清宮四郎『憲法Ⅰ（第三版）』（有斐閣，1979 年）184 頁。

のような役割を果たす。

　これに対し，天皇の国事行為は，国政権能であることが憲法上明文をもって否定され（憲4①），天皇がみずからの意思で政治的権能を行使する余地はない。小林昭三教授が指摘するように，「天皇の行為は，内閣の助言と承認が行われなくても，国事行為なのであ」って，内閣の助言と承認は単なる「伝達行為」にすぎず，結局のところ，「天皇は，『君臨する』ために必要な基本条件をもっていない」[15]というべきである。現行憲法下の天皇制は，イギリスその他の立憲君主制諸国よりもさらに徹底して，君主の地位に制約を加え，その機能の名目化を図っているのである。天皇制は，それが君主制であるなら，「君臨も統治もしない」君主制ということができる。日本国憲法の天皇制と同じく，君主の権能に徹底して制約を加え，その名目化・形式化を図っている例としては，ほかにスウェーデン憲法（1974年）があり，日本とスウェーデンの両国は，今日，もっぱら象徴機能のみを有する「象徴君主制」の国家とみられている[16]。

4　天皇の刑事責任・民事責任

> 皇室典範21条　摂政は，その在任中，訴追されない。但し，これがため，訴追の権利は，害されない。
> 国事行為の臨時代行に関する法律6条　第二条の規定による委任を受けた皇族は，その委任がされている間，訴追されない。ただし，このため，訴追の権利は害されない。

天皇の刑事責任　天皇も生身の人間である以上，犯罪にあたる行為をなすことも理論上考えられるが，天皇が刑事責任を負うのか，刑事裁判の被告人となることができるのかについては，憲法および法令には明文の規定がない。この点に関しては，皇室典範21条および国事行為の臨時代行に関する法律6条において，摂政および国事行為臨時代行（本章2　3参照）が在任中「訴追されない」と定められていることに注目し，天皇も当然に刑事責任を問われないと解するのが一般的である。また，天皇制を君主制と捉えるなら，君主の刑事無答責は君主制に通有の基本原則でもある。

---

15)　小林昭三『戦後の憲法史（第一分冊）』（成文堂，1971年）38-39頁。
16)　下條芳明『象徴君主制憲法の20世紀的展開』（東信堂，2005年）18-19頁。

天皇の民事責任　　一方，天皇の私法上の行為は，国家の刑罰権や天皇の象徴性とは関係がないので，天皇は民事責任を負いうると解されている。しかし，民事裁判の当事者となれるかどうかについて，判例は，天皇の象徴としての地位を根拠に，「天皇には民事裁判権が及ばないものと解するのが相当である」としている（最二判平1・11・20民集43・10・1160）。

5　皇位の継承

> 憲法2条　皇位は，世襲のものであつて，国会の議決した皇室典範の定めるところにより，これを継承する。
>
> 皇室典範1条　皇位は，皇統に属する男系の男子が，これを継承する。
>
> 皇室典範2条　① 皇位は，左の順序により，皇族に，これを伝える。
> 　一　皇長子
> 　二　皇長孫
> 　三　その他の皇長子の子孫
> 　四　皇次子及びその子孫
> 　五　その他の皇子孫
> 　六　皇兄弟及びその子孫
> 　七　皇伯叔父及びその子孫
> ② 前項各号の皇族がないときは，皇位は，それ以上で，最近親の系統の皇族に，これを伝える。
> ③ 前二項の場合においては，長系を先にし，同等内では，長を先にする。
>
> 皇室典範3条　皇嗣に，精神若しくは身体の不治の重患があり，又は重大な事故があるときは，皇室会議の議により，前条に定める順序に従つて，皇位継承の順序を変えることができる。
>
> 皇室典範4条　天皇が崩じたときは，皇嗣が，直ちに即位する。
>
> 皇室典範5条　皇后，太皇太后，皇太后，親王，親王妃，内親王，王，王妃及び女王を皇族とする。
>
> 皇室典範6条　嫡出の皇子及び嫡男系嫡出の皇孫は，男を親王，女を内親王とし，三世以下の嫡男系嫡出の子孫は，男を王，女を女王とする。
>
> 皇室典範9条　天皇及び皇族は，養子をすることができない。

世襲制　憲法2条は,「皇位は,世襲のものであつて,国会の議決した皇室典範の定めるところにより,これを継承する」と定める。国家機関としての天皇の地位を「皇位」といい,「世襲」とは,次に天皇の地位に就く者が現在の天皇の血統に属する者に限られることを意味する。皇位継承の基本原則に関して憲法が明文で定めているのは,世襲ということのみであり,その他の具体的な事項はすべて皇室典範の規定に委ねられている。

皇位継承の原則　皇室典範には,皇位継承に関する原則として,(1)世襲主義(天皇家の子孫のみが継承できる。典1),(2)男系主義(男系男子のみが継承できる。典1),(3)長系主義(長子の血筋が優先される。典2・3),(4)崩因主義(天皇が崩御(死去)した場合にのみ皇位継承が行われ,生前の退位・譲位は認められない。典4) 補訂1 ,(5)直系(嫡出)主義(嫡出子のみが継承できる。典6),および(6)実系主義(養子を認めない。典9)が定められている。2019(平成31)年1月現在の皇位継承順位は,1位皇太子徳仁親王(1960(昭和35)年生/今上天皇(「現在の天皇」の意)の第一皇子),2位秋篠宮文仁親王(1965(昭和40)年生/今上天皇の第二皇子),3位悠仁親王(2006(平成18)年生/秋篠宮文仁親王の第一男子),4位常陸宮正仁親王(1935(昭和10)年生/昭和天皇の第二皇子で今上天皇の弟)となっている。

秋篠宮文仁親王以来,長らく皇室に男子が誕生しなかったため,皇統の途絶を防ぐ手段として,女性(女系)天皇を認める方向での皇室典範の改正が議論され,2005(平成17)年11月24日には,小泉純一郎首相(当時)の私的諮問機関「皇室典範に関する有識者会議」が,「我が国の将来を考えると,皇位の安定的な継承を維持するためには,女性天皇・女系天皇への途を開くことが不可欠であり,広範な国民の賛同

---

17) 明治憲法時代の皇室典範は法律ではなく,憲法と同等の法的地位を有するものであったが,日本国憲法下の皇室典範は,国会により制定された法律である。

18) 「○○宮」という称号は宮家の当主についてのみ用いられるので,現在の悠仁親王にはこの称号がない。

19) 女系天皇とは,母のみが皇統に属する天皇を指す言葉であって,天皇本人の性別を問題にするものではない。したがって,女系天皇には,女性の天皇だけでなく,男性の天皇もありうる。6〜8世紀には8人10代の女性天皇が存在したが,いずれも天皇または皇子を父とする男系の女性天皇であり,男系の皇統は維持されている。

を得られるとの認識で一致するに至った」とする報告書を提出した。しかし，伝統の観点からの反対論も根強く，翌年には悠仁親王が誕生したこともあって，後継の第一次安倍晋三内閣のときに有識者会議報告書が白紙に戻され，その後，皇位継承問題に関する議論は進展していない。

2 / 国 事 行 為

I 内閣の助言と承認

> 憲法3条　天皇の国事に関するすべての行為には，内閣の助言と承認を必要とし，内閣が，その責任を負ふ。
> 憲法4条1項　天皇は，この憲法の定める国事に関する行為のみを行ひ，国政に関する権能を有しない。
> 憲法7条　天皇は，内閣の助言と承認により，国民のために，左の国事に関する行為を行ふ。(以下省略)

　天皇は，「国政に関する権能を有しない」(憲4①)，すなわち，国家統治に関する権能をもたないので，参政権を行使したり，政治的活動をすることはできないと解されている。憲法上，天皇が国家機関として行うことのできる行為は，「国事に関する行為(国事行為)」(同)に限られる。

　国事行為には，「内閣の助言と承認を必要とし，内閣が，その責任を負ふ」(憲3)。ここにいう「内閣の助言と承認」は，不可分一体の行為とみられるので，「助言」と「承認」とを別々に行う必要はなく，一つの国事行為につき，閣議決定という形式で1回行われればよいと解され，実務上もそのように処理されている。すでに述べたように，日本国憲法は天皇の国政権能自体を否定しているため，天皇が国事行為を行うに際しては，内閣の意思を拒否したり，みずからの意思に従って内閣の意思と異なる行為をすることはできない。そのため，内閣が負うとされる責任は，天皇に代わって負う責任ではなく，「助言と承認」を通じて表明された内閣の実質的決定に対して負

う自己責任であると解される。

2　国 事 行 為

> 憲法6条　①　天皇は，国会の指名に基いて，内閣総理大臣を任命する。
> ②　天皇は，内閣の指名に基いて，最高裁判所の長たる裁判官を任命する。
> 憲法7条　天皇は，内閣の助言と承認により，国民のために，左の国事に関する行為を行ふ。
> 　一　憲法改正，法律，政令及び条約を公布すること。
> 　二　国会を召集すること。
> 　三　衆議院を解散すること。
> 　四　国会議員の総選挙の施行を公示すること。
> 　五　国務大臣及び法律の定めるその他の官吏の任免並びに全権委任状及び大使及び公使の信任状を認証すること。
> 　六　大赦，特赦，減刑，刑の執行の免除及び復権を認証すること。
> 　七　栄典を授与すること。
> 　八　批准書及び法律の定めるその他の外交文書を認証すること。
> 　九　外国の大使及び公使を接受すること。
> 　十　儀式を行ふこと。

首相・最高裁長官の任命　憲法上規定された天皇の行為には，国事行為として7条に列挙されたもののほかに，内閣総理大臣および最高裁判所長官の任命（憲6）ならびに国事行為の委任（憲4②）があるが，これらを含め「憲法が明文で認めた天皇の権限はすべて国事行為だ」[20]とみるのが一般的である。なかでも行政権および司法権の長を天皇みずから任命する行為は，天皇の象徴性とのかかわりにおいて，国政上最も重要な意味をもつ国事行為を，7条とは別の条文をもって特に規定したものといえよう。

「天皇は，国会の指名に基いて，内閣総理大臣を任命する」（憲6①）。誰を内閣総理大臣にするかを実質的に決定するのは国会であり，天皇は国会の指名どおりにこれを

---

20)　渋谷秀樹・赤坂正浩『憲法2統治（第3版）』（有斐閣アルマ，2007年）292頁〔赤坂執筆〕。

任命しなければならない。また，内閣が総辞職したときは，「内閣は，あらたに内閣総理大臣が任命されるまで引き続きその職務を行ふ」(憲71) とされているので，新首相の任命に際しての「助言と承認」は総辞職した前内閣が行うことになるが，これももっぱら形式的な行為であり，前内閣の主体的意思が介在する余地はない。

「天皇は，内閣の指名に基いて，最高裁判所の長たる裁判官を任命する」(憲6②)。この場合は，誰を最高裁判所長官にするかを実質的に決定するのも，「助言と承認」を行うのも内閣であり，長官以外の判事も内閣が任命する (憲79①) ので，結局のところ，最高裁判所のすべての裁判官の人事は内閣が決定することになる。

行政権と司法権の長の任命を天皇の国事行為とした理由は，「天皇に象徴として機能するための『場』を提供することにあった」[21]とみるのが妥当であろう。天皇によって任命されるからといって，内閣総理大臣の権威が高まるわけでも，最高裁判所の独立性が強まるわけでもない。しかし，首相や最高裁長官は，国会や内閣による指名を通じて，その時どきの国民の政治的意思に対して責任を負うだけでなく，天皇による任命を通じて，国家のいわば歴史的意思に対しても道義的な責任を負うと考えれば，親任式(天皇が首相・最高裁長官を任命する儀式)は，天皇が象徴として機能する「場」としての重要な意味をもつことになろう。

7条に列挙された国事行為　憲法7条柱書は，すべての国事行為に内閣の助言と承認を求める3条所定の原則を復唱しつつ，1～10号にわたり，8種の国事行為を列挙している。

(1) 法令等の公布 (1号)　公布とは，成立した法令等を広く国民に知らせることをいう。憲法改正は国民投票における過半数の賛成 (憲96①)，法律は国会の議決 (憲59)，政令は内閣の決定 (憲73六) により成立し，天皇による公布を経て施行される (公布は法令の施行要件だが成立要件ではない)。公布の形式については法令上の定めがないが，天皇の御名御璽(「御名」は天皇の署名，「御璽」は「天皇御璽」と書かれた天皇の印)と内閣総理大臣の副署を附して官報に正文を登載することが慣行となってい

---

[21]　野中俊彦・中村睦男・高橋和之・高見勝利『憲法Ⅰ (第4版)』(有斐閣，2006年) 125頁〔高橋執筆〕。

(2) 国会の召集（2号）　国会の召集とは，国会議員を集会させ，会期を開始させる行為をいう。召集の決定権が誰にあるかについて，憲法は，臨時会の召集の決定が内閣の権限であることを述べる（憲53）のみで，他の会期については定めを置いていないが，天皇は国政権能を有しないので，常会や特別会についても，召集を実質的に決定する権限は内閣にあると解される。召集は，天皇の御名御璽と内閣総理大臣の副署を附した詔書の形式で行われる。

なお，参議院の緊急集会（憲54②）は，天皇が召集する国会には含まれない。

(3) 衆議院の解散（3号）　解散とは，任期満了前に議員全員の身分を終了させることを意味する。解散の実質的決定権が誰にあるかについても，憲法には明文の定めがないが，天皇は国政権能を一切もっていないので，内閣が「助言と承認」を通じて実質的な決定を行うものと解されている（第12章3 2参照）。「日本国憲法第七条により，衆議院を解散する」と書かれ，天皇の御名御璽と内閣総理大臣の副署を附した解散詔書は，内閣官房長官により衆議院議長に伝達され，議長が詔書を読み上げるのが通例である。

(4) 選挙施行の公示（4号）　「総選挙」(general election) とは，一般に，議院の構成員全員を改選することを意味し，公職選挙法も，議員全員を改選する衆議院議員選挙を「総選挙」，3年ごとに半数を改選する参議院議員選挙を「通常選挙」と呼んで区別している。憲法7条4号では「国会議員の総選挙」という表現が用いられているが，ここにいう「総選挙」には参議院議員の通常選挙も含まれるものと解釈せざるをえない。天皇が施行の公示を行う選挙は，全国規模で同時に実施される選挙を意味し，補欠選挙や再選挙は含まれない。また，施行期日の実質的決定権は内閣にあると考えられている。

(5) 認証（5号・6号・8号）　認証とは，一定の行為が正当な手続で行われたことを公に証明する行為である。認証は形式的行為であり，認証された国家行為の効力発生要件ではない。天皇が認証する国家行為として，憲法7条5号は，「国務大臣及び法律の定めるその他の官吏の任免」，「全権委任状」，「大使及び公使の信任状」の三つを，同6号は，「大赦，特赦，減刑，刑の執行の免除及び復権」を，さらに同8号

は、「批准書及び法律の定めるその他の外交文書」を挙げている。

憲法6条1項により、内閣総理大臣は天皇によって「任命」されるので、7条5号にいう「国務大臣」には、内閣総理大臣は含まれない。また、国務大臣の任命の認証に対する「助言と承認」は、内閣ではなく内閣総理大臣が行っている。任免に際し、天皇による認証を必要とする官職を「認証官」というが、どの官職を認証官とするかは憲法および個別の法律で定められている。

7条6号に列挙されている事項は「恩赦」と総称される。恩赦とは、公訴権（検察官が裁判所に対して刑事事件の審判を請求する権利）を消滅させ、または刑の言渡しの効果の全部または一部を消滅させる行為を意味する。恩赦の決定権は内閣にある（憲72七）。

「全権委任状」とは、条約締結など外交交渉のための権限を外交使節に付与する旨の委任状を、「信任状」とは、特定の人を外国駐在の外交使節として派遣する旨を表示した文書を、「批准書」とは、条約の内容を最終的に確定する旨の意思を表明する文書を意味する。外交関係の処理は内閣の事務なので（憲73二）、これらの文書の作成権もすべて内閣に属する。

(6) 栄典の授与（7号）　国が特定の者に対し、その栄誉を表彰するために与える特殊な地位を、栄典という。恩赦の場合と同じく、その実質的な決定権は内閣にあると解されるが、認証ではなく、授与そのものが天皇の行為とされていることは、栄典に無形の重みを加えることになる。これも、天皇が象徴として機能する一つの重要な「場」と捉えることができるだろう。

(7) 接受（9号）　他国の外交使節または領事機関の長を国家として受け入れることを、接受という。国際法上、接受とは、他国の外交使節に対してアグレマン（特定の人を外交使節として派遣することについて、接受国が、それに反対がない旨の意思表示をすること）を与え、その大使・公使が携えてきた信任状を受理する行為を意味するが、外交関係の処理は内閣の事務なので（憲73二）、天皇の行為は外交使節を接待する儀礼的な行為であると解さなければ辻褄が合わない。しかしながら、実際の外交では、外国からの外交使節の信任状は天皇を名宛人とするのが通例であり、外交使節が天皇に信任状を奉呈することも行われている。

(8) **儀式（10号）**　ここにいう「儀式」とは，即位の礼（典 24 新天皇即位の事実を公に示す儀式）や大喪の礼（典 25 天皇が崩御したときに行われる儀式）など，天皇が主宰して行われる公的儀式を指し，天皇以外の者が主催する公的儀式（国民体育大会や植樹祭など）への天皇の参加は含まれない。

なお，政教分離原則（憲 20 ③）（第 6 章 **2 4** 参照）に照らし，国事行為としての儀式は宗教的性格を有するものであってはならないので，大嘗祭（天皇が即位後に初めて新穀を神前に供える儀式）などは，国事行為としてではなく，皇室の行事として行われている。

公的行為　天皇は，憲法に定める国事行為以外にも，国会開会式での「おことば」朗読，国内巡幸，外国元首の歓迎行事，親書・親電の交換，園遊会の開催などの行為を行っている。これらは国事行為ではないが，かといって純然たる私的行為ともいえない性格のものである。こうした行為をすべて違憲とする少数説もあるが，通説はこれを象徴あるいは公人としての公的行為と捉え，合憲と説明している。

3　臨時代行・摂政

> **憲法 4 条 2 項**　天皇は，法律の定めるところにより，その国事に関する行為を委任することができる。
> **国事行為の臨時代行に関する法律 2 条 1 項**　天皇は，精神若しくは身体の疾患又は事故があるときは，摂政を置くべき場合を除き，内閣の助言と承認により，国事に関する行為を皇室典範（昭和二十二年法律第三号）第十七条の規定により摂政となる順位にあたる皇族に委任して臨時に代行させることができる。
> **国事行為の臨時代行に関する法律 3 条**　天皇は，その故障がなくなつたとき，前条の規定による委任を受けた皇族に故障が生じたとき，又は同条の規定による委任をした場合において，先順位にあたる皇族が成年に達し，若しくはその皇族に故障がなくなつたときは，内閣の助言と承認により，同条の規定による委任を解除する。
> **憲法 5 条**　皇室典範の定めるところにより摂政を置くときは，摂政は，天皇の名でその国事に関する行為を行ふ。この場合には，前条第一項の規定を準用する。
> **皇室典範 22 条**　天皇，皇太子及び皇太孫の成年は，十八年とする。
> **皇室典範 16 条**　①　天皇が成年に達しないときは，摂政を置く。
> ②　天皇が，精神若しくは身体の重患又は重大な事故により，国事に関する行為をみ

ずからすることができないときは、皇室会議の議により、摂政を置く。
皇室典範17条 ① 摂政は、左の順序により、成年に達した皇族が、これに就任する。
一 皇太子又は皇太孫
二 親王及び王
三 皇后
四 皇太后
五 太皇太后
六 内親王及び女王
② 前項第二号の場合においては、皇位継承の順序に従い、同項第六号の場合においては、皇位継承の順序に準ずる。

天皇が国事行為をみずから行うことができない場合に、これを代行する制度として、憲法は臨時代行と摂政の二種を定めている。

臨時代行　憲法4条2項は、「天皇は、法律の定めるところにより、その国事に関する行為を委任することができる」と定める。国事行為の臨時代行に関する法律2条1項によれば、天皇に精神もしくは身体の疾患または事故があるが、摂政を置くほどではないような場合に、天皇は、内閣の助言と承認により、摂政となるべき順位にある皇族に国事行為を委任することができる。天皇が外国訪問のため不在となる場合などは、ここにいう「事故」に該当する。臨時代行は、特定の原因が生じたときに天皇の意思によって置かれる任意代理機関であり、故障がなくなったときは、内閣の助言と承認により、天皇が委任を解除する（国事代行3）。

摂政　憲法5条は、「皇室典範の定めるところにより摂政を置くときは、摂政は、天皇の名でその国事に関する行為を行ふ」と定める。皇室典範16条によれば、摂政は、天皇が精神もしくは身体の重患または重大な事故により国事に関する行為をみずからすることができないと皇室会議（皇族2人、衆議院議長・副議長、参議院議長・副議長、内閣総理大臣、宮内庁長官、最高裁判所長官、最高裁判所裁判官1人の、計10人で組織される。）で認められた場合に、天皇の意思にかかわらず、法律上当然に設置される法定代理機関（代理権が直接法律等によって与えられる代理機関）である。摂政は、成年に達した皇族でなければならないが、皇位継承資格のない女性皇族にも摂政就任資格は認められている（典17）。

摂政は，天皇と同じく，国事行為のみを行い，国政権能を有しない（憲5準用規定）が，「天皇の名で」（憲5）行われる摂政による国事行為は，天皇が行うのと同じ法的効果を有する。ただし，象徴としての属性は天皇に専属し，摂政にはこの性格は認められないと解されている。

3 皇室経済

I 皇室経済の原則

> 憲法88条 すべて皇室財産は，国に属する。すべて皇室の費用は，予算に計上して国会の議決を経なければならない。
> 皇室経済法3条 予算に計上する皇室の費用は，これを内廷費，宮廷費及び皇族費とする。
> 皇室経済法4条 ① 内廷費は，天皇並びに皇后，太皇太后，皇太后，皇太子，皇太子妃，皇太孫，皇太孫妃及び内廷にあるその他の皇族の日常の費用その他内廷諸費に充てるものとし，別に法律で定める定額を，毎年支出するものとする。
> ② 内廷費として支出されたものは，御手元金となるものとし，宮内庁の経理に属する公金としない。
> ③④ （省略）
> 皇室経済法5条 宮廷費は，内廷諸費以外の宮廷諸費に充てるものとし，宮内庁で，これを経理する。
> 皇室経済法6条 ① 皇族費は，皇族としての品位保持の資に充てるために，年額により毎年支出するもの及び皇族が初めて独立の生計を営む際に一時金額により支出するもの並びに皇族であつた者としての品位保持の資に充てるために，皇族が皇室典範の定めるところによりその身分を離れる際に一時金額により支出するものとする。その年額又は一時金額は，別に法律で定める定額に基いて，これを算出する。
> ②～⑦ （省略）
> ⑧ 第四条第二項の規定は，皇族費として支出されたものに，これを準用する。
> ⑨ （省略）

明治憲法下の天皇は，皇室自律主義（皇室に関する事項には国民，国務大臣，議会の干渉を認めないとする考え方）の下に，土地や山林など膨大な私有財産を有し，それが天皇の政治的影響力の源泉にもなっていた。この弊害を防ぐため，日本国憲法88条は，「すべて皇室財産は，国に属する。すべて皇室の費用は，予算に計上して国会の議決を経なければならない」と定め，皇室財産の国有と皇室費用の国会議決を，皇室経済の原則としている。ただし，天皇や皇族の生活必需品のようなものまですべて国有財産とすることは現実的ではないので，そのような純然たる私的財産以外を国有財産とし，必要な経費を国費から支出している。

　皇室経済法3条によれば，皇室の費用は，内廷費，宮廷費，皇族費の三種に区分して予算に計上される。内廷費は，天皇や皇族の日常の費用等に充てるもので，御手元金（純然たる私的使用のための金）となり，宮内庁の経理に属する公金としない（皇経4）。宮廷費は，内廷費以外の宮廷諸費に充てるもので，公金として，宮内庁が経理する（皇経5）。皇族費は，皇族の品位保持の資に充てる等のための費用で，内廷費と同じく私的な御手元金として扱われる（皇経6）。内廷費・皇族費として受ける給付には，所得税は課されない（所税9①十二）。

2　皇室財産の授受に対する制限

> 憲法8条　皇室に財産を譲り渡し，又は皇室が，財産を譲り受け，若しくは賜与することは，国会の議決に基かなければならない。
> 皇室経済法2条　左の各号の一に該当する場合においては，その度ごとに国会の議決を経なくても，皇室に財産を譲り渡し，又は皇室が財産を譲り受け，若しくは賜与することができる。
> 　一　相当の対価による売買等通常の私的経済行為に係る場合
> 　二　外国交際のための儀礼上の贈答に係る場合
> 　三　公共のためになす遺贈又は遺産の賜与に係る場合
> 　四　前各号に掲げる場合を除く外，毎年四月一日から翌年三月三十一日までの期間内に，皇族がなす賜与又は譲受に係る財産の価額が，別に法律で定める一定価額に達するに至るまでの場合

憲法8条は，「皇室に財産を譲り渡し，又は皇室が，財産を譲り受け，若しくは賜与することは，国会の議決に基かなければならない」と定める。これは，皇室が私有財産を増大させたり，特定の者との結びつきを強めたりすることを防ぐため，皇室の財産の授受を制限するものである。ただし，皇室経済法2条は，その度ごとに国会の議決を経る必要のない事項として，通常の売買，外国交際のための儀礼上の贈答，公共のためになす遺贈または遺産の賜与，年間の合計額が法律で定める一定額以内の財産授受を挙げている。

第3章 戦争の放棄

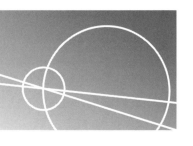

1 平和主義の理念

1　18世紀末～19世紀における憲法の非戦規定

> フランス1791年憲法6編1条[1]　フランス国民は，征服を目的としたいかなる戦争を企てることも放棄し，他の人民の自由に対してその武力を決して行使しない。
> ブラジル1891年憲法88条[2]　ブラジル合衆共和国は，いかなる場合においても，直接的にせよ間接的にせよ，自国のみによる，または他国と同盟しての征服戦争には着手しない。

　平和主義の思想を成文憲法典に初めて規定したのは，1791年のフランス憲法である。同憲法6編1条は，征服を目的とした戦争を放棄し，他国民の自由に対して武力を行使しないという，フランス国民の意思を明記していた。征服戦争放棄の趣旨は，1891年のブラジル憲法88条にもみられた。

　18世紀末から19世紀にかけて現れた憲法の非戦規定の意義は，第一義的には，国内（法）的な側面に見出される。「征服戦争の放棄」とは，憲法により，戦争を行う国王の権限に制約を加えること，すなわち，国家権力の制限を意味するからである。

---

1)　フランス1791年憲法の邦訳は，中村義孝（編訳）『フランス憲法史集成』（法律文化社，2003年）38頁による。
2)　ブラジル1891年憲法の邦訳は，Georgetown University Political Database of the Americas (http://pdba.georgetown.edu/Constitutions/Brazil/brazil1891.html（2011.2.18）ブラジル1891年憲法ポルトガル語版正文）より筆者が訳出。

戦争に関する国家機関の権限を制限すれば戦争の機会は少なくなるという非戦の考え方は，国民の自由を守るためには国家権力を制限しなければならないとする近代的な人権思想にも合致した。国家権力の濫用から国民の自由を守ることと戦争の否定とは，発想の根底において，密接に結びついていたのである。

しかし，当時はまだ近代的な国際法の体系が成立していなかったため，一国のみがその国内法である憲法で征服戦争の放棄を謳っても，対外的には宣言の域を出ず，少なくとも法的な意義をもつものとはなりえなかった。また，非戦の思想も，当然のことながら，他国による侵略から自国を守るために行われる戦争まで放棄したり否定したりするものではなかった。

2　戦争の違法化

> 1928年不戦条約（「戦争ノ抛棄ニ関スル条約」）1条　締約国ハ国際紛争解決ノ為戦争ニ訴フルコトヲ非トシ且其ノ相互関係ニ於テ国家ノ政策ノ手段トシテノ戦争ヲ抛棄スルコトヲ其ノ各自ノ人民ノ名ニ於テ厳粛ニ宣言ス
>
> 1931年スペイン第二共和制憲法6条[3]　スペインは，国策の手段としての戦争を放棄する。
>
> 1935年フィリピン共和国憲法2条3節[4]　フィリピンは，国策の手段としての戦争を放棄し，一般的に確立された国際法上の諸原則を国法に編入する。
>
> 国際連合憲章1条　国際連合の目的は，次のとおりである。
> 1　国際の平和及び安全を維持すること。そのために，平和に対する脅威の防止及び除去と侵略行為その他の平和の破壊の鎮圧とのため有効な集団的措置をとること並びに平和を破壊するに至る虞のある国際的の紛争又は事態の調整または解決を平和的手段によつて且つ正義及び国際法の原則に従つて実現すること。
> 2～4　（省略）
>
> 国際連合憲章2条　この機構及びその加盟国は，第一条に掲げる目的を達成するに当つ

---

[3]　1931年スペイン第二共和制憲法の邦訳は，拙稿「〔資料〕（邦訳）スペイン1931年憲法」『山梨大学教育人間科学部紀要』6巻2号（2005年3月）155頁参照。

[4]　1935年フィリピン共和国憲法の邦訳は，Corpus Juris website（http://www.thecorpusjuris.com/laws/constitutions/8-philippineconstitutions/66-1935-constitution.html（2011.2.18）1935年フィリピン共和国憲法正文）より筆者が訳出。

ては、次の原則に従つて行動しなければならない。
1～3　（省略）
4　すべての加盟国は、その国際関係において、武力による威嚇又は武力の行使を、いかなる国の領土保全又は政治的独立に対するものも、また、国際連合の目的と両立しない他のいかなる方法によるものも慎まなければならない。

国際連合憲章51条　この憲章のいかなる規定も、国際連合加盟国に対して武力攻撃が発生した場合には、安全保障理事会が国際の平和及び安全の維持に必要な措置をとるまでの間、個別的又は集団的自衛の固有の権利を害するものではない。この自衛権の行使に当つて加盟国がとつた措置は、直ちに安全保障理事会に報告しなければならない。また、この措置は、安全保障理事会が国際の平和及び安全の維持または回復のために必要と認める行動をいつでもとるこの憲章に基く権能及び責任に対しては、いかなる影響も及ぼすものではない。

イタリア共和国憲法（1948年）11条[5]　イタリアは、他国民の自由に対する攻撃の手段としての、および国際紛争を解決する手段としての戦争を放棄し、他国と同等の条件で、諸国家間の平和と正義を保障する機構に必要な主権の制限に同意し、この目的のための国際組織を促進し、かつ助成する。

ドイツ連邦共和国基本法（1949年）26条1項[6]　諸国民の平和的共存を阻害するおそれがあり、かつこのような意図でなされた行為、とくに侵略戦争の遂行を準備する行為は、違憲である。これらの行為は処罰される。

コスタリカ憲法（1949年）12条[7]　① 　常備軍は禁止される。
② 　公の秩序の監視および維持のため、必要な警察力を置く。
③ 　軍隊は、大陸協定によりまたは国防のためにのみ、これを組織することができる。いずれの場合も、軍隊は、文民権力に服従する。軍隊は、審議することができず、個人的または集団的に、声明または宣言を出すことができない。

パナマ憲法（1972年）305条[8]　① 　パナマ共和国は、軍隊を保有しない。すべてのパナ

---

5) イタリア共和国憲法の邦訳は、阿部照哉・畑博行（編）『世界の憲法集（第四版）』有信堂、21頁〔阿部照哉訳〕による。

6) ドイツ連邦共和国憲法の邦訳は、前掲書286頁〔永田秀樹訳〕による。

7) コスタリカ憲法の邦訳は、DERECONS: Red Académica de Derecho Constitucional (http://bib.cervantesvirtual.com/servlet/SirveObras/12048752021207172976624/p0000001.htm#I_1_ (2011.2.18) 1949年コスタリカ憲法（スペイン語版正文）より筆者が訳出。

8) パナマ憲法の邦訳は、DERECONS: Red Académica de Derecho Constitucional (http://bib.cervantesvirtual.com/servlet/SirveObras/01361608613462726977802/p0000001.htm#I_1_ (2011.2.18) 1972年パナマ憲法（スペイン語版正文）より筆者が訳出。

マ人は，国の独立および領土保全のために武器をとる義務を負う。
② 公（おおやけ）の秩序の維持，国の管轄下にあるすべての者の生命，栄誉および財産の保護のため，また，犯罪行為を防止するため，法律により，各別の指揮命令系統を有する，必要な警察機構を組織するものとする。
③ 外国からの侵略の脅威に対しては，法律に基づいて，一時的に，国境および共和国領土を保護するための特別警察機構を組織することができる。共和国大統領は，本編に定めるすべての機構の長である。警察官および特別警察官は，公務員として，文民権力に服従し，それゆえに，その法律上の職務の遂行に際しては，国，県または市町村が発する命令を遵守（じゅんしゅ）しなければならない。

　第一次世界大戦後，平和のための国際秩序構築への気運が高まり，ベルサイユ条約(1919年) および同条約第1編に基づいて定められた国際連盟規約をはじめとして，「戦争の違法化」を企図する国際条約が相次いで成立していった。なかでも重要なのは，1928年にアメリカ，イギリス，ドイツ，フランス，イタリア，日本をはじめとする15か国が署名し，その後，ソビエト連邦など63か国が署名した不戦条約(正式名称は「戦争ノ抛棄（ほうき）ニ関スル条約」。「パリ不戦条約」，「ケロッグ・ブリアン協定」などとも通称される。) である。同条約1条は，「国際紛争解決のための戦争」あるいは「国家の政策の手段としての戦争」を違法な戦争として，これを放棄すること，すなわち侵略戦争の放棄を国際的な約束として宣言した。国際社会におけるこのような流れに呼応するように，スペイン憲法 (1931年) やフィリピン憲法 (1935年) などが，「国策の手段としての戦争の放棄」を規定した。

　残念ながら国際社会は，第二次世界大戦の惨禍（さんか）を避けることができなかったが，国際連盟の反省もふまえ，1945年に制定された国際連合憲章は，集団安全保障を通じた国際の平和および安全の維持を目的とし (国連憲章1一)，これを達成するために，「すべての加盟国は，その国際関係において，武力による威嚇（いかく）又は武力の行使を，いかなる国の領土保全又は政治的独立に対するものも，また，国際連合の目的と両立しない他のいかなる方法によるものも慎まなければならない」 (国連憲章2四) と規定し，不戦条約の趣旨と相俟（あいま）って，侵略戦争の違法化を国際社会の共通了解として確立した。その後，イタリア共和国憲法 (1948年)，ドイツ連邦共和国基本法 (1949年) をはじめ，諸国の憲法に侵略戦争の否認を内容とする規定が現れたが，[9] 19世紀までの状況

とは異なり、国内法である憲法の非戦規定は、国際法による（完全ではないにしても一応の）保障を得て、単なる宣言ではなく、対外的にも法規としての一定の意義をもつに至ったといえる。

　しかしその一方で、国際社会においては、すべての戦争や武力行使が違法とされ禁止されたわけではない。後述するように、国連憲章51条は、すべての加盟国が「個別的又は集団的自衛の固有の権利」を保持し、「安全保障理事会が国際の平和及び安全の維持に必要な措置をとるまでの間」はこれを行使することができることを確認している。つまり、他国による武力攻撃から自国を守るための戦争（自衛戦争）までが違法とされ、否認されているわけではない。"軍隊（常備軍）をもたない国"としてしばしば引き合いに出されるコスタリカの憲法（1949年）も、大陸協定に基づき、または国防のためであれば、軍隊を組織することができ、その場合には、軍隊が文民統制に服する旨を明記しているのである（12条3項）。コスタリカに学び、1994年の改正で軍隊の不保持を定めたパナマ憲法305条も、「国の独立および領土保全のために武器をとる義務」を国民に課し、外国からの侵略の脅威に対しては、特別警察機構を一時的に組織して対処することを定めている。軍隊のない国だからといって、その憲法が国家に固有の自衛権まで否定しているわけではまったくないのである。

---

9) 西修教授によれば、2009年6月末現在で、イタリアやドイツのほかに、「侵略ないし征服戦争の否認」を謳う憲法をもつ国には、フランス（1958年、前文）、キューバ（1976年、12条）、韓国（1987年、5条）、バーレーン（2002年、30条）などが、「国際紛争を解決する手段としての戦争放棄」を謳う憲法をもつ国には、日本（1946年、9条）、ハンガリー（1989年、6条）、アゼルバイジャン（1995年、9条）、エクアドル（1998年、4条）が、「国家政策を遂行する手段としての戦争放棄」を謳う憲法をもつ国には、フィリピン（1987年、2条2節）がある。（西修『現代世界の憲法動向』成文堂、2011年、3頁以下。）

10) コスタリカは、アメリカ合衆国とラテンアメリカ諸国の平和・安全の維持および社会・経済・文化の発展を目的とする米州機構（OAS：Organization of the American States）の加盟国であり、コスタリカ憲法12条にいう「大陸協定」とは、具体的には、米州相互援助条約（リオ条約）を指している。同条約3条1項は、「米州の一国に対するいかなる国による武力攻撃も、米州のすべての国に対する攻撃とみなされる」と定め、国連憲章51条にいう集団的自衛権を明文化している。常備軍をもたないコスタリカが突如外国から武力攻撃を受けた場合には、即時に自国の軍隊を組織することは不可能であるから、米州機構に助けを求め、集団的自衛権の作用によって、自国の防衛を図るということになる。

2 憲法9条

I 憲法9条の成立

　日本国憲法9条の原型は，いわゆるマッカーサー三原則（マッカーサー・ノート）（第2章 **1** I参照）に見出される。その第二原則には，「国家の主権的権利としての戦争は，放棄される。日本は，紛争解決の手段としての戦争および自己の安全を保持する手段としての戦争をも，放棄する。日本はその防衛および保護を，今や世界を動かしつつある崇高な理想にゆだねる。／日本のいかなる陸海空軍も認められず，日本軍には一切の交戦権も認められない。」と記されていた。ここでは「自己の安全を保持する手段としての」戦争，すなわち自衛戦争をも放棄する旨が明確に述べられていた。

　しかし，1946（昭和21）年2月13日に日本政府に手渡された総司令部案（マッカーサー草案）では，「自己の安全を保持する手段としての」戦争をも放棄する旨の文言は削除されていた[11]。この総司令部案をベースに日本政府が作成し発表した「憲法改正草案要綱」（同年3月6日）にも，自衛戦争の放棄を明示する文言はなかった[12]。

　帝国議会衆議院の帝国憲法改正案特別委員会小委員会での審議において，芦田均委員長の発案により，9条1項の冒頭に「日本国民は，正義と秩序を基調とする国際平和を誠実に希求し」という文言が，また，同2項の冒頭に「前項の目的を達するため」という文言が，それぞれ追加された。このいわゆる「芦田修正」がどのような意図によるものであったのかについては議論があるが，この修正の結果，9条2項は，自衛のためであれば戦力を保持しうるとの解釈が可能となり，その意味を察知した極東委員会の強い要求により，文民条項（憲66②）が追加されることとなった（第12章 **3** I参照）。

---

11) 総司令部案（マッカーサー草案）8条「国権の発動たる戦争は，これを廃止する。武力による威嚇または武力の行使は，他国との紛争を解決する手段としては，永久にこれを放棄する。／陸海空軍その他の戦力は決して許諾されず，交戦権は決して国家に授与されることはない。」
12) 憲法改正草案要綱（3月6日）9条「国ノ主権ノ発動トシテ行フ戦争 及 武力ニ依ル威嚇又ハ武力ノ行使ヲ他国トノ間ノ紛争ノ解決ノ具トスルコトハ永久ニ之ヲ抛棄スルコト／陸海空軍其ノ他ノ戦力ノ保持ハ之ヲ許サズ国ノ交戦権ハ之ヲ認メザルコト」

2 前文の描く国際社会像と平和的生存権

> 憲法前文　日本国民は，正当に選挙された国会における代表者を通じて行動し，われらとわれらの子孫のために，諸国民との協和による成果と，わが国全土にわたつて自由のもたらす恵沢を確保し，政府の行為によって再び戦争の惨禍が起ることのないやうにすることを決意し，ここに主権が国民に存することを宣言し，この憲法を確定する。そもそも国政は，国民の厳粛な信託によるものであつて，その権威は国民に由来し，その権力は国民の代表者がこれを行使し，その福利は国民がこれを享受する。これは人類普遍の原理であり，この憲法は，かかる原理に基くものである。われらは，これに反する一切の憲法，法令及び詔勅を排除する。
> 　日本国民は，恒久の平和を念願し，人間相互の関係を支配する崇高な理想を深く自覚するのであつて，平和を愛する諸国民の公正と信義に信頼して，われらの安全と生存を保持しようと決意した。われらは，平和を維持し，専制と隷従，圧迫と偏狭を地上から永遠に除去しようと努めてゐる国際社会において，名誉ある地位を占めたいと思ふ。われらは，全世界の国民が，ひとしく恐怖と欠乏から免かれ，平和のうちに生存する権利を有することを確認する。
> 　われらは，いづれの国家も，自国のことのみに専念して他国を無視してはならないのであつて，政治道徳の法則は，普遍的なものであり，この法則に従ふことは，自国の主権を維持し，他国と対等関係に立たうとする各国の責務であると信ずる。
> 　日本国民は，国家の名誉にかけ，全力をあげてこの崇高な理想と目的を達成することを誓ふ。

前文の描く国際社会像　日本国憲法の前文には，平和主義の理念が表現されている。ここでは，先の大戦の惨禍が「政府の行為によつて」引き起こされたものであるとの認識が示され，その文脈において，戦争を引き起こさない政府，すなわち，「恒久の平和を念願」する日本国民が主権者となり，その代表者によって運営される政府の樹立が目指されている。

しかしながら，憲法は，世界平和の構築へ向けて日本国民が積極的に行動することを求めているのではなく，「平和を愛する諸国民」で構成され，「平和を維持し，専制と隷従，圧迫と偏狭を地上から永遠に除去しようと努めてゐる国際社会」というものがすでに存在することを前提として，そのなかで日本が「名誉ある地位を占め」る

こと，すなわち，自国の政府が戦争を引き起こしたことを悔い改め，平和愛好的な国際社会の一員として認めてもらうことを切望しているにすぎない。自国の安全と生存は「平和を愛する諸国民の公正と信義に信頼して」保持すると述べているが，これも，理念というよりは，完全に武装解除され，占領国の軍事力によって守られていた敗戦直後の日本の現実そのものであった。

このように，前文の記述は，いわば戦争の始末書のようなものであるが，わが国では，前文と9条が徹底した平和主義に根ざしていることの画期性が強調され，あたかも日本が世界諸国の先頭に立って国際平和への道を邁進しているかのような理解が示されることが多い。その反面，前文3段にみられる「自国のことのみに専念して他国を無視してはならない」という文言は，平和のための国際貢献を求めているはずであるのに，その意義を顧慮することが意図的に避けられているようにみえる。

平和的生存権　　前文2段にいう「恐怖と欠乏から免かれ，平和のうちに生存する権利」は，「平和的生存権」と呼ばれ，その法的性格，とりわけ裁判規範性の有無が問題となる。新しい人権の一つとして，平和的生存権に裁判規範性を認めるべきであるとする学説も存在するが，一般には，それは単なる理念を示すものにすぎず，裁判規範性を有するものではないと解されている。

もっとも，下級審判例のなかには，平和的生存権の裁判規範性を認めたものがないわけではない。後述する「長沼事件」の一審判決（札幌地判昭48・9・7判時712・24判タ298・140）は，「保安林制度の目的も，……憲法の基本原理である民主主義，基本的人権尊重主義，平和主義の実現のために地域住民の『平和のうちに生存する権利』（憲法前文）すなわち平和的生存権を保護しようとしているものと解するのが正当である。したがつて，もし被告のなんらかの森林法上の処分によりその地域住民の右にいう平和的生存権が侵害され，また侵害される危険がある限り，その地域住民にはその処分の瑕疵を争う法律上の利益がある」と述べ，平和的生存権を援用して原告適格（原告に「訴えの利益」があること）を認めた。近年では，「自衛隊イラク派遣違憲訴訟」の二審判決（名古屋高判平20・4・17判時2056・74判タ1313・137）が，「平和的生存権は，局面に応じて自由権的，社会権的又は参政権的な態様をもって表れる複合的な権利ということができ，裁判所に対してその保護・救済を求め法的強制措置の発動を請求し得

るという意味における具体的権利性が肯定される場合がある」と述べている。しかしながら，上記「長沼事件」の二審判決（札幌高判昭51・8・5行集27・8・1175）は，平和的生存権は「裁判規範として，なんら現実的，個別的内容をもつものとして具体化されているものではない」として，裁判規範性を否定し，最高裁判決（最一判昭57・9・9民集36・9・1679）は，平和的生存権には直接触れることなく，「訴えの利益」が失われたとして上告を棄却した。結果的に，現時点で，平和的生存権の裁判規範性を認めた最高裁判例は存在しない。

3　憲法9条の論理構造

> 憲法9条　①　日本国民は，正義と秩序を基調とする国際平和を誠実に希求し，国権の発動たる戦争と，武力による威嚇又は武力の行使は，国際紛争を解決する手段としては，永久にこれを放棄する。
> ②　前項の目的を達するため，陸海空軍その他の戦力は，これを保持しない。国の交戦権は，これを認めない。

後述するように，憲法9条をめぐっては，それが法規範であることを疑わせるほど数多くの，そして極端に内容の異なる解釈が示されてきたが，それはほかならぬ9条自体の論理構造に起因するものである。9条には，大きく分けて，「戦争の放棄」，「戦力の不保持」および「交戦権の否認」という三つの原則が掲げられているが，これらにはそれぞれ以下のような相反する解釈が可能となっている。

　戦争の放棄　　憲法9条1項に述べられた「戦争の放棄」の意義をめぐっては，放棄された戦争等の種類あるいは範囲がどのようなものであるか，端的にいえば，自衛のための戦争も含めて放棄されているのか否かが問題となる。解釈の分かれ目は，「国際紛争を解決する手段としては」という挿入句をどのように理解するかにある。

　「……としては」という表現は，条件づけあるいは限定を意味するとみるのが，日本語の素直な読み方であろう。そのように読めば，9条1項は「国際紛争を解決する手段としての戦争」に限定してこれを放棄したものであると解されることになる。「国際紛争を解決する手段としての戦争」がどのような戦争であるかについては，先

に触れた不戦条約や国連憲章の趣旨に照らし，国際法上違法とされている戦争，すなわち侵略戦争を意味するとみるのが一般的である。結論として，9条1項は侵略戦争の放棄を定めたものであって，自衛のための戦争あるいは武力行使まで否定する趣旨ではないとする解釈が成り立つことになる。後述する「砂川事件」の最高裁判決（最大判昭34・12・16刑集13・13・3225）は，憲法9条の平和主義の精神が「侵略戦争と国際紛争解決のための武力行使を永久に放棄する」ことにあると解している。

一方，戦争というものはすべて国際紛争を解決する手段として行われるものであるとみる立場からは，過去に多くの戦争が自衛の名の下に行われてきたという歴史的事実にかんがみて，「国際紛争を解決する手段としては」という語句に特段の条件づけあるいは限定の意義を認めず，9条1項は，自衛戦争も含めすべての戦争を放棄したものと解し，そこに「世界に類をみない」徹底した平和条項としての特質を見出す見解が示されることになる。

戦力の不保持　憲法9条2項前段に述べられた「戦力の不保持」の意義をめぐっては，それが一切の戦力の保持を禁じているのか，端的にいえば，自衛のためであっても戦力を保持することは許されないのかが問題となる。解釈の分かれ目は，「芦田修正」で追加された「前項の目的を達するため」という語句をどのように理解するかにある。1項には「目的」という言葉が見当たらないからである。

1項の場合と異なり，「前項の目的を達するため」という語句には，特段の条件づけや限定の意義を認めないのが，日本語の素直な読み方であろう。そのうえで，あえて1項の「目的」を探すとすれば，それは「正義と秩序を基調とする国際平和を誠実に希求」することに見出されるが，2項前段の骨格はあくまでも「陸海空軍その他の戦力は，これを保持しない」ことにあるから，たとえ自衛のためであっても，戦力を保持することは禁じられていると解されることになる。仮に1項の趣旨を「侵略戦争の放棄」とみて，自衛戦争までは放棄されていないという立場をとったとしても，2項前段を「一切の戦力の不保持」を定めたものと解するならば，日本は，他国による侵略に対抗しての自衛戦争をすることはできるが，その手段をもつことはできないということになる。つまり，憲法は，近代的な武器・兵器を装備した侵略国の軍隊に対し，素手や竹槍で立ち向かえと日本国民に命じていることになるのである。

さすがにこのような解釈は不合理であろうとの立場からは,「前項の目的を達するため」という語句に,無理にでも条件づけあるいは限定の意義を読み込む解釈が主張されることになる。この場合にも,1項の目的を「戦争の全面放棄」と解すれば,やはり一切の戦力をもてないことになるが,1項の目的を「侵略戦争の放棄」とみれば,その目的を達するための戦力の不保持とは,つまり,侵略戦争をするための戦力をもたないことを意味するから,侵略戦争をするためでなく,自衛のためであれば戦力をもつことも可能であるとの解釈が導かれることになる。

いうまでもなく9条2項前段の解釈は,自衛隊が合憲であるか否かに最も密接にかかわってくるが,後述するように,政府解釈は,自衛隊は9条2項前段にいう「戦力」には当たらないという論法で,その合憲性を説明している。

交戦権の否認　9条2項後段で否認されている「交戦権」(the right of belligerency) が何を意味するかについては,大きく二つの見解がみられる。

一つは,「交戦権」を,文字どおり「国家が戦争をする権利」とみる見解である。この立場をとると,1項は自衛戦争までは放棄しておらず,2項前段について自衛のための戦力保持は認められると解しても,そもそも戦争をする権利自体が認められないのであるから,結局のところ自衛戦争も含め一切の戦争は認められないことになり,1項と2項前段は,どう解釈しようと,この結論を左右するものではなくなる。

もう一つの立場は,国際法上の用語例に則して「交戦権」の意義を理解しようとするものである。国際法上の意味も,必ずしも一義的に明らかなわけではないが,一般的には,交戦国に国際法上認められる権利（敵国軍事施設の破壊,敵国兵士の殺傷,敵国捕虜の抑留,中立国の船舶の臨検・拿捕などを合法的に行う権利）を指すものと解されている。この見解によれば,自衛のために「戦争をする権利」自体は否定されないことになるが,他国からの侵略に対して自衛戦争をする場合にも,わが国は交戦権を主張できず,自衛のためであるにもかかわらず,わが国は常に不正な戦争を戦うことになってしまう。

すべての主権国家に国際法上認められている権利を,自国の憲法で,自国に対して否認するというのは,通常では考えにくいことである。憲法9条の「世界に類をみない」特徴は,このように,ある種常識をこえた原則を明文化しているところにある。

第 3 章　戦争の放棄　55

　1 項と 2 項の矛盾　9 条の論理構造における根本的な問題は，1 項と 2 項との間に架橋しがたい矛盾が存在するということに尽きるであろう。

　1 項は明らかに，「国際紛争を解決する手段としては」という条件つきの文であるから，「侵略戦争の放棄」（自衛戦争は放棄されていない）と読むのが最も素直な解釈である。それは戦争の違法化に関する国際法上のルールにも正しく適っているから，学説上も多数説となっている。1 項に関しては，これを戦争の全面放棄と読む方がむしろ曲解というべきで，その意味では，グローバル・スタンダードな平和主義条項ということができる。つまり，1 項は「侵略戦争の放棄」を前提としている。

　ところが 2 項前段は，「前項の目的を達するため」という語句が入っているとはいえ，「陸海空軍その他の戦力は，これを保持しない」と端的に言い切っている以上，これを「自衛戦争のためならば戦力をもつことができる」と読むのは，かなり無理があろう。まして後段の「交戦権の否認」は，国際法上の用語例に則しても，主権国家としての当然の権利を自己否定しているようにしか読めない。つまり，2 項は「自衛戦争を含むすべての戦争の放棄」を前提としている。

　単一の条規に収められた二つの項が，相異なる前提の上に書かれているとすれば，相互に矛盾が生じ，その解釈に極度の多様性と混乱をもたらすのは当然であろう。このような深刻な矛盾をかかえた 9 条が，そもそも法規範として成立しうるものなのかを疑ってみる必要があるように思われる。

4　憲法 9 条の解釈

　憲法 9 条の解釈をめぐる学説は，その法的効力自体を否定する「政治的マニフェスト（政治的規範）説」と，これを認める「法規範説」に大別される。

　政治的マニフェスト（政治的規範）説　この説は，憲法 9 条を，国家の理想を示した政治的なマニフェスト（宣言）と解し，法規範としての性格自体を認めないか，法規範であることは認めても，きわめて政治的な規範であるがゆえに，裁判規範としての性格は認められないとするものである。憲法が制定・施行された当初は，相当数の支持者があったと思われるが，すでに述べたように，侵略戦争の違法化が国際社会において確立されている今日では，少なくとも 9 条 1 項を単なる宣言とみるのは妥当

とはいえず，少数説にとどまっている。

　法規範説　本章２３でみたように，憲法９条自体がその論理構造に矛盾をかかえているため，同じ法規範説でも，９条が何を命じているかをめぐり，きわめて多様な解釈がなされている。有力説としては，次のようなものが挙げられる。

　(1)　**戦争全面放棄説**　この説は，９条１項により，自衛戦争を含むすべての戦争が放棄されており，それゆえ，２項の規定を待つまでもなく，あらゆる戦力の保持が禁止されているとして，「完全非武装」を主張するものである。いわば２項の前提（戦争の全面放棄）に合わせて１項を解釈したものであり，その限りにおいて論理的整合性は確保されている。しかし，残念ながら現状の国際社会には，すべての戦争を違法とするルールは確立されていないので，９条の真意が戦争の全面放棄にあるとすれば，フランス1791年憲法６編１条がその当時置かれていた立場と同じく，法は法でも，国際的には無意味な法ということにならざるをえないであろう。

　(2)　**戦争遂行不能説**　この説は，９条１項を「侵略戦争の放棄」と解し，自衛戦争まで放棄するものではないとしつつも，２項では一切の戦力の保持が禁じられ，交戦権も否認されているので，結局のところ，わが国は，自衛戦争をも遂行することができないとするものである。つまり，結論においては，戦争全面放棄説と同じことになる。１項・２項いずれの文意にも忠実な解釈を行った結果，両者の矛盾をそのまま露呈することになったものといえよう。

　(3)　**限定的戦争放棄説**　この説は，９条１項は「侵略戦争の放棄」を定めたものであって，自衛戦争まで放棄するものではないとし，なおかつ，２項にいう「前項の目的」を「侵略戦争の放棄」に見出し，侵略戦争のためでなければ（＝自衛や制裁のためであれば）「戦力」あるいは「自衛力」の保持は認められ，交戦権も否認されないとするものである。文民条項（憲66②）の存在も，憲法が「自衛のための戦力」の保持を認めている証左として，しばしば引き合いに出される。事実上の軍事力である自衛隊が存在する現実と折り合いをつけるためには最も都合のよい解釈であるが，「前項の目的を達するため」の文言を介した説明には，やや強引なところがあるし，９条の真意がここにあるとすれば，９条は，「世界に類をみない」ような特徴をもつものではなく，ごくありきたりの平和主義条項ということになろう。

(4) 限定的武力保持説　この説は，9条1項の「国際紛争を解決する手段としては」の文言が「武力による威嚇又は武力の行使」のみにかかり，「国権の発動たる戦争」にはかからないと読んで，「戦争」は全面的に放棄されるが，戦争に至らない自衛のための「武力による威嚇又は武力の行使」は認められると解するものである。ここにいう「戦争」は，宣戦布告によって開始され，交戦国に戦時国際法が適用されるものを指しているようであるが，今日では，そのような戦争の形態はかなり時代遅れなものになっている。なによりも，日本語のまともな読み方をそれこそ"放棄"しなければ成立しない解釈であり，詭弁の誹りをまぬかれないであろう。

政府解釈　日本国憲法の草案が帝国議会衆議院で審議されていた段階では，政府は，戦争全面放棄説に近い立場をとっていた。しかし，日本国憲法施行後，東西冷戦や朝鮮戦争の勃発などにより，国際情勢は急激に変化し，それに呼応する形で，警察予備隊（1950（昭和25）年），保安隊（1952（昭和27）年）そして自衛隊（1954（昭和29）年）へと，事実上の再軍備が着々と進められていくなかで，憲法9条をめぐる政府解釈も変化していった。1950（昭和25）年に警察予備隊が設置されたときは，戦力とは「警察力を超える実力」を意味し，警察予備隊は警察力であるから「戦力」には該当しないと説明された。1952（昭和27）年に設置された保安隊は，その装備や規模からみて，明らかに警察力を超えるものであったが，これが「戦力」に該当しないことを説明するため，政府は，「戦力」を「近代戦争遂行に役立つ程度の装備，編成を備えるもの」と再定義し，保安隊はこれに該当しないとした。そして，1954（昭和29）年に自衛隊が設置されると，第一次鳩山内閣は，「自衛のために必要な最小限度の実力の保持は第9条によって禁止されていない」という政府統一見解を示し，自衛隊はこの限度を超えない「自衛力」であるから「戦力」には当たらないと説明した。[13] 以後，今日に至るまで，政府はこの解釈を維持している。

要するに，政府解釈は，いかなる目的であれ「戦力」を保持することは許されないとしたうえで，現存する実力組織（警察予備隊→保安隊→自衛隊）の態様や規模に応じ

---

[13] 政府解釈の変遷については，樋口陽一・大須賀明『日本国憲法資料集（第3版）』（三省堂，1993年）31-32頁参照。

て，9条2項が保持を禁ずる「戦力」の意味を順次狭く限定していくことにより，それら実力組織の合憲性を説明してきたのである。つまり，「戦力」はもてないが，「自衛力」ならもてるし，行使もできるという論理である。

憲法の変遷　いずれにせよ，憲法制定から半世紀を超える時間が経過して，9条の理念と現実との間に大きな乖離(かいり)が生じていることは否定できない。このような場合には，憲法所定の手続に従って，乖離(かいり)を解消するための憲法改正が検討されてしかるべきである。しかし，改憲の必要がいわれながらも，それを実現するだけの政治的環境が整わない場合には，改憲によらず，憲法の規範内容が実質的に変わったことを認めるべきではないかとする学説がある。これを「憲法の変遷」論という。かつて戦力全面不保持説をとっていた橋本公亘(きみのぶ)教授は，国際情勢や日本の国際的地位の変化，非武装政策の非現実性，国民の意識の変化などを理由に，憲法9条の意味の変遷を認めざるをえないとし，「防衛力の保持を認めるとともに，政府の解釈が暴走することのないようにこれに歯止めをかける」方向へと自説を改めている。[14]

5　自衛隊に関する判例

日本国憲法制定後，実質的な再軍備と防衛体制の整備が進められていくなかで，自衛隊という実力組織の違憲性を主張する訴訟がたびたび提起されてきた。しかしながら，現時点で，自衛隊の憲法適合性に最高裁が明確な判断を下した例はない。

北海道千歳郡恵庭(えにわ)町で牧畜業を営む被告人が，隣接する自衛隊島松演習場における陸上自衛隊等の演習時の騒音に悩まされ，抗議に行った帰途に，演習で使用中の電話通信線をペンチで切断したことが，自衛隊法121条の防衛用器物損壊罪に問われた「恵庭(えにわ)事件」で，被告人は自衛隊法の違憲無効を主張したが，札幌地裁（札幌地判昭42・3・29下刑集9・3・359）は，「裁判所が一定の立法なりその他の国家行為について違憲審査権を行使しうるのは，具体的な法律上の争訟の裁判においてのみであるとともに，具体的争訟の裁判に必要な限度にかぎられる」としたうえで，被告人が切断した電話通信線は自衛隊法121条にいう「その他の防衛の用に供する物」に該当しないと

---

14)　橋本公亘『日本国憲法〔改訂版〕』（有斐閣，1988年）437頁以下。

し，そうである以上，「もはや，弁護人ら指摘の憲法問題に関し，なんらの判断をおこなう必要がないのみならず，これをおこなうべきでもない」と述べて，憲法判断を回避し（第13章*4* 2参照），被告人を無罪とした。

北海道夕張郡長沼町の住民である原告が，地対空ミサイル基地建設のための国有保安林指定解除処分を違憲として出訴した「長沼事件」で，一審（札幌地判昭48・9・7判時712・24判タ298・140）は，平和的生存権の侵害を根拠に原告適格を認め，戦争全面放棄説に立って，自衛隊を違憲と判断した。今のところ，これが自衛隊を違憲とした唯一の判例である。しかし，二審（札幌高判昭51・8・5行集27・8・1175）は，原告らの「訴えの利益」は消滅したとして，訴えを却下し，傍論 補訂2 においては統治行為論（第13章*1* 2参照）を援用し，自衛隊の合憲性を裁判所が判断すべきではないとした。また，上告審（最一判昭57・9・9民集36・9・1679）は，「訴えの利益」の観点から原告（上告人）らの主張をしりぞけ，自衛隊の合憲性については判断を示さなかった。

> **判 例**
>
> 長沼事件（札幌地判昭48・9・7判時712・24判タ298・140，札幌高判昭51・8・5行集27・8・1175，最一判昭57・9・9民集36・9・1679）
>
> 第三次防衛力整備計画に基づいて，北海道夕張郡長沼町に航空自衛隊の地対空ミサイル基地が設置されることとなり，そのために長沼町馬追山の国有保安林指定の解除を防衛庁から求められた農林大臣が，1969（昭和44）年7月7日に保安林指定を解除する処分を行った。これに対し，地元住民らは，憲法9条に違反する自衛隊の基地を建設するために保安林指定を解除することは違憲・違法であるとして，同処分の取消しを求める訴訟を提起した。
>
> 一審（札幌地判昭48・9・7判時712・24判タ298・140）は，次のように述べて，自衛隊を違憲と判断した。
>
> 「森林法を憲法の秩序のなかで位置づけたうえで，その各規定を理解するときには，……憲法の基本原理である民主主義，基本的人権尊重主義，平和主義の実現のために地域住民の『平和のうちに生存する権利』（憲法前文）すなわち平和的生存権を保護しようとしているものと解するのが正当である。したがつて，もし被告のなんらかの森林法上の処分によりその地域住民の右にいう平和的生存権が侵害され，また侵害される危険がある限り，その地域住民にはその処分の瑕疵を争う法律上の利益がある。」

「本件保安林指定の解除処分の理由は……第三高射群施設などの設置で，それ

は……いわゆるナイキJの発射基地であり，……このような高射群施設やこれに併置されるレーダー等の施設基地は一朝(いっちょう)有事の際にはまず相手国の攻撃の第一目標になるものと認められるから，原告らの平和的生存権は侵害される危険があるといわなければならない。しかも，このような侵害は，いつたん事が起きてからではその救済が無意味に帰するか，あるいは著(いちじる)しく困難になることもまたいうまでもないから，結局この点からも原告らには本件保安林指定の解除処分の瑕疵(かし)を争い，その取消しを求める法律上の利益がある。」

「〔憲法9条1項にいう〕『国際紛争を解決する手段としては，永久にこれを放棄する。』ここにおいて，国際紛争を解決する手段として放棄される戦争とは，不法な戦争，つまり侵略戦争を意味する。……本条項では，未(いま)だ自衛戦争，制裁戦争までは放棄していない。」

「〔憲法9条2項前段にいう〕『前項の目的』とは，……『日本国民は，正義と秩序を基調とする国際平和を誠実に希求(する)』という目的を指す。」

「〔憲法9条2項前段にいう〕『陸海空軍』は，……『敵に対する実力的な戦闘行動を目的とする人的，物的手段としての組織体』であるということができる。……『その他の戦力』は，陸海空軍以外の軍隊か，または，軍という名称をもたなくても，これに準じ，または，これに匹敵する実力をもち，必要ある場合には，戦争目的に転化できる人的，物的手段としての組織体をいう。……このようにして，本項でいつさいの『戦力』を保持しないとされる以上，軍隊，その他の戦力による自衛戦争，制裁戦争も，事実上おこなうことが不可能となつたものである。」

「日本国民は前来記述のとおり，憲法において全世界に先駆けていつさいの軍事力を放棄して，永久平和主義を国の基本方針として定立したのである。」

「自衛隊の編成，規模，装備，能力からすると，自衛隊は明らかに『外敵に対する実力的な戦闘行動を目的とする人的，物的手段としての組織体』と認められるので，軍隊であり，それゆえに陸，海，空自衛隊は，憲法第9条第2項によつてその保持を禁ぜられている『陸海空軍』という『戦力』に該当するものといわなければならない。そしてこのような各自衛隊の組織，編成，装備，行動などを規定している防衛庁設置法(昭和二九年六月九日法律第一六四号)，自衛隊法(同年同月同日法律第一六五号)その他これに関連する法規は，いずれも同様に，憲法の右(みぎ)条項に違反し，憲法第98条によりその効力を有しえないものである。」

これに対し，二審(札幌高判昭51・8・5行集27・8・1175)は，「訴えの利益」の消滅を理由に訴えを却下し，平和的生存権や自衛隊について，次のように述べた。

「〔憲法前文に記された〕理念としての

平和の内容については，これを具体的かつ特定的に規定しているわけではなく，……崇高な理念ないし目的としての概念にとどまるものであることが明らかであつて，前文中に定める『平和のうちに生存する権利』も裁判規範として，なんら現実的，個別的内容をもつものとして具体化されているものではないというほかないものである。」

「立法，行政にかかる国家行為の中には，国の機構，組織，並びに対外関係を含む国の運営の基本に属する国政上の本質的事項に関する行為もあるのであつて，この種の行為は，国の存立維持に直接影響を生じ，最も妥当な政策を採用するには高度の政治判断を要するもので，その政策は統一的意思として単一に確定さるべき性質のものである。したがつてかかる本質的国家行為は，司法部門における個々的法判断をなすに適せず，当該行為を選択することをその政治責任として負わされている所管の機関にこれを専決行使せしめ，その当否については終局的には主権を有する国民の政治的判断に問うことが，三権分立の原則及びこれを支える憲法上の原理である国民主権主義に副うものであると考えられる。……前示のような高度の政治性を有する国家行為については，統治行為として第一次的には本来その選択行使を信託されている立法部門ないし行政部門の判断に従い終局的には主権者である国民自らの政治的批判に委ねらるべく，この種の行為については，たとえ司法部門の本来的職責である法的判断が可能なものであり，かつそれが前提問題であつても，司法審査権の範囲外にあることが予定されているものというべきである。」

「自衛隊法で予定された自衛隊の組織，編成，装備，あるいは現実にある自衛隊の組織，編成，装備が，侵略戦争のためのものであるか否かは，……客観的にわが国の戦争遂行能力が他の諸国との対比において明らかに侵略に足る程度に至つているものであるか否かによって判断すべきであるところ，戦争遂行能力の比較は，……広く，高度の専門技術的見地から相関的に検討評価しなければならないものであり，右評価は現状において客観的，一義的に確定しているものとはいえないから，一見極めて明白に侵略的なものであるとはいい得ないといわなければならない。」

「結局自衛隊の存在等が憲法第9条に違反するか否かの問題は，統治行為に関する判断であり，国会及び内閣の政治行為として窮極(きゅうきょく)的には国民全体の政治的批判に委(ゆだ)ねらるべきものであり，これを裁判所が判断すべきものではないと解すべきである。」

そして，上告審（最一判昭57・9・9民集36・9・1679）は，「訴えの利益」の観点から原告（上告人）らの主張をしりぞけ，自衛隊の合憲性については判断を示さなかった。

航空自衛隊基地建設用地の売買契約をめぐり，自衛隊が違憲であることを理由として，民法 90 条にいう公序良俗違反（第 1 章 4 2 参照）として，契約の無効を主張できるか否かが争われた「百里基地訴訟」で，一審（水戸地判昭 52・2・17 判時 842・22 判タ 345・166）は，統治行為論を援用しつつ，消極的ながら自衛隊を合憲とし，本件契約は公序良俗に違反するものではないとした。この判決は，自衛隊の合憲性を明確に述べた唯一の判例である。二審（東京高判昭 56・7・7 判時 1004・3 判タ 445・70）は，売買契約のような国の私法行為には，憲法 9 条などは直接適用されず，自衛隊が反社会的・反道徳的であるとの社会一般の認識は成立していないので，基地設置のための土地取得は公序良俗に違反するものではないとし，上告審（最三判平 1・6・20 民集 43・6・385）もこの判決を支持した。

判例

百里基地訴訟（水戸地判昭 52・2・17 判時 842・22 判タ 345・166，東京高判昭 56・7・7 判時 1004・3 判タ 445・70，最三判平 1・6・20 民集 43・6・385）

　1956（昭和 31）年 5 月，防衛庁は茨城県小川町百里原に航空自衛隊基地の建設を決定したが，用地買収をめぐって国と私人 2 名との間でトラブルとなった事件で，私人のひとりは，自衛隊基地建設のための土地取得は憲法 9 条に違反し，その反社会性から民法 90 条の公序良俗にも違反し，無効であると主張した。

　一審（水戸地判昭 52・2・17 判時 842・22 判タ 345・166）は，次のように判示した。

　「〔憲法 9 条 1 項は〕文理上からも明らかなように，国権の発動たる戦争，武力による威嚇，武力の行使を，国際紛争を解決する手段として行われる場合に限定してこれを放棄したものであつて，自衛の目的を達成する手段としての戦争まで放棄したものではない。また，他に自衛権ないし自衛のための戦争を放棄する旨を定めた規定も存しない。……わが国は，外部からの不法な侵害に対し，この侵害を阻止，排除する権限を有するものというべきであり，その権限を行使するに当つてはその侵害を阻止，排除するに必要な限度において自衛の措置をとりうるものといわざるを得ないし，みぎの範囲における自衛の措置は，自衛権の作用として国際法上是認さるべきものであることも明らかである。」

　「一国の防衛問題は，その国の存立の基礎にかかわる問題であり，国家統治の基本に関する政策決定の問題である。すなわち，わが国が上来説示した自衛権行使のために保持すべき実力組織をいかなる程度のものとすべきかの政策決定は，……必然的に高度の政治的，技術的，専

門的判断が要求されるものと解すべきである。……自衛隊が，自衛のため必要とされる限度を超え憲法第9条第2項にいう『戦力』に該当するかどうかの法的判断は，原則として司法裁判所の審査に親しまない性質のものであり，一見極めて明白に違憲無効であると認められないかぎり，司法審査の対象とはなりえない……。」

「旧防衛庁設置法ならびに旧自衛隊法に定める昭和33年当時の自衛隊は，既に通観した諸要素に照らし，憲法第9条2項にいう『戦力』，すなわち侵略的戦争遂行能力を有する人的，物的組織体に該当することが，一見明白であると断ずることはできないであろう。」

「さようなわけで，旧防衛庁設置法ならびに旧自衛隊法が，憲法前文，第9条に違反するかどうかの判断は，統治行為に関する判断であり，裁判所の司法審査の対象とはなりえないのであるから，みぎ二法を違憲無効と断ずることはできないものというべきである。」

二審（東京高判昭56・7・7判時1004・3判タ445・70）は，次のように述べて，基地設置のための土地取得は公序良俗に違反するものではないとした。

「憲法98条は，違憲の法令，行為が無効であるという国法秩序の体系を示したものである。したがつて，同条にいう『国務に関するその他の行為』とは，控訴人ら主張のごとく，国の行う一切の行為を包摂するものではなく，憲法の最高法規性の秩序のもとに置かれて，その効力が問疑され得るに足るだけの意味をもつ行為でなければならず，国家公権力の行使とは係わり合いがなく，被控訴人国が被控訴人藤岡と対等の立場に立つて行つた本件土地取得行為のごときものがこれに含まれないことは，極めて明らかである。」

「憲法81条にいう法令審査権の対象たる『処分』とは，行政権の定立する個別的，具体的な法規範たる行政処分のみならず，裁判所の行う裁判のごとき司法処分をも含むものとしても，控訴人ら主張のごとく，国の行う一切の行為を包摂するものではなく，憲法の最高法規性の秩序のもとに置かれて，その効力が問疑されるに足るだけの意味をもつ行為でなければならない。それ故，国家公権力の行使と係わり合いがなく，国が私人と対等の立場に立つて行つた本件土地取得行為のごときものがこれに含まれないことは，明らかである。」

「自衛隊がその存在を否定されるのでなければ社会の存立，発展を脅かすに至るほど反社会的，反道徳的であることについて，……少くとも社会一般の認識として確立されていたものといえないことは，……明らかである。」

「法令審査権は，……我が国憲法のもとでそれが司法裁判所に与えられているのは，具体的訴訟事件の解決という司法の使命を達成するためであつて，憲法の有権解釈それ自体のためではない。した

がつて、裁判所は、具体的訴訟事件の解決を離れて法令等の合憲性を審査する一般抽象的な権限を有するものではない……。しかも、この権限は、極めて重大で、かつ、微妙な判断作用を伴うものであるから、他に特段の事情がない以上、その行使は、具体的訴訟事件の解決に必要・不可避な場合に限り、しかも、その限度においてのみ、正当化される……。」

「本件訴訟においては、……控訴人らによって提起された憲法問題について判断を加えるまでもなく、すでに、本件訴訟の結論を導き出すことが可能であり、しかも、この訴訟で右の憲法問題について判断を加えるのでなければ、控訴人らがその基本的人権を侵害されて回復し難い損害を被る等特段の事情についての主張・立証はないのであるから、自衛隊が憲法9条にいう『戦力』に該当するかどうかという問題については、あえて、当裁判所の見解を示さないこととする。」

「仮に憲法9条の規定の解釈としては、控訴人ら主張のごとく、同条が自衛のための戦力をも含む一切の戦力の保持を禁止したものであって、自衛隊は憲法9条に違反する存在であるとする見解が妥当であるとしても、そのことから、直ちに、航空自衛隊の百里基地設置を目的としてなされた『本件土地取得行為』が民法90条にいう『公ノ秩序又ハ善良ノ風俗』に違反して無効になることはあり得ない。」

「憲法前文にいう平和主義にしても、『平和的生存権』にしても、それは、憲法9条の基調とする憲法の基本的理念として示されたものであつて、具体的な権利といえないものであるから、前項において憲法9条違反と公序良俗との関係について審究した以上、あらためて、控訴人らの主張する平和主義ないし『平和的生存権』違反と公序良俗との関係については、判断を加えないこととする。」

上告審（最三判平1・6・20民集43・6・385）も二審判決を支持し、次のように述べている。

「上告人らが平和主義ないし平和的生存権として主張する平和とは、理念ないし目的としての抽象的概念であつて、それ自体が独立して、具体的訴訟において私法上の行為の効力の判断基準になるものとはいえず、また、憲法9条は、その憲法規範として有する性格上、私法上の行為の効力を直接規律することを目的とした規定ではなく、人権規定と同様、私法上の行為に対しては直接適用されるものではないと解するのが相当であり、国が一方当事者として関与した行為であつても、たとえば、行政活動上必要となる物品を調達する契約、公共施設に必要な土地の取得又は国有財産の売払いのためにする契約などのように、国が行政の主体としてでなく私人と対等の立場に立つて、私人との間で個々的に締結する私法上の契約は、当該契約がその成立の経緯及び内容において実質的にみて公権力の発動たる行為となんら変わりがないとい

えるような特段の事情のない限り，憲法9条の直接適用を受けず，私人間の利害関係の公平な調整を目的とする私法の適用を受けるにすぎないものと解するのが相当である。」

「本件売買契約が締結された昭和33年当時，私法的な価値秩序のもとにおいては，自衛隊のために国と私人との間で，売買契約その他の私法上の契約を締結することは，社会的に許容されない反社会的な行為であるとの認識が，社会の一般的な観念として確立していたということはできない。したがつて，自衛隊の基地建設を目的ないし動機として締結された本件売買契約が，その私法上の契約としての効力を否定されるような行為であつたとはいえない。また，上告人らが平和主義ないし平和的生存権として主張する平和とは理念ないし目的としての抽象的概念であるから，憲法9条をはなれてこれとは別に，民法90条にいう「公ノ秩序」の内容の一部を形成することはなく，したがつて私法上の行為の効力の判断基準とはならないものというべきである。」

「そうすると，本件売買契約を含む本件土地取得行為が公序良俗違反にはならないとした原審の判断は，是認することができる。」

3 日米安保条約と自衛権

I 在日米軍に関する判例

旧日米安保条約（「日本国とアメリカ合衆国との間の安全保障条約」）前文　日本国は，本日連合国との平和条約に署名した。日本国は，武装を解除されているので，平和条約の効力発生の時において固有の自衛権を行使する有効な手段をもたない。

無責任な軍国主義がまだ世界から駆逐(くちく)されていないので，前記の状態にある日本国には危険がある。よつて，日本国は，平和条約が日本国とアメリカ合衆国の間に効力を生ずるのと同時に効力を生ずべきアメリカ合衆国との安全保障条約を希望する。

平和条約は，日本国が主権国として集団的安全保障取極(とりきめ)を締結する権利を有することを承認し，さらに，国際連合憲章は，すべての国が個別的及び集団的自衛の固有の権利を有することを承認している。

これらの権利の行使として，日本国は，その防衛のための暫定措置(ざんていそち)として，日本国に対する武力攻撃を阻止するため日本国内及びその附近にアメリカ合衆国がその軍隊

を維持することを希望する。

　アメリカ合衆国は、平和と安全のために、現在、若干の自国軍隊を日本国内及びその附近に維持する意思がある。但し、アメリカ合衆国は、日本国が、攻撃的な脅威となり又は国際連合憲章の目的及び原則に従つて平和と安全を増進すること以外に用いられるべき軍備をもつことを常に避けつつ、直接及び間接の侵略に対する自国の防衛のため漸増的に自ら責任を負うことを期待する。

　よつて、両国は、次のとおり協定した。

旧日米安保条約（「日本国とアメリカ合衆国との間の安全保障条約」）１条　平和条約及びこの条約の効力発生と同時に、アメリカ合衆国の陸軍、空軍及び海軍を日本国内及びその附近に配備する権利を、日本国は、許与し、アメリカ合衆国は、これを受諾する。この軍隊は、極東における国際の平和と安全の維持に寄与し、並びに、一又は二以上の外部の国による教唆又は干渉によつて引き起こされた日本国における大規模の内乱及び騒じようを鎮圧するため日本国政府の明示の要請に応じて与えられる援助を含めて、外部からの武力攻撃に対する日本国の安全に寄与するために使用することができる。

　1952（昭和27）年、サンフランシスコ平和条約の締結と同時にアメリカとの間で締結された旧日米安保条約は、その前文に、国連憲章で承認された自衛権の行使として、「日本国は、その防衛のための暫定措置として、日本国に対する武力攻撃を阻止するため日本国内及びその附近にアメリカ合衆国がその軍隊を維持することを希望する」と明記し、この条約に基づいて、在日米軍は、「極東における国際の平和と安全の維持に寄与し、……外部からの武力攻撃に対する日本国の安全に寄与するために使用することができる」（同１条）軍隊として、占領終了後も日本に駐留し続けることになった。

　この在日米軍の駐留が、憲法９条２項前段で保持を禁じられた「戦力」に該当するか否かが争われた「砂川事件」で、一審（東京地判昭34・3・30下刑集1・3・776）は、戦争全面放棄説に立ち、わが国が在日米軍の駐留を許容していることは憲法９条２項に違反すると判示したため、国は跳躍上告をして最高裁の判断を求めた。最高裁（最大

15）　控訴の対象となりうる一審判決に対し、控訴を経ずに最高裁判所に申し立てられる上告を、「跳躍上告」または「飛躍上告」という。法令違憲の判決、または地方公共団体の条例・規則が法律に違反するとした判決に対して申し立てることができる。

判昭 34・12・16 刑集 13・13・3225）は，外国軍隊が憲法 9 条 2 項にいう「戦力」には該当せず，日米安全保障条約は，違憲無効であることが一見極めて明白であるとは認められないと判示した。

> [判例] 砂川事件（東京地判昭 34・3・30 下刑集 1・3・776，最大判昭 34・12・16 刑集 13・13・3225）
>
> 1957（昭和 32）年 7 月，東京調達局（当時）は，東京都北多摩郡砂川町（現・立川市）の米軍飛行場拡張工事のため測量を開始したところ，これを阻止しようとする反対派デモ参加者の一部が境界柵を破壊して基地内に侵入したため，被告人ら 7 名が旧日米安全保障条約 3 条に基づく行政協定に伴う刑事特別法 2 条に該当するとして起訴された事件である。
>
> 一審（東京地判昭 34・3・30 下刑集 1・3・776）（しばしば「伊達判決」と通称される。）は，次のように述べて，被告人らを無罪とした。
>
> 「わが国に駐留する合衆国軍隊はただ単にわが国に加えられる武力攻撃に対する防禦若しくは内乱等の鎮圧の援助にのみ使用されるものではなく，合衆国が極東における国際の平和と安全の維持のために事態が武力攻撃に発展する場合であるとして，戦略上必要と判断した際にも当然日本区域外にその軍隊を出動し得るのであつて，その際にはわが国が提供した国内の施設，区域は勿論この合衆国軍隊の軍事行動のために使用されるわけであり，わが国が自国と直接関係のない武力紛争の渦中に巻き込まれ，戦争の惨禍がわが国に及ぶ虞は必ずしも絶無ではなく，従つて日米安全保障条約によつてかかる危険をもたらす可能性を包蔵する合衆国軍隊の駐留を許容したわが国政府の行為は，『政府の行為によつて再び戦争の惨禍が起きないようにすることを決意』した日本国憲法の精神に悖るのではないかとする疑念も生ずるのである。」
>
> 「わが国が外部からの武力攻撃に対する自衛に使用する目的で合衆国軍隊の駐留を許容していることは，指揮権の有無，合衆国軍隊の出動義務の有無に拘らず，日本国憲法第 9 条第 2 項前段によつて禁止されている陸海空軍その他の戦力の保持に該当するものといわざるを得ず，結局わが国内に駐留する合衆国軍隊は憲法上その存在を許すべからざるものといわざるを得ないのである。」
>
> 「合衆国軍隊の駐留が憲法第 9 条第 2 項前段に違反し許すべからざるものである以上，合衆国軍隊の施設又は区域内の平穏に関する法益が一般国民の同種法益と同様の刑事上，民事上の保護を受けることは格別，特に後者以上の厚い保護を受ける合理的な理由は何等存在しないところであるから，国民に対して軽犯罪法

の規定よりも特に重い刑罰をもつて臨む刑事特別法第2条の規定は、前に指摘したように何人も適正な手続によらなければ刑罰を科せられないとする憲法第31条に違反し無効なものといわなければならない。」

　これに対し、上告審（最大判昭34・12・16刑集13・13・3225）は、次のように述べて、原判決を破棄・差戻しとした。

　「〔憲法9条は〕同条にいわゆる戦争を放棄し、いわゆる戦力の保持を禁止しているのであるが、しかしもちろんこれによりわが国が主権国として持つ固有の自衛権は何ら否定されたものではなく、わが憲法の平和主義は決して無防備、無抵抗を定めたものではないのである。……わが国が、自国の平和と安全を維持しその存立を全うするために必要な自衛のための措置をとりうることは、国家固有の権能の行使として当然のことといわなければならない。すなわち、われら日本国民は、憲法9条2項により、同条項にいわゆる戦力は保持しないけれども、これによつて生ずるわが国の防衛力の不足は、これを憲法前文にいわゆる平和を愛好する諸国民の公正と信義に信頼することによつて補ない、もつてわれらの安全と生存を保持しようと決意したのである。そしてそれは、必ずしも原判決のいうように、国際連合の機関である安全保障理事会等の執る軍事的安全措置等に限定されたものではなく、わが国の平和と安全を維持するための安全保障であれば、その目的を達するにふさわしい方式又は手段である限り、国際情勢の実情に即応して適当と認められるものを選ぶことができることはもとよりであつて、憲法9条は、わが国がその平和と安全を維持するために他国に安全保障を求めることを、何ら禁ずるものではないのである。」

　「同条項〔憲法9条2項〕において戦力の不保持を規定したのは、わが国がいわゆる戦力を保持し、自らその主体となつてこれに指揮権、管理権を行使することにより、同条1項において永久に放棄することを定めたいわゆる侵略戦争を引き起こすがごときことのないようにするためであると解するを相当とする。従つて……、同条項がその保持を禁止した戦力とは、わが国がその主体となつてこれに指揮権、管理権を行使し得る戦力をいうものであり、結局わが国自体の戦力を指し、外国の軍隊は、たとえそれがわが国に駐留するとしても、ここにいう戦力には該当しないと解すべきである。」

　「本件安全保障条約は、……主権国としてのわが国の存立の基礎に極めて重大な関係をもつ高度の政治性を有するものというべきであつて、その内容が違憲なりや否やの法的判断は、その条約を締結した内閣およびこれを承認した国会の高度の政治的ないし自由裁量的判断と表裏をなす点がすくなくない。それ故、右違憲なりや否やの法的判断は、純司法的機能をその使命とする司法裁判所の審査に

は，原則としてなじまない性質のものであり，従つて，一見極めて明白に違憲無効であると認められない限りは，裁判所の司法審査権の範囲外のものであつて，それは第一次的には，右(みぎ)条約の締結権を有する内閣およびこれに対して承認権を有する国会の判断に従うべく，終局的には，主権を有する国民の政治的批判に委(ゆだ)ねられるべきものであると解するを相当とする。」

「アメリカ合衆国軍隊の駐留は，憲法9条，98条2項および前文の趣旨に適合こそすれ，これらの条章に反して違憲無効であることが一見極めて明白であるとは，到底認められない。そしてこのことは，憲法9条2項が，自衛のための戦力の保持をも許さない趣旨のものであると否とにかかわらないのである。(なお，……米軍の配備を規律する条件を規定した行政協定は，既に国会の承認を経た安全保障条約3条の委任の範囲内のものであると認められ，これにつき特に国会の承認を経なかつたからといつて，違憲無効であるとは認められない。)」

【付記】本件は，差戻控訴審判決（東京高判昭37・2・15判タ131・150）において，有罪が確定した。

2 自 衛 権

国際連合憲章51条　この憲章のいかなる規定も，国際連合加盟国に対して武力攻撃が発生した場合には，安全保障理事会が国際の平和及び安全の維持に必要な措置をとるまでの間，個別的又は集団的自衛の固有の権利を害するものではない。この自衛権の行使に当つて加盟国がとつた措置(そち)は，直(ただ)ちに安全保障理事会に報告しなければならない。また，この措置は，安全保障理事会が国際の平和及び安全の維持または回復のために必要と認める行動をいつでもとるこの憲章に基(もとづ)く権能及び責任に対しては，いかなる影響も及ぼすものではない。

サンフランシスコ平和条約（1952年「日本国との平和条約」）5条c　連合国としては，日本国が主権国として国際連合憲章第五十一条に掲(かか)げる個別的又は集団的自衛の固有の権利を有すること及び日本国が集団的安全保障取極(とりきめ)を自発的に締結することができることを承認する。

日米安保条約（「日本国とアメリカ合衆国との間の相互協力及び安全保障条約」）前文
　日本国およびアメリカ合衆国は，
　　両国の間に伝統的に存在する平和及び友好の関係を強化し，並びに民主主義の諸原則，個人の自由及び法の支配を擁護することを希望し，

> 国際連合憲章の目的及び原則に対する信念並びにすべての国民及びすべての政府とともに平和のうちに生きようとする願望を再確認し，
> 　両国が国際連合憲章に定める個別的又は集団的自衛の固有の権利を有していることを確認し，
> 　両国が極東における国際の平和及び安全の維持に共通の関心を有することを考慮し，
> 　相互協力及び安全保障条約を締結することを決意し，
> 　よつて，次のとおり協定する。
> 　北大西洋条約5条1項[16]　締約国は，欧州または北米における一または二以上の締約国に対する武力攻撃を全締約国に対する攻撃とみなすことに同意する。したがって，締約国は，そのような武力攻撃が発生した場合には，各締約国が国際連合憲章第五一条の規定によって認められている個別的または集団的自衛権を行使して，北大西洋地域の安全を回復し維持するために必要と認める行動（武力の使用を含む。）を個別的におよび他の締約国と共同して直ちにとることにより，その攻撃を受けた締約国を援助することに同意する。

　後述するように，日本国憲法下ではこれまでに数々の"有事"関連の法令・条約が制定・締結されてきたが，それらは憲法の理念や条項ではなく，「自衛権」という，国際法上確立された概念に依拠している。

　「自衛権」とは，国家が急迫不正の侵害を受けたときに，自国を防衛するために必要な武力を行使する権利を意味する。本章**1**・**2**で述べたように，20世紀以降の国際社会においては，侵略戦争はそれ自体が違法な行為とされるようになったが，この前提の下で，違法とされない戦争の一つが，いわゆる自衛戦争である。一国が他国による急迫不正の侵害を受けたときには，そうした侵害がないときには国際法上違法とされる行為であっても，侵害を排除するためになされた必要最小限度の武力行使は，違法とはならないのである。

　国際法上，自衛権は，個別的自衛権と集団的自衛権に区分されている。個別的自衛権は，攻撃を受けた国家がみずから反撃する権利である。集団的自衛権は，北大西洋条約5条1項にその趣旨が表現されているように，自国が直接攻撃を受けていなくて

---

[16]　北大西洋条約の邦訳は，奥脇直也（編集代表）『国際条約集（2009年版）』（有斐閣，2009年）654頁による。

も，連帯関係にある他の国が攻撃を受けた場合，それを自国に対する攻撃とみなして反撃する権利をいう。国際連合憲章51条では，個別的自衛権も集団的自衛権も，ともに主権国家に固有の権利として位置づけられており，その趣旨は，サンフランシスコ平和条約5条cや日米安保条約前文など，日本が締結した国際条約のなかでも再三確認されている。

　しかしながら，日本国憲法には自衛権に言及した条文はなく，すでに述べたように憲法9条は「自衛戦争を含むすべての戦争を放棄している」と解することも可能であることから，個別的自衛権あるいは集団的自衛権を行使しうるのかが問題となる。今日では，憲法9条が個別的自衛権までも放棄していると主張するのはごく一部の人々に限られ，個別的自衛権の行使としての自衛戦争までもが禁じられているわけではないという見方が一般的となっている。すでにみたように，判例（「砂川事件」最大判昭34・12・16刑集13・13・3225）も，「わが国が主権国として持つ固有の自衛権は何ら否定されたものではなく，わが憲法の平和主義は決して無防備，無抵抗を定めたものではない」としている。しかしその一方で，集団的自衛権の行使については，これを違憲とする学説が多数を占めている。

　集団的自衛権をめぐっては，1981年5月29日に稲葉誠一衆議院議員（社会党）の質問主意書に対する答弁書として出された次のような説明が，現在もなお政府見解とされている。「国際法上，国家は，集団的自衛権，すなわち，自国と密接な関係にある外国に対する武力攻撃を，自国が直接攻撃されていないにもかかわらず，実力をもって阻止する権利を有しているものとされている。／わが国が，国際法上，このような集団的自衛権を有していることは，主権国家である以上，当然であるが，憲法第9条の下において許容されている自衛権の行使は，わが国を防衛するため必要最小限度の範囲にとどまるべきものであると解しており，集団的自衛権を行使することは，その範囲を超えるものであって，憲法上許されないと考えている」（傍点は引用者）。

　政府解釈に示された集団的自衛権の定義には，締約国に対して第三国から行われた武力攻撃を全締約国に対する攻撃と「みなす」という重要な要素（北大西洋条約5条1項参照）が欠落し，その代わりに，「自国が直接攻撃されていないにもかかわらず」という当然の前提が不必要に強調されている。また，佐瀬昌盛教授が指摘するように，

この答弁は，わが国は集団的自衛権を「国際法上」有しているが，「憲法上」行使できないと述べ，「憲法上」有しているかどうかについては，何も語っていない。[17] 補訂3

3 日米安保体制と集団的自衛権

> 日米安保条約（「日本国とアメリカ合衆国との間の相互協力及び安全保障条約」）3条
> 　締約国は，個別的に及び相互に協力して，継続的かつ効果的な自助及び相互援助により，武力攻撃に抵抗するそれぞれの能力を，憲法上の規定に従うことを条件として，維持し発展させる。
>
> 日米安保条約（「日本国とアメリカ合衆国との間の相互協力及び安全保障条約」）5条
> 　各締約国は，日本国の施政の下にある領域における，いずれか一方に対する武力攻撃が，自国の平和及び安全を危うくするものであることを認め，自国の憲法上の規定及び手続に従つて共通の危険に対処するように行動することを宣言する。
> 　前記の武力攻撃及びその結果として執つたすべての措置は，国際連合憲章第五十一条の規定に従つて直ちに国際連合安全保障理事会に報告しなければならない。その措置は，安全保障理事会が国際の平和及び安全を回復し及び維持するために必要な措置を執つたときは，終止しなければならない。
>
> 日米安保条約（「日本国とアメリカ合衆国との間の相互協力及び安全保障条約」）6条
> 　日本国の安全に寄与し，並びに極東における国際の平和及び安全の維持に寄与するため，アメリカ合衆国は，その陸軍，空軍及び海軍が日本国において施設及び区域を使用することを許される。
> 　前記の施設及び区域の使用並びに日本国における合衆国軍隊の地位は，千九百五十二年二月二十八日に東京で署名された日本国とアメリカ合衆国との間の安全保障条約第三条に基く行政協定（改正を含む。）に代わる別個の協定及び合意される他の取極により規律される。

　日米の相互防衛体制は，1954（昭和29）年の日米相互防衛援助協定（MSA協定）を経て，1960（昭和35）年の新安保条約の締結により確立された。同条約は，「日本国の施政の下にある領域における，いずれか一方に対する武力攻撃が，自国の平和及び安全を危うくするものであることを認め，自国の憲法上の規定及び手続に従つて共通

---

17) 佐瀬昌盛『集団的自衛権 —論争のために—』（PHP新書，2001年）178頁以下。

の危険に対処するように行動すること」(安保約5)を約し,「日本国の安全に寄与し,並びに極東における国際の平和及び安全の維持に寄与するため,アメリカ合衆国は,その陸軍,空軍及び海軍が日本国において施設及び区域を使用すること」(安保約6)を認めている。

集団的自衛権を「国際法上有しているが,憲法上行使できない」としていた政府解釈との関連では,日米安保条約5条に定める日米共同対処が,憲法上禁じられた集団的自衛権の行使に当たるのではないかが問題となった。これについて,政府は,「日本国の施政の下にある領域」にある米軍施設等に対する攻撃は,同時に日本に対する攻撃でもあるから,それに共同で対処することは,集団的自衛権ではなく,個別的自衛権の行使であると説明していた。

多くの国にとって,自国の力のみで自己保存を全うすることは困難なので,他国と集団防衛条約を結び,締約国のいずれかが武力攻撃を受けた場合の共同対処を相互に約束することが必要となる。ゆえに,集団的自衛権は,通常,相互的・双務的な性格をもっている。日米安保条約は,「日本国の施政の下にある領域」外にある米軍に対する攻撃があった場合には,日本に共同対処義務を負わせていない点で,集団防衛条約としては珍しいタイプのものといえる。しかし,対等な主権国家どうしの条約である以上,双方の得る利益に不均衡の許されるはずはなく,防衛義務におけるこのような片務性は,アメリカへの基地提供と多額の金銭的支援によって相殺されるしくみになっていたのである。

4 国防法制の展開

Ⅰ 国連活動への協力

1990(平成2)年8月から始まった湾岸戦争をきっかけに,国際連合平和維持活動(Peace-Keeping Operations:PKO)への自衛隊派遣を可能にする法律の制定が急がれ,1992(平成4)年に「国際連合平和維持活動等に対する協力に関する法律」(PKO協力法)が制定された。同法は,海外に派遣された自衛隊が憲法9条で禁じられた武力

行使に及ぶことがないよう，「PKO 5原則」[18]と呼ばれる歯止めを設けている。これまでに自衛隊は，カンボジア，モザンビーク，ゴラン高原，東ティモール，ネパール，スーダン，ハイチなどに派遣されている。

なお，PKO業務のうち，平和維持軍（Peace-Keeping Forces：PKF）への参加は，憲法9条との関係で問題があるとされ，PKO協力法制定と同時に凍結されていたが，2001（平成13）年の法改正により凍結が解除された。ただし，「PKO 5原則」はPKFにも適用されるため，武力行使を目的とするPKFへの参加は許されない。

2　テロ特措法・イラク特措法

2001（平成13）年9月11日のアメリカ同時多発テロ事件をきっかけに，同年，テロ特措法（「平成十三年九月十一日のアメリカ合衆国において発生したテロリストによる攻撃等に対応して行われる国際連合憲章の目的達成のための諸外国の活動に対して我が国が実施する措置及び関連する国際連合決議等に基づく人道的措置に関する特別措置法」）が，また，2003年には，イラク特措法（「イラクにおける人道復興支援活動及び安全確保支援活動の実施に関する特別措置法」）が，いずれも限時法として制定された。これらの法律に基づく自衛隊の派遣は，「PKO 5原則」が要件としている紛争当事者間の停戦合意のないところで行われるものであることから，集団的自衛権の行使に当たるのではないかとの批判があった。本章22で触れた「自衛隊イラク派遣違憲訴訟」の二審判決（名古屋高判平20・4・17判時2056・74判タ1313・137）も，傍論において，「航空自衛隊の空輸活動のうち，少なくとも多国籍軍の武装兵員をバグダッドへ空輸するものについては，……他国による武力行使と一体化した行動であって，自らも武力の行使を行ったと評価を受けざるを得ない行動である」から，「現在イラクにおいて行われている航空自衛隊の空輸活動は，政府と同じ憲法解釈に立ち，イラク特措法を合憲とした場合

---

18)　「PKO 5原則」は，①紛争当事者間で停戦の合意が成立していること（国連平和維持3一），②紛争当事者が平和維持活動に同意していること（同），③平和維持活動が中立的に行われること（同），④これらの原則のいずれかが満たされなくなった場合には派遣を終了すること（国連平和維持6⑬），⑤武器の使用は要員の生命・身体の防衛のために必要最小限に限られること（国連平和維持24）である。

であっても，武力行使を禁止したイラク特措法2条2項，活動地域を非戦闘地域に限定した同条3項に違反し，かつ，憲法9条1項に違反する活動を含んでいることが認められる」との判断を示し，注目された。

3 有事法制

周辺事態法　　1997（平成9）年9月に改定された日米防衛協力のための指針（新ガイドライン）の趣旨を受け，1999（平成11）年に制定された周辺事態法（「周辺事態に際して我が国の平和及び安全を確保するための措置に関する法律」）により，日本の周辺地域で発生した紛争に米軍が出動する場合の後方地域支援などを自衛隊が担うことになった。そうした活動は，戦闘に関与しない後方地域で行われるものであるが，戦闘地域と後方地域の区別が曖昧であることや，後方地域支援であっても軍事的協力を行うものであることから，集団的自衛権の行使に当たるのではないかとの批判があった。

武力攻撃事態対処法・国民保護法　　北朝鮮によるミサイル発射や相次ぐ不審船の領海侵犯などをきっかけに，国民の間に有事の際の対処方法を法制化する必要性についての認識が高まり，2003（平成15）年，武力攻撃事態対処法（「武力攻撃事態等における我が国の平和と独立並びに国及び国民の安全の確保に関する法律」）が制定された。同法は，武力攻撃事態（武力攻撃が発生した事態又は武力攻撃が発生する明白な危険が切迫していると認められるに至った事態）および武力攻撃予測事態（武力攻撃事態には至っていないが，事態が緊迫し，武力攻撃が予測されるに至った事態）に際し，自衛隊が有効かつ円滑に行うべき対処措置として，武力攻撃を排除するために必要な自衛隊が実施する武力の行使，部隊等の展開その他の行動などが定められている。

また，2004（平成16）年には，武力攻撃事態に際して国民の生命，身体および財産を保護することを目的とした国民保護法（「武力攻撃事態等における国民の保護のための措置に関する法律」）が制定された。同年にはほかにも，米軍行動関連措置法（武力攻撃の排除に必要な米軍の行動の円滑化），捕虜取扱い法（捕虜等の人道的な待遇），自衛隊法一部改正法（米軍に対する物品・役務の提供），国際人道法違反処罰法（非人道的行為の処罰），特定公共施設利用法（港湾・飛行場・道路等の利用調整），海上輸送規制法（日本領海等における外国軍用品等の海上輸送の規制）が成立し，国民保護法と合わせて

「有事関連7法」と呼ばれている。 補訂4

第4章
個人の尊重と幸福追求権

1 個人の尊重

> 憲法13条　すべて国民は，個人として尊重される。生命，自由及び幸福追求に対する国民の権利については，公共の福祉に反しない限り，立法その他の国政の上で，最大の尊重を必要とする。
> 憲法24条2項　配偶者の選択，財産権，相続，住居の選定，離婚並びに婚姻及び家族に関するその他の事項に関しては，法律は，個人の尊厳と両性の本質的平等に立脚して，制定されなければならない。
> 民法2条　この法律は，個人の尊厳と両性の本質的平等を旨として，解釈しなければならない。
> ドイツ連邦共和国基本法1条[1]　人間の尊厳は不可侵である。これを尊重し，および保護することは，すべての国家権力の義務である。

I　個人の尊重

「すべて国民は，個人として尊重される」と定める憲法13条前段は，この憲法が個人主義の考え方に立脚することを述べたものと解されている。古典的・通説的見解によれば，「個人主義とは，人間社会における価値の根元が個々の人間にあるとし，何よりも先に個人を尊重しようとする原理をいう。個人主義は，一方において，他人の犠牲において自己の利益のみを主張しようとするエゴイズムに反対し，他方において，

---

[1] ドイツ連邦共和国基本法の邦訳は，阿部照哉・畑博行（編）『世界の憲法集（第四版）』（有信堂，2009年）281頁〔永田秀樹訳〕による。

『全体』というような個人を超えた価値のために個人を犠牲にしてかえりみない全体主義に反対し，すべての個々の人間を自主的な人格として平等に尊重しようとする」[2]とされる。日本国憲法の下地となった総司令部案（マッカーサー草案）12条に，「日本国ノ封建制度ハ終止スヘシ一切ノ日本人ハ其ノ人類タルコトニ依リ個人トシテ尊敬セラルヘシ」とあったように，そこには「家」制度（戸主に強大な統制権を与えていた旧民法下の家族制度）をはじめとする戦前の封建的な国家体制を廃止しようとする意図が強く作用していた。

2 「個人の尊厳」と「人間の尊厳」

一方，憲法24条2項は，家族法制定の際に立脚すべき基本原則の一つとして「個人の尊厳」を掲げている。この点に関連して，最高裁は，憲法13条が「個人の尊厳と人格の尊厳を宣言したものである（傍点は引用者）」（最大判昭23・3・24裁時9・8）ことを述べ，一般的にも，「個人の尊重」と「個人の尊厳」はほぼ同じ内容をもつものとみられている。その意味で，憲法13条前段の個人主義原理は，国政全般を支配する公法上の基本原理となるだけでなく，「個人の尊厳」を解釈基準とすべきことを定める民法2条の趣旨と相俟って，「私法の解釈基準として，私法秩序一般をも支配する」[3]ものと解されることになる。

なお，わが国では，憲法13条前段の意義を，ドイツ連邦共和国基本法1条にいう「人間の尊厳」と同義のものとして捉える見解もみられる。しかし，ドイツ憲法のこの規定は，その背景にナチズムの苦い経験がある点で，封建制の廃止を意図していた日本の場合とは前提を異にしており，同列に論じることの妥当性が問われる。憲法13条は「はっきりと『個人として尊重される』になっているから，これは『人間としての尊厳』のことではない。そして後段を考えると，ここに制限の規定（『公共の福祉に反しない限り』）があるのだから，ここで問題にされるのは個人の尊重ということであって，人間の尊厳ではない」[4]という反対論も有力である。

---

2) 宮沢俊義『憲法Ⅱ（新版）』（有斐閣，1971年）213頁。
3) 野中俊彦・中村睦男・高橋和之・高見勝利『憲法Ⅰ（第4版）』（有斐閣，2006年）262頁〔野中執筆〕。

2 　幸福追求権

I　包括的人権としての幸福追求権

> 憲法13条　すべて国民は，個人として尊重される。生命，自由及び幸福追求に対する国民の権利については，公共の福祉に反しない限り，立法その他の国政の上で，最大の尊重を必要とする。
> アメリカ独立宣言（2段）[5]　われわれは，自明の真理として，すべての人は平等に造られ，造物主によって，一定の奪いがたい天賦の権利を付与され，そのなかに生命，自由および幸福の追求の含まれることを信ずる。……

　「生命，自由及び幸福追求に対する国民の権利については，公共の福祉に反しない限り，立法その他の国政の上で，最大の尊重を必要とする」と定める憲法13条後段の文言は，1776年のヴァージニア権利章典やアメリカ独立宣言に由来し，その思想的淵源はロックの自然権論にまで遡るとみられている。文字どおりに読めば，ここに書かれた国民の権利は「生命に対する権利」，「自由に対する権利」および「幸福追求に対する権利」ということになるが，これらを理論上厳密に区分することは困難であるため，三者をまとめて「幸福追求権」と捉えるのが通例である。

　憲法13条後段は，当初，「具体的な特定の権利又は自由に関する定ではなく，総ての権利及び自由の基礎たるべき各個人の人格を尊重することを，国政の基本として宣言している[6]」と解され，具体的な法的権利としての性格は否定されていた。しかし，高度経済成長，都市化，情報化など1960年代以降の激しい社会変動を背景に，学説は，憲法上明文で保障されていないさまざまな権利を「新しい人権」として主張するようになり，判例にも，「新しい人権」の一部について，裁判上救済を受けることが

---

4)　ホセ・ヨンパルト『人間の尊厳と国家の権力』（成文堂，1990年）84頁。
5)　アメリカ独立宣言の邦訳は，高木八尺・末延三次・宮沢俊義（編）『人権宣言集』（岩波文庫，1957年）114頁〔斎藤真訳〕による。
6)　美濃部達吉（宮沢俊義補訂）『日本国憲法原論』（有斐閣，1952年）145頁。

できる具体的権利としての性格を承認するものがあらわれた。その結果，今日では，幸福追求権は，憲法に列挙されていない新しい権利を導き出す根拠となる一般的かつ包括的な人権とみられるようになってきている。

2　幸福追求権の意義

しかしながら，幸福追求権の意義をどうみるか，そこから具体的にどのような権利を「新しい人権」として導き出すことができるかをめぐっては，個人として尊重されるべき人間像をどう捉えるかにより，人格的利益説と一般的（行為）自由説の対立がみられ，さらに近年では，自然権的人権観を前提としないプロセス的権利説も主張されている。

人格的利益説　　人格的利益説は，憲法13条前段が前提とする人間を，「人格をもった人間」すなわち理性的存在としての人間とみて，幸福追求権は「自律的な個人が人格的に生存するために不可欠と考えられる基本的な権利・自由」[7]を意味すると説くものである。この場合，憲法13条と14条以下の個別の権利条項とは，一般法と特別法の関係にあり[8]，幸福追求権は，個別の権利条項ではカバーできない権利を補充的に保障する役割を果たす。

人格的利益説によれば，人格的生存と直接かかわりをもたないとみられる行為は保護対象とならない。幸福追求権を無制限に保障すると，"人権のインフレ化"が起きて，より重要な人権の価値が低下しかねないことや，「ある種の政治的主張が幸福追求権として法的な仮装をもってなされること」[9]などが懸念されることから，一定の歯止めの必要性がいわれるのである。

人格的利益説は，人格的生存に不可欠な利益とは何かが曖昧であるために，その判

---

[7]　芦部信喜（高橋和之補訂）『憲法（第四版）』（岩波書店，2007年）115頁。
[8]　広く一般的に適用される法を一般法といい，特定の人・物・場所・事項などについて限定的に適用される法を特別法という。同一の法形式の間では，特別法が一般法に優先する。たとえば，身分上は地方公務員である公立学校の教員の身分関係は，第一義的には教育公務員特例法という特別法によって規律されているが，同法に定められていない事項については地方公務員の身分関係を規定した一般法である地方公務員法によって規律される。
[9]　伊藤正己『憲法（第三版）』（弘文堂，1995年）230頁。

断に公権力の恣意が入り込む余地があり，それゆえ権利の保障範囲を狭く限定しすぎる傾向がある点において批判をまぬかれない。それでもこの学説が通説的位置を占めているのは，その人間観が，西洋近代憲法が前提とする進歩主義の思想を正しくふまえているからである。合理的な価値判断に基づいて「あるべき人間像」を設定し，それに適合するもののみに保障を与えるべきだとする演繹的発想は，日本人が戦前から慣れ親しんできた大陸ヨーロッパ法的思考になじみやすいものでもあったろう。

　　一般的（行為）自由説　　これに対し，一般的（行為）自由説は，憲法13条前段が前提とする人間を，「ありのままの人間」すなわち「高度に合理的・理性的でなく，誤りを犯しやすい，自己愛を最重視する存在」[10]とみて，幸福追求権は，あらゆる生活領域における個人の行動の自由を広く一般的に保障していると説くものである。この立場からすると，「憲法13条後段は，国家権力が公共の福祉の許す範囲内でのみ行使されるよう，国民に対して一般的自由を与え，国家権力の側にこの自由の制約を正当化すべき責任を課して，司法部にこの限定を監視する任務を与えたもの」[11]とみられることになる。

　　一般的（行為）自由説によれば，憲法の保障は，人格的生存とは直接かかわりをもたないとみられる行為——髪型，服装，飲酒，喫煙，登山，バイクの運転など——にも広く及ぶことになるが，その範囲についての考え方は，無限定説と限定説に分かれている。どちらも行動の自由を無条件・無制限に認めるものではないが，保障範囲の画定に至るまでの論理に違いがある。

　（1）　無限定説　　無限定説は，あらゆる行為を「一応の自由」として幸福追求権の対象としつつ，「『憲法上の自由』の範囲を画定するためには，『一応の自由』から合憲的制約部分を引くだけでたりる」[12]とするものである。すなわち，殺人や強盗をする自由なども「一応の自由」に含まれるが，これを犯罪として規制する刑法の必要性・合理性を検討し，それが必要かつ合理的だから，結論として，殺人や強盗は規制される，という論理である。この説は，行動の自由の手厚い保護に資するものであるが，

---

10)　阪本昌成『憲法理論II』（成文堂，1993年）68頁。
11)　長谷部恭男『憲法（第4版）』（新世社，2008年）153頁。
12)　内野正幸『憲法解釈の論理と体系』（日本評論社，1991年）324-325頁。

他者に対する加害行為までも「一応の自由」とみなしていることについては，憲法13条のモデルである自然権論とは「まさに対極の考え方」であり，「人権保障全体を自然権思想から完全に離れたまったく新たな基礎の上に築くことを意味する」との批判をまぬかれない。

(2) 限定説　これに対し，限定説は，「殺人の自由，強盗の自由などの犯罪行為は，憲法上の自由とはいえない」として，幸福追求権の保護対象となる行為にあらかじめ一定の限界を措定するものである。これによれば，他者に対する加害行為を除くあらゆる行為のうち，個別の人権条項で保護されていないものは，すべて幸福追求権の保護対象に含まれることになる。

すでにみた人格的利益説は，行動の自由から「人格的生存に不可欠なもの」を選び出すことで幸福追求権の保障範囲を画定しようとするのに対して，限定的な一般的（行為）自由説は，誰の目にも人道に悖ることが明らかな「他者に対する加害行為」だけを除外し，その粗いフィルターを通過した行為をすべて保護対象とする手法を用いる。人間の日常的行為は，人格的生存に不可欠とまではいえず，かといって他者に危害を加えるわけでもないものが大半を占めるので，結局のところ，限定説によっても，そのような行為の自由まで広範にわたり保護されることになる。

プロセス的権利説　ところで，人格的利益説も一般的（行為）自由説も，憲法に明文化されていない権利を「新しい人権」と認定し，その「新しい人権」が国会の制定した法律よりも優位に立つことを認める点では変わりがない。しかし，民意反映とは無関係にその地位に就く（選挙されていない）裁判官が，最高の国民代表である（選挙された）国会議員の制定した法律を違憲無効とすることを安易に肯定するのは，日本国憲法が立脚する議会制民主主義原理に反するとみることもできるため，そのような観点から，プロセス的権利説と呼ばれる学説が提唱されている。

プロセス的権利説は，基本的人権を，実体的価値について異なった見解をもつ人々の政治参加のプロセスに不可欠な諸権利と捉え，「裁判所は，憲法条文と十分結びつ

---

13)　渋谷秀樹・赤坂正浩『憲法1人権（第3版）』（有斐閣アルマ，2007年）237頁〔赤坂執筆〕。
14)　戸波江二『憲法（新版）』（ぎょうせい，1998年）178頁。

きのあるような新しい権利か,政治参加のプロセスに不可欠な権利でない限りは,13条から明文根拠を欠く基本的人権を創出することは許されない」とするものである[15]。この立場からは,無限定の一般的(行為)自由説が「一応の自由」とみなす殺人,強盗などの加害行為,限定的な一般的(行為)自由説が保護対象とする服装,髪型などライフスタイルの自由はもちろんのこと,人格的利益説が保護対象とする家族生活に関する自己決定ですら,政治的参加に不可欠の権利とはいえないという理由で幸福追求権の保障範囲から除外され,基本的人権として裁判上保護されるのは,生命,身体の自由,手続的デュー・プロセスの権利(訴訟手続,非訟事件手続(第9章2 2参照)および行政手続において適正な手続的処遇を受ける権利),名誉権,プライバシー権のみということになる。

しかし,ここにいう「政治参加のプロセス」とは,多数決原理に基づく民主主義的な決定の手続を意味するので,それを通じて保護されるのは,基本的に,多数者の利益ということになる。したがって,プロセス的権利説に対しては,少数者の権利・自由の保護という憲法による人権保障の本質を軽視しすぎているのではないかとの疑問が生じうるであろう。

3 幸福追求権から導かれる「新しい人権」

1 「新しい人権」の類型

前節でみたように,幸福追求権の意義については諸説があり,その保障範囲についての見解もさまざまであるため,幸福追求権の具体的内容を列挙し尽くし,またそれらを明快に類型化することは,現状では困難である。通説的位置を占めると思われる人格的利益説が幸福追求権の条件とみる「人格的生存に不可欠な利益」は,それ自体が抽象的かつ曖昧な概念であるため,そのような利益に該当するか否かは個々の事例ごとに判断しなければならないし,一般的(行為)自由説に立つ場合も,現実に行わ

---

15) 松井茂記『日本国憲法(第3版)』(有斐閣,2007年)339頁。

れている規制の必要性・合理性を個別的に検討することが必要となる。

そこで本節では，現段階において最もポピュラーと思われる分類手法を用いて，「新しい人権」を「一般的人格権」と「自己決定権」とに大別し，それぞれに属するとされる具体的な利益について，裁判所がどのように判断してきたのかを概観する。その際には，これまで判例が憲法上保障される人権と認めたものが，プライバシー権と，プライバシー権に包含される肖像権のみであることに注意する必要がある。

2　一般的人格権

> 民法709条　故意又は過失によって他人の権利又は法律上保護される利益を侵害した者は，これによって生じた損害を賠償する責任を負う。
> 民法710条　他人の身体，自由若しくは名誉を侵害した場合又は他人の財産権を侵害した場合のいずれであるかを問わず，前条の規定により損害賠償の責任を負う者は，財産以外の損害に対しても，その賠償をしなければならない。
> 刑法230条　①　公然と事実を摘示し，人の名誉を毀損した者は，その事実の有無にかかわらず，三年以下の懲役若しくは禁錮又は五十万円以下の罰金に処する。
> ②　死者の名誉を毀損した者は，虚偽の事実を摘示することによってした場合でなければ，罰しない。
> 刑法230条の2　①　前条第一項の行為が公共の利害に関する事実に係り，かつ，その目的が専ら公益を図ることにあったと認める場合には，事実の真否を判断し，真実であることの証明があったときは，これを罰しない。
> ②　前項の規定の適用については，公訴が提起されるに至っていない人の犯罪行為に関する事実は，公共の利害に関する事実とみなす。
> ③　前条第一項の行為が公務員又は公選による公務員の候補者に関する事実に係る場合には，事実の真否を判断し，真実であることの証明があったときは，これを罰しない。

生命，身体，自由，健康，名誉，貞操，信用，肖像，氏名など，個人の人格にかかわる利益について保護を求める権利を総称して，人格権 (droit de personnalité / Persönlichkeitsrecht) という。民法が，人格権として「身体」「自由」「名誉」を例示列挙し (民710)，人格権を侵害すると不法行為となり損害賠償責任が生ずる旨定めている (民709) ように，本来は私法上の権利であったが，「個人の尊重 (尊厳)」と密接に

関連し,法的にもその内容が明確であることから,現在では,憲法13条の幸福追求権から導き出される新しい人権の一つとして広く認知されるようになった。これを憲法上の一般的人格権という。

　プライバシー権　　プライバシー権は,19世紀末のアメリカで,ウォーレンとブランダイスという2人の法律家が,「ひとりで放っておいてもらう権利」(the right to be let alone),すなわち私生活において干渉を受けない私法上の権利として主張したもの(古典的プライバシー権)が始まりである。やがてそれは,性行為の自由など個人の私的生活領域における自己決定権を含む概念として捉えられるようになり,1965年の連邦最高裁判決(Griswold v. Connecticut, 381 U.S. 479 (1965))をきっかけに,公権力による侵害に対抗しうる憲法上の権利と認められるに至った。さらにその後,高度情報化社会の到来とともに,プライバシー権は,個人の私的生活領域に他人や公権力を介入させないという消極的な自由権の一種としてだけでなく,より積極的な「自己情報コントロール権」(情報プライバシー権),すなわち,個人が自分に関する情報をどのように他者に伝達するかを自分でコントロールできる権利と理解されるようになった。自己情報コントロール権は,私生活において他人から干渉されない私法上の権利であることはもちろん,企業などの私的団体や公権力に対して情報の開示・訂正・削除を求めることのできる憲法上の権利でもある。

　個人やメディアなど,私人によるプライバシー権の侵害は,表現の自由の行使によって引き起こされることが多い。しかし,表現の自由は,その"優越的地位"(第6章4Ⅰ参照)がいわれるように,憲法上最も手厚い保護を受けている人権の一つなので,憲法の下位規範である民法等の法律レベルでのみ保障されている権利では,十分に対抗することができない。ゆえに,表現行為によるプライバシー侵害を裁判で主張し,損害賠償を勝ち取るためには,プライバシー権を憲法上の権利のレベルにまで高めておくことが必要となる。私法上の権利としての人格権を憲法上の一般的人格権に格上げしなければならない理由はここにある。

---

16)　産児制限に関心のある既婚者に対して避妊方法に関する医学的助言等をしていた者が,避妊薬や避妊具の使用を犯罪とするコネティカット州法に違反するとして起訴された事件で,連邦最高裁は,避妊の自由を憲法上のプライバシー権として初めて正面から承認した。

わが国の裁判所がプライバシー権の侵害を認めた最初の事例は，「『宴のあと』事件」の東京地裁判決（東京地判昭39・9・28下民集15・9・2317）である。東京地裁は，プライバシー権を「私生活をみだりに公開されないという法的保障ないし権利」と定義し，それは「不法な侵害に対しては法的救済が与えられるまでに高められた人格的な利益」であるとして，原告のプライバシーに対する侵害があったことを認めた。つまりこの判決は，古典的なプライバシー権概念に立脚するものであったといえる。

判例

『宴のあと』事件（東京地判昭39・9・28下民集15・9・2317）

東京都知事選挙に立候補して惜敗した原告をモデルとする小説『宴のあと』（三島由紀夫著）が原告のプライバシー権を侵害するかどうかが争われた事件で，東京地裁は次のように判示した。

「私事をみだりに公開されないという保障が，今日のマスコミユニケーションの発達した社会では個人の尊厳を保ち幸福の追求を保障するうえにおいて必要不可欠なものであるとみられるに至っていることとを合わせ考えるならば，その尊重はもはや単に倫理的に要請されるにとどまらず，不法な侵害に対しては法的救済が与えられるまでに高められた人格的な利益であると考えるのが正当であり，それはいわゆる人格権に包摂されるものではあるけれども，なおこれを一つの権利と呼ぶことを妨げるものではないと解するのが相当である。」

「いわゆるプライバシー権は私生活をみだりに公開されないという法的保障ないし権利として理解されるから，その侵害に対しては侵害行為の差し止めや精神的苦痛に因る損害賠償請求権が認められるべきものであり，民法709条はこのような侵害行為もなお不法行為として評価されるべきことを規定しているものと解釈するのが正当である。」

「プライバシーの侵害に対し法的な救済が与えられるためには，公開された内容が(イ)私生活上の事実または私生活上の事実らしく受け取られるおそれのあることがらであること，(ロ)一般人の感受性を基準にして当該私人の立場に立った場合公開を欲しないであろうと認められることがらであること，換言すれば一般人の感覚を基準として公開されることによって心理的な負担，不安を覚えるであろうと認められることがらであること，(ハ)一般の人々に未だ知られていないことがらであることを必要とし，このような公開によって当該私人が実際に不快，不安の念を覚えたことを必要とするが，公開されたところが当該私人の名誉，信用というような他の法益を侵害するものであることを要しないのは言うまでもない。」

> 「本件『宴のあと』は……原告のプライバシーを侵害したものと認めるのが相当である。」

　一方，最高裁は，憲法13条から一般的なプライバシー権を導き出すことを避け，その代わりに，事例ごとに具体的な保護法益を設定し，対立する利益との間で個別に調整を図ろうとしてきた。許可条件に反する学生のデモ行進を警察官が裁判官の令状なしに写真撮影したことの違法性が争われた「京都府学連事件」の最高裁判決（最大判昭44・12・24刑集23・12・1625）は，「承諾なしに，みだりにその容ぼう・姿態を撮影されない自由」という表現を用いて，プライバシー権に包含される肖像権の具体的権利性を認めた最初の判決であった。自動速度監視装置による運転者および同乗者の容ぼうの写真撮影が肖像権侵害として争われた「オービス撮影事件」の最高裁判決（最二判昭61・2・14刑集40・1・48）でも，この基準が用いられ，写真撮影は，「現に犯罪が行われている場合になされ，犯罪の性質，態様からいつて緊急に証拠保全をする必要性があり，その方法も一般的に許容される限度を超えない相当なもの」であるから憲法13条に違反しないとされた。

判例

京都府学連事件（最大判昭44・12・24刑集23・12・1625）

　京都府学生自治連合会の主催したデモ行進に際し，警察官が裁判官の令状なしに個人の容ぼうを写真撮影したことの違法性が争われた事件である。

　最高裁は，「個人の私生活上の自由の一つとして，何人も，その承諾なしに，みだりにその容ぼう・姿態（以下「容ぼう等」という。）を撮影されない自由を有するものというべきである。これを肖像権と称するかどうかは別として，少なくとも，警察官が，正当な理由もないのに，個人の容ぼう等を撮影することは，憲法13条の趣旨に反し，許されないも のといわなければならない」と判示して，肖像権の具体的権利性を認めた。

　ただし，その一方で，「次のような場合には，撮影される本人の同意がなく，また裁判官の令状がなくても，警察官による個人の容ぼう等の撮影が許容されるものと解すべきである。すなわち，現に犯罪が行なわれもしくは行なわれたのち間がないと認められる場合であつて，しかも証拠保全の必要性および緊急性があり，かつその撮影が一般的に許容される限度をこえない相当な方法をもつて行なわれるときである」とし，本件写真撮影

はこれらの要件を満たしているので適法であるとした。

「前科照会事件」の最高裁判決（最三判昭56・4・14民集35・3・620）は、「前科等をみだりに公開されない」ことを法律上の保護に値する利益と捉え、弁護士法23条の2[17]に基づく前科等の照会に地方公共団体が安易に応じた行為を違法であると判示した。

> **判例**
>
> 前科照会事件（最三判昭56・4・14民集35・3・620）
>
> 自動車学校の弁護士が、弁護士法23条の2に基づき、学校従業員の前科・犯罪歴を京都市役所に照会したところ、道路交通法違反、業務上過失傷害等の前科歴がある旨の回答を得た。学校は、経歴詐称を理由にこの従業員に解雇を通告したため、解雇された従業員が、名誉、信用、プライバシーが侵害されたとして、照会に応じた京都市に損害賠償を求めた。一審（京都地判昭50・9・25判時819・69判タ333・276）では請求が棄却されたが、二審（大阪高判昭51・12・21下民集27・9-12・809）では一部認容されたため、京都市が上告した。最高裁は次のように述べ、地方公共団体が弁護士の照会に安易に応じた行為を違法とした。
>
> 「前科及び犯罪経歴（以下「前科等」という。）は人の名誉、信用に直接にかかわる事項であり、前科等のある者もこれをみだりに公開されないという法律上の保護に値する利益を有するのであって、市区町村長が、本来選挙資格の調査のために作成保管する犯罪人名簿に記載されている前科等をみだりに漏えいしてはならないことはいうまでもないところである。……弁護士法23条の2に基づく照会に応じて報告することも許されないわけのものではないが、その取扱いには格別の慎重さが要求されるものといわなければならない。」
>
> 「市区町村長が漫然と弁護士会の照会に応じ、犯罪の種類、軽重を問わず、前科等のすべてを報告することは、公権力の違法な行使にあたると解するのが相当である。」

---

17) 弁護士法23条の2「① 弁護士は、受任している事件について、所属弁護士会に対し、公務所又は公私の団体に照会して必要な事項の報告を求めることを申し出ることができる。申出があつた場合において、当該弁護士会は、その申出が適当でないと認めるときは、これを拒絶することができる。
　② 弁護士会は、前項の規定による申出に基き、公務所又は公私の団体に照会して必要な事項の報告を求めることができる。」

政府機関による個人識別情報の収集が問題となった「指紋押なつ拒否事件」の最高裁判決（最三判平7・12・15刑集49・10・842）は，最高裁がプライバシーという言葉を最初に使った判例として知られている。最高裁は，「何人もみだりに指紋の押なつを強制されない自由を有」し，「採取された指紋の利用方法次第では個人の私生活あるいはプライバシーが侵害される危険性がある」としながらも，外国人登録法（当時）に定める指紋押なつ制度は，立法目的が合理的で，押なつの方法も相当な限度内にあり，合憲であるとした。外国人登録法は1999（平成11）年に改正され，外国人登録における指紋押なつは全廃された。しかし，2006（平成18）年には，テロの未然防止を目的とした出入国管理及び難民認定法の改正により，上陸審査時における外国人の個人識別情報の提供に関する規定が整備され，顔写真の撮影と電磁的な指紋情報の読み取りにより電子認証を行う方法で，指紋押なつ制度が復活した[18]。個人識別情報の提供を義務づけられている外国人が指紋または顔写真の提供を拒否すると，日本への入国は許されず，国外退去を命じられる。ただし，特別永住者（第1章42註25参照）は顔写真撮影および指紋採取の対象から除外されている。

判例

指紋押なつ拒否事件（最三判平7・12・15刑集49・10・842）

日系米国人が神戸市灘区において新規の外国人登録を申請した際，外国人登録原票，登録証明書および指紋原紙2枚に指紋の押なつをしなかったため，（改正前の）外国人登録法に違反するとして起訴された事件である。最高裁は，次のように述べ，指紋押なつ制度は合憲であるとした。

「指紋は，指先の紋様であり，それ自体では個人の私生活や人格，思想，信条，良心等個人の内心に関する情報となるものではないが，性質上万人不同性，終

18）出入国管理及び難民認定法6条3項「前項の申請をしようとする外国人は，入国審査官に対し，申請者の個人の識別のために用いられる法務省令で定める電子計算機の用に供するため，法務省令で定めるところにより，電磁的方式（電子的方式，磁気的方式その他人の知覚によつては認識することができない方式をいう。以下同じ。）によつて個人識別情報（指紋，写真その他の個人を識別することができる情報として法務省令で定めるものをいう。以下同じ。）を提供しなければならない。ただし，次の各号のいずれかに該当する者については，この限りでない。
一　日本国との平和条約に基づき日本の国籍を離脱した者等の出入国管理に関する特例法（平成三年法律第七十一号）に定める特別永住者（以下「特別永住者」という。）（……以下省略……）」

> 生不変性をもつので，採取された指紋の利用方法次第では個人の私生活あるいはプライバシーが侵害される危険性がある。」
>
> 「個人の私生活上の自由の一つとして，何人もみだりに指紋の押なつを強制されない自由を有するものというべきであり，国家機関が正当な理由もなく指紋の押なつを強制することは，同条の趣旨に反して許されず，また，右の自由の保障は我が国に在留する外国人にも等しく及ぶと解される。」
>
> 「外国人登録法が定める在留外国人についての指紋押なつ制度……は，……同法1条の『本邦に在留する外国人の登録を実施することによって外国人の居住関係及び身分関係を明確ならしめ，もって在留外国人の公正な管理に資する』という目的を達成するため，戸籍制度のない外国人の人物特定につき最も確実な制度として制定されたもので，その立法目的には十分な合理性があり，かつ，必要性も肯定できるものである。また，……本件当時の制度内容は，押なつ義務が3年に一度で，押なつ対象指紋も一指のみであり，加えて，その強制も罰則による間接強制にとどまるものであって，精神的，肉体的に過度の苦痛を伴うものとまではいえず，方法としても，一般的に許容される限度を超えない相当なものであったと認められる。」

　個人識別情報の保護に関連のある判例として注目されるのは，「早稲田大学講演会名簿提出事件」の最高裁判決（最一判平15・9・12民集57・8・973）である。最高裁は，学籍番号，氏名，住所および電話番号という，秘匿されるべき必要性が必ずしも高いとはいえない単純な個人識別情報も，「プライバシーに係る情報として法的保護の対象となる」とし，本人の同意を得ないで講演会の参加者名簿を警視庁に提出した大学の行為はプライバシー侵害の不法行為を構成すると判断した。補訂5

判例

早稲田大学講演会名簿提出事件（最一判平15・9・12民集57・8・973）

　1998年11月，来日中の江沢民・中国国家主席の講演会を開催した早稲田大学が，警視庁の求めに応じて講演参加者名簿を本人の同意なく提出したことに対し，名簿に記載されていた参加者が，早稲田大学を相手取り，プライバシー権侵害等を理由に損害賠償を請求した事件である。最高裁の判旨は以下のとおりである。

「本件個人情報は，早稲田大学が重要な外国国賓講演会への出席希望者をあら

> かじめ把握するため，学生に提供を求めたものであるところ，学籍番号，氏名，住所及び電話番号は，早稲田大学が個人識別等を行うための単純な情報であって，その限りにおいては，秘匿されるべき必要性が必ずしも高いものではない。また，本件講演会に参加を申し込んだ学生であることも同断である。しかし，このような個人情報についても，本人が，自己が欲しない他者にはみだりにこれを開示されたくないと考えることは自然なことであり，そのことへの期待は保護されるべきものであるから，本件個人情報は，上告人らのプライバシーに係る情報として法的保護の対象となるというべきである。」
>
> 「このようなプライバシーに係る情報は，取扱い方によっては，個人の人格的な権利利益を損なうおそれのあるものであるから，慎重に取り扱われる必要がある。本件講演会の主催者として参加者を募る際に上告人らの本件個人情報を収集した早稲田大学は，上告人らの意思に基づかずにみだりにこれを他者に開示することは許されないというべきであるところ，同大学が本件個人情報を警察に開示することをあらかじめ明示した上で本件講演会参加希望者に本件名簿へ記入させるなどして開示について承諾を求めることは容易であったものと考えられ，それが困難であった特別の事情がうかがわれない本件においては，本件個人情報を開示することについて上告人らの同意を得る手続を執ることなく，上告人らに無断で本件個人情報を警察に開示した同大学の行為は，上告人らが任意に提供したプライバシーに係る情報の適切な管理についての合理的な期待を裏切るものであり，上告人らのプライバシーを侵害するものとして不法行為を構成するというべきである。」

「少年犯罪の実名報道事件」で，大阪高裁（大阪高判平12・2・29判時1710・121）は，「みだりに実名を公開されない人格的利益」が人格権に含まれるとした上で，それが「法的保護に値する利益として認められるのは，その報道の対象となる当該個人について，社会生活上特別保護されるべき事情がある場合に限られるのであ」り，「凶悪重大な事件において，現行犯逮捕されたような場合には，実名報道も正当として是認される」から，少年法61条[19]に反して行われた実名報道は少年のプライバシーを侵害

---

19) 少年法61条「家庭裁判所の審判に付された少年又は少年のとき犯した罪により公訴を提起された者については，氏名，年齢，職業，住居，容ぼう等によりその者が当該事件の本人であることを推知することができるような記事又は写真を新聞紙その他の出版物に掲載してはならない。」

しないとした。補訂6

> **判例**
>
> **少年犯罪の実名報道事件**（大阪高判平 12・2・29 判時 1710・121）
>
> 　大阪府堺市で発生した当時 19 歳の少年による殺傷事件（いわゆる堺通り魔殺人事件）につき，月刊誌『新潮 45』が少年の実名・顔写真入りで記事を掲載したことに対し，実名で報道されない権利の侵害であるとして，少年が出版社側に損害賠償と謝罪広告を求めた事件である。大阪高裁は，次のように述べ，出版社が実名報道することは，少年のプライバシー権を侵害しないとした。
>
> 　「みだりに実名を公開されない人格的利益が法的保護に値する利益として認められるのは，その報道の対象となる当該個人について，社会生活上特別保護されるべき事情がある場合に限られるのであって，そうでない限り，実名報道は違法性のない行為として認容されるというべきである。」
>
> 　少年法 61 条は，「少年時に罪を犯した少年に対し実名で報道されない権利を付与していると解することはできない……。」
>
> 　「表現の自由とプライバシー権等の侵害との調整においては，少年法 61 条の存在を尊重しつつも，なお，表現行為が社会の正当な関心事であり，かつその表現内容・方法が不当なものでない場合には，その表現行為は違法性を欠き，違法なプライバシー権等の侵害とはならないといわなければならない。」
>
> 　「本件事件は，……悪質重大な事件であり，……本件記事は，社会的に正当な関心事であったと認められる。」
>
> 　「少なくとも，凶悪重大な事件において，現行犯逮捕されたような場合には，実名報道も正当として是認されるものといわなければならない。」

　反対に，実名が出されていなくてもプライバシー侵害は成立する場合がある。作家・柳美里（ユウミリ）が書いた小説『石に泳ぐ魚』に登場する人物のモデルとなった同作家の知り合いが，登場人物の容姿に関する記述などがプライバシーの侵害にあたるとして，出版の差止めと損害賠償を求めた「『石に泳ぐ魚』事件」の二審判決（東京高判平 13・2・15 判時 1741・68 判タ 1061・289）で，東京高裁は，ことは人間の尊厳にかかわるのであって，芸術の名によってもその侵害を容認することはできないとして，出版の差止めを認め，上告審（最三判平 14・9・24 判時 1802・60 判タ 1106・72）でもこの判断が支持された。作中の登場人物と容易に同定可能な個人が，公的立場にある者ではなく，表現

内容が公共の利害に関する事項でもない本件においては，名誉およびプライバシーの保護が優先され，純文学においてはプライバシーは成立しないとする作家側の主張は認められなかった。

> **判例**
>
> 『石に泳ぐ魚』事件（東京高判平13・2・15判時1741・68判タ1061・289）
>
> 　作家・柳美里の書いた小説『石に泳ぐ魚』に登場する人物のモデルとなった同作家の知り合いが，登場人物の容姿に関する記述などがプライバシーの侵害にあたるとして，出版の差止めと損害賠償を求めた事件である。二審（東京高裁）は，次のように述べて，出版差止めおよび損害賠償のいずれも認容した。
>
> 「個人の障害や病気の事実は，個人に関する情報のうちでも最も他人に知られたくない類のものである。」
>
> 「そうであるのに，これを無断で公表することは，障害それ自体の苦痛のうえに，更に，他人の好奇の眼や差別によって苦しめられている者の精神的苦痛を倍加する不法な行為であって，人格権の著しい侵害として，当然にプライバシーの侵害に当たるというべきである。」
>
> 「小説が実在の人物をモデルとして創作されることを否定することはできない。……小説が現実に依拠して作成されたとしても，それはあくまでも虚構の世界に属するものであるということができる。」
>
> 「しかし，そのことをもって，公にされた小説において，モデルとして同定できる実在の人物のプライバシーに関わる事実を，そのまま記述することが，当然に許されるわけではない。……小説の公表によって他人の尊厳を傷つけることになれば，その小説の公表は，芸術の名によっても容認されないのである。」

　以上のように，判例上，プライバシー権はすでに憲法上の権利としての地位を獲得し，作家などの個人に対しても（『宴のあと』事件，『石に泳ぐ魚』事件），メディアや企業などの私的団体に対しても（早稲田大学講演会名簿提出事件，少年犯罪の実名報道事件），公権力に対しても（京都府学連事件，前科照会事件，指紋押なつ拒否事件）主張することのできる「全方位的権利」[20]となったとみることができよう。

　名誉権　「名誉」とは，人格的価値について他者や社会から受けるプラスの客観

---

20) 渋谷・赤坂，前掲書245頁〔赤坂執筆〕。

的評価をいい，名誉を毀損されない権利を「名誉権」という。名誉権は，プライバシーよりも古くから私法上の非財産的利益として認められてきたものである。名誉権は，民法では不法行為としての名誉毀損（民710）により，また，刑法では名誉毀損罪（刑230）により保護されるが，それが「個人の尊重（尊厳）」とも密接に結びついていることから，憲法13条を根拠に，憲法上の人格権としても保護されるとみられるようになった。なお，法人に対する社会的評価も，その信用や業務上の利益に結びついていることから，法人の名誉も保護の対象になるものと解される。

「北方ジャーナル事件」の最高裁判決（最大判昭61・6・11民集40・4・872）は，名誉を「人の品性，徳行，名声，信用等の人格的価値について社会から受ける客観的評価」であるとし，民法上，損害賠償等を求めることができるだけでなく，「人格権としての名誉権」として，加害者に対し，侵害行為の差止めを求めることができる権利であることを確認している。

名誉権の侵害は，多くの場合，他者による表現の自由の行使によって引き起こされるため，刑法には，名誉権と表現の自由との調整を図る規定が設けられている。すなわち，人の名誉を毀損するような表現行為であっても，「公共の利害に関する事実に係り，かつ，その目的が専ら公益を図ることにあったと認める場合」に，「真実であることの証明があったとき」には，違法性が阻却され，処罰されない（刑230の2①）。加えて，「夕刊和歌山時事事件」の最高裁判決（最大判昭44・6・25刑集23・7・975）は，「真実であることの証明」がない場合でも，「行為者がその事実を真実であると誤信し，その誤信したことについて，確実な資料，根拠に照らし相当の理由があるときは，犯罪の故意がなく，名誉毀損の罪は成立しない」としている。

「ノンフィクション『逆転』事件」の最高裁判決（最三判平6・2・8民集46・2・149）は，ある者の前科等にかかわる事実は，「その者の名誉あるいは信用に直接にかかわる事項」なので，そうした事実を公表されないことは「法的保護に値する利益」であるとした「前科照会事件」最高裁判決（最三判昭56・4・14民集35・3・620）の判旨を引きつつ，「前科等にかかわる事実を公表されない法的利益が優越するとされる場合には，その公表によって被った精神的苦痛の賠償を求めることができる」とした。

> **判例**
>
> **ノンフィクション『逆転』事件（最三判平6・2・8民集48・2・149）**
>
> 　服役を終えて社会復帰していた者が，ノンフィクション作品『逆転』のなかで実名を使用されたため，前科が公表されて精神的苦痛を被ったとして，『逆転』の作者に対して慰藉料を請求した事件である。一審（東京地判昭62・11・20判時1258・22判タ658・60）はプライバシー侵害を認めて作者に慰藉料の支払いを命じ，二審（東京高判平1・9・5高民集42・3・325）も一審判決を支持したため，作者が最高裁に上告した。最高裁は上告を棄却し，次のように述べた。
>
> 　「前科等にかかわる事実については，これを公表されない利益が法的保護に値する場合があると同時に，その公表が許されるべき場合もあるのであって，ある者の前科等にかかわる事実を実名を使用して著作物で公表したことが不法行為を構成するか否かは，その者のその後の生活状況のみならず，事件それ自体の歴史的又は社会的な意義，その当事者の重要性，その者の社会的活動及びその影響力について，その著作物の目的，性格等に照らした実名使用の意義及び必要性をも併せて判断すべきもので，その結果，前科等にかかわる事実を公表されない法的利益が優越するとされる場合には，その公表によって被った精神的苦痛の賠償を求めることができるものといわなければならない。」
>
> 　「本件事件及び本件裁判から本件著作が刊行されるまでに12年余の歳月を経過しているが，その間，被上告人が社会復帰に努め，新たな生活環境を形成していた事実に照らせば，被上告人は，その前科にかかわる事実を公表されないことにつき法的保護に値する利益を有していたことは明らかであるといわなければならない。しかも，被上告人は，……公的立場にある人物のようにその社会的活動に対する批判ないし評価の一資料として前科にかかわる事実の公表を受忍しなければならない場合ではない。」
>
> 　「本件事件の当事者である被上告人については特にその実名を使用しなければ本件著作の右の目的が損なわれる，と解することはできない。」

　「『月刊ペン』事件」の最高裁判決（最一判昭56・4・16刑集35・3・84）は，私人の私生活上の行状であっても，その者の社会的活動の性質や社会的な影響力によっては刑法230条の2第1項にいう「公共の利害に関する事実」にあたり，プライバシーを公表することができる場合があることを述べ，私人であっても，広く国民の公的生活にかかわる立場にある「公人」(public figures)[21]といえる場合には，保護されるプライ

バシーや名誉が一定の制約を受けるという考え方を示唆した。

> **判例**
>
> 『月刊ペン』事件（最一判昭 56・4・16 刑集 35・3・84）
>
> 　『月刊ペン』誌編集局長は、宗教法人創価学会を批判する連続特集を組み、池田大作会長（当時）の私的行動をも取り上げ、「池田大作の金脈もさることながら、とくに女性関係において、彼がきわめて華やかで、しかも、その雑多な関係が病的であり色情狂的でさえある……」などとする記事を執筆掲載し、また、「お手付き情婦として、二人とも公明党議員として国会に送りこんだというＴ子とＭ子」を挙げ、両人が特定人であることを容易に推認させるような表現の記事を執筆掲載した。このことが、公然事実を摘示(てきし)して創価学会および上記3名の名誉を毀損したとして、編集局長が起訴された事件である。一審（東京地判昭 53・6・29 刑集 35・3・97）は、刑法 230 条1項を適用して名誉毀損罪の成立を認め、二審（東京高判昭 54・12・12 刑集 35・3・104）は被告人の刑法 230 条ノ2第1項にいう「公共ノ利害ニ関スル事実」にあたるとの主張を排斥したため、被告人は上告した。これに対し最高裁は、適法な上告理由にあたらないとしながらも、職権により次のように判示し、原判決および一審判決を破棄し、一審に差し戻した。
>
> 　「私人の私生活上の行状(ぎょうじょう)であつても、そのたずさわる社会的活動の性質及びこれを通じて社会に及ぼす影響力の程度などのいかんによつては、その社会的活動に対する批判ないし評価の一資料として、刑法 230 条ノ2第1項にいう『公共ノ利害ニ関スル事実』にあたる場合があると解すべきである。」
>
> 　『月刊ペン』の記事は、「池田大作会長（当時）の女性関係が乱脈をきわめており、同会長と関係のあつた女性二名が同会長によつて国会に送り込まれていることなどの事実を摘示したものであることが、……明白であ」り、「同会長は、同会において、その教義を身をもって実践すべき信仰上のほぼ絶対的な指導者であつて、公私を問わずその言動が信徒の精神生活等に重大な影響を与える立場にあつたばかりでなく、右(みぎ)宗教上の地位を背景とした直接・間接の政治的活動等を通

21) アメリカでは、公務員や「公人」に対する名誉毀損が成立するためには、「故意に、または真偽についてまったく顧慮しないで」公表したことを、名誉毀損を主張する側が立証しなければならないとする考え方が、「現実の悪意」(actual malice) の法理として、判例法上、確立されている。この法理は、名誉毀損を理由に莫大な損害賠償を請求するケースの多いアメリカでは表現の自由の保護に寄与するが、日本における名誉毀損訴訟における損害賠償額の水準はそれほどではないので、この法理によって損害賠償請求を限定する必要性も低いのではないかといわれている（長谷部、前掲書 153 頁）。

> じ，社会一般に対しても少なからぬ影響を及ぼしていたこと，同会長の醜聞の相手方とされる女性二名も，同会婦人部の幹部で元国会議員という有力な会員であったことなどの事実が明らかである。」
>
> 「被告人によって摘示された池田会長らの前記のような行状は，刑法230条ノ2第1項にいう『公共ノ利害ニ関スル事実』にあたると解するのが相当であって，これを一宗教団体内部における単なる私的な出来事であるということはできない。」
>
> 差戻し後の一審判決（東京地判昭58・6・10判時1084・37判タ498・67）も控訴審判決（東京高判昭59・7・18高刑集37・2・360）も，真実性の証明がなされなかったとして有罪判決を言い渡したが，上告中に被告人が死亡した。

環境（人格）権 高度経済成長の負の側面として1960年代に顕在化した公害問題をきっかけに，70年代になると，「良好な環境を享受する権利」すなわち環境権が主張されるようになった。しかし，ここにいう「環境」が自然環境（大気，日照，水質など）に限られるのか，文化的環境（遺跡，歴史的建造物など）や社会的環境（景観，街並など）も含まれるのかについては議論があるうえに，いずれの場合も，その実現には公権力による積極的な施策が必要となるため，とりわけ憲法25条を根拠に環境権を請求権として扱うには困難が伴う。「名古屋新幹線騒音訴訟」二審判決（名古屋高判昭60・4・12下民集34・1-4・461）が，「実定法上何らの根拠もなく，権利の主体，客体及び内容の不明確な環境権なるものを排他的効力を有する私法上の権利であるとすることは法的安定性を害し許されない」と述べているように，これまでのところ，憲法を根拠に環境権を認めた判例はない。

しかしその一方で，公害や環境破壊は，特定の個人に生命・健康上の被害，著しい精神的苦痛，生活妨害などをもたらすことがある。そこで，環境権の自由権的側面に着目し，これを憲法13条により保障される「環境人格権」と捉える見解が有力に主張されるようになってきている。環境権を認めることには消極的な裁判所も，これを「環境汚染等によって生命・健康等を害されない」人格的権利として限定的に捉え，人格権侵害という法的構成をとることによって，政府や企業に対する損害賠償や差止めの請求を認めてきた。たとえば，「大阪空港公害訴訟」二審判決（大阪高判昭50・11・27判時797・36判タ330・116）は，「個人の生命，身体，精神および生活に関する利

益は，各人の人格に本質的なものであつて，その総体を人格権ということができ」，「人格権に基づく妨害排除および妨害予防請求権が私法上の差止請求の根拠となりうるものということができる」と述べ，航空機の騒音等により人格権が侵害されているとして，過去の損害に対する賠償請求と午後9時以降の航空機発着の差止めを認容した。[22]

3 自己決定権

　　自己決定権の意義　　アメリカでは，1973年の連邦最高裁判所判決（Roe v. Wade, 410 U.S. 113 (1973)）[23]を機に，個人が私的事項について公権力の干渉を受けずに決定する権利が，プライバシー権の一つとして憲法上保障されていると考えられるようになった。その影響を受けて，わが国でも，「一定の個人的事柄について，公権力から干渉されることなく，自ら決定することができる権利」[24]を「自己決定権」と呼び，幸福追求権を根拠に，「新しい人権」の一つとみる見解が現れるようになった。

　　しかしながら，人は何かを「する・しない」を日常的に決定し続けており，いかなる権利・自由も，それを「行使する・しない」についての自己決定を伴うものであるから，「公権力の干渉を受けない」という性格づけだけでは，自己決定権と古典的な自由権との区別がつかない。そのため，人格的利益説の立場からは，自己決定権は，「・個・人・の・人・格・的・生・存・にかかわる・重・要・な・私・的・事・項を公権力の介入・干渉なしに各自が・自・律・的・に・決・定・で・き・る・自・由」（傍点は引用者）[25]などと定義されることになる。それでもなお，憲法上すでに明文で保障されている多くの自由はこの定義に該当するであろうから，「新しい人権」としての自己決定権の対象となる利益は，既存の人権条項ではすくい取れないものに絞り込まれ，そのなかに憲法上の保護対象となるべきものがあるかどうかが個別的に検討されなければならない。

---

22)　その後，この事件の最高裁判決（最大判昭56・12・16民集35・10・1369）は，過去の損害賠償請求を認容したものの，航空機の離着陸差止請求は不適法であるとしてこれを却下した。
23)　アメリカ連邦最高裁は，合衆国憲法第14修正が女性の妊娠中絶の自由をプライバシー権として保障していることを認め，テキサス州の妊娠中絶禁止法を違憲と判示した。
24)　佐藤幸治『憲法（第三版）』（青林書院，1995年）459頁。
25)　芦部，前掲書121-122頁。

自己決定権の類型　これまで自己決定権として主張されてきた利益は多岐にわたるが，ここでは便宜上，(1)自己の生命・身体の処分に関する事項，(2)家族のあり方やリプロダクションに関する事項，(3)ライフ・スタイルに関する事項の三種に大別し，具体例や特徴を整理しておくこととする。それぞれの権利性をどうみるかについては，人格的利益説に立つか一般的（行為）自由説に立つかにより，また個別の事例における利益衡量(こうりょう)によってもさまざまな見解がありうるが，一般的には，"人権"となりうる要素を最も多くもっているのは(1)の類型に属する利益であり，(2)，(3)の順に権利性が薄くなっていくとみることができよう。

(1)　**自己の生命・身体の処分に関する事項**　インフォームド・コンセント (informed consent)[26]を前提にいかなる医療行為を受けるかを患者自身が決定すること，その延長上にある治療拒否，延命治療の拒否（尊厳死），安楽死などの問題がこれに該当する。

「エホバの証人輸血拒否事件」の二審判決（東京高判平10・2・9高民集51・1・1）は，「手術等に対する患者の同意は，各個人が有する自己の人生のあり方（ライフスタイルないし何に生命より優越した価値を認めるか）は自らが決定することができるという自己決定権に由来するものである」として，患者の自己決定権を前面に押し出し，医学的見地から患者の意思に反して輸血を行った医師の行為を自己決定権侵害と認める画期的な判決を出して注目を集めた。この事件の最高裁判決（最三判平12・2・29民集54・2・582）も，自己決定権にこそ言及しなかったが，輸血を伴う医療行為を拒否する意思決定をする権利は人格権の一内容として尊重されなければならないと述べて，原判決を支持した。インフォームド・コンセントが十分でなかったことが，患者の人格権を侵害したものと認定されたのである。

> **判例**
>
> エホバの証人輸血拒否事件（最三判平12・2・29民集54・2・582）
>
> 　「エホバの証人」の信者である癌患者　Xが，国が設置するA病院でB医師の手

---

[26]　「説明に基づく同意」の意で，「説明と同意」と訳されることが多い。患者が治療を受ける前に，医師から十分な説明を受け，それに同意した後に治療が行われるべきであるとする医療上の原則で，侵襲(しんしゅう)（invasion　手術や投薬などで生体内に変化をもたらすこと）等の違法性阻却(そきゃく)事由となる。

術を受けた。その際，Xは，信仰上の理由から輸血拒否の意思を明確に示していたが，Bは，輸血をしないと生命を維持できないと手術中に判断し，輸血を行ったため，Xが国およびBを相手に損害賠償請求訴訟を提起した。一審（東京地判平9・3・12判タ964・82）は，手術中いかなる事態になっても原告に輸血をしないとする特約は公序良俗に反し無効であるとして賠償を認めなかったが，二審（東京高判平10・2・9高民集51・1・1）は，Bが相対的無輸血の治療方針（患者の輸血拒否の意思をできる限り尊重するが，輸血以外に救命手段がない事態に至ったときは，患者およびその家族の諾否にかかわらず輸血するという方針）をXに説明しておらず，この義務違反によりXは自己決定権行使の機会を奪われ，その権利を侵害されたとして，賠償を認めたため，国が上告した。最高裁は次のように述べて，上告を棄却した。

「患者が，輸血を受けることは自己の宗教上の信念に反するとして，輸血を伴う医療行為を拒否するとの明確な意思を有している場合，このような意思決定をする権利は，人格権の一内容として尊重されなければならない。そして，Xが，宗教上の信念からいかなる場合にも輸血を受けることは拒否するとの固い意思を有しており，輸血を伴わない手術を受けることができると期待してAに入院したことをBらが知っていたなど本件の事実関係の下では，Bらは，手術の際に輸血以外には救命手段がない事態が生ずる可能性を否定し難いと判断した場合には，Xに対し，Aとしてはそのような事態に至ったときには輸血するとの方針を採っていることを説明して，Aへの入院を継続した上，Bらの下で本件手術を受けるか否かをX自身の意思決定にゆだねるべきであったと解するのが相当である。」

　助かる見込みのない患者に対する生命維持治療を中止して，人間としての尊厳を保ちつつ死を迎えさせることを，「尊厳死」という。尊厳死に近いものに，延命のための積極的な医療措置を行わず，自然にまかせる「消極的安楽死」があるが，尊厳死が治療義務の終了を前提とする「治療行為の中止」であるのに対し，消極的安楽死は医療措置を行わずに死期を早めることになるため，殺人行為に該当する可能性がある。死期の迫った患者に医師が致死処置を行う「積極的安楽死」は，一定の厳格な要件を満たしていなければ，殺人行為に該当する。

　積極的安楽死の是非が問題となった「東海大学病院『安楽死』事件」の横浜地裁判決（横浜地判平7・3・23判時1530・28判タ877・148）は，「医師による末期患者に対する致

死行為が積極的安楽死として許容されるための要件として，①患者が耐えがたい肉体的苦痛に苦しんでいること，②患者は死が避けられず，その死期が迫っていること，③患者の肉体的苦痛を除去・緩和するために方法を尽くし他に代替手段がないこと，④生命の短縮を承諾する患者の明示の意思表示があることを挙げ，本件については，「肉体的苦痛及び患者の意思表示が欠けている」ので，医師による致死行為は積極的安楽死の許容要件を満たさないと判示した。本判決は，治療行為の中止（尊厳死）の許容要件についても，その一つに「治療行為の中止を求める患者の意思表示」を挙げ，患者の自己決定権を基軸に据えていた。

このように，治療を受ける患者の権利としての自己決定権は，判例上，ある程度認められてきたものといえようし，人格的利益説・一般的（行為）自由説いずれの立場からも，生命・身体の処分を自己決定権の保護対象とすることに大きな異論はないものと思われる。しかしながら，患者の自己決定権を憲法上の権利と位置づけることには慎重でなければならない。憲法上の権利としての自己決定権を主張すれば，医療行為につき定められた法律上の規定を無視あるいは排除できてしまうことになり，そのたびに医師が複雑で困難な判断を迫られ，医療業務に大きな混乱をもたらすおそれがあるからである。なによりも重要なのは，医療における患者の自己決定権の尊重を手続的に担保する法制度の整備であり，自己決定権の法理自体には，そうした法制度の妥当性を検証する際の準則としての役割を期待すべきであろう。

　(2)　家族のあり方やリプロダクションに関する事項　　結婚・離婚など家族の形成・維持に関する決定や，避妊・妊娠・出産・人工妊娠中絶などリプロダクション（reproduction　生殖）に関する決定などの問題がこれに該当する。

「代理出産児出生届不受理事件」で，申立人夫妻は，「自己の遺伝子を受け継ぐ子を持つ権利，すなわち，家族の形成・維持に係わる事柄についての自己決定権又は遺伝的素質を子孫に伝えあるいは妊娠・出産といったリプロダクションにかかわる事柄についての自己決定権」の侵害等を主張して，米国人女性との代理出産契約により米国で出生した子の出生届を受理しなかった品川区長に受理命令を出すよう求めたが，最高裁（最二決平 19・3・23 民集 61・2・619）は，[27]「代理出産という民法の想定していない事態が生じており，……立法による速やかな対応が強く望まれる」としながらも，民法

が実親子関係を認めていない者の間にその成立を認める内容の外国裁判所の裁判は，民事訴訟法118条3号[28]の公序良俗に反し，わが国においてその効力を認められないと判示し，出生届の受理を命じた二審決定（東京高決平18・9・29高民集59・3・4）を破棄した。[29]

(3) ライフ・スタイルに関する事項　髪型，服装，飲酒，喫煙など，個人の趣味・嗜好に合わせてさまざまな行為をする自由がこれに該当する。これらの利益が幸福追求権の保護対象となるのか否かについて，人格的利益説と一般的（行為）自由説とで大きく見解が異なることはすでに述べたとおりであるが，その多くは法律や，学校等の部分社会のルールによる規制を受けており，それが裁判で争われるときは，行為の自由が憲法上の権利であるか否かを一律に断ずることはできず，規制の必要性・合理性を個別的に検討せざるをえない。

　法律は，"おとな"の愉悦や欲望の発露に，しばしば規制を加える。賭博開帳図利（賭博場を開帳し利益を図ること）の罪に問われた者が，これを犯罪とする刑法186条2項の違憲性を主張した事件で，最高裁[30]（最大判昭25・11・22刑集4・11・2380）は，「賭

---

27) 生殖補助医療としての代理出産には，①夫の精子と妻の卵子を体外受精し，できた胚を第三者の女性に移植して出産させるもの（「借り腹」あるいはホスト・マザー），②夫の精子と妻以外の女性の卵子を体外受精し，できた胚を卵子を提供した女性に移植して出産させるもの（「代理母」あるいはサロゲート・マザー），③夫の精子と妻以外の女性の卵子を体外受精し，できた胚を第三者の女性に移植して出産させるもの，④妻の卵子と夫以外の男性の精子を体外受精し，できた胚を第三者の女性に移植して出産させるものがある。「代理出産児出生届不受理事件」は①のケースであり，出生した子は遺伝的にも申立人夫妻とのつながりがある。
28) 民事訴訟法118条「外国裁判所の確定判決は，次に掲げる要件のすべてを具備する場合に限り，その効力を有する。
　一　法令又は条約により外国裁判所の裁判権が認められること。
　二　敗訴の被告が訴訟の開始に必要な呼出し若しくは命令の送達（公示送達その他これに類する送達を除く。）を受けたこと又はこれを受けなかったが応訴したこと。
　三　判決の内容及び訴訟手続が日本における公の秩序又は善良の風俗に反しないこと。
　四　相互の保証があること。」
29) 法務省は，民法の解釈として，代理出産で生まれた子の母親は出産した女性とする方針を決定していたが，「代理出産児出生届不受理事件」最高裁判決はこの解釈を確認する判例となった。
30) 刑法（当時）186条2項（「賭博場ヲ開帳シ又ハ博徒ヲ結合シテ利ヲ図リタル者ハ三月以上五年以下ノ懲役ニ処ス」）

博行為は,……一見各人に任かされた自由行為に属し罪悪と称するに足りないようにも見えるが,……国民をして怠惰浪費の弊風を生ぜしめ,健康で文化的な社会の基礎を成す勤労の美風(憲法27条1項参照)を害するばかりでなく,甚だしきは暴行,脅迫,殺傷,強窃盗その他の副次的犯罪を誘発し又は国民経済の機能に重大な障害を与える恐れすらある」ので,「新憲法にいわゆる公共の福祉に反するものといわなければならない」と述べて,刑法186条2項は憲法13条に違反しないとした。

　酒税法上の免許を受けずに清酒(どぶろく)を製造したために同法違反で起訴された者が,個人が酒を造り,それを飲んで楽しむことは憲法13条によって保護される人格的自律権(自己決定権)に含まれるから,これを規制する酒税法は違憲であると主張した「どぶろく事件」で,一審(千葉地判昭61・3・26判時1187・157判タ593・141)・二審(東京高判昭61・9・29高刑集39・4・357)は,酒造りは経済的自由権の問題であり,規制措置は合憲と判断して被告人を有罪とし,最高裁(最一判平1・12・14刑集43・13・841)も,酒税法による規制の目的は「国の重要な財政収入である酒税の徴収を確保する」ことにあり,「これにより自己消費目的の酒類製造の自由が制約されるとしても,そのような規制が立法府の裁量権を逸脱し,著しく不合理であることが明白であるとはいえず,憲法31条,13条に違反するものでない」として,上告を棄却した。

　わいせつなビデオテープ,写真,雑誌等の表現物を密輸入した者が関税法違反に問われた「東京税関わいせつ物輸入事件」で,最高裁(最一判平7・4・13刑集49・4・619)は,「わいせつ表現物がいかなる目的で輸入されるかはたやすく識別され難いだけではなく,流入したわいせつ表現物を頒布,販売の過程に置くことは容易であるから,わいせつ表現物の流入,伝播により我が国内における健全な性的風俗が害されることを実効的に防止するには,その輸入の目的のいかんにかかわらず,その流入を一般的に,いわば水際で阻止することもやむを得ないというべきであり,……右のように行政上の規制に必要性と合理性が認められる以上,その実効性を確保するために,右の規制に違反した者に対して,それが単なる所持を目的とするか否かにかかわりなく,一律に刑罰をもって臨むことが,憲法13条,31条に違反しないことは,……明らかであるというべきである」と判示した。

　一方,肉体・精神の両面で未成熟な段階にある"子ども(青少年)"に対しては,

パターナリスティックな観点から，学校の校則などを通じて，学校内外の生活態度につき，こと細かな規制が行われる例が少なくない。

私立高校の「バイクの免許を取らない，乗らない，買わない」という「三ない原則」に違反したとして，学校から自主退学を勧告され，退学した者が，親の家庭教育権・プライバシー権の侵害であるとして学校に損害賠償を求めた「『三ない原則』退学勧告事件」で，一審（千葉地判昭62・10・30判時1266・81）は，「学校の設置目的達成に必要な事項，学校の教育内容の実現に関連する合理的範囲内の事項については学校の包括的権能が及び，親の家庭教育の権能が制約を受ける」としたうえで，「校外においてバイクに乗ることは一面において個人的趣味ないし個人生活上の事項であるといえるが，他面バイクによる事故で，自他の死傷の結果を招来し，その結果，学校教育に重大な支障を生じるおそれがあり，……生徒及び親が入学するにあたって学校が三ない運動を採用していることを十分に承知し，かつその三ない原則を学校に対して遵守する旨誓約しているような場合には，三ない原則が著しく不合理であるといえない以上，校外生活について規制することになったとしても決して親の有する家庭教育権ないしプライバシーの侵害になるということはできない」と述べて，損害賠償請求を棄却した。

男子生徒の髪型を「丸刈，長髪禁止」と定める公立中学校の校則に違反して丸刈りを拒否し続けた生徒が校則の無効確認や損害賠償を求めた「丸刈り校則事件」の熊本地裁判決（熊本地判昭60・11・13行集36・11-12・1875）は，「中学校長は，教育の実現のため，生徒を規律する校則を定める包括的な権能を有」し，校則は「教育を目的として定められたものである場合には，その内容が著しく不合理でない限り，……違法と

---

31) 父と子の関係のように，保護者・支配者が，被保護者・被治者の利益のために，後者の意思にかかわらず，その行動に干渉・介入することを，パターナリズム（paternalism 温情主義）という。

32) この事件の上告審判決（最三判平3・9・3判時1401・56判タ770・157）は，憲法規定は私人相互の関係に当然には適用されないとの前提に立ち，「私立学校である被上告人設置に係る高等学校の本件校則及び上告人が本件校則に違反したことを理由の一つとしてされた本件自主退学勧告について，それが直接憲法の右基本権保障規定に違反するかどうかを論ずる余地はない」として，上告を棄却し，損害賠償請求を認めなかった。

はならない」としたうえで,「その教育上の効果については多分に疑問の余地がある」としながらも,「丸刈の社会的許容性や本件校則の運用に照らすと,丸刈を定めた本件校則の内容が著^{いちじる}しく不合理であると断定することはできない」から,校則は違法ではないとした。

髪型の規制に関するもう一つの事例として,パーマ禁止を定める私立高校の校則に違反した女子生徒に対して学校が行った自主退学勧告の合憲性・合法性が争われた「修徳高校パーマ退学訴訟」の一審判決（東京地判平3・6・21判時1388・3判タ764・107）は,「個人が頭髪について髪型を自由に決定しうる権利は,個人が一定の重要な私的事柄について,公権力から干渉されることなく自ら決定することができる権利の一内容として憲法13条により保障されている」としながらも,校則が「特定の髪型を強制するものではない点で制約の度合いは低い」こと,その女子生徒が「入学する際,パーマが禁止されていることを知っていたこと」を理由に,この校則は「髪型決定の自由を不当に制限するものとまではいえないのであるから,これを無効ということはできない」と述べた。[33]

髪型の自由が"子ども（青少年）"の人格形成にとってどの程度重要であるのか,それが憲法13条により保護される自己決定権の具体的内容といえるのかどうかは,さまざまな見解がありうる。しかし,「修徳高校パーマ退学訴訟」で問題となったパーマ禁止の校則が,特定の髪型にすることを強制するものではなかったのに対し,「丸刈りの場合は,選択の余地がなく四六時中つねに画一的な髪型の状態が継続する点に違いがあり,中学生であるからという理由のみで,丸刈りを校則で定めることに正当な理由を見出すことは相当困難であるように思われる[34]」という初宿正典教授の指摘は当を得ていよう。裁判所は,「丸刈の社会的許容性」というような,美醜^{びしゅう}の認識における個人差やその時代の風俗に負うところの大きい要因よりも,"強制"の有無や度合いという客観的な事実に基づき,公立学校と私立学校の性格の違いにも留意し

---

33) この事件の二審判決（東京高判平4・10・30判タ800・161判時1443・30）・上告審判決（最一判平8・7・18判時1599・53判タ936・201）も,校則が有効であり,校則違反を理由とする自主退学勧告にも違法性がないことを認めた。

34) 初宿正典『憲法2　基本権（第3版）』（成文堂,2010年),156頁。

つつ，校則によるパターナリスティックな規制が学校の裁量権の範囲内にとどまっているかどうかを判断すべきであろう。

第5章
法の下の平等

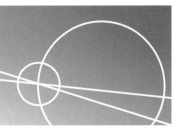

1 「法の下の平等」の意義

1 「平等」思想の歴史

> アメリカ独立宣言（2段）[1] われわれは，自明の真理として，すべての人は平等に造られ，造物主によって，一定の奪いがたい天賦の権利を付与され，そのなかに生命，自由および幸福の追求の含まれることを信ずる。……
> フランス人権宣言1条[2] 人は，自由かつ権利において平等なものとして出生し，かつ生存する。社会的差別は，共同の利益の上にのみ設けることができる。

「平等」思想の起源は，古代ギリシャにまで遡るといわれる。アリストテレスが「配分的正義」（distributive justice 各人の価値における差異に応じた取扱いをすべきだとする考え方）と「交換的正義」（communicative justice 各人に実際上の差異があるにもかかわらず均等に取扱うべきだとする考え方）を区別したことはよく知られている。中世においては，キリスト教に根ざす「神の前の平等」，すなわち，等しく原罪を負う存在としての人間の価値における平等がいわれた。

「平等」思想が国家権力に対する平等な取扱いの要求として唱えられるようになったのは，ロックやルソーなどに代表される近代自然法思想においてであり，それが近

---

1) アメリカ独立宣言の邦訳は，高木八尺・末延三次・宮沢俊義（編）『人権宣言集』（岩波文庫，1957年）114頁〔斎藤真訳〕による。
2) フランス人権宣言の邦訳は，前掲書131頁〔山本桂一訳〕による。

代立憲主義に直接結びついていくことになる。「神の前の平等」という考え方は，世俗の社会的関係に応用されて「法の前の平等」(égalité devant la loi / Gleichheit vor dem Gesetz) となり，アメリカ独立宣言 (1776年) やフランス人権宣言 (1789年) などに具体化されていった。

19世紀の立憲主義における平等原則は，個人の自由を保障するために，各人を法的に均等に取扱うよう要求する形式的平等 (≒機会の平等) であった。しかし，自由放任的経済体制における形式的平等は経済の自由競争を意味していたので，社会には競争の勝者たる「持てる者」(富者) と敗者たる「持たざる者」(貧者) の別があらわれ，生活条件における両者の格差が自由権の実質的行使の可能性を大きく左右することになった。このため，20世紀の立憲主義においては，形式的平等を基礎としつつも，社会的・経済的弱者に保護を与えることで，万人の生存と自由権行使の条件整備を行うことの必要がいわれ，実質的平等 (≒結果の平等) が重視されるようになった。

2 「平等」のさまざまな意味

形式的平等・実質的平等 形式的平等とは，一般に，個々人の事実上の差異を一切度外視して，法的に一律均等に取扱うことをいう。形式的平等は，自由・権利を行使する機会を誰にでも開くことを意味するので，その点に着目して，機会の平等といわれることもある。しかし，すでに述べたように，能力その他の条件において異なる人々が同じ機会を利用して自由・権利を行使すれば，当然その結果に差異が生じるため，それを放置せず，事実上の劣位のものを有利に扱うことによって，結果の平等をもたらすよう導くことが必要となる。これを実質的平等という。

絶対的平等・相対的平等 誰に対しても，いついかなる場合にも，まったく機械的に均一の取扱いをすることを絶対的平等というが，個々人に事実上の差異があるにもかかわらず絶対的平等を貫けば数々の不合理が生じ，社会は弱肉強食の野性の掟に支配されることになる。ゆえに，平等原則は，「等しいものは等しく，等しからざるものは等しからざるように」取扱うべきだという相対的平等の意味に解されなければならないとされている。相対的平等を前提とすれば，「等しからざるもの」，すなわち社会的・経済的その他の条件において異なる人々の間で取扱いを区別することは，そ

れが合理的な区別である限りにおいて許容される。つまり、平等原則が禁じているのは、合理的な理由によらない「不合理な差別」のみということになる。

立法者非拘束説・立法者拘束説　「法の前の平等」という場合の「法」について、議会の制定する法律を念頭に置き、これを「法律の前の平等」と捉えると、平等は、法律を適用する段階で確保されればよいということになる。ヨーロッパでは、伝統的に、「一般意思（一般意志）の表明」としての議会制定法に高い権威が認められてきたため、法律の内容の良し悪しは問題とされず、法律を執行する行政権および司法権が平等原則を遵守すればよいと考えられてきた。すなわち、「法律の前の平等」は、三権のうち、行政権および司法権を拘束する原則であって、立法権まで拘束するものではないとされたのである。この立法者非拘束説は、ワイマール憲法（1919年）109条1項（「すべてドイツ人は、法律の前に平等である。」）の規定をめぐり、当時のドイツで主張された考え方であるが、第二次世界大戦後のドイツでは議会中心主義が克服され、憲法裁判所による国家行為の合憲性統制も行われるようになったため、現在ではドイツにおいても支持されていない。日本国憲法14条1項の「法の下の平等」原則の解釈をめぐっても、当初は少数の学者がこの説に立っていたが、不平等な内容の法律を平等に適用すれば不平等な結果を生ずることになるとの批判をまぬかれず、現在では、「法の前（下）の平等」は、立法権も含め、すべての公権力を拘束する原則として、法律の内容における平等をも要求しているものと解されている。これを立法者拘束説という。

平等原則・平等権　「法の前（下）の平等」は、国家にとっては、国民を不合理に差別してはならないという「原則」であるが、個々の国民の側からは、国家から平等な取扱いを受ける「権利」、すなわち「平等権」を保障したものとみることができ

---

3)　「一般意思（一般意志）」(volonté générale) はルソー『社会契約論』のキー概念である。特殊意思（特殊意志）の算術的総和である「全体意思（全体意志）」と異なり、「一般意志は、つねに正しく、つねに公けの利益を目ざす」(ルソー『社会契約論』桑原武夫・前川貞次郎訳（岩波文庫、1954年）46頁）ものとされ、その趣旨は、フランス人権宣言（1789年）6条において「法律は一般意思の表明である」と表現された。

4)　ワイマール憲法の邦訳は、高田敏・初宿正典（編訳）『ドイツ憲法集（第5版）』（信山社、2007年）136頁〔初宿訳〕による。

る。もっとも，平等をめぐる問題は，必ずなんらかの具体的な権利の享受や行使に関連して生ずるものなので，平等権それ自体は「権利として無内容なもの」であり，「単一の権利概念として成り立ちうるものではない」というべきである。

2／日本国憲法の「平等」条項

1　憲法14条の意義

> 大日本帝国憲法19条　日本臣民ハ法律命令ノ定ムル所ノ資格ニ応シ均ク文武官ニ任セラレ及其ノ他ノ公務ニ就クコトヲ得
> 憲法14条　①　すべて国民は，法の下に平等であつて，人種，信条，性別，社会的身分又は門地により，政治的，経済的又は社会的関係において，差別されない。
> ②　華族その他の貴族の制度は，これを認めない。
> ③　栄誉，勲章その他の栄典の授与は，いかなる特権も伴はない。栄典の授与は，現にこれを有し，又は将来これを受ける者の一代に限り，その効力を有する。
> 憲法15条3項　公務員の選挙については，成年者による普通選挙を保障する。
> 憲法44条　両議院の議員及びその選挙人の資格は，法律でこれを定める。但し，人種，信条，性別，社会的身分，門地，教育，財産又は収入によって差別してはならない。
> 憲法24条　①　婚姻は，両性の合意のみに基いて成立し，夫婦が同等の権利を有することを基本として，相互の協力により，維持されなければならない。
> ②　配偶者の選択，財産権，相続，住居の選定，離婚並びに婚姻及び家族に関するその他の事項に関しては，法律は，個人の尊厳と両性の本質的平等に立脚して，制定されなければならない。
> 憲法26条1項　すべて国民は，法律の定めるところにより，その能力に応じて，ひとしく教育を受ける権利を有する。

明治憲法は，公務就任資格における平等（明憲19）を保障するのみで，一般的な平等条項をもたなかっただけでなく，この体制の下では，「華族」という貴族の制度，

---

5)　樋口陽一・佐藤幸治・中村睦男・浦部法穂『注解法律学全集1　憲法Ⅰ〔前文・第1条～第20条〕』（青林書院，1994年）314-315頁〔浦部執筆〕。

「家」制度，性別による差別，朝鮮・台湾など外地の人々に対する差別などが広範に行われていた。これに対し，日本国憲法は，14条1項で「法の下の平等」(equality under the law) という一般的な平等原則を宣言したうえで，個別的な権利・自由との関連でも，貴族制度の否認（憲14②），栄典に伴う特権の否認（憲14③），普通選挙制（憲15③），選挙人の資格における平等（憲44），夫婦の同権および両性の本質的平等（憲24），教育の機会均等（憲26①）といった規定を置き，象徴天皇制に付随する天皇および皇族の身分という例外を除いては，平等原則の徹底を図っている。

「法の下の平等」は，立法権を含むすべての公権力を拘束する「原則」であると同時に，個々の国民が国家から平等な取扱いを受ける「権利」，すなわち「平等権」を保障するものである。

憲法14条1項にいう平等原則が形式的平等であるのか実質的平等であるのかについては，争いがあるが，通説は形式的平等と解している。実質的平等の実現には，多くの場合，国家の積極的な作為が必要となるが，日本国憲法には生存権（憲25）をはじめとする社会権の明文規定があるので，実質的平等は社会権の作用を通じて具体化されると考えられるからである。14条1項は，社会権の作用を通じた形式的平等の相対化（実質的平等の原理を通じた修正）を相当程度許容するが，この規定から実質的平等を実現すべき国の法的義務が導き出されるわけではないと考えられている。

憲法14条1項はまた，当然のことながら，「等しいものは等しく，等しからざるものは等しからざるように」取扱うべきだという相対的平等を意味している。この原則の下では，合理的な区別は容認され，不合理な差別のみが禁止される。つまり，立法その他の国家行為における別異取扱いが14条1項に反するか否かの判断は，その別異取扱いに合理性が認められるか否かで決まることになる。

2　個別的差別禁止事由

憲法14条1項後段は，差別禁止事由として，「人種」，「信条」，「性別」，「社会的身分」，「門地」を挙げ，それらを理由とする差別が「政治的，経済的又は社会的関係において」なされてはならない旨を定める。

人種　「人種」とは，本来，皮膚・毛髪・目などにあらわれる身体的特徴により

区分される人類学上の種類を指す言葉であるが，現在ではそれに民族・地域・宗教・言語などの社会学的要因も加味した広い意味で理解されている。たとえば人種差別撤廃条約（「あらゆる形態の人種差別の撤廃に関する国際条約」）1条1項は，人種差別を「人種（race），皮膚の色，世系（descent）又は民族的若しくは種族的出身に基づくあらゆる区別，排除，制限又は優先であって，政治的，経済的，社会的，文化的その他のあらゆる公的生活の分野における平等の立場での人権及び基本的自由を認識し，享有し又は行使することを妨げ又は害する目的又は効果を有するもの」と定義している。どのような人種が差別の対象となってきたかは国によって異なるが，人類学上の人種の違いが大きくない日本では，アイヌ，在日韓国・朝鮮人，帰化人などに対する差別が問題とされてきた。

　信条　「信条」は，歴史的には信仰すなわち宗教的信条を意味していたが，現在では，人生観・世界観・政治観などさまざまな思想上の信念をも広く指すものと解されている。たとえば，「関西電力事件」の最高裁判決（最三判平7・9・5判タ891・77判時1546・115）が示すように，共産党員またはその同調者に対し，そのことのみを理由に職制を通じて職場内外で監視態勢を継続し，また職場で孤立化させる等の行為をすることは，信条による差別であり，人格的利益を侵害する不法行為に当たる。信条による差別の禁止は，日本国憲法が宗教や思想の多様性を認める価値相対主義に立つものであることを示唆している。

　性別　「性別」とは，男女の別である。女性に対する差別は，歴史上，多くの国々で広く行われてきたのであり，憲法に男女平等の規定が現れるのは20世紀になってからのことである。明治憲法下の日本でも，民事上の行為能力，参政権，公務就任資格などさまざまな事柄における男女差別がむしろ当然視されていたが，日本国憲法の成立により，権利・資格や家族関係における男女平等が確立された。憲法自体に

---

6) ワイマール憲法（1919年）109条2項「男性と女性は，原則として同一の公民的権利及び義務を有する。」・同119条1項「……婚姻は，両性の同権を基礎とする。」（高田・初宿，前掲書136，138頁〔初宿訳〕），アメリカ合衆国憲法第19修正（1920年）1節「合衆国市民の投票権は，性別を理由として，合衆国またはいかなる州によっても拒否または制限されてはならない。」（阿部照哉・畑博行（編）『世界の憲法集（第四版）』有信堂，14-15頁〔高井裕之訳〕）など。

男女平等の規定（憲15③・44・24・26①）が置かれたのに加え，法律のレベルでも，妻の不貞のみを処罰する姦通罪を定めた旧刑法183条の削除，民法の「家（いえ）」制度の廃止，公務就任における性別による差別の禁止（国公27，地公13）などが行われた。1985（昭和60）年には，女子差別撤廃条約（「女子に対するあらゆる形態の差別の撤廃に関する条約」）の批准に伴い，勤労婦人福祉法が改正されて「雇用の分野における男女の均等な機会及び待遇の確保等女子労働者の福祉の増進に関する法律」（旧男女雇用機会均等法）となった。同法は，1999（平成11）年の改正で「雇用の分野における男女の均等な機会及び待遇の確保等に関する法律」（男女雇用機会均等法）に名称が改められ，女性の時間外労働の制限と深夜業の禁止が，女性の社会進出を妨げるという理由で削除された。

　社会的身分　「社会的身分」の意味に関する学説は，①「出生によって決定された社会的な地位または身分」と解する説（最狭義説），②「人が社会において後天的に占める地位で，一定の社会的評価を伴うもの」と解する説，③「人が社会において継続的に占める地位」と解する説（最広義説）に大別される。①の範疇（はんちゅう）に該当するもの，すなわち社会的身分を理由とする差別の典型的なものには，帰化人の子孫，被差別部落出身者，非嫡出子（ひちゃくしゅつし）などに対する差別が挙げられ，③のように広く解すると，学歴，職業，財産による差別なども含まれることになる。もっとも，後述するように，憲法14条1項の差別禁止事由を単なる例示とみる場合には，広狭いずれの意味で捉（とら）えても大きな違いはない。

　門地　「門地」(family origin)は，明治憲法下の華族・士族・平民のように，家系・血統等の家柄を指すが，広い意味では社会的身分に含まれているとみることもできる。なかでも貴族制度の否認は，憲法14条2項で明示的に定められている。

　政治的・経済的・社会的関係における差別の禁止　憲法14条1項は，上記列挙事由による差別がどのような場面で禁止されるかを述べている。政治的関係における差別とは，参政権・公務就任権など政治的権利の行使における差別を，経済的関係における差別とは，財産権の行使や労働関係など経済生活における差別を，社会的関係における差別とは，居住の権利・教育を受ける権利など社会生活における差別を意味している。もっとも，その三者を区別することに実益があるわけではなく，結局のと

ころこの規定は，国民はあらゆる生活局面において，権利につき平等に取扱われるということを意味しているのである。

3　14条1項後段列挙の意味

　憲法14条1項後段が差別禁止事由を列挙していることの意味をどう理解するかについては，諸説がある。

　まず，「法の下の平等」を行政権および司法権のみを拘束する原則とみる立法者非拘束説（本章1 2参照）の立場からは，14条1項後段列挙事由による差別の禁止は立法権をも拘束し，しかもその禁止は絶対的なものであると解される（立法権を拘束しないとされるのは，後段に列挙された以外の事由による差別ということになる）。しかし，すでに述べたように，現在では，立法者非拘束説も，それに立脚するこの限定列挙説も，あまりにも厳密にすぎるため支持されていない。

　一方，現在の通説とされる立法者拘束説に立つ場合にも，後段列挙の意味については単純例示説と特別意味説に分かれている。単純例示説は，判例（最大判昭48・4・4刑集27・3・265など）が示してきた解釈で，後段列挙の差別禁止事由は単純な例示にすぎず，それ以外の事由による差別も禁止されるとするものである。

　これに対し，現在では，後段列挙に単なる例示以上の一定の意味を認めようとする特別意味説が有力となりつつある。そこに認めるべき意味については，「民主主義の理念に照して不合理と考えられる差別の理由の代表的なものを，……列挙したもの[7]」とする説や，「後段に列挙された事由による差別は，民主主義の理念に照らし，原則として不合理なものであるから，それによる差別の合憲性が争われた場合には，……立法目的が『やむにやまれぬ』必要不可欠なものであることを要求する『厳格審査』基準または立法目的が重要なものであることを要求する『厳格な合理性』の基準を適用するのが，妥当である[8]」とする説などがある。

---

7)　宮沢俊義『憲法II（新版）』（有斐閣，1971年）271頁。
8)　芦部信喜（高橋和之補訂）『憲法（第四版）』（岩波書店，2007年）129頁。

4　平等原則違反の違憲審査基準

本節1で述べたように，憲法14条1項は相対的平等を定めたものと解されるため，合理的な区別は容認され，不合理な差別のみが禁止されることになる。そこで，実際に行われている別異取扱いが合理的であるか否かを審査するための基準を用意することが必要になる。

まず，14条1項後段列挙事由（人種，信条，性別，社会的身分，門地）に基づく差別の違憲審査基準については，特別意味説の立場から「厳格審査」基準の適用を説く見解が有力である。すなわち，「そこに列挙された事由による差別は，民主制のもとで通常は許されないものと考えられるから，その差別は合理的根拠を欠くものと推定される。したがって，それが合憲であるためにはいっそう厳しい判断基準（この基準としては，差別の目的がやむにやまれないものであり，とられる手段が必要最小限であることか，これよりややゆるいものであるが，差別の目的が重要であり，手段がこの目的と実質的に関連性をもつことなどが考えられる）に合致しなければならず，また合憲であると主張する側が合理的な差別であることを論証する責任を負う」というものである。

一方，14条1項後段列挙事由以外の事由（財産，学歴，年齢など）に基づく別異取扱いの違憲審査基準については，「対象となる権利の性質の違いを考慮して，立法目的と立法目的を達成する手段の二つの側面から合理性の有無を判断するのが妥当である」とみられている。私立大学の教授であった者が，所得税の確定申告をしなかった

---

9)　伊藤正己『憲法（第三版）』（弘文堂，1995年）249-250頁。
10)　芦部，前掲書127頁。芦部教授は続けてこう述べている。「精神的自由権ないしはそれと関連する問題（選挙権など）について平等原則違反が争われる場合には，原則として，立法目的が必要不可欠なものであるかどうか，立法目的達成手段が是非とも必要な最小限度のものかどうか，を検討することが必要である。それ以外の問題，とくに経済的自由の積極目的規制について平等原則違反が問題とされる場合には，国会に広い裁量が認められるので，立法目的が正当なものであること，目的と手段との間に合理的関連性（事実上の実質的な関連性であることを要しない）が存すること，をもって足りるとする基準（合理的根拠の基準）でよいと解される（ただし，消極目的規制の場合は「厳格な合理性」の基準が適用され，立法目的が重要なものであること〔ここに言う重要とは，正当よりも審査が厳しく，不可欠よりは弱い，という趣旨である〕，目的と手段との間に実質的な関連性が存することを要求されると考えられる。……）。」

ところ,税務署長から課税処分を受けたため,同処分の根拠である旧所得税法 (1965 (昭和 40) 年改正前) の給与所得に関する諸規定が,給与所得者を他の所得者より不公平に扱うものであり,憲法 14 条 1 項に違反するなどと主張して,課税処分の取消しを求めた「サラリーマン税金訴訟」で,最高裁 (最大判昭 60・3・27 民集 39・2・247) は,「租税法の定立については,……立法府の政策的,技術的な判断にゆだねるほかはなく,……租税法の分野における所得の性質の違い等を理由とする取扱いの区別は,その立法目的が正当なものであり,かつ,当該立法において具体的に採用された区別の態様が右目的との関連で著しく不合理であることが明らかでない限り,その合理性を否定することができず,これを憲法 14 条 1 項の規定に違反するものということはできない」とし,旧所得税法が給与所得者の必要経費の控除について事業所得者との間に区別を設けたことを合憲と判示した。

3 「法の下の平等」をめぐる判例

1 性別による差別

刑法 177 条に定める強姦罪が「婦女」のみを客体としていることが平等原則に違反するのではないかが争われた事件で,最高裁 (最大判昭 28・6・24 刑集 76・1366) は,刑法が強姦罪の規定を設けたのは,「男女両性の体質,構造,機能などの生理的,肉体的等の事実的差異に基き且つ実際上強姦が男性により行われることを普通とする事態に鑑み,社会的,道徳的見地から被害者たる『婦女』を特に保護せんがためであつて,これがため『婦女』に対し法律上の特権を与え又は犯罪主体を男性に限定し男性たるの故を以て刑法上男性を不利益に待遇せんとしたものでないことはいうまでもないところであり,しかも,かかる事実的差異に基く婦女のみの不均等な保護が一般社会的,道徳的観念上合理的なものであることも多言を要しないところである」と述べて,同

---

11) 刑法 (当時) 177 条「暴行又ハ脅迫ヲ以テ十三歳以上ノ婦女ヲ姦淫シタル者ハ強姦ノ罪ト為シ二年以上ノ有期懲役ニ処ス十三歳ニ満タサル婦女ヲ姦淫シタル者亦同シ」

規定を合憲とした。

会社の就業規則に定める男女別定年制（男子60歳，女子55歳）が平等原則に違反するのではないかが争われた「日産自動車男女別定年制訴訟」で，最高裁（最三判昭56・3・24民集35・2・300）は，「就業規則中女子の定年年齢を男子より低く定めた部分は，専ら女子であることのみを理由として差別したことに帰着するものであり，性別のみによる不合理な差別を定めたものとして民法90条の規定により無効であると解するのが相当である（憲法14条1項，民法1条ノ2参照）」と述べ，人権の私人間効力に関する間接適用説（第1章4 2参照）の立場から，就業規則という私人間契約における平等原則違反を，民法90条の公序良俗に反し無効であると判断した。

女性のみに6か月の再婚禁止期間を定めている民法733条[12]の規定により婚姻届出の受理を遅らされた夫婦が，民法733条は憲法14条1項に違反するとして国家賠償を請求した「女性の再婚禁止期間違憲訴訟」で，最高裁（最三判平7・12・5判時1563・81判タ906・180）は，「国会ないし国会議員の立法行為（立法の不作為を含む。）は，立法の内容が憲法の一義的な文言に違反しているにもかかわらず国会があえて当該立法を行うというように，容易に想定し難いような例外的な場合でない限り，国家賠償法1条1項の適用上，違法の評価を受けるものでない」（第13章4 1参照）としたうえで，「民法733条の元来の立法趣旨が，父性の推定の重複を回避し，父子関係をめぐる紛争の発生を未然に防ぐことにあると解される以上，国会が民法733条を改廃しないことが直ちに前示の例外的な場合に当たると解する余地のないことが明らかである」と述べ，国家賠償が認められる例外的な場合には該当しないと判断した。補訂7

年少者の逸失利益（債務不履行または不法行為に基づく損害賠償において，その債務不履行または不法行為の事実がなければ得たであろうと思われる利益）の算定については，従来，対象者の性別に応じて，賃金センサス（旧労働省および厚生労働省が行ってきた賃金構造基本統計調査）による男女別平均賃金を用いるのが通例であったが，自動車

---

12) 民法733条「① 女は，前婚の解消又は取消しの日から六箇月を経過した後でなければ，再婚をすることができない。
　② 女が前婚の解消又は取消しの前から懐胎していた場合には，その出産の日から，前項の規定を適用しない。」

事故で死亡した11歳女子の父親が損害賠償を求めた「男女別逸失利益算定事件」の控訴審判決(東京高判平13・8・20判時1757・38判タ1092・241)は、「統計的数値の得られやすい性別という属性のみを採り上げることは、収入という点での年少者の将来の可能性を予測する方法として合理的であるとは到底考えられず、性別による合理的な理由のない差別であるというほかはない」としたうえで、「高等学校卒業までか、少なくとも義務教育を修了するまでの女子年少者については、逸失利益算定の基礎収入として賃金センサスの女子労働者の平均賃金を用いることは合理性を欠くものといわざるを得ず、男女を併せた全労働者の平均賃金を用いるのが合理的と考えられる」と判示した。

以上のように、性別による差別は、ほとんどの場合、女性に対する差別的取扱いを問題とするものであるが、近年では、それとは性質の異なる事案もみられるようになってきている。

公共施設(東京都府中青年の家)の宿泊利用を拒否された同性愛者の団体が東京都に損害賠償を請求した「東京都青年の家事件」の控訴審判決(東京高判平9・9・16判タ986・206)は、青年の家利用の承認不承認にあたり男女別室宿泊の原則を考慮することは「異性愛者を前提とする社会的慣習であり、同性愛者の使用申込に対しては、同性愛者の特殊性、すなわち右原則をそのまま適用した場合の重大な不利益に十分配慮するべきである」としたうえで、「都教育委員会の本件不承認処分は、……同性愛者の利用権を不当に制限し、結果的、実質的に不当な差別的取扱いをしたものであり、……その裁量権の範囲を逸脱したものであって、地方自治法244条2項、都青年の家条例8条の解釈適用を誤った違法なものというべきである」と判示した。

業務上の災害によって顔などに大きな火傷を負った男性が、労働者災害補償保険法施行規則に定める障害等級表で男性が女性よりも低い障害等級とされているのは法の下の平等に反するとして、等級認定の取り消しを国に求めた「障害等級男女差事件」[13]で、京都地裁(京都地判平22・5・27判タ1331・107)は、「本件差別的取扱いの程度は、

---

13) 障害等級表は、著しい外ぼうの醜状障害については女性を第7級、男性を第12級と、外ぼうの醜状障害については女性を第12級、男性を第14級と定めていた。

男女の性別によって著しい外ぼうの醜状障害について5級の差があり，給付については，女性であれば1年につき給付基礎日額の131日分の障害補償年金が支給されるのに対し，男性では給付基礎日額の156日分の障害補償一時金しか支給されないという差がある。……著しい外ぼうの醜状障害についてだけ，男女の性別によって上記のように大きな差が設けられていることの不合理さは著しいものというほかない」ので，「障害等級表の本件差別的取扱いを定める部分は，合理的理由なく性別による差別的取扱いをするものとして，憲法14条1項に違反するものと判断せざるを得ない」として，この等級表に基づく等級認定の取消しを言渡した。この判決を受け，厚生労働省は，国として控訴せず，男女の等級差を解消した。

2　尊属殺・尊属傷害致死重罰規定

> 旧刑法199条　人ヲ殺シタル者ハ死刑又ハ無期若クハ三年以上ノ懲役ニ処ス
> 旧刑法200条　自己又ハ配偶者ノ直系尊属ヲ殺シタル者ハ死刑又ハ無期懲役ニ処ス
> 旧刑法205条　①　身体傷害ニ因リ人ヲ死ニ致シタル者ハ二年以上ノ有期懲役ニ処ス
> ②　自己又ハ配偶者ノ直系尊属ニ対シテ犯シタルトキハ無期又ハ三年以上ノ懲役ニ処ス

1995（平成7）年の改正まで刑法に設けられていた尊属殺重罰規定（旧刑200）および尊属傷害致死重罰規定（旧刑205②）については，尊属に対する殺人や傷害致死を特別扱いすることが「社会的身分」による不合理な差別にあたるのではないかが問題とされてきた。

最高裁は当初，親子の関係は「社会的身分」に該当しないとしたうえで，「刑法において尊属親に対する殺人，傷害致死等が一般の場合に比して重く罰せられているのは，法が子の親に対する道徳的義務をとくに重要視したものであり，これ道徳の要請にもとずく法による具体的規定に外ならないのである。……夫婦，親子，兄弟等の関係を支配する道徳は，人倫の大本，古今東西を問わず承認せられているところの人類

---

14) 血族（生理的に血筋のつながる血縁者および養親子のように法律上血縁者と同様に扱われる者）のうち，自分より先の世代にある者（父母・祖父母など）を尊属といい，後の世代にある者（子・孫など）を卑属という。姻族（配偶者の血族および自分の血族の配偶者）については，法律上，尊属・卑属の区別はない。

と述べ，旧刑法205条2項を合憲としていた（最大判昭25・10・11刑集4・10・2037）。また，旧刑法200条についても，この判決の趣旨に徴して，憲法14条に違反するものでないことは明らかであるとした（最大判昭25・10・25刑集4・10・2126）。

　しかし，それから20余年後，最高裁（最大判昭48・4・4刑集27・3・265）は従来の判例を変更して旧刑法200条を違憲無効とし，同199条の普通殺人罪の規定を適用して，被告人に懲役2年6月，執行猶予3年を言渡した。このときの多数意見（裁判官8名）の判断手法は，尊属殺について刑を加重する立法目的を合憲としつつも，目的達成の手段としての刑の加重の程度を違憲としていることから，「目的合憲・手段違憲」論と呼ばれている。また，この判決には，多数意見への補足意見（裁判官1名），尊属殺について刑を加重すること自体を違憲とする意見（裁判官6名）および反対意見（裁判官1名）が付されている。

判例

尊属殺重罰規定違憲判決（最大判昭48・4・4刑集27・3・265）

　14歳で実父に姦淫され，その後15年間にわたり夫婦同然の関係を強いられ数人の子まで産んだ被告人が，職場で知り合った男性との結婚を望んだところ，実父はこれを認めず，10日あまりにわたり脅迫虐待を加えたため，思いあまって実父を絞殺し，自首した事件である。一審（宇都宮地判昭44・5・29判時237・262）は，旧刑法200条を違憲として同199条を適用し，過剰防衛の成立を認めて刑の免除を言渡した。二審（東京高判昭45・5・12判時619・93判タ255・235）は，旧刑法200条を合憲とし，過剰防衛も認めず，無期懲役刑を適用しつつも，刑法上可能な最大限の減軽を加えて被告人を懲役3年6月に処した。最高裁は，原判決を破棄し，被告人に懲役2年6月，執行猶予3年を言渡した。判旨は以下のとおりである。

　「尊属の殺害は通常の殺人に比して一般に高度の社会的道義的非難を受けて然るべきであるとして，このことをその処罰に反映させても，あながち不合理であるとはいえない。そこで，被害者が尊属であることを犯情のひとつとして具体的事件の量刑上重視することは許されるものであるのみならず，さらに進んでこのことを類型化し，法律上，刑の加重要件とする規定を設けても，かかる差別的取扱いをもってただちに合理的な根拠を欠くものと断ずることはできず，したがつてまた，憲法14条1項に違反すると

「しかしながら，刑罰加重の程度いかんによつては，かかる差別の合理性を否定すべき場合がないとはいえない。すなわち，加重の程度が極端であつて，前示のごとき立法目的達成の手段として甚だしく均衡を失し，これを正当化しうべき根拠を見出しえないときは，その差別は著しく不合理なものといわなければならず，かかる規定は憲法14条1項に違反して無効であるとしなければならない。」

「尊属殺の法定刑は，それが死刑または無期懲役刑に限られている点……においてあまりにも厳しいものというべく，……尊属に対する敬愛や報恩という自然的情愛ないし普遍的倫理の維持尊重の観点のみをもつてしては，これにつき十分納得すべき説明がつきかねるところであり，合理的根拠に基づく差別的取扱いとして正当化することはとうていできない。」

「刑法200条は，尊属殺の法定刑を死刑または無期懲役刑のみに限つている点において，その立法目的達成のため必要な限度を遙かに超え，普通殺に関する刑法199条の法定刑に比し著しく不合理な差別的取扱いをするものと認められ，憲法14条1項に違反して無効であるとしなければならず，したがつて，尊属殺にも刑法199条を適用するのほかはない。この見解に反する当審従来の判例はこれを変更する。」

その一方で最高裁は，翌年，尊属傷害致死重罰規定については，刑の加重の程度が著しいものではないから合憲と判示している（最一判昭49・9・26刑集28・6・329）。

最高裁の違憲判決が出た後も，旧刑法200条を削除あるいは改正する動きがみられなかったため，最高検察庁の通達により，尊属殺事案にも199条の普通殺人罪が適用されることになった。そのため，強行法規であるはずの刑法が実務上適用されないという異常事態が22年の長きにわたり続くことになったが，1995（平成7）年の刑法改正でようやく尊属殺重罰規定（旧刑200）は削除され，傷害致死罪規定（旧刑205）からも尊属に対する傷害致死への刑の加重を定める2項が削除された。

3 非嫡出子法定相続分規定 　補訂8

民法900条　同順位の相続人が数人あるときは，その相続分は，次の各号の定めるとこ

15）当事者の意思によって適用を拒むことのできない法を強行法規といい，当事者間の異なった意思表示によって適用が排除される法を任意法規という。前者は公法に多く，後者は私法に多い。

> 　ろによる。
> 　一〜三　（省略）
> 　四　子，直系尊属又は兄弟姉妹が数人あるときは，各自の相続分は，相等(あいひと)しいものとする。ただし，嫡出(ちゃくしゅつ)でない子の相続分は，嫡出である子の相続分の二分の一とし，父母の一方のみを同じくする兄弟姉妹の相続分は，父母の双方を同じくする兄弟姉妹の相続分の二分の一とする。

民法900条4号ただし書(がき)（2013（平成25）年12月5日改正前）が，非嫡(ひちゃくしゅつし16)出子の法定相続分を嫡(ちゃくしゅつ)出子の2分の1と定めていることの合憲性が争われた「非嫡出子相続分差別事件」で，最高裁（最大決平7・7・5民集49・7・1789）は，ゆるやかな「合理性の基準」を採用し，民法900条4号ただし書(がき)は法律婚主義と非嫡出子の保護との調整を図ったものであり，立法理由に合理的な根拠があり，立法府に与えられた合理的な裁量判断の限界を超えたものということはできないとして，同規定を合憲とした。

> **判例**
>
> **非嫡出子相続分差別事件（最大決平7・7・5民集49・7・1789）**
>
> 　亡父を代襲して遺産相続に加わったX[18]が，亡父が非嫡出子であったために民法900条4号ただし書の適用で相続分に差をつけられたため，同規定は憲法14条1項に違反すると主張し，均等割合による遺産分割を求めた事件である。一審（静岡家熱海出張所審平2・12・12民集49・7・1820）・二審（東京高決平3・3・29民集49・7・1822）ともにXの主張をしりぞけたため，Xが最高裁に特別抗告[19]した。最高裁決定の多数意見は次のように述べ，民法900条4号ただし書を

---

16) 法律上の婚姻関係にある男女を父母として生まれた子を嫡(ちゃくしゅつ)出子といい，法律上の婚姻関係にない男女の間に生まれた子を非嫡出子または婚外(こんがい)子という。
17) 法律に定める一定の手続を婚姻成立要件とすることを，法律婚主義という。日本の民法は，戸籍上の届出を婚姻成立要件としている（民739，戸74）ので，法律婚主義である。これに対し，社会慣習上婚姻と認められる事実関係を直ちに法律上の婚姻と認めることを，事実婚主義という。なお，歴史的・伝統的にキリスト教などの宗教の影響の強い国々では，宗教上の儀式をもってする婚姻（宗教婚）に民事上の効力を認めているところもある（日本スペイン法研究会・サラゴサ大学法学部・Nichiza日本法研究班（共編）『現代スペイン法入門』嵯峨野書院，2010年，298頁以下「第15章　教会法」〔コンバリーア＝ソリス，ペドリサ，池田執筆〕を参照のこと）。
18) 推定相続人である子または兄弟姉妹が，相続の開始以前に死亡する等により相続権を失ったときに，その者の子が，その者に代わって相続することを，代襲相続という（民887②・889②）。

合憲とした。

「法定相続分の定めは，遺言による相続分の指定等がない場合などにおいて，補充的に機能する規定である。」

「相続制度をどのように定めるかは，立法府の合理的な裁量判断にゆだねられているものというほかない。」

「本件規定における嫡出子と非嫡出子の法定相続分の区別は，その立法理由に合理的な根拠があり，かつ，その区別が右立法理由との関連で著しく不合理なものでなく，いまだ立法府に与えられた合理的な裁量判断の限界を超えていないと認められる限り，合理的理由のない差別とはいえず，これを憲法14条1項に反するものということはできないというべきである。」

「民法が法律婚主義を採用した結果として，婚姻関係から出生した嫡出子と婚姻外の関係から出生した非嫡出子との区別が生じ，親子関係の成立などにつき異なった規律がされ，また，内縁の配偶者には他方の配偶者の相続が認められないなどの差異が生じても，それはやむを得ないところといわなければならない。」

「本件規定の立法理由は，法律上の配偶者との間に出生した嫡出子の立場を尊重するとともに，他方，被相続人の子である非嫡出子の立場にも配慮して，非嫡出子に嫡出子の2分の1の法定相続分を認めることにより，非嫡出子を保護しようとしたものであり，法律婚の尊重と非嫡出子の保護の調整を図ったものと解される。これを言い換えれば，民法が法律婚主義を採用している以上，法定相続分は婚姻関係にある配偶者とその子を優遇してこれを定めるが，他方，非嫡出子にも一定の法定相続分を認めてその保護を図ったものであると解される。」

「現行民法は法律婚主義を採用しているのであるから，右のような本件規定の立法理由にも合理的な根拠があるというべきであり，本件規定が非嫡出子の法定相続分を嫡出子の2分の1としたことが，右立法理由との関連において著しく不合理であり，立法府に与えられた合理的な裁量判断の限界を超えたものということはできないのであって，本件規定は，合理的理由のない差別とはいえず，憲法14条1項に反するものとはいえない。」

しかし，この合憲判断に対しては，「個人の尊厳」（憲13）を重視する5名の裁判官から，次のような反対意見が出されている。すなわち，憲法14条1項は「個人の尊厳という民主主義の基本的理念に照らして，これに反するような差別的取扱を排除す

---

19) 民事訴訟法上，不服申立てのできない地方裁判所・簡易裁判所の決定・命令ならびに高等裁判所の決定・命令に対し，違憲を理由として最高裁判所に不服申立てをすることを，特別抗告という（民訴336①）。

る趣旨」であり，「本件規定で問題となる差別の合理性の判断は，基本的には，非嫡出子が婚姻家族に属するか否かという属性を重視すべきか，あるいは被相続人の子供としては平等であるという個人としての立場を重視すべきかにかかっている」としたうえで，「その判断は，財産的利益に関する事案におけるような単なる合理性の存否によってなされるべきではなく，立法目的自体の合理性及びその手段との実質的関連性についてより強い合理性の存否が検討されるべきである」と述べ，「出生について何の責任も負わない非嫡出子をそのことを理由に法律上差別することは，婚姻の尊重・保護という立法目的の枠を超えるものであり，立法目的と手段との実質的関連性は認められず合理的であるということはできない」と結論しているのである。また，非嫡出子の保護という立法目的についても，「少なくとも今日の社会の状況には適合せず，その合理性を欠くといわざるを得ない」と断じている。

この最高裁大法廷決定の後も，最高裁小法廷は一貫して合憲と判断している（最一判平 12・1・27 判時 1707・121 判タ 1027・90，最二判平 15・3・28 判時 1820・62 判タ 1120・87，最一判平 15・3・31 判時 1820・64 判タ 1120・88，最一判平 16・10・14 判時 1884・40 判タ 1173・181，最二決平 21・9・30 判タ 1314・123 判時 2064・61）が，近時の学説は，上記反対意見のように違憲とみるものが有力となってきている。また，合憲とする裁判官の補足意見のなかにも，すみやかな法改正への期待を付言するものがあることは，注目に値する。[20]

4 議員定数不均衡問題

憲法 44 条は，人の属性によって選挙権の価値に差をつけることを禁じ，複数選挙（特定の範疇の選挙人に複数の投票権を与える制度）や等級選挙（納税額・教育程度・門地などに応じて選挙人をいくつかの等級に分け，等級ごとに同数の議員を選挙する制度）のよ

---

20) 「本件規定が極めて違憲の疑いの濃いものであることに加えて，大法廷決定から約半年後には，法制審議会により非嫡出子の相続分を嫡出子のそれと同等にする旨の民法改正案が答申されていること，今や世界の多くの国において法律上相続分の同等化が図られていること，国際連合の人権委員会が市民的及び政治的権利に関する国際規約 40 条に基づき我が国から提出された報告に対して示した最終見解においても，相続分の同等化を強く勧告していること等にかんがみ，本件規定については，相続分を同等にする方向での法改正が立法府により可及的速やかになされることを強く期待するものである。」（最一判平 15・3・31 における島田仁郎裁判官の補足意見）

うな不平等な選挙制度を否定し，形式的平等としての「1人1票」の原則を定めたものである。しかし，「1人1票」の選挙制度であっても，複数の選挙区という枠組みで議員を選出する場合，人口はたえず流動するため，選挙区ごとに配分される議員定数と人口の不均衡によって，複数選挙や等級選挙と同様の不平等な結果が生じることがある。これが議員定数不均衡問題である。平等選挙の原則は，実質的平等すなわち投票価値（一票の重み）の平等をも要求するものと解されるため，実際に行われた国政選挙・地方選挙に対して，議員定数に不均衡があり違憲ではないかとの訴訟がたびたび提起されてきた。なお，この問題は，議会や選挙制度の性質によって判断基準に違いが出てくるので，衆議院，参議院，地方議会に分けて検討する必要がある。

衆議院　1925（大正14）年以降，わが国の衆議院議員選挙は，大選挙区制で行われた1946（昭和21）年総選挙を除いて，いわゆる中選挙区制（第11章5 2参照）で行われてきた。議員定数配分については，1946（昭和21）年の人口調査をもとに，議員1人当たり人口15万人を基準として各都道府県に比例配分し，それを各都道府県内の各選挙区に3～5名配分した。しかしその後，都市化の進行とともに大きな人口変動が生じたにもかかわらず，定数配分の見直しがなされなかったため，著しい定数不均衡が生じることとなった。

最高裁は当初，参議院地方選出議員選挙の定数不均衡に関する判決（最大判昭39・2・5民集18・2・270）において，「議員数を選挙人の人口数に比例して，各選挙区に配分することは，法の下に平等の憲法の原則からいつて望ましいところである」が，「選挙人の選挙権の享有に極端な不平等を生じさせるような場合は格別，各選挙区に如何なる割合で議員数を配分するかは，立法府である国会の権限に属する立法政策の問題であつて，議員数の配分が選挙人の人口に比例していないという一事だけで，憲法14条1項に反し無効であると断ずることはできない」としていた。しかし，1976（昭和51）年には，1971（昭和47）年12月10日に実施された衆議院議員選挙について，最高裁が初めて違憲の判断を示して注目された。

この「衆議院議員定数不均衡訴訟（昭和51年判決）」で，最高裁（最大判昭51・4・14民集30・3・223）が示した審査基準は，概略以下のとおりである。①憲法は投票価値の平等を要求している。②しかし，各投票が選挙の結果に及ぼす影響力が数字的に完全

に同一であることまでも要求するものではない。③選挙区割と議員定数の配分の決定には，多種多様かつ複雑微妙な政策的・技術的考慮要素が含まれているため，それらをどの程度考慮し，具体的決定にどこまで反映させることができるかについては，国会の決定がその裁量権の合理的な行使として是認されるかどうかによって決するほかない。④ゆえに，定数不均衡は，諸般の要素をしんしゃくしてもなお，一般的に合理性を有するものとはとうてい考えられない程度に達しており，かつ，合理的期間内に是正がなされない場合に限って，違憲となる。

この観点から，最高裁は，最大1対4.99に及んだ較差は合理性を有するものとはとうてい考えられない程度に達しており，かつ，8年余にわたり改正が施されなかったことは憲法上要求される合理的期間内における是正がなされなかったと認めざるをえないとして，当該選挙を違憲と判断した。ただし，当該選挙の効力については，選挙を無効とすることにより生ずる不当な結果を回避するために，行政事件訴訟法31条に定める事情判決の法理を適用して，選挙を無効とする旨の判決を求める請求を棄却するとともに，当該選挙が違法である旨を主文で宣言するにとどめている。

> **判例**
>
> **衆議院議員定数不均衡訴訟（最大判昭51・4・14民集30・3・223）**
>
> 1972（昭和47）年12月10日に実施された衆議院議員選挙の千葉県第1区の選挙に関して，同選挙区の選挙人であったXが，各選挙区間の議員1人当たりの有権者比率が最大1対4.99に及んでいることは憲法14条1項に反するとし，選挙の無効を主張した事件である。一審（東京高判昭49・4・30行集25・4・356）は，先例（最大判昭39・2・5民集18・2・270）に従い，議員定数の不平等が容認できない程度には至っていないとして請求を棄却したため，Xは上告した。

21) 行政事件訴訟法31条1項「取消訴訟については，処分又は裁決が違法ではあるが，これを取り消すことにより公（おおやけ）の利益に著（いちじる）しい障害を生ずる場合において，原告の受ける損害の程度，その損害の賠償又は防止の程度及び方法その他一切の事情を考慮したうえ，処分又は裁決を取り消すことが公共の福祉に適合しないと認めるときは，裁判所は，請求を棄却することができる。この場合には，当該判決の主文において，処分又は裁決が違法であることを宣言しなければならない。」

22) 公職選挙法204条により，衆議院議員選挙の効力に関する訴訟は，都道府県選挙管理委員会を被告とし，当該選挙の日から30日以内に，高等裁判所に対して提起することになっているため，高等裁判所が一審となっている。

第5章　法の下の平等

この定数不均衡を違憲とした最高裁の判旨は以下のとおりである。

「選挙権の内容，すなわち各選挙人の投票の価値の平等もまた，憲法の要求するところであると解するのが，相当である。」

「しかしながら，右の投票価値の平等は，各投票が選挙の結果に及ぼす影響力が数字的に完全に同一であることまでも要求するものと考えることはできない。」

「衆議院議員の選挙における選挙区割と議員定数の配分の決定には，極めて多種多様で，複雑微妙な政策的及び技術的考慮要素が含まれており，それらの諸要素のそれぞれをどの程度考慮し，これを具体的決定にどこまで反映させることができるかについては，……国会の具体的に決定したところがその裁量権の合理的な行使として是認されるかどうかによつて決するほかはな」い。「しかしながら，このような見地に立つて考えても，具体的に決定された選挙区割と議員定数の配分の下における選挙人の投票価値の不平等が，国会において通常考慮しうる諸般の要素をしんしやくしてもなお，一般的に合理性を有するものとはとうてい考えられない程度に達しているときは，もはや国会の合理的裁量の限界を超えているものと推定されるべきものであり，このような不平等を正当化すべき特段の理由が示されない限り，憲法違反と判断するほかはないというべきである。」

「昭和47年12月10日の本件衆議院議員選挙当時においては，各選挙区の議員1人あたりの選挙人数と全国平均のそれとの偏差は，下限において47.30パーセント，上限において162.87パーセントとなり，その開きは，約5対1の割合に達していた，というのである。このような事態を生じたのは，専ら前記改正後における人口の異動に基づくものと推定されるが，右の開きが示す選挙人の投票価値の不平等は，前述のような諸般の要素，特に右の急激な社会的変化に対応するについてのある程度の政策的裁量を考慮に入れてもなお，一般的に合理性を有するものとはとうてい考えられない程度に達しているばかりでなく，これを更に超えるに至つているものというほかはなく，これを正当化すべき特段の理由をどこにも見出すことができない以上，本件議員定数配分規定の下における各選挙区の議員定数と人口数との比率の偏差は，右選挙当時には，憲法の選挙権の平等の要求に反する程度になつていたものといわなければならない。」

「しかしながら，右の理由から直ちに本件議員定数配分規定を憲法違反と断ずべきかどうかについては，更に考慮を必要とする。……本件の場合についていえば，前記のような人口の異動は不断に生じ，したがって選挙区における人口数と議員定数との比率も絶えず変動するのに対し，選挙区割と議員定数の配分を頻繁に変更することは，必ずしも実際的ではなく，また，相当でないことを考える

と、右事情によって具体的な比率の偏差が選挙権の平等の要求に反する程度となつたとしても、これによって直ちに当該議員定数配分規定を憲法違反とすべきものではなく、人口の変動の状態をも考慮して合理的期間内における是正が憲法上要求されていると考えられるのにそれが行われない場合に始めて憲法違反と断ぜられるべきものと解するのが、相当である。」

「本件議員定数配分規定をみると、同規定の下における人口数と議員定数との比率上の著しい不均衡は、……人口の漸次的異動によって生じたものであつて、本件選挙当時における前記のような著しい比率の偏差から推しても、そのかなり以前から選挙権の平等の要求に反すると推定される程度に達していたと認められることを考慮し、更に、昭和39年の改正後本件選挙の時まで8年余にわたつてこの点についての改正がなんら施されていないことをしんしやくするときは、前記規定は、憲法の要求するところに合致しない状態になつていたにもかかわらず、憲法上要求される合理的期間内における是正がされなかつたものと認めざるをえない。それ故、本件議員定数配分規定は、本件選挙当時、憲法の選挙権の平等の要求に違反し、違憲と断ぜられるべきものであつたというべきである。そして、選挙区割及び議員定数の配分は、議員総数と関連させながら、……複雑、微妙な考慮の下で決定されるのであつて、一旦このようにして決定されたものは、一定の議員総数の各選挙区への配分として、相互に有機的に関連し、一の部分における変動は他の部分にも波動的に影響を及ぼすべき性質を有するものと認められ、その意味において不可分の一体をなすと考えられるから、右配分規定は、単に憲法に違反する不平等を招来している部分のみでなく、全体として違憲の瑕疵を帯びるものと解すべきである。」

「本件選挙が憲法に違反する議員定数配分規定に基づいて行われたものであることは上記のとおりであるが、そのことを理由としてこれを無効とする判決をしても、これによって直ちに違憲状態が是正されるわけではなく、かえって憲法の所期するところに必ずしも適合しない結果を生ずる……。これらの事情等を考慮するときは、本件においては、……本件選挙は憲法に違反する議員定数配分規定に基づいて行われた点において違法である旨を判示するにとどめ、選挙自体はこれを無効としないこととするのが、相当であり、そしてまた、このような場合においては、選挙を無効とする旨の判決を求める請求を棄却するとともに、当該選挙が違法である旨を主文で宣言するのが、相当である。」

この「衆議院議員定数不均衡訴訟（昭和51年判決）」の審査基準は，その後の衆議院議員定数不均衡訴訟においても踏襲され，以下のような最高裁判例があらわれた。

最大較差が1対3.94となった1980（昭和55）年6月22日の衆議院議員選挙をめぐる「衆議院議員定数不均衡訴訟（昭和58年判決）」（最大判昭58・11・7民集37・9・1243）は，1975（昭和50）年改正により最大較差は1対2.94に縮小し，投票価値の不平等は一応解消していたのであり，本件選挙当時は不均衡を解消するための合理的期間が経過していなかったとして，違憲と判断することを避けた。

最大較差が1対4.40となった1983（昭和58）年12月18日の衆議院議員選挙をめぐる「衆議院議員定数不均衡訴訟（昭和60年判決）」（最大判昭60・7・17民集39・5・1100）は，1980（昭和55）年当時から是正が行われておらず，合理的期間内に是正がなされていないとして，定数配分を違憲と判断したが，主文での宣言にとどめ，当該選挙は無効としなかった。

最大較差が1対3.18となった1990（平成2）年2月18日の衆議院議員選挙をめぐる「衆議院議員定数不均衡訴訟（平成5年判決）」（最大判平5・1・20民集47・1・67）は，本件選挙当時は不均衡を解消するための合理的期間が経過していないことを理由に，違憲と判断することを避けた。

1992（平成4）年の「9増10減」[23]により，最大較差は1対2.77に是正されたが，これに基づいて実施された1993（平成5）年7月18日の衆議院議員選挙当時の最大較差1対2.82について，「衆議院議員定数不均衡訴訟（平成7年判決）」（最一判平7・6・8民集49・6・1443）は，選挙権の平等の要求に違反しないから合憲であるとした。

以上のような判例動向から，不均衡を解消するための合理的期間が経過していない場合を除き，どの程度の較差が違憲とされるかについて，最高裁は，衆議院については1対3程度を目安にしているものと一般に受け取られている。しかし，学説上は，「1人1票」の原則の反対解釈として[24]，較差は2倍以上となってはならないとする説

---

[23] 公職選挙法を改正し，人口が急増した9選挙区（千葉4区，神奈川3，4区，埼玉1，2，5区，広島1区，福岡1区，大阪5区）で定数を1ずつ増やす一方，10選挙区（東京8区，宮崎2区，宮城2区，三重2区，大分2区，奄美群島区，長野3区，熊本2区，和歌山2区，岩手2区）で定数を1ずつ減らしたことを指す。

が有力であるし，上記の判例はいずれも中選挙区制を前提とするものであるため，1994（平成6）年に導入された小選挙区比例代表並立制にこの基準をそのまま適用することは，必ずしも妥当であるとはいえない。

　小選挙区比例代表並立制における小選挙区の画定については，衆議院議員選挙区画定審議会設置法に基づいて，いわゆる「1人別枠方式」が採用された。すなわち，選挙区間の最大較差が1対2以上とならないことを基本とし，まず各都道府県に定数1を割り当てたうえで，小選挙区選出議員の定数から都道府県の数を差し引いた数を人口に比例して各都道府県に加えていく方法である。これは，はじめから人口過疎の都道府県を優遇して配分することを意味しているため，法律自体に規定されたこの方針が原因となって，選挙区間の投票価値の較差が生じることとなった。

　「衆議院議員小選挙区比例代表並立制選挙無効訴訟」の上告審判決（最大判平11・11・10民集53・8・1441）は，「相対的に人口の少ない県に定数を多めに配分し，人口の少ない県に居住する国民の意見をも十分に国政に反映させることができるようにすることを目的とする」1人別枠方式を採用し，人口密度や地理的状況等のほか，人口の都市集中化及びこれに伴う人口流出地域の過疎化の現象等の要素を総合的に考慮して区割りの基準を定めたことは，「投票価値の平等との関係において国会の裁量の範囲を逸脱するということはできない」と判示した。しかしその一方で，5名の裁判官が，小選挙区制のメリットの一つは「議員定数不均衡問題の解消」であり，「2倍未満の

---

24)　「車両通行止」という標識を見て「徒歩ならば通行してよいだろう」と考えるように，ある法命題について直接の明文規定がない場合に，それを一定の法規に規定された命題の反対命題として導き出す法解釈の手法を，反対解釈という。

25)　衆議院議員選挙区画定審議会設置法3条「① 前条の規定による改定案の作成は，各選挙区の人口の均衡を図り，各選挙区の人口（官報で公示された最近の国勢調査又はこれに準ずる全国的な人口調査の結果による人口をいう。以下同じ。）のうち，その最も多いものを最も少ないもので除して得た数が二以上とならないようにすることを基本とし，行政区画，地勢，交通等の事情を総合的に考慮して合理的に行わなければならない。

　　② 前項の改定案の作成に当たっては，各都道府県の区域内の衆議院小選挙区選出議員の選挙区の数は，一に，公職選挙法（昭和二十五年法律第百号）第四条第一項に規定する衆議院小選挙区選出議員の定数に相当する数から都道府県の数を控除した数を人口に比例して各都道府県に配当した数を加えた数とする。」

第5章　法の下の平等　　131

較差厳守の要請は，中選挙区制の場合に比し，より一層厳しく求められてしかるべきである」との反対意見を述べていた。2005（平成17）年のいわゆる郵政選挙につき，1人別枠方式に起因する定数不均衡などを理由に提起された訴訟の最高裁判決（最大判平19・6・13民集61・4・1617）も，1人別枠方式は国会の裁量の範囲内にあり合憲としたが，この判決でも6名の裁判官がこの方式に疑問を呈していた。補訂9

　参議院　　これに対し，1977（昭和52）年7月10日に実施された参議院議員選挙における議員定数不均衡をめぐる「参議院大阪地方区議員定数訴訟（昭和58年判決）」において，最高裁（最大判昭58・4・27民集37・3・345）は，衆議院の場合よりもかなり広範に立法裁量を認めている。すなわち，全国区（現行の比例代表）選出議員には職能代表，地方（現行の選挙区）選出議員には都道府県代表の要素がそれぞれ加味されていると解し，そのような選挙制度においては「投票価値の平等の要求は，人口比例主義を基本とする選挙制度の場合と比較して一定の譲歩，後退を免れないと解せざるをえない」として，1対5.26という大きな較差や，いわゆる逆転現象（選挙人の多い選挙区の議員定数が選挙人の少ない選挙区の議員定数より少なくなる現象）すらも，違憲とはしなかったのである。

> **判例**
>
> **参議院大阪地方区議員定数訴訟（最大判昭58・4・27民集37・3・345）**
>
> 　1977（昭和52）年7月10日に実施された参議院大阪選挙区選出議員選挙につき，同選挙区の選挙人である原告らが，各選挙区ごとの投票の価値に明白かつ重大な較差（最大で5.26倍）が存し，その較差は許容限度をはるかに超えるものであり，憲法14条1項に違反するとして，選挙無効判決を求めた事件である。上告審は，次のように述べて，請求を棄却した原判決（大阪高判昭54・2・28民集37・3・397）を支持し，上告を棄却した。
> 　公職選挙法に定める参議院議員選挙制度の趣旨・目的は，「参議院議員を全国選出議員と地方選出議員とに分かち，前者については，全国を一選挙区として選挙させ特別の職能的知識経験を有する者の選出を容易にすることによって，事実上ある程度職能代表的な色彩が反映されることを図り，また，後者については，都道府県が歴史的にも政治的，経済的，社会的にも独自の意義と実体を有し一つの政治的まとまりを有する単位としてとらえうることに照らし，これを構成する住民の意思を集約的に反映させるという意義ないし機能を加味しようとしたもの

> であると解することができる。」
>
> 「参議院地方選出議員の仕組みについて事実上都道府県代表的な意義ないし機能を有する要素を加味したからといって、これによって選出された議員が全国民の代表であるという性格と矛盾抵触することになるものということもできない。」
>
> 「右のような選挙制度の仕組みの下では、投票価値の平等の要求は、人口比例主義を基本とする選挙制度の場合と比較して一定の譲歩、後退を免(まぬか)れないと解せざるをえないのである。」
>
> 「参議院議員の任期を6年としていわゆる半数改選制を採用し、また、参議院については解散を認めないものとするなど憲法の定める二院制の本旨にかんがみると、参議院地方選出議員については、選挙区割や議員定数の配分をより長期にわたつて固定し、国民の利害や意見を安定的に国会に反映させる機能をそれに持たせることとすることも、立法政策として許容されると解されるところである。
>
> ……選挙区間における議員1人当たりの選挙人数の較差の是正を図るにもおのずから限度があることは明らかである。……本件参議院議員定数配分規定の下においては、前記のように、投票価値の平等の要求も、人口比例主義を基本として選挙区割及び議員定数の配分を定めた選挙制度の場合と同一に論じ難(がた)いことを考慮するときは、本件参議院議員選挙当時に選挙区間において議員1人当たりの選挙人数に前記のような較差があり、あるいはいわゆる逆転現象が一部の選挙区においてみられたとしても、それだけでは……違憲の問題が生ずる程度の著(いちじる)しい不平等状態が生じていたとするには足らないものというべきである。したがつて、国会が本件参議院議員選挙当時までに地方選出議員の議員定数の配分を是正する措置を講じなかつたことをもつて、その立法裁量権の限界を超えるものとは断じえず、右(みぎ)選挙当時において本件参議院議員定数配分規定が憲法に違反するに至つていたものとすることはできない。」

このような考え方は、その後の最高裁判例にも踏襲され、参議院議員選挙については、結果的に、較差が1対6程度に及んでも合憲とされている。しかし、近時の判例（最大判平21・9・30民集63・7・1520）は、1対4.86という大きな較差を合憲としつつも、このような較差は「投票価値の平等という観点からは、なお大きな不平等が存する状態であり、……国民の意思を適正に反映する選挙制度が民主政治の基盤であり、投票価値の平等が憲法上の要請であることにかんがみると、国会において、速やかに、投票価値の平等の重要性を十分に踏まえて、適切な検討が行われることが望まれる」との見解を示していることから、国会の立法裁量の幅について従来よりも厳しい姿勢を

示しているものとみられている。[補訂10]

地方議会　地方議会議員選挙については，公職選挙法15条8項が人口に比例した定数配分を直接命じると同時に，そのただし書において，特例選挙区等における人口比例原則の緩和をも示唆している。

1981（昭和56）年7月5日に実施された東京都議会議員選挙をめぐる「東京都議選議員定数不均衡訴訟」において，最高裁（最一判昭59・5・17民集38・7・721）は，「衆議院議員定数不均衡訴訟（昭和51年判決）」で示されたものとほぼ同趣旨の審査基準を明らかにしている。すなわち，①定数配分規定が公選法15条7項（現行規定では8項）の規定に適合するかどうかについては，地方公共団体の議会の具体的に定めるところがその裁量権の合理的な行使として是認されるかどうかによって決するほかはない。②投票価値の平等という憲法の要請を受け，公選法15条7項は，地方議会議員の定数配分につき，人口比例を最も重要かつ基本的な基準とし，各選挙人の投票価値の平等を強く要求している。③ゆえに，ある定数配分の下における選挙人の投票価値に不平等が存し，あるいは，人口の変動により不平等が生じているときは，それが地方公共団体の議会において地域間の均衡を図るため通常考慮し得る諸般の要素をしんしゃくしてもなお一般的に合理性を有するものとは考えられない程度に達しており，かつ，合理的期間内における是正が行われないときに限って，公選法15条7項違反となる。

この観点から，最高裁は，全選挙区間で最大1対7.45，特別区の選挙区間で1対5.15に及んだ較差を，憲法の要請を受けた公職選挙法15条7項に違反するとした。

> **判例**
>
> **東京都議選議員定数不均衡訴訟（最一判昭59・5・17民集38・7・721）**
>
> 1981（昭和56）年7月5日に実施された東京都議会議員選挙につき，江戸川区の選挙人であった原告らが，投票価値の較差をもたらした東京都議会議員の定

---

26)　初宿正典『憲法2　基本権（第3版）』（成文堂，2010年），193頁。
27)　公職選挙法15条8項「各選挙区において選挙すべき地方公共団体の議会の議員の数は，人口に比例して，条例で定めなければならない。ただし，特別の事情があるときは，おおむね人口を基準とし，地域間の均衡を考慮して定めることができる。」

数並びに選挙区及び各選挙区における議員の数に関する条例（昭和44年東京都条例55号）が憲法および公職選挙法15条7項（現行規定では8項）に違反するとして、本件選挙の江戸川区における選挙を無効とすること等を求めた事件である。最高裁は、全選挙区間で最大1対7.45、特別区の選挙区間で1対5.15に及んだ較差を、憲法の要請を受けた公職選挙法15条7項に違反するとした。判旨は以下のとおりである。

「定数配分規定が公選法15条7項の規定に適合するかどうかについては、地方公共団体の議会の具体的に定めるところがその裁量権の合理的な行使として是認されるかどうかによつて決するほかはない。」

「地方公共団体の議会の議員の選挙に関し、当該地方公共団体の住民が選挙権行使の資格において平等に取り扱われるべきであるにとどまらず、その選挙権の内容、すなわち投票価値においても平等に取り扱われるべきであることは、憲法の要求するところであると解すべきである」。……「公選法15条7項は、憲法の右要請を受け、地方公共団体の議会の議員の定数配分につき、人口比例を最も重要かつ基本的な基準とし、各選挙人の投票価値が平等であるべきことを強く要求していることが明らかである。したがつて、定数配分規定の制定又はその改正により具体的に決定された定数配分の下における選挙人の投票の有する価値に不平等が存し、あるいは、その後の人口の変動により右不平等が生じ、それが地方公共団体の議会において地域間の均衡を図るため通常考慮し得る諸般の要素をしんしやくしてもなお一般的に合理性を有するものとは考えられない程度に達しているときは、右のような不平等は、もはや地方公共団体の議会の合理的裁量の限界を超えているものと推定され、これを正当化すべき特別の理由が示されない限り、公選法15条7項違反と判断されざるを得ないものというべきである。」

「もつとも、制定又は改正の当時適法であつた定数配分規定の下における選挙区間の議員1人当たりの人口の較差が、その後の人口の変動によって拡大し、公選法15条7項の選挙権の平等の要求に反する程度に至つた場合には、そのことによって直ちに当該定数配分規定の同項違反までもたらすものと解すべきではなく、人口の変動の状態をも考慮して合理的期間内における是正が同項の規定上要求されているにもかかわらずそれが行われないときに、初めて当該定数配分規定が同項の規定に違反するものと断定すべきである。」

「選挙区の人口と配分された定数との比率の平等が最も重要かつ基本的な基準とされる地方公共団体の議会の議員の選挙の制度において、右較差が示す選挙区間における投票価値の不平等は、地方公共団体の議会において地域間の均衡を図るため通常考慮し得る諸般の要素をしん

しゃくしてもなお，一般的に合理性を有するものとは考えられない程度に達していたというべきであり，これを正当化する特別の理由がない限り，選挙区間における本件選挙当時の右(みぎ)投票価値の較差は，公選法15条7項の選挙権の平等の要求に反する程度に至つていたものというべきである。そして，都心部においては昼間人口が夜間常住人口の数倍ないし十数倍に達し，それだけ行政需要が大きいことや，各選挙区における過去の定数の状況を考慮しても，右の較差を是認することはできず，他に，本件選挙当時存した選挙区間における投票価値の不平等を正当化すべき特別の理由を見いだすことはできない。」

「また，本件配分規定の下における選挙区間の投票価値の較差は遅くとも昭和45年10月実施の国勢調査の結果が判明した時点において既(すで)に公選法15条7項の選挙権の平等の要求に反する程度に至つていたものというべく，右較差が将来更に拡大するであろうことは東京都における人口変動の経緯に照らし容易に推測することができたにもかかわらず，東京都議会は極く部分的な改正に終始し，右(みぎ)較差を長期間にわたり放置したものというべく，同項の規定上要求される合理的期間内における是正をしなかつたものであり，本件配分規定は，本件選挙当時，同項の規定に違反するものであつたと断定せざるを得ない。」

　その後の判例をみると，「千葉県議会議員定数不均衡訴訟」(最一判平1・12・18民集43・12・2139)では1対2.81の較差が適法，「愛知県議会議員定数不均衡訴訟」(最二判平5・10・22民集47・8・5147)では1対2.89の較差が適法とされ，「兵庫県議会議員定数不均衡訴訟」(最一判平1・12・21民集43・12・2297)では1対3.81の較差が違法(ただし，是正のための合理的期間が経過していないので結論は適法)，「東京都議会議員定数不均衡訴訟」(最三判平3・4・23民集45・4・554)では1対3.09の較差が違法とされている。衆議院の場合と同様，1対3程度が目安になっており，特例選挙区等についてはさらに大きな較差も許容されている。

第 6 章
精神的自由権

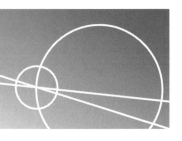

1 ／ 思想・良心の自由

1 「思想及び良心」の意義

> 憲法 19 条　思想及び良心の自由は、これを侵してはならない。

　欧米諸国では、一般に、「思想」の自由は、それを表現する自由を確保すれば足り、「良心」は主として信仰（宗教的信条）を意味すると考えられてきた。その意味で、表現の自由や信教の自由の規定とは別に思想・良心の自由に言及する日本国憲法 19 条は特異な例とみられ、そうした念押しの背景には、治安維持法など明治憲法下で行われた思想弾圧への反省があったといわれる。同じ過ちを繰り返さないよう、公権力による国民の精神的自由侵害を戒める総則的規定と解されているのである。

　思想・良心の自由の不可侵性は、公権力との関係で重要な意味をもっている。すなわち、個人が何を考えようと、それが内心の領域にとどまる限りは絶対的に不可侵であり、国民には、公権力によって内心の表出を強制されない「沈黙の自由」が保障されているということである。しばしば引き合いに出される事例であるが、江戸時代にキリシタンを弾圧する目的で行われた「踏絵」のように、公権力が個人の内心を推知しようとすることは許されない。

2 思想・良心の自由の保障範囲

　一般的な言葉使いでは、内心の営みのうち、「思想」は主として論理にかかわるも

のを，「良心」は主として道徳的・倫理的価値にかかわるものをいうが，憲法19条の解釈においては特に区別が必要であるとは考えられていない。問題は，憲法が「侵してはならない」とする思想・良心の自由が，具体的にどの程度の思考レベルを指しているのか，ということにある。この点については，学説上，広義説（内心説）と限定説（信条説）の対立がみられる。

　広義説（内心説）　精神活動は人間の根源的な欲求なので，思想・良心の自由の保障を狭く限定すべきではないとの見地から，憲法19条は「人の内心におけるものの見方ないし考え方の自由を保障するもの」，つまり「内心の自由一般であり，その性質上きわめて包括的なものである」と説くのが，広義説（内心説）である。この立場からは，高尚な思想や道徳的に善とされる心がまえだけでなく，あらゆる精神活動の自由が最大限保障されることになる。宗教的信条については20条という個別の条規があることや，総則的規定としての19条の位置づけを考えれば，個人が心のなかで何を考えようと公権力は一切手出しできない，とするこの見解には，それなりの説得力があるといえよう。

　限定説（信条説）　これに対し，「人の内面的な活動は多様であり，その内容はきわめて広いが，世界観，人生観，思想体系，政治的意見などのように人格形成に役立つ内心の活動がこれに該当し，単なる事実の知不知のような人格形成活動に関連のない内心の活動は，19条の保障するところではない」と説くのが，限定説（信条説）である。精神的自由権については，学問の自由は理論・学説等，信教の自由は教義・聖典等，いずれも体系的なものを保障していることから，「思想及び良心の自由」も体系的な信条を保障していると考えるのである。その背景には，心の動きすべてを無制限に保障すると，個人の人格形成にとって重要な「信条」の保障がかえっておろそかにされかねないとの配慮がある。歴史的にみても，国家は，国民個人の日常的な心の動きをこと細かに規制してきたわけではなく，確たる信条すなわち特定の思想やイデオロギーに基づいて体制に都合の悪い行動をする（しそうな）人々を狙い撃ちにする

---

1)　樋口陽一・佐藤幸治・中村睦男・浦部法穂『注解法律学全集1　憲法Ⅰ〔前文・第1条～第20条〕』（青林書院，1994年）376頁〔浦部執筆〕。
2)　伊藤正己『憲法（第三版）』（弘文堂，1995年）257-258頁。

ようなやり方で，弾圧を行ってきた。とすれば，憲法19条は，何をおいてもまずこのような体系的信条を保護する役割を担うべきであろう。後述するように，判例（最大判昭31・7・4民集10・7・785）はこの限定説（信条説）に立っている。

3　思想・良心の自由をめぐる判例

　衆議院議員選挙に際して，対立候補者の名誉を毀損したとして，「右放送及記事は真相に相違しており，貴下の名誉を傷け御迷惑をおかけいたしました。ここに陳謝の意を表します」という内容の謝罪広告を新聞紙上に掲載することを徳島地裁から命じられた者が，謝罪の強制は憲法19条の保障する良心の自由の侵害であるとして争った「謝罪広告事件」で，最高裁（最大判昭31・7・4民集10・7・785）は，謝罪広告を命ずる判決も，その内容によっては強制執行に適さない場合もあるが，本件のように，「単に事態の真相を告白し陳謝の意を表明するに止まる程度のもの」であれば，これを強制しても憲法19条違反にはならないと判示した。この判決は，陳謝の意を表明する程度のことは，それを命じられた者の世界観，人生観，思想体系等に影響を及ぼすものではないから許される，とみている点で，限定説（信条説）に立つものである。しかし，不本意な謝罪を強制されることは，信条に対する侵害にはならなくても，内心に対する侵害にはなると考えることができるので，限定説（信条説）の立場からは問題とならないような謝罪広告の強制も，広義説（内心説）の立場からは違憲の疑いがもたれることになる。

　公立中学校の生徒が，中学校長から提出された内申書の記載が原因で，受験した高校すべてに不合格となったとして損害賠償を請求した「麹町中学内申書事件」で，

---

3) 民法723条は「他人の名誉を毀損した者に対しては，裁判所は，被害者の請求により，損害賠償に代えて，又は損害賠償とともに，名誉を回復するのに適当な処分を命ずることができる」と定めている。「名誉を回復するのに適当な処分」の一つが，謝罪広告の掲載命令である。
4) 本件調査書の備考欄及び特記事項欄には，「校内において麹町中全共闘を名乗り，機関紙『砦』を発行した。学校文化祭の際，文化祭粉砕を叫んで他校生徒と共に校内に乱入し，ビラまきを行つた。大学生ML派の集会に参加している。学校側の指導説得をきかないで，ビラを配つたり，落書をした」との記載があり，欠席の主な理由欄には「風邪，発熱，集会又はデモに参加して疲労のため」という趣旨の記載がされていた。

最高裁（最二判昭 63・7・15 判タ 675・58 判時 1287・65）は、「いずれの記載も、上告人の思想、信条そのものを記載したものでないことは明らかであり、右の記載に係る外部的行為によっては上告人の思想、信条を了知し得るものではないし、また、上告人の思想、信条自体を高等学校の入学者選抜の資料に供したものとは到底解することができない」として、憲法 19 条違反の主張をしりぞけた。しかし、この判決に対しては、内申書には「麴町中全共闘」や「大学生 ML 派」（「マルクス・レーニン主義派」のこと）などの記載があることから、当該生徒の思想・信条を推知できる内容だったのではないかとする批判がある。

市立小学校の音楽専科教諭が、入学式の国歌斉唱の際に「君が代」のピアノ伴奏を行うことを内容とする校長の職務上の命令に従わなかったことを理由に戒告処分を受けたため、本件職務命令は憲法 19 条に違反するとして、処分の取消を求めた「君が代ピアノ伴奏拒否事件」で、最高裁（最三判平 19・2・27 民集 61・1・291）は、当該職務命令の目的・内容は不合理とはいえず、合憲であるとした。国歌斉唱の際にピアノ伴奏を求める職務命令が教諭の「歴史観ないし世界観それ自体を否定するものと認めることはできない」こと、「入学式の国歌斉唱の際に『君が代』のピアノ伴奏をするという行為自体は、音楽専科の教諭等にとって通常想定され期待されるものであって、……教諭等が特定の思想を有するということを外部に表明する行為であると評価することは困難」であること、地方公務員である公立学校教諭は法令等や上司の職務上の命令に従わなければならない立場にあることが、その理由であった。しかし、この判決に対しては、藤田宙靖裁判官から、「ピアノ伴奏を命じる校長の職務命令によって達せられようとしている公共の利益の具体的な内容は何かが問われなければならず、そのような利益と……上告人の『思想及び良心』の保護の必要との間で、慎重な考量がなされなければならない」とする反対意見が表明されている。

2　信教の自由

I　信教の自由の意義

> 大日本帝国憲法 28 条　日本臣民ハ安寧秩序ヲ妨ケス及臣民タルノ義務ニ背カサル限ニ於テ信教ノ自由ヲ有ス
> 憲法 20 条　① 信教の自由は、何人に対してもこれを保障する。いかなる宗教団体も、国から特権を受け、又は政治上の権力を行使してはならない。
> ② 何人も、宗教上の行為、祝典、儀式又は行事に参加することを強制されない。
> ③ 国及びその機関は、宗教教育その他いかなる宗教的活動もしてはならない。
> 憲法 89 条　公金その他の公の財産は、宗教上の組織若しくは団体の使用、便益若しくは維持のため、又は公の支配に属しない慈善、教育若しくは博愛の事業に対し、これを支出し、又はその利用に供してはならない。

　すでに述べたように、信仰は内心の営みの一つであるから、信教の自由は、理論的には、思想・良心の自由や集会・結社の自由の一形態ということになる。しかし、それが生まれた欧米キリスト教世界の歴史事情はむしろ逆で、「まず信教の自由としてみとめられたものが、その内容のそれぞれを世俗化し敷衍して、良心の自由・集会の自由・結社の自由などに具体化された」[5]ようなところがある。近代市民革命の主要な動因の一つは信教の自由の獲得・確立であり、それゆえ信教の自由は、精神的自由権をはじめ、あらゆる人権の根幹をなす最も重要な権利とみられている。

　明治憲法 28 条は、法律の留保（第 1 章 3 2 参照）を伴わない自由権として、信教の自由を規定していた。しかし、この保障には「安寧秩序ヲ妨ケス及臣民タルノ義務ニ背カサル限ニ於テ」という条件が付いていたため、それに適合すれば、法律によらず命令で信教の自由を制限することができると解されていた。また、運用においても、天皇の地位と一体不可分な神社神道は、事実上の「国教」として優遇され、太平洋戦争の時代には軍国主義の精神的支柱にもなったとみられている。戦後、1945（昭和

---

5)　小林昭三『日本国憲法の条件』（成文堂、1986 年）127 頁。

20）年12月15日の神道指令[6]や翌年1月1日の人間宣言[7]を通じて，天皇の神格性や神道の事実上の国教的地位は否定され，それをふまえて成立した日本国憲法が，信教の自由の手厚い保障を定めることとなった。

憲法20条1項前段は，「信教の自由は，何人（なんぴと）に対してもこれを保障する」として，個人の信教の自由を定めている。信教の自由は，「信仰の自由」，「宗教的行為の自由」および「宗教的結社の自由」をその内容とする。

信仰の自由　信仰の自由には，宗教を信仰する自由（積極的な信仰の自由）と，宗教を信仰しない自由（消極的な信仰の自由）がある。前者には，宗教を選択・変更する自由も含まれる。これは内心の自由であるから絶対不可侵であり，神仏を思う心の動きまで規制することは，物理的に困難でもある。また，信仰の自由には，信仰告白の自由も含まれており，信仰を外部に表明するかしないかも個人の自由な判断に委（ゆだ）ねられる。したがって，特定の宗教団体に所属しているかどうかを公権力が強制的に調査したり，信仰の証明を要求するようなことは許されない。

宗教的行為の自由　宗教的行為の自由とは，個人が単独で，または他の者と共同して，宗教上の祝典，儀式，行事等を行う自由である。宗教上の教義を布教する自由は，表現の自由の一形態でもある。宗教的行為の自由にも積極的側面（宗教的行為を行う自由）と消極的側面（宗教的行為を行わない自由）があり，憲法20条2項は，後者を，「何人（なんぴと）も，宗教上の行為，祝典，儀式又は行事に参加することを強制されない」

---

6)　神道指令（しんとう）は，連合国軍総司令部（GHQ）が日本政府に対して発した覚書（おぼえがき）の一つ，「国家神道，神社神道ニ対スル政府ノ保証，支援，保全，監督並（ならび）ニ弘布（こうふ）ノ廃止ニ関スル件」の略称である。この指令は，国家神道・神社神道を「日本政府ノ法令ニ依テ宗派神道或（あるい）ハ教派神道ト区別セラレタル神道ノ一派即チ国家神道乃至神社神道トシテ一般ニ知ラレタル非宗教的ナル国家的祭祀トシテ類別セラレタル神道ノ一派（国家神道或ハ神社神道）ヲ指スモノデアル」と定義し，これに対する国家による特別扱いをすべて廃止するものであった。

7)　1946（昭和21）年1月1日に官報（号外）を通じて発せられた昭和天皇の詔書（しょうしょ）であり，天皇がその神格性をみずから否定したと解釈できる文面を含むことから，「人間宣言」と通称されている。該当する文面は次のとおりである。「朕ト爾等国民トノ間ノ紐帯（ちゅうたい）ハ，終始相互ノ信頼ト敬愛トニ依リテ結バレ，単ナル神話ト伝説トニ依リテ生ゼルモノニ非（あら）ズ。天皇ヲ以テ現御神（アキツミカミ）トシ，且日本国民ヲ以（もっ）テ他ノ民族ニ優越セル民族ニシテ，延（ひい）テ世界ヲ支配スベキ運命ヲ有ストノ架空ナル観念ニ基ク（もとづく）モノニモ非ズ。」

と表現している。公権力の行為が，後述する憲法20条3項により国家が行うことを禁じられた「宗教的活動」に当たらないものであっても，宗教的理由によりそれを拒否する者に対して国家が参加を強制するようなことは違憲となる。

　宗教的結社の自由　信仰は，多くの場合，一個人の内心の営みにとどまらず，信仰を同じくする仲間とともに実践される。そこで，特定の宗教を宣伝したり，共同で宗教的行為をするために，団体を結成する自由が認められる。この宗教的結社の自由は，憲法20条から導かれるだけでなく，憲法21条により，「結社の自由」としても明文で保障されている。宗教団体等が組織的に行う宗教的行為の自由が確保されなければ，その団体に属する個人の信仰も実践できないので，信教の自由の享有主体には，個人だけでなく，宗教団体等の法人も含まれるものと解されている。

2　信教の自由の限界

　すでに述べたように，内心における信仰の自由の保障は絶対的なものであるから，「俗悪有害なエセ宗教が生じても，その淘汰を国民の良識に委ね，権力的統制はおこなわないのが，本条〔憲法20条〕の本来の趣旨だ」[8]ということになる。しかし，宗教団体は部分社会（市民社会とは区別された自律的な社会）であり，それぞれ独自の規範に従って運営されるために，宗教的行為のなかには，市民社会のルールになじまない，あるいは違反するようなものも現れてくる。外部的行為を通じて他者とのかかわりが生じ，他者の権利・自由や社会一般に何らかの害悪が及ぶ場合には，信教の自由の行使も絶対不可侵というわけにはいかなくなり，公権力による規制が必要となることがある。ただし，この場合にも，「当該行為のもたらす害悪ではなく，そのよってたつ信仰それじたいを悪なりとして，当該行為を処罰・規制するなどのときは，本条〔憲法20条〕に違反すると考えるべき」であり，「宗教に対して中立的な規制であっても，その適用にあたっては信教の自由の侵害にわたらないよう，慎重な配慮が求められ」[9]るものと解されている。

---

　8)　小林直樹『〔新版〕憲法講義（上）』（東京大学出版会，1980年）371頁。
　9)　樋口他，前掲書391頁〔浦部執筆〕。

加持祈禱を業とするYが，精神障害のあるAの近親者から平癒祈願を頼まれて，線香護摩（火を焚いて祈禱する密教系仏教の行法）による加持祈禱を行い，Aの背中を殴るなどした結果，心臓麻痺で死に至らしめた「加持祈禱事件」で，最高裁（最大判昭38・5・15刑集17・4・302）は，「信教の自由の保障も絶対無制限のものではない」としたうえで，被告人Yの行為は，「一種の宗教行為としてなされたものであつたとしても，それが……他人の生命，身体等に危害を及ぼす違法な有形力の行使に当るものであり，これにより被害者を死に致したものである以上，被告人の右行為が著しく反社会的なものであることは否定し得ないところであつて，憲法20条1項の信教の自由の保障の限界を逸脱したものというほかはなく，これを刑法205条に該当するものとして処罰したことは，何ら憲法の右条項に反するものではない」と判示した。

日本基督（キリスト）教団の牧師が，高校生2名を，建造物侵入，凶器準備集合等の事件の犯人として警察が捜査中であることを知りながら，約1週間にわたり教会内に宿泊させたため，犯人蔵匿罪[10]で起訴された「牧会活動事件」で，神戸簡裁（神戸簡判昭50・2・20判時768・3判タ318・219）は，牧会活動は[11]「日本国憲法20条の信教の自由のうち礼拝の自由にいう礼拝の一内容……をなすもの」であり，「公共の福祉による制約を受ける場合のあることはいうまでもないが，その制約が，結果的に行為の実体である内面的信仰の自由を事実上侵すおそれが多分にあるので，その制約をする場合は最大限に慎重な配慮を必要とする」との立場から，本件の牧師の行為は，「専ら被告人を頼って来た両少年の魂への配慮に出た行為というべく，被告人の採った右牧会活動は目的において相当な範囲にとどまったもの」であり，「全体として法秩序の理念に反するところがなく，正当な業務行為として罪とならない」として，牧師に無罪を言渡した。

大量殺人を目的として計画的・組織的にサリンを生成した宗教法人オウム真理教に

10）「蔵匿」とは，捜査当局等による発見を妨げる場所を提供することをいう。刑法（当時）103条「罰金以上ノ刑ニ該ル罪ヲ犯シタル者又ハ拘禁中逃走シタル者ヲ蔵匿シ又ハ隠避セシメタル者ハ二年以下ノ懲役又ハ二百円以下ノ罰金ニ処ス」

11）「牧会」は，プロテスタントの用語で，「牧師が自己に託された羊の群（キリスト教では個々の人間を羊に喩える）を養い育てる」こと，すなわち，「個人の魂への配慮を通じて社会へ奉仕すること」を意味する。カトリックでは「司牧」と表現される。

ついて，宗教法人法81条1項1号および2号前段に規定する事由があるとして，宗教法人の解散命令が請求された「宗教法人オウム真理教解散事件」で，最高裁（最一決平8・1・30民集50・1・199）は，「宗教法人の解散命令の制度は，……専ら宗教法人の世俗的側面を対象とし，かつ，専ら世俗的目的によるものであって，宗教団体や信者の精神的・宗教的側面に容かいする意図によるものではなく，その制度の目的も合理的であるということができる」としたうえで，「解散命令によって宗教団体であるオウム真理教やその信者らが行う宗教上の行為に何らかの支障を生ずることが避けられないとしても，その支障は，解散命令に伴う間接的で事実上のものであるにとどまる」ので，「必要でやむを得ない法的規制であるということができる」とし，憲法20条1項に違反しないと判示した。

3 信教の自由と学校教育

学校で行われる行事が児童・生徒個人の信教の自由に抵触する場合の扱いは，事例によりさまざまである。特に公立学校では，全国的な教育水準の確保とともに，宗教的中立性が強く求められるので，授業日や教育課程の内容に関する一般的なルールと児童・生徒の信教の自由とが矛盾・対立したときには，どちらの利益を優先させるべきか，きわめて微妙な判断を迫られることになる。

アメリカの小学校から日本の公立小学校に編入学した児童2名が，日本基督（キリスト）教団の牧師である両親の主宰する教会学校に出席するため，小学校の日曜参観授業に欠席したところ，指導要録に欠席と記載されたため，この児童らと両親が欠席記載の取消しと損害賠償を求めて争った「日曜日授業参観事件」で，東京地裁（東京地判昭61・3・20行集37・3・347）は，「宗教行為に参加する児童について公教育の授業

---

12) 宗教法人法81条1項「裁判所は，宗教法人について左の各号の一に該当する事由があると認めたときは，所轄庁，利害関係人若しくは検察官の請求により又は職権で，その解散を命ずることができる。
 一 法令に違反して，著しく公共の福祉を害すると明らかに認められる行為をしたこと。
 二 第二条に規定する宗教団体の目的を著しく逸脱した行為をしたこと又は一年以上にわたってその目的のための行為をしないこと。
 三～五 （省略）」

日に出席することを免除する（欠席として扱うことをしない。）ということでは，……宗教上の理由によって個々の児童の授業日数に差異を生じることを容認することになつて，公教育の宗教的中立性を保つ上で好ましいことではな」く，「公教育上の特別の必要性がある授業日の振替えの範囲内では，宗教教団の集会と抵触することになつたとしても，法はこれを合理的根拠に基づくやむをえない制約として容認しているものと解すべきである」として，訴えをしりぞけた。

　信仰する宗教「エホバの証人」の教義に基づいて，格技である剣道実技（体育の必修科目）に参加しなかったため，2年連続して原級留置処分を受け，さらに退学処分を受けた公立の工業高等専門学校の学生が，信教の自由の侵害を理由に処分の取消しを求めて争った「『エホバの証人』剣道実技拒否事件」で，最高裁（最二判平8・3・8民集50・3・469）は，「高等専門学校においては，剣道実技の履修が必須のものとまではいい難く，体育科目による教育目的の達成は，他の体育種目の履修などの代替的方法によってこれを行うことも性質上可能というべきである」ところ，「信仰上の理由による剣道実技の履修拒否を，正当な理由のない履修拒否と区別することなく，代替措置が不可能というわけでもないのに，代替措置について何ら検討することもなく，体育科目を不認定とした担当教員らの評価を受けて，原級留置処分をし，さらに，……退学処分をしたという上告人の措置は，……社会観念上著しく妥当を欠く処分をしたものと評するほかはなく，本件各処分は，裁量権の範囲を超える違法なものといわざるを得ない」と判示した。

4　政教分離

憲法20条　①　信教の自由は，何人に対してもこれを保障する。いかなる宗教団体も，国から特権を受け，又は政治上の権力を行使してはならない。
②　何人も，宗教上の行為，祝典，儀式又は行事に参加することを強制されない。
③　国及びその機関は，宗教教育その他いかなる宗教的活動もしてはならない。
憲法89条　公金その他の公の財産は，宗教上の組織若しくは団体の使用，便益若しくは維持のため，又は公の支配に属しない慈善，教育若しくは博愛の事業に対し，これを支出し，又はその利用に供してはならない。

憲法20条1項後段は、「いかなる宗教団体も、国から特権を受け、又は政治上の権力を行使してはならない」とし、同3項は、「国及びその機関は、宗教教育その他いかなる宗教的活動もしてはならない」として、いわゆる政教分離の原則を定めている。さらに憲法89条は、「公金その他の公の財産は、宗教上の組織若しくは団体の使用、便益若しくは維持のため、……これを支出し、又はその利用に供してはならない」として、政教分離原則を財政面からも規定している。

制度的保障 政教分離の法的性格については、これを主観的な権利とみるのではなく、国家による信教の自由の侵害を防ぐために国家と宗教を分離する客観的な制度を保障したもの（制度的保障）と解するのが一般的である。つまり、政教分離は人権そのものではなく、個人の信教の自由を保障するための手段である。もっとも、政教分離原則を説明する際によく用いられる「国家と宗教の分離」という言い回しには、若干の注意を要する。

政教分離の「政」は政治、「教」は宗教を指す。政治も宗教も、ある社会現象を意味する抽象的な概念なので、「政治と宗教の分離」という抽象的な理念を憲法上の制度として具体化するには、実体のあるものどうし、すなわち、「政治」を担う具体的な機関と「宗教」を担う具体的な組織との分離という形をとることが必要になる。前者は国家（国会・内閣・裁判所など）、後者は宗教団体である。つまり、政教分離原則は、具体的な制度としては、「国家と宗教団体の分離」を意味している。それゆえ、憲法20条1項後段にも、国から特権を受けたり政治権力を行使してはならないのは宗教団体である旨が明記されているのである。

政教分離の類型 一般に、政教分離の類型には、「(a)国教制度を建前とする一方で、国教以外の宗教にも宗教的寛容を認める型（イギリス）、(b)国家と宗教とを緩やかに分離し、国家の中立性を保障しつつ、国内で優勢な宗教を尊重する型（フランス、ベルギー、スイスなど）、(c)国家と宗教とを厳格に分離し、相互に干渉しないことを原則とする型（アメリカ、メキシコなど）、(d)国家と宗教団体とを分離させる反面、国家と教会の独立性を認めて競合する事項については政教条約（コンコルダート）を結んで処理しようとする型（イタリア、ドイツなど）が存在」し、「日本国憲法は、形式的には(c)の厳格分離型に属する」とされている。[13]

しかし，厳格分離型といっても，たとえばアメリカ合衆国憲法第1修正に定める政教分離原則は，「連邦議会は，国教を樹立し，または宗教上の自由な行為を禁止する法律を制定してはならない。……」[14]というもので，国家と宗教的なものとの厳格な分離まで要求しているわけではない。たとえば，アメリカ大統領が就任する際には，聖書に手を置いて宣誓をするのが慣例だが，そうした行為が政教分離違反として問題視されることもない。キリスト教以外の宗教を信仰する宗教的少数者の信教の自由に対して国家が抑圧を加える行為ではないからである。

このように，「政治」と「宗教」の距離感は，国によってさまざまだが，信教の自由と政教分離が確立されている国々に共通しているのは，個人の信仰や宗教的行為に対して国家が強制力を行使してはならないという考え方である。

5　政教分離原則の内容

日本国憲法に定める政教分離原則は，具体的には，「特権付与の禁止」，「政治上の権力の行使の禁止」および「国の宗教的活動の禁止」から成っている。

　特権付与の禁止　　憲法20条1項後段は，宗教団体が国から特権を受けることを禁止している。ここにいう「特権」とは，「他の団体から区別して宗教団体のみに与えられる，または他の宗教団体から区別して特定の宗教団体のみに与えられる，一切の優遇的地位・利益を指す」[15]と解されている。特権付与の典型は，特定の宗教を国教とすることであるが，国教と明定しないまでも，明治憲法下でみられたように，「神道は宗教にあらず」との論理を用いて，神社神道を国家の祭祀として扱うようなことは，当然，認められない。また，特に金銭面について，憲法89条は，「宗教上の組織若しくは団体の使用，便益若しくは維持のため」の公金支出，すなわち，特定の宗教団体や宗教団体一般への経済的特権の付与を禁止している。

これに関連して，宗教法人に対する法律上の非課税措置が特権の付与に当たらない

---

13)　辻村みよ子『憲法（第3版）』（日本評論社，2008年）208頁。
14)　アメリカ合衆国憲法の邦訳は，阿部照哉・畑博行（編）『世界の憲法集（第四版）』有信堂，14-15頁〔髙井裕之訳〕による。
15)　佐藤幸治『憲法（第三版）』（青林書院，1995年）500頁。

かどうかが問題となりうる。通説は，宗教法人への非課税措置は，法人税法が公益法人への法人税非課税を定め，医療法人，学校法人，国民健康保険組合など数多くの団体とともに，たまたま宗教法人も公益法人として非課税の措置を受けているにすぎないので，特権の付与には当たらないと解している。

政治上の権力の行使の禁止　憲法 20 条 1 項後段は，宗教団体が「政治上の権力」を行使することを禁止している。ここにいう「政治上の権力」について，通説は，立法権・行政権・司法権・課税権など，国または地方公共団体が独占する統治的権力を意味すると解しているが，宗教団体それ自体に統治的権力がないことは自明のことであるとの見地から，「宗教団体が政党を組織しその他積極的な政治活動によって政治に強い影響を与えることを禁止するもの」と解する少数説もある。通説に立てば，宗教団体が政治活動を行うことは，それが政治に強い影響を与える結果になっても違憲とはいえない。また，宗教団体の政治活動を禁止または制限することは，「法の下の平等」原則に反するとの批判をまぬかれない。しかし，政治活動は宗教団体本来の目的とは明らかに異なるものである。その意味で，宗教法人として認証された後に事実上政治活動を行っている宗教法人に対して所轄庁のチェックが行われず，公益法人としての非課税措置が続く現行宗教法人法のあり方が，立法政策として妥当かどうかは，別途検討を要する問題といえよう。

国の宗教的活動の禁止と「目的・効果基準」　憲法 20 条 3 項は，国およびその機関（地方公共団体も当然含まれる。）が宗教教育その他の宗教的活動をすることを禁止している。ここにいう「宗教教育」とは，特定の宗教・宗派の宣伝・普及を目的とする教育を指し，国公立学校でそのような宗教教育を行うことは禁じられる。しかし，宗教に関する寛容の態度や一般的教養を身につけさせ，宗教の社会生活における地位

---

16)　法人税法 4 条 1 項「内国法人は，この法律により，法人税を納める義務がある。ただし，公益法人等又は人格のない社団等については，収益事業を行う場合，法人課税信託の引受けを行う場合又は第八十四条第一項（退職年金等積立金の額の計算）に規定する退職年金業務等を行う場合に限る。」
17)　田上穣治『日本国憲法原論』（青林書院，1985 年）130 頁。
18)　宗教法人法 2 条は，宗教団体の目的を「宗教の教義をひろめ，儀式行事を行い，及び信者を教化育成すること」と定義している。

を理解させることを目的とする教育は禁止されない。[19]

　憲法20条2項は、「何人も、宗教上の行為、祝典、儀式又は行事に参加することを強制されない」と定めているので、国が宗教的活動を行い、国民にそれへの参加を強制することは当然に禁止される。加えて憲法20条3項は、文言上、強制を伴うか否かを問わず、国が宗教的活動をすること自体を一律に禁止している。しかし、国や地方公共団体がかかわる儀式・祝典その他の行為には、宗教に起源をもつものや、宗教的色彩を帯びたものがあり、それらすべてを宗教的活動とみなして禁止すれば、国民生活のために公権力の果たすべき役割が十分に果たせないという不合理な結果を招くことがありうる。そのため、国家の行為が憲法の禁ずる「宗教的活動」に当たるかどうかを判断するリーズナブルな基準が必要となる。

　政教分離の基準に関して、わが国の判例法理の形成に大きな影響を与えたのは、アメリカの判例 (Lemon v. Kurtzman, 403 U.S. 602 (1971)) を通じて確立された、レモン・テストと呼ばれる基準である。これによれば、国家の行為は、①その目的が世俗的なものであること、②その主要な効果が宗教を助長したり抑圧したりするものでないこと、③宗教との過度のかかわり合い (entanglement) をもたらすものでないこと、という三要件をすべて満たさなければ、政教分離原則違反となる。

　わが国の判例においても、このレモン・テストを念頭に、「津地鎮祭訴訟」最高裁判決（最大判昭52・7・13民集31・4・533）などを通じて、「目的・効果基準」と呼ばれる判例法理が確立するに至っている。目的・効果基準とは、①行為の目的が宗教的意義をもち、かつ、②その効果が宗教に対する援助、助長、促進または圧迫、干渉等になるような行為である場合に、その国家行為を違憲とするものである。

　目的・効果基準には、レモン・テストにみられる「過度のかかわり合い」に相当するものが欠けているため、宗教的なものへの国のかかわりを広く許容することにつながり、「政教分離原則を空文化するに等しい効果ももたらしうる」[20]との批判を受ける

---

19)　教育基本法15条「①　宗教に関する寛容の態度、宗教に関する一般的な教養及び宗教の社会生活における地位は、教育上尊重されなければならない。
　　②　国及び地方公共団体が設置する学校は、特定の宗教のための宗教教育その他宗教的活動をしてはならない。」

ことがある。しかし，目的・効果基準自体は抽象的で曖昧なものであるため，宗教的意義の有無や行為の効果をどう捉えるべきかについての裁判官の主観的評価によっては，後述する「愛媛玉串料訴訟」最高裁判決（最大判平 9・4・2 民集 51・4・1673）のように，公権力の行為に対して厳しい司法判断が下ることもある。

6 政教分離をめぐる判例

目的・効果基準の採用が定着したのは，三重県津市が市体育館建設に際して神式地鎮祭に公金を支出した行為の違憲性が争われた「津地鎮祭訴訟」の最高裁判決（最大判昭 52・7・13 民集 31・4・533）以降である。

この判決で最高裁が示した「政教分離」理解は，次のようなものである。①現実の国家制度として，国家と宗教を完全に分離することは，実際上不可能に近く，完全分離を貫こうとすれば，かえって社会生活の各方面に不合理な事態を生ずる。②政教分離原則は，国家に宗教的中立性を要求するものではあるが，国家が宗教とのかかわり合いをもつことを全く許さないとするものではなく，宗教とのかかわり合いをもたらす行為の目的および効果にかんがみ，そのかかわり合いが相当とされる限度を超えるものと認められる場合にこれを許さないとするものであると解すべきである。

最高裁は，このような理解をもとに，目的・効果基準を適用し，地鎮祭の目的はもっぱら世俗的なものであり，その効果は神道を援助，助長，促進または他の宗教に圧迫，干渉を加えるものとは認められないので，宗教的活動には当たらず，政教分離原則に違反しないと判示した。

> **判例**
>
> **津地鎮祭訴訟**（最大判昭 52・7・13 民集 31・4・533）
>
> 三重県津市は，市体育館の起工にあたり，神社宮司等の司式の下に，神社神道固有の儀式にのっとり，起工式（地鎮祭）を挙行し，その費用として市の公金を支出した。これに対し，当時市議会議員であったXは，市が主催して地鎮祭を行い，そのために公金を支出することは，憲法 20 条および 89 条に違反するとして，地方自治法 242 条の 2 に基づく住民訴訟（地方公共団体の長や職員による公金の

---

20) 辻村，前掲書 209 頁。

違法な支出などに対して，住民が是正を求めるために起こす訴訟）を提起し，公金支出責任者たる市長が費用として支出した金額を市に対して賠償するよう請求した。

一審（津地判昭42・3・16行集18・3・246）は，本件起工式の挙行および公金支出の違憲性を否定したが，控訴審（名古屋高判昭46・5・14行集22・5・680）は，「本件地鎮祭は，宗教的行為というべきであつて，未だ習俗的行事とはいえないものといわなければなら」ず，それが「特定宗教による宗教上の儀式であると同時に，憲法20条3項で禁止する『宗教的活動』に該当することはいうまでもない」として，地鎮祭への公金支出を違憲とした。

これに対し，上告審（最大判昭52・7・13民集31・4・533）は，原判決を破棄し，次のように述べた。

「元来，政教分離規定は，いわゆる制度的保障の規定であつて，信教の自由そのものを直接保障するものではなく，国家と宗教との分離を制度として保障することにより，間接的に信教の自由の保障を確保しようとするものである。ところが，宗教は，信仰という個人の内心的な事象としての側面を有するにとどまらず，同時に極めて多方面にわたる外部的な社会事象としての側面を伴うのが常であつて，この側面においては，教育，福祉，文化，民俗風習など広汎な場面で社会生活と接触することになり，そのことから

くる当然の帰結として，国家が，社会生活に規制を加え，あるいは教育，福祉，文化などに関する助成，援助等の諸施策を実施するにあたつて，宗教とのかかわり合いを生ずることを免れえないこととなる。したがつて，現実の国家制度として，国家と宗教との完全な分離を実現することは，実際上不可能に近いものといわなければならない。更にまた，政教分離原則を完全に貫こうとすれば，かえつて社会生活の各方面に不合理な事態を生ずることを免れないのであつて，例えば，特定宗教と関係のある私立学校に対し一般の私立学校と同様な助成をしたり，文化財である神社，寺院の建築物や仏像等の維持保存のため国が宗教団体に補助金を支出したりすることも疑問とされるに至り，それが許されないということになれば，そこには，宗教との関係があることによる不利益な取扱い，すなわち宗教による差別が生ずることになりかねず，また例えば，刑務所等における教誨活動も，それがなんらかの宗教的色彩を帯びる限り一切許されないということになれば，かえつて受刑者の信教の自由は著しく制約される結果を招くことにもなりかねないのである。これらの点にかんがみると，政教分離規定の保障の対象となる国家と宗教との分離にもおのずから一定の限界があることを免れず，政教分離原則が現実の国家制度として具現される場合には，それぞれの国の社会的・文化的諸条件に照らし，国家は実際上宗

教とある程度のかかわり合いをもたざるをえないことを前提としたうえで，そのかかわり合いが，信教の自由の保障の確保という制度の根本目的との関係で，いかなる場合にいかなる限度で許されないこととなるかが，問題とならざるをえないのである。右のような見地から考えると，わが憲法の前記政教分離規定の基礎となり，その解釈の指導原理となる政教分離原則は，国家が宗教的に中立であることを要求するものではあるが，国家が宗教とのかかわり合いをもつことを全く許さないとするものではなく，宗教とのかかわり合いをもたらす行為の目的及び効果にかんがみ，そのかかわり合いが右の諸条件に照らし相当とされる限度を超えるものと認められる場合にこれを許さないとするものであると解すべきである。」

「憲法20条3項は，『国及びその機関は，宗教教育その他いかなる宗教的活動もしてはならない。』と規定するが，ここにいう宗教的活動とは，前述の政教分離原則の意義に照らしてこれをみれば，およそ国及びその機関の活動で宗教とのかかわり合いをもつすべての行為を指すものではなく，そのかかわり合いが右にいう相当とされる限度を超えるものに限られるというべきであって，当該行為の目的が宗教的意義をもち，その効果が宗教に対する援助，助長，促進又は圧迫，干渉等になるような行為をいうものと解すべきである。その典型的なものは，同項に例示される宗教教育のような宗教の布教，教化，宣伝等の活動であるが，そのほか宗教上の祝典，儀式，行事等であっても，その目的，効果が前記のようなものである限り，当然，これに含まれる。そして，この点から，ある行為が右にいう宗教的活動に該当するかどうかを検討するにあたっては，当該行為の主宰者が宗教家であるかどうか，その順序作法（式次第）が宗教の定める方式に則ったものであるかどうかなど，当該行為の外形的側面のみにとらわれることなく，当該行為の行われる場所，当該行為に対する一般人の宗教的評価，当該行為者が当該行為を行うについての意図，目的及び宗教的意識の有無，程度，当該行為の一般人に与える効果，影響等，諸般の事情を考慮し，社会通念に従って，客観的に判断しなければならない。」

「元来，わが国においては，多くの国民は，地域社会の一員としては神道（しんとう）を，個人としては仏教を信仰するなどし，冠婚葬祭に際しても異なる宗教を使いわけてさしたる矛盾を感ずることがないというような宗教意識の雑居性が認められ，国民一般の宗教的関心度は必ずしも高いものとはいいがたい。他方，神社神道（しんとう）自体については，祭祀（さいし）儀礼に専念し，他の宗教にみられる積極的な布教・伝道のような対外活動がほとんど行われることがないという特色がみられる。このような事情と前記のような起工式に対する一般人の意識に徴（ちょう）すれば，建築工事現場にお

いて，たとえ専門の宗教家である神職により神社神道固有の祭祀儀礼に則つて，起工式が行われたとしても，それが参列者及び一般人の宗教的関心を特に高めることとなるものとは考えられず，これにより神道を援助，助長，促進するような効果をもたらすことになるものとも認められない。そして，このことは，国家が主催して，私人と同様の立場で，本件のような儀式による起工式を行つた場合においても，異なるものではなく，そのために，国家と神社神道との間に特別に密接な関係が生じ，ひいては，神道が再び国教的な地位をえたり，あるいは信教の自由がおびやかされたりするような結果を招くものとは，とうてい考えられないのである。」

「以上の諸事情を総合的に考慮して判断すれば，本件起工式は，宗教とかかわり合いをもつものであることを否定しえないが，その目的は建築着工に際し土地の平安堅固，工事の無事安全を願い，社会の一般的慣習に従つた儀礼を行うという専ら世俗的なものと認められ，その効果は神道を援助，助長，促進し又は他の宗教に圧迫，干渉を加えるものとは認められないのであるから，憲法20条3項により禁止される宗教的活動にはあたらないと解するのが，相当である。」

殉職自衛官を山口県護国神社に合祀（二柱以上の霊を一つの神社に合わせ祀ること）することを希望した社団法人隊友会山口県支部連合会（＝私的団体）が，自衛隊山口地方連絡部（＝国）の協力を得て同神社に合祀申請を行った際，殉職自衛官の妻が，自己の信仰（キリスト教）を理由に亡夫の合祀を拒否する旨申し入れたが，隊友会は申請を撤回せず，合祀が行われたため，この妻が，国に対しては合祀による精神的苦痛に対する損害賠償を，隊友会に対しては合祀申請手続の取消と損害賠償を求めて提訴した「殉職自衛官合祀訴訟」で，一審（山口地判昭54・3・22判時921・44判タ311・42）は，合祀申請を隊友会と国の共同行為と認め，それが県護国神社の宗教を助長・促進する行為であるから憲法20条3項が禁ずる宗教的活動に該当し，夫の死に関する妻の「静謐な宗教的環境のもとで信仰生活を送るべき法的利益」（＝宗教上の人格権）を侵害する違法な行為と判断した。二審（広島高判昭57・6・1判時1046・3判タ468・54）もこの判断を支持したが，最高裁（最大判昭63・6・1民集42・5・277）は上告を認め，原告の請求を棄却した。最高裁は，合祀申請は私的団体である隊友会の単独行為であり，地方連絡部職員（＝国）の行為は宗教的活動に当たらないとしたうえで，「宗教上の

感情を被侵害利益として，直ちに損害賠償を請求し，又は差止めを請求するなどの法的救済を求めることができるとするならば，かえって相手方の信教の自由を妨げる結果となる」として，宗教上の人格権を否定し，被上告人（殉職自衛官の妻）は県護国神社の宗教行事への参加を強制されたわけでも，不参加により不利益を受けたわけでもないので，その法的利益は侵害されていない，と判断した。

　大阪府箕面市が，小学校改築のため，遺族会所有の忠魂碑（日露戦争後，戦死者を記念するために全国各地に建設された石碑）を公費で移転し，市有地を遺族会に無償貸与した行為に対し，政教分離原則違反を主張して提起された「箕面忠魂碑訴訟」で，一審（大阪地判昭57・3・24行集33・3・564）は，忠魂碑は宗教施設であるから，市有地の無償貸与は箕面市が「宗教活動を援助ないし助長させる行為」に当たり，憲法89条が禁ずる宗教活動に対する公の財産の支出・利用に該当するとした。また，遺族会主宰の慰霊祭に市長・教育長らが参列したことが政教分離原則に違反するとして提起された「箕面市慰霊祭訴訟」の一審判決（大阪地判昭58・3・1行集34・3・358）は，慰霊祭を宗教儀式と認定し，市長・教育長らの参列は私的行為であるとして，参列時間分の給与の返還義務を認めた。これに対し，上記二判決を併合した二審判決（大阪高判昭62・7・16行集38・6-7・561）は，忠魂碑は戦没者の慰霊・顕彰のための記念碑であって，宗教施設ではなく，遺族会も宗教的活動を目的とする団体ではないから，遺族会への援助は政教分離原則に違反しないとし，最高裁（最三判平5・2・16民集47・3・1687）も二審の判断を支持した。

　目的・効果基準を用いることが定着しているからといって，裁判所の憲法判断自体が常に一貫し安定しているわけではない。目的や効果の判定には，なお多くの裁量の余地が残されているからである。愛媛県知事が靖国神社の例大祭に県の公金から玉串料を支出した行為の違憲性が争われた「愛媛玉串料訴訟」で，最高裁（最大判平9・4・2民集51・4・1673）は，津地鎮祭訴訟の場合と同じく目的・効果基準に拠りながら，靖国神社への玉串料奉納は，その目的が宗教的意義をもち，その効果が特定の宗教に対

---

21) この訴訟は，地方自治法242条の2に基づく住民訴訟（地方公共団体の執行機関または職員による財務会計上の違法行為を防止するため，住民がその防止または是正を裁判所に提起することのできる訴訟）として提起されたものである。

する援助，助長，促進になると認め，政教分離に違反すると判示した。この判決は，目的・効果基準を厳格に適用したものとして，厳格分離論者の間では，一般に，好意的に受け止められている。しかしその一方で，目的・効果基準の適用の仕方に対しては，矛盾や裁判官の偏見などを指摘する批判も有力に展開されている。[22]

> **判例**
>
> **愛媛玉串料訴訟（最大判平9・4・2民集51・4・1673）**
>
> 愛媛県知事が，1981（昭和56）年から1986（昭和61）年にかけて，靖国神社の例大祭に玉串料として9回，計4万5,000円を，みたま祭りに献灯料として4回，計3万1,000円を，さらに県護国神社の慰霊大祭に供物料として9回，計9万円を，それぞれ県の公金から支出した行為の違憲性が争われた住民訴訟である。
> 一審（松山地判平1・3・17行集40・3・188）で違憲，二審（高松高判平4・5・12行集43・5・717）で合憲とされた後，最高裁は，政教分離原則の意義や目的・効果基準の採用につき，「津地鎮祭訴訟」最高裁判決と同じ前提に立つことを明らかにしつつ，次のように述べて，玉串料等の支出を違憲と判示した。
>
> 「玉串料及び供物料は，例大祭又は慰霊大祭において……宗教上の儀式が執り行われるに際して神前に供えられるものであり，献灯料は，これによりみたま祭において境内に奉納者の名前を記した灯明が掲げられるというものであって，いずれも各神社が宗教的意義を有すると考えていることが明らかなものである。」
> 「これらのことからすれば，県が特定の宗教団体の挙行する重要な宗教上の祭祀にかかわり合いを持ったということが明らかである。そして，……一般人が本件の玉串料等の奉納を社会的儀礼の一つにすぎないと評価しているとは考え難いところである。そうであれば，玉串料等の奉納者においても，それが宗教的意義を有するものであるという意識を大なり

---

22) 百地章教授は，本判決の問題点として，次の5点を指摘している。①一方で限定分離説に立つ緩やかな目的・効果基準を採用しながら，他方で玉串料支出の合憲性を判断するにあたりきわめて厳格な解釈を行うのは自己矛盾である。②目的・効果基準を採用しておきながら，玉串料支出等の「目的」や「効果」を具体的かつ明確に認定しないまま違憲と断定している。③玉串料支出等につき，社会通念を無視し，行為の外形的側面のみにとらわれた法解釈を行っている。④裁判官は，靖国神社がわが国における戦没者慰霊の中心的施設であることを故意に無視している。⑤判決は，県が靖国神社に対してのみ玉串料を支出し，他の宗教団体には玉串料を支出していないことを論難しているが，これは被告側の主張を故意にすり替えたものである。（百地章「愛媛玉串料訴訟最高裁判決の問題点」憲法学会『憲法研究』30号（1998年5月）75-99頁）

> 小なり持たざるを得ない……。また，本件においては，県が他の宗教団体の挙行する同種の儀式に対して同様の支出をしたという事実がうかがわれないのであって，県が特定の宗教団体との間にのみ意識的に特別のかかわり合いを持ったことを否定することができない。これらのことからすれば，地方公共団体が特定の宗教団体に対してのみ本件のような形で特別のかかわり合いを持つことは，一般人に対して，県が当該特定の宗教団体を特別に支援しており，それらの宗教団体が他の宗教団体とは異なる特別のものであるとの印象を与え，特定の宗教への関心を呼び起こすものといわざるを得ない。」
>
> 「確かに，靖國神社及び護國神社に祀られている祭神の多くは第二次大戦の戦没者であって，その遺族を始めとする愛媛県民のうちの相当数の者が，県が公の立場において靖國神社等に祀られている戦没者の慰霊を行うことを望んでおり，そのうちには，必ずしも戦没者を祭神として信仰の対象としているからではなく，故人をしのぶ心情からそのように望んでいる者もいることは，これを肯認することができる。……しかしながら，明治維新以降国家と神道が密接に結び付き種々の弊害を生じたことにかんがみ政教分離規定を設けるに至ったなど前記の憲法制定の経緯に照らせば，たとえ相当数の者がそれを望んでいるとしても，そのことのゆえに，地方公共団体と特定の宗教とのかかわり合いが，相当とされる限度を超えないものとして憲法上許されることになるとはいえない。……本件玉串料等の奉納は，たとえそれが戦没者の慰霊及びその遺族の慰謝を直接の目的としてされたものであったとしても，世俗的目的で行われた社会的儀礼にすぎないものとして憲法に違反しないということはできない。」
>
> 「以上の事情を総合的に考慮して判断すれば，県が本件玉串料等を靖國神社又は護國神社に前記のとおり奉納したことは，その目的が宗教的意義を持つことを免れず，その効果が特定の宗教に対する援助，助長，促進になると認めるべきであり，これによってもたらされる県と靖國神社等とのかかわり合いが我が国の社会的・文化的諸条件に照らし相当とされる限度を超えるものであって，憲法20条3項の禁止する宗教的活動に当たると解するのが相当である。そうすると，本件支出は，同項の禁止する宗教的活動を行うためにしたものとして，違法というべきである。」

政教分離をめぐる最新の判例として注目されるのは，北海道砂川市が市内の二つの神社（空知太神社，富平神社）に土地を無償提供していることが政教分離に違反しているとして提起された2件の訴訟である。このうち，「砂川・空知太神社訴訟」の最高裁判決（最大判平22・1・20民集64・1・1）は，「津地鎮祭訴訟」最高裁判決と同様に，わ

が国の政教分離を限定分離と解しつつも、本件を基本的に憲法89条違反の問題と捉え、同条の解釈基準については、一審・二審で適用されていた目的・効果基準には言及することなく、「当該宗教的施設の性格、当該土地が無償で当該施設の敷地としての用に供されるに至った経緯、当該無償提供の態様、これらに対する一般人の評価等、諸般の事情を考慮し、社会通念に照らして総合的に判断すべきものと解するのが相当である」との指針を示したうえで、「本件利用提供行為は、市と本件神社ないし神道とのかかわり合いが、我が国の社会的、文化的諸条件に照らし、信教の自由の保障の確保という制度の根本目的との関係で相当とされる限度を超えるものとして、憲法89条の禁止する公の財産の利用提供に当たり、ひいては憲法20条1項後段の禁止する宗教団体に対する特権の付与にも該当すると解するのが相当である」とする違憲判決を下し、「このような違憲状態の解消には、神社施設を撤去し土地を明け渡す以外にも適切な手段があり得る」から、さらに審理を尽くすべきであるとして、本件を原審に差し戻した。補訂11

判例

砂川・空知太神社訴訟（最大判平22・1・20民集64・1・1）

北海道砂川市の市有地上にある町内会館に納められた祠（空知太神社）について、クリスチャンである原告らが、砂川市が1953（昭和28）年以降、本件土地を空知太連合町内会に無償で貸与してきたのは政教分離違反であり、同土地上から神社の撤去明け渡しを請求することを怠っていることは違法であるとの確認を求めて提訴した事件である。一審（札幌地判平18・3・3民集64・1・89)・二審（札幌高判平19・6・26民集64・1・119）はともに、目的・効果基準を適用して、本件土地の無償貸与を違憲と判示した。これに対し、最高裁は、結論としては違憲の判断をしつつも、原判決を破棄し、札幌高裁に差し戻すとの判決を下した。判旨は以下のとおりである。

「憲法89条……の趣旨は、国家が宗教的に中立であることを要求するいわゆる政教分離の原則を、公の財産の利用提供等の財政的な側面において徹底させるところにあり、これによって、憲法20条1項後段の規定する宗教団体に対する特権の付与の禁止を財政的側面からも確保し、信教の自由の保障を一層確実なものにしようとしたものである。しかし、国家と宗教とのかかわり合いには種々の形態があり、およそ国又は地方公共団体が宗教との一切の関係を持つことが許されないというものではなく、憲法89条も、

公の財産の利用提供等における宗教とのかかわり合いが, 我が国の社会的, 文化的諸条件に照らし, 信教の自由の保障の確保という制度の根本目的との関係で相当とされる限度を超えるものと認められる場合に, これを許さないとするものと解される。」

「国公有地が無償で宗教的施設の敷地としての用に供されている状態が, ……信教の自由の保障の確保という制度の根本目的との関係で相当とされる限度を超えて憲法89条に違反するか否かを判断するに当たっては, 当該宗教的施設の性格, 当該土地が無償で当該施設の敷地としての用に供されるに至った経緯, 当該無償提供の態様, これらに対する一般人の評価等, 諸般の事情を考慮し, 社会通念に照らして総合的に判断すべきものと解するのが相当である。」

「本件鳥居, 地神宮, 『神社』と表示された会館入口から祠に至る本件神社物件は, 一体として神道の神社施設に当たるものと見るほかはない。」

「本件神社において行われている諸行事は, 地域の伝統的行事として親睦などの意義を有するとしても, 神道の方式にのっとって行われているその態様にかんがみると, 宗教的な意義の希薄な, 単なる世俗的行事にすぎないということはできない。」

「本件神社物件は, 神社神道のための施設であり, その行事も, このような施設の性格に沿って宗教的行事として行わ れているものということができる。」

「本件神社物件を管理し, 上記のような祭事を行っているのは, 本件利用提供行為の直接の相手方である本件町内会ではなく, 本件氏子集団である。本件氏子集団は, ……町内会に包摂される団体ではあるものの, 町内会とは別に社会的に実在しているものと認められる。そして, この氏子集団は, 宗教的行事等を行うことを主たる目的としている宗教団体であって, 寄附を集めて本件神社の祭事を行っており, 憲法89条にいう『宗教上の組織若しくは団体』に当たるものと解される。」

「本件利用提供行為は, 市が, 何らの対価を得ることなく本件各土地上に宗教的施設を設置させ, 本件氏子集団においてこれを利用して宗教的活動を行うことを容易にさせているものといわざるを得ず, 一般人の目から見て, 市が特定の宗教に対して特別の便益を提供し, これを援助していると評価されてもやむを得ないものである。」

「以上のような事情を考慮し, 社会通念に照らして総合的に判断すると, 本件利用提供行為は, 市と本件神社ないし神道とのかかわり合いが, 我が国の社会的, 文化的諸条件に照らし, 信教の自由の保障の確保という制度の根本目的との関係で相当とされる限度を超えるものとして, 憲法89条の禁止する公の財産の利用提供に当たり, ひいては憲法20条1項後段の禁止する宗教団体に対する特権の付

与にも該当すると解するのが相当である。」

ところで，現職内閣総理大臣の靖国神社参拝をめぐっては，これまで数多くの訴訟が提起されてきた。後述する平成16年4月7日の福岡地裁判決（福岡地判平16・4・7判時1859・76 判タ1157・125）で福岡地裁が認定した事実をもとに，首相靖国参拝の経緯を整理すれば，以下のとおりである。

1975（昭和50）年，三木武夫首相が初めて終戦記念日（8月15日）に靖国神社に参拝して以来，その是非は主として「公式参拝」か「私的参拝」かをめぐって議論されてきた。当初政府は，「私的参拝」であるための条件として，①公用車を使わない，②玉串料を公費で支出しない，③記帳の際に内閣総理大臣の肩書きを付さない，④公職者を随行させない，の4つを挙げ，これらすべてを満たす三木首相の参拝は私的なもの（ゆえに合憲）であるとの見解を示していた。しかし，1978（昭和53）年8月15日に参拝した福田赳夫首相は，玉串料のみは私費で支出したが，公用車を使い，公職者も随行させ，「内閣総理大臣福田赳夫」と記帳した。このとき政府は，政府の行事として参拝を決定し，あるいは玉串料を公費で支出しない限り私的行為であるとする新たな見解を発表している。その後も，大平正芳首相，鈴木善幸首相は靖国神社に参拝したが，政府見解は「合憲とも違憲ともいえない」という曖昧なものに終始した。

大きな展開があったのは中曽根政権時代である。憲法の政教分離原則に違反することなく，国民の多数に受け入れられる形での閣僚の靖国神社への公式参拝を実施する方法を検討すべきだ，とする「閣僚の靖国神社参拝問題に関する懇談会」（通称「靖国懇」）の報告を受け，中曽根康弘首相は1985（昭和60）年8月15日に靖国神社を参拝した。その際中曽根は，公用車を使用し，官房長官ら公職者を公務として随行させ，「内閣総理大臣中曽根康弘」と記帳し，供花代金として3万円の公費を支出した。

中曽根首相の"公式"参拝に対しては，国や中曽根個人に損害賠償や慰謝料の支払いを求める訴訟が複数提起された。いずれの訴訟でも本案の請求（損害賠償や慰謝料の請求）はしりぞけられているが，大阪高裁（大阪高判平4・7・30 判タ789・94 判時1434・38）は，参拝が憲法20条3項および89条に違反するとまでは断定できないが，その疑いがあるとの判断を示した。

首相就任後はいかなる批判があっても靖国神社に参拝することを自民党総裁選挙の段階から"公約"していた小泉純一郎首相は，2001（平成13）年8月13日，秘書官とともに公用車で靖国神社に赴き，「内閣総理大臣小泉純一郎」と記帳した上で，「一礼方式」（神道の正式な作法は「二拝二拍手一拝」方式）にて参拝し，献花料3万円を私費で支出した。この参拝に対しても，憲法の政教分離規定違反を理由として慰謝料等の支払いを求める訴訟が複数提起されたが，このうち，戦没者遺族・仏教徒・キリスト教徒・在日コリアンら計211人が首相と国を相手取り，1人当たり10万円の損害賠償を求めた「九州靖国訴訟」で，福岡地裁（福岡地判平16・4・7判時1859・76判タ1157・125）は，賠償請求をしりぞけつつも，参拝を「行為の外形において内閣総理大臣の職務の執行と認め得るもの」と位置づけたうえで，「本件参拝は，宗教とかかわり合いをもつものであり，その行為が一般人から宗教的意義をもつものと捉えられ，憲法上の問題のあり得ることを承知しつつされたものであって，その効果は，神道の教義を広める宗教施設である靖国神社を援助，助長，促進するものというべきであるから，憲法20条3項によって禁止されている宗教的活動に当たると認めるのが相当である」と述べ，下級審ながら明確な違憲判断を示して注目された。同様に，翌平成17年9月30日には大阪高裁（大阪高判平17・9・30訟月52・9・2979）も，小泉首相の靖国参拝は「内閣総理大臣としての『職務を行うについて』なされたものであり，憲法20条3項に違反する行為であるが，これにより控訴人らの権利ないし法的利益が侵害されたものということができないから，被控訴人国の責任を認めることはできない」と判示している。

　この二つの判決は，他の多くの靖国訴訟判決と同じく，不法行為の成立を認めておらず，損害賠償請求等の本案判決は，あくまでも原告側の敗訴である。ところが，マスコミはしばしば「靖国参拝は違憲」という裁判所の判断を大きく報道し，原告は，敗訴したにもかかわらず，上訴を行わず，判決が確定している。不法行為の有無の判断に不可欠とはいえない憲法上の争点に言及することで，裁判所みずからが司法の政治利用に加担する結果を招いている点は，批判をまぬかれないであろう。

　なお，後者とは別の靖国訴訟の上告審判決（最二判平18・6・23判時1940・122判タ1218・183）は，「人が神社に参拝する行為自体は，他人の信仰生活等に対して圧迫，

干渉を加えるような性質のものではないから，他人が特定の神社に参拝することによって，自己の心情ないし宗教上の感情が害されたとし，不快の念を抱いたとしても，これを被侵害利益として，直ちに損害賠償を求めることはできないと解するのが相当」であり，「このことは，内閣総理大臣の地位にある者が靖國神社を参拝した場合においても異なるものではないから，本件参拝によって上告人らに損害賠償の対象となり得るような法的利益の侵害があったとはいえない」ので，「上告人らの損害賠償請求は，その余の点について判断するまでもなく理由がないものとして棄却すべきである（なお，以上のことからすれば，本件参拝が違憲であることの確認を求める訴えに確認の利益がなく，これを却下すべきことも明らかである。）」と判示している。

3 学問の自由

1 学問の自由の意義

> 憲法 23 条　学問の自由は，これを保障する。

　19 世紀初頭から大学教授の特権として「学問の自由」の観念を発展させてきたドイツ等を除けば，憲法の条文に「学問の自由」を明記する例は多くない。しかし，そうした規定をもたなかった明治憲法の下（もと）で，滝川事件や天皇機関説事件[23]など学問の自由が公権力によって侵害される事件が起きたことへの反省から，日本国憲法 23 条は，思想の自由（憲 19）や表現の自由（憲 21）のなかでも特に高い程度の自由が要求され[24]

---

23) 1933（昭和 8）年に，京都帝国大学の刑法学教授であった滝川幸辰（たきがわゆきとき）の著書『刑法読本』『刑法講義』が，あまりにも自由主義的であるという理由で発禁処分にされ，文部大臣が教授会の同意なしに同教授を休職処分とした事件である。これに対し，同大法学部の教官全員が辞表を提出して抗議した。

24) 国家法人説（国家を一つの人格すなわち法人と捉（とら）える国家論）に依拠して，統治権は法人たる国家に属するとし，天皇を国家機関とみる美濃部達吉の天皇機関説が，1935（昭和 10）年 2 月以降，「国体」（第 2 章 1 1 参照）を破壊するものとして排撃された事件である。美濃部の著書『逐条（じょう）憲法精義』『憲法撮要（きつよう）』『日本憲法ノ基本主義』は発禁処分とされ，天皇機関説を教授することも禁じられた。

る学問の自由の保障を,あらためて明記している。

　学問の自由は,①学問研究の自由,②研究成果発表の自由,③教授の自由,④大学の自治,を内容とする。もとよりこれらはすべての国民に保障されるものであるが,最高裁(最大判昭38・5・22刑集17・4・370)が,「学問の自由は,学問的研究の自由とその研究結果の発表の自由とを含むものであつて,同条が学問の自由はこれを保障すると規定したのは,一面において,広くすべての国民に対してそれらの自由を保障するとともに,他面において,大学が学術の中心として深く真理を探究することを本質とすることにかんがみて,特に大学におけるそれらの自由を保障することを趣旨としたものである」と述べているように,③と④は,主として大学における研究・教育を念頭に置いたものである。

2　学問の自由の限界

　従来の学説では,学問の自由は「無制約的に保障されており,その性質上,法律を以てしても,公共の福祉の名目によっても,権力的な禁圧や干渉を加えられてはならない」のであって,「仮りに学問の自由の『行き過ぎ』による『害悪』などというものがあるとしても,原則としてそれは権力的に統制されるべきではなく,学問に携わるものの手によって自主的に解決されなければならない」と考えられてきた[25]。害悪をもたらす学問研究としては,たとえば生体解剖・生体実験など,人道に悖ることが明らかなものが想定されていた。

　しかし,近年,科学技術の進歩とともに問題となってきているのは,遺伝子組み換え,クローン技術などの生物工学(バイオテクノロジー)や,臓器移植,生殖補助,遺伝子治療のような医療技術の研究である。こうした研究は,それ自体必ずしも倫理的観点から非難されるべきものではなくても,濫用,悪用,失敗,事故などが起きると,当事者のみならず,不特定多数人の生命・健康や環境に取り返しのつかない被害をもたらすおそれがある。このため,学問の自由も,「個人の尊厳,生命・身体,環境という高次の人権の価値のために制約されざるをえない状況にあ」り,「知の統制という重要な人権を規制す

---

25)　小林直樹,前掲書381頁。

るという意味でも，倫理的・社会環境的に逸脱した研究を明確にするという点でも，法律によって規制することが必要である」[26]とみられるようになってきている。

3 教授の自由の範囲

すでに述べたように，憲法23条に定める学問の自由は，まず第一に大学における研究・教育を念頭に置いたものであり，教育を受ける権利を定める同26条も，教育の自由や教育権の所在には言及していない。そのため，学問の自由の内容をなす教授の自由が，大学の教員だけでなく，小学校，中学校，高等学校等の普通教育機関の教師についても保障されるのか否かが争われてきた。

この点につき，判例は当初，「東大ポポロ事件」の最高裁判決（最大判昭38・5・22刑集17・4・370）において，「教育ないし教授の自由は，学問の自由と密接な関係を有するけれども，必ずしもこれに含まれるものではない」が，「大学については，憲法の右の〔23条の〕趣旨と，これに沿つて学校教育法52条が『大学は，学術の中心として，広く知識を授けるとともに，深く専門の学芸を教授研究』することを目的とするとしていることとに基づいて，大学において教授その他の研究者がその専門の研究の結果を教授する自由は，これを保障される」とし，教授の自由を大学におけるそれに限定する解釈を示していた。しかしその後，「旭川学力テスト事件」の最高裁判決（最大判昭51・5・21刑集30・5・615）は，この解釈を実質的に変更し，「普通教育の場においても，……教授の具体的内容及び方法につきある程度自由な裁量が認められなければならないという意味においては，一定の範囲における教授の自由が保障されるべきことを肯定できないではない」と判示している。ただし，同判決は，「大学教育の場合には，学生が一応教授内容を批判する能力を備えていると考えられるのに対し，普通教育においては，児童生徒にこのような能力がなく，教師が児童生徒に対して強い影響力，支配力を有することを考え，また，普通教育においては，子どもの側に学校や教師を選択する余地が乏しく，教育の機会均等をはかる上からも全国的に一定の水準を確保すべき強い要請があること等に思いをいたすときは，普通教育における教

---

26) 戸波江二『憲法（新版）』（ぎょうせい，1998年）277-279頁。

師に完全な教授の自由を認めることは、とうてい許されないところといわなければならない」とも述べ、普通教育機関の教師については、教授の自由が無制約に保障されるわけではないことも明示している。

　普通教育機関における教師の教授の自由に制約を課す制度として最も重要なものは、教育の内容および方法についての基準を定める学習指導要領である。学習指導要領の法的性格については、これを単なる指導助言文書とみなし、法的拘束力を否定する見解が有力に主張されてきたが、学習指導要領を無視して所定の教科書を使用しなかった高校教師に対する懲戒免職処分の妥当性が争われた「伝習館事件」において、最高裁（最一判平2・1・18民集44・1・1）は、「高等学校学習指導要領……は法規としての性質を有するとした原審の判断は、正当として是認することができ、右学習指導要領の性質をそのように解することが憲法23条、26条に違反するものでない」と判示し、学習指導要領に法的拘束力を認めたうえで、当該教師に対する懲戒免職処分を妥当であるとした。

4　大学の自治の主体と範囲

　学問の自由の保障は、その当然の帰結として、大学の自治を含んでいる。大学の自治とは、大学における研究・教育の自由を確保するために、大学内部の組織および運営を大学の自主的な決定に委ね、外部からの干渉を排除しようとするものである。特に重要なのは、学長・教授その他研究者の人事の自治である。大学教員については、大学設置基準により教授（14条）、准教授（15条）、講師（16条）、助教（16条の2）および助手（17条）の資格要件が定められているのみであり、国立大学も含め、教員の人事に政府や文部科学省が干渉することは許されないと解される。[27]

　大学の施設や学生の管理における自治も重要であるが、これについては特に警察権力との関係が問題となる。東京大学の学生団体主催の演劇発表会が大学内で行われている途中、警備情報収集のため立入っていた私服警察官に学生が暴行を加えたとされ

---

27)　国立大学は、2004（平成16）年4月1日以降、国立大学法人法に基づいて法人化され、教員の身分は国家公務員ではなくなったため、教育公務員特例法の適用から除外され、国立大学の教員の人事に関する事項は、各大学の就業規則において定められることとなった。

る「東大ポポロ事件」で，一審（東京地判昭29・5・11判時26・3）および二審（東京高判昭31・5・8高刑集9・5・425）は，警察官が大学構内に立入る行為を職務権限を逸脱した違法な行為とし，これを阻止するための学生の行為を正当な行為として罪とならないと判断したが，最高裁（最大判昭38・5・22刑集17・4・370）は，「本件集会は，真に学問的な研究と発表のためのものでなく，実社会の政治的社会的活動であり，かつ公開の集会またはこれに準じるものであつて，大学の学問の自由と自治は，これを享有しないといわなければならない。したがつて，本件の集会に警察官が立ち入つたことは，大学の学問の自由と自治を犯すものではない」と判示した。

「東大ポポロ事件」では，教授その他の研究者以外の者，とりわけ学生が大学の自治の主体となりうるか否かも争点となった。これについて，最高裁（最大判昭38・5・22刑集17・4・370）は，「憲法23条の学問の自由は，学生も一般の国民と同じように享有する。しかし，大学の学生としてそれ以上に学問の自由を享有し，また大学当局の自治的管理による施設を利用できるのは，大学の本質に基づき，大学の教授その他の研究者の有する特別な学問の自由と自治の効果としてである」と判示し，学生はあくまでも営造物（人的・物的施設）の利用者であるとの立場をとっている。この見解に対しては，学生も大学における学問研究の主体であり，大学の自治的運営に何らかの形で参加する権利を有するのではないかとの批判が有力に主張されており，下級審判例のなかには，「学生は，大学における不可欠の構成員として，……大学自治の運営について要望し，批判し，あるいは反対する当然の権利を有し，教員団においても，十分これに耳を傾けるべき責務を負うものと解せられる」（「東北大学事件」仙台高判昭46・5・28判時645・55）と判示したものもある。

4 ／ 表現の自由

I　表現の自由の優越的地位

憲法21条　①　集会，結社及び言論，出版その他一切の表現の自由は，これを保障す

> ② 検閲は、これをしてはならない。通信の秘密は、これを侵してはならない。

　憲法21条1項は「言論，出版その他一切の表現の自由」を保障し，同2項は，これに関連して，検閲の禁止と通信の秘密の不可侵を定めている。思想・良心の自由は，それを外部に表現する行為の自由が保障されてはじめて意味をもつ。ゆえに憲法は，そうした表現行為を公権力が妨げることを禁じているのである。ここにいう「言論」および「出版」は，古典的かつ最も重要な表現行為を例示したものであり，そのほかにも，演劇，音楽，絵画，写真，映画などのあらゆる表現方法，ラジオ，テレビ，CD，ビデオ，DVD，ホームページ，ブログ，ストリーミング配信などのあらゆるメディアを通じた表現行為が保護の対象となる。

　一般に，表現の自由を支える価値には，「個人が言論活動を通じて自己の人格を発展させるという，個人的な価値（自己実現の価値）」と，「言論活動によって国民が政治的意思決定に関与するという，民主政に資する社会的な価値（自己統治の価値）」の二つがあるといわれる。[28] このうち後者は，表現の自由が主権者国民の政治的意思形成と政治参加を可能にするために必要不可欠な条件であることを意味している。そのため，精神的自由権とりわけ表現の自由は，経済的自由権と比べて優越的地位にあると解されている。

　現代国家における国民の経済活動は，かつてのように自由放任的なものではあり得ず，自由競争のもたらす弊害を是正しつつ，公共の福祉と両立する範囲内で行われるべきものとみられるようになった。このため，経済活動の自由は，社会秩序の維持や公共性の観点から，国家による広範な規制の対象とならざるをえず，そうした規制は，主に議会制定法を通じて行われることになる。

　立法による規制措置が妥当なものであるためには，議会に民意が正しく反映されていることが不可欠である。表現の自由が十分に保障されていれば，表現活動を通じて国民が主体的に形成した政治的意思が選挙を通じて議会に反映され，そのことが規制措置の内容に一応の妥当性を付与するとともに，不当な規制の是正を促す力となるこ

---

[28]　芦部信喜（高橋和之補訂）『憲法（第四版）』（岩波書店，2007年）165頁。

とが期待できる。しかし，表現の自由が侵害されると，このような民主政治のメカニズムが機能せず，不当な規制を是正することもできなくなる。数々の人権のなかでも表現の自由に優越的地位を認め，これを手厚く保護することの必要性がいわれるのは，このような理由からである。

2 表現の自由に対する規制の合憲性審査基準

表現の自由を規制する法律の合憲性を審査する際には，表現の自由の優越的地位にかんがみ，より厳格な基準が必要となってくる。これについては，アメリカの判例法理として形成された「二重の基準」論が有力に主張されている。すなわち，裁判所は社会・経済的政策の是非を審査する能力をもたないので，経済的自由権の領域における規制立法については，立法府の裁量を尊重すべきであるのに対し，表現の自由を規制する法律の合憲性審査においては，合憲性推定の原則が排除され[29]，規制を行う公権力の側が，規制を合憲とするに足りる根拠を示さなければならない，という考え方である。

「二重の基準」論に基づく厳格な審査基準として，しばしば取り上げられるのは，事前抑制の原則的禁止，明確性の基準，明白かつ現在の危険の基準，より制限的でない他の選びうる手段（LRA）の基準である。

　　事前抑制の原則的禁止　　表現行為に対する公権力による事前の規制は，原則として，禁止されなければならない。「北方ジャーナル事件」の最高裁判決（最大判昭61・6・11民集40・4・872）は，その理由につき，「表現行為に対する事前抑制は，新聞，雑誌その他の出版物や放送等の表現物がその自由市場に出る前に抑止してその内容を読者ないし聴視者の側に到達させる途(みち)を閉ざし又はその到達を遅らせてその意義を失わせ，公(おおやけ)の批判の機会を減少させるものであり，また，事前抑制たることの性質上，予測に基づくものとならざるをえないこと等から事後制裁の場合よりも広汎にわたり易(やす)く，濫用(らんよう)の虞(おそれ)があるうえ，実際上の抑止的効果が事後制裁の場合より大きいと考えら

29）議会が制定する法律は，民意を反映し，合理的根拠に支えられて成立したものであるから，それには一応の正当性が認められ，裁判所がそれを違憲とするにあたっては慎重に対処しなければならないという理念を，「合憲性推定の原則」という。

れる」と述べている。この原則は，後述する検閲の禁止（憲21②）と密接にかかわるものである。

　　明確性の基準　　表現の自由を規制する法律の文言（もんごん）は明確でなければならない。法律の文言が曖昧（あいまい）であると，規制を恐れて表現行為を萎縮（いしゅく）させる効果をもたらすからである。罪刑法定主義（第8章 *1* 2）に類する内容をもつこの原則は，刑罰法規だけでなく，表現行為を規制する立法についても重要な意味をもっており，そのことは，後述する「税関検査事件」の最高裁判決（最大判昭59・12・12民集38・12・1308）においても確認されている。しかし，それに先立つ「徳島市公安条例事件」の最高裁判決（最大判昭50・9・10刑集29・8・489）は，市条例の定める「交通秩序を維持すること」という遵守事項について，「交通秩序を侵害するおそれのある行為の典型的なものをできるかぎり列挙例示することによつてその義務内容の明確化を図ることが十分可能であるにもかかわらず，本条例がその点についてなんらの考慮を払つていないことは，立法措置（そち）として著しく妥当を欠くものがあるといわなければならない」としながらも，「通常の判断能力を有する一般人」であれば，「だ行進，うず巻行進，すわり込み，道路一杯を占拠するいわゆるフランスデモ等の行為が，秩序正しく平穏な集団行進等に随伴（ずいはん）する交通秩序阻害の程度を超えて，殊更（ことさら）な交通秩序の阻害をもたらすような行為にあたるものと容易に想到することができるというべきである」として，明確性を欠くとはいえないという判断を示していた。

　　明白かつ現在の危険の基準　　アメリカの判例法理として形成されてきた「明白かつ現在の危険」（clear and present danger）の基準は，①表現行為が重大な害悪をもたらす蓋然性（がいぜんせい）が明白であること，②その害悪の発生が時間的に切迫していること，③当該規制手段が害悪を避けるのに必要不可欠であること，の三要件をすべて満たしている場合においてのみ，表現行為を規制することができるというものである。先に述べた明確性の基準が，法律それ自体の内容に求められる要件であるのに対し，明白かつ現在の危険の基準は，本来，ある特定の表現行為の及ぼす影響やそれを取り巻く状況を問題にしたものであったが，のちにはこれも，法令自体の合憲性審査基準として用いられるようになった。下級審判例には，公職選挙法の戸別訪問禁止規定（公選138）の合憲性をめぐり，「戸別訪問罪の規定は，それがあらゆる戸別訪問を禁止するもの

と解する限り違憲の疑いが濃い。個々の戸別訪問につき，その戸別訪問の際の主観的，客観的諸事情を個別に観察して，その戸別訪問により……〔買収，威迫，利害誘導等の〕重大な害悪を発生せしめる明白にして現在の危険があると認めうるときに限り，初めて合憲的に適用しうるに過ぎない，と解すべきである」(東京地判昭42・3・27判時493・72判タ206・200) と判示したものや，「明白かつ現在の危険の存在しない場合においても戸別訪問を禁止することは憲法21条1項に違反して許されないものと解すべきであるが，公職選挙法138条1項の規定は，……明白かつ現在の危険の存在しない場合も含めて，何らの規定も付さずすべての戸別訪問を禁止しているものであることは明らかであるから，……規定自体憲法21条1項に違反し，無効といわなければならない」(妙寺簡判昭43・3・12判時512・76) と判示したものがある。しかし，明白かつ現在の危険の基準は，最高裁判例においては採用されていない。

　より制限的でない他の選びうる手段（LRA）の基準　しばしば「LRAの基準」と略称されるこの基準は，表現の自由を規制する法律の目的が正当であっても，その目的達成手段として，より人権抑圧的でない他の手段 (less restrictive alternatives：LRA) が存在し，それによっても目的が達成できる場合は，その規制を違憲とするというものである。公務員の政治的行為に対する制限の合憲性が争われた[30]「猿払事件」の一審 (旭川地判昭43・3・25下刑集10・3・239) は，「法の定めている制裁方法よりも，より狭い範囲の制裁方法があり，これによつてもひとしく法目的を達成することができる場合には，法の定めている広い制裁方法は法目的達成の必要最小限度を超えたものとして，違憲となる場合がある」としたうえで，「非管理職である現業公務員で，その職務内容が機械的労務の提供に止まるものが，勤務時間外に，国の施設を利用することなく，かつ職務を利用し，若しくはその公正を害する意図なしで行つた人事院規則14-7，6項13号の行為で且つ[31]労働組合活動の一環として行われたと認められる所為に刑事罰を加えることをその適用の範囲内に予定している国公法110条1項19号[32]は，このような行為に適用される限度において，行為に対する制裁としては，合理

---

30) 国家公務員法102条1項「職員は，政党又は政治的目的のために，寄附金その他の利益を求め，若しくは受領し，又は何らの方法を以てするを問わず，これらの行為に関与し，あるいは選挙権の行使を除く外，人事院規則で定める政治的行為をしてはならない。」

的にして必要最小限の域を超えたものと断ぜざるを得ない」と判断し，二審（札幌高判昭 44・6・24 判時 560・30 判タ 236・227）もこれを支持した。しかし，この事件の最高裁判決（最大判昭 49・11・6 刑集 28・9・393）は，LRA の基準ではなく，規制目的と規制手段との間に抽象的・観念的な関連性があればよいとする「合理的関連性」の基準を適用した。すなわち，「国公法 102 条 1 項及び規則による公務員に対する政治的行為の禁止が右の合理的で必要やむをえない限度にとどまるものか否かを判断するにあたつては，禁止の目的，この目的と禁止される政治的行為との関連性，政治的行為を禁止することにより得られる利益と禁止することにより失われる利益との均衡の三点から検討することが必要である」とし，規制目的（公務員の政治的中立性の維持）と規制手段との間には合理的な関連性があり，憲法 21 条に違反するということはできないと判示した。

3　表現の自由をめぐる判例

> 刑法 175 条（旧条文）　わいせつな文書，図画その他の物を頒布し，販売し，又は公然と陳列した者は，二年以下の懲役又は二百五十万円以下の罰金若しくは科料に処する。販売の目的でこれらの物を所持した者も，同様とする。 補訂 12
>
> 民法 710 条　他人の身体，自由若しくは名誉を侵害した場合又は他人の財産権を侵害した場合のいずれであるかを問わず，前条の規定により損害賠償の責任を負う者は，財産以外の損害に対しても，その賠償をしなければならない。
>
> 刑法 230 条　① 公然と事実を摘示し，人の名誉を毀損した者は，その事実の有無にかかわらず，三年以下の懲役若しくは禁錮又は五十万円以下の罰金に処する。
> ② 死者の名誉を毀損した者は，虚偽の事実を摘示することによってした場合でなければ，罰しない。

---

31)　人事院規則 14-7〔政治的行為〕6 項は，「法〔国家公務員法〕百二条第一項の規定する政治的行為とは，次に掲げるものをいう。」とし，13 号に「政治的目的を有する署名又は無署名の文書，図画，音盤又は形象を発行し，回覧に供し，掲示し若しくは配布し又は多数の人に対して朗読し若しくは聴取させ，あるいはこれらの用に供するために著作し又は編集すること。」を挙げている。

32)　国家公務員法 110 条 1 項 19 号は，同 102 条 1 項に規定する政治的行為の制限に違反した者に対し，「三年以下の懲役又は十万円以下の罰金に処する」旨定めていた（現行法では，罰金額は「百万円以下」に引き上げられている）。

第6章　精神的自由権

> 刑法230条の2第1項　前条第一項の行為が公共の利害に関する事実に係り，かつ，その目的が専ら公益を図ることにあったと認める場合には，事実の真否を判断し，真実であることの証明があったときは，これを罰しない。
>
> 破壊活動防止法39条　政治上の主義若しくは施策を推進し，支持し，又はこれに反対する目的をもつて，刑法第百八条，第百九条第一項，第百十七条第一項前段，第百二十六条第一項若しくは第二項，第百九十九条若しくは第二百三十六条第一項の罪の予備，陰謀若しくは教唆をなし，又はこれらの罪を実行させる目的をもつてするその罪のせん動をなした者は，五年以下の懲役又は禁こに処する。
>
> 破壊活動防止法40条　政治上の主義若しくは施策を推進し，支持し，又はこれに反対する目的をもつて，左の各号の罪の予備，陰謀若しくは教唆をなし，又はこれらの罪を実行させる目的をもつてするその罪のせん動をなした者は，三年以下の懲役又は禁こに処する。
>
> 一　刑法第百六条の罪
> 二　刑法第百二十五条の罪
> 三　検察若しくは警察の職務を行い，若しくはこれを補助する者，法令により拘禁された者を看守し，若しくは護送する者又はこの法律の規定により調査に従事する者に対し，凶器又は毒劇物を携え，多衆共同してなす刑法第九十五条の罪

性表現　表現行為に対する法規制の典型としてしばしば引き合いに出されるのは，「わいせつな文書，図画その他の物」の頒布・販売・公然陳列・販売目的所持を罪とする刑法175条である。D・H・ロレンスの小説『チャタレイ夫人の恋人』の翻訳者 (伊藤整) と出版社社長がわいせつ物の頒布・販売を禁ずる刑法175条に違反するとして起訴された「チャタレイ事件」で，最高裁 (最大判昭32・2・13刑集11・3・997) は，わいせつ物を「徒らに性欲を興奮又は刺戟せしめ，且つ普通人の正常な性的羞恥心を害し，善良な性的道義観念に反するものをいう」と定義し，「裁判所が右の〔わいせつ物に当たるかどうかの〕判断をなす場合の規準は，一般社会において行われている

---

33)　『チャタレイ夫人の恋人』は，イギリスの小説家D・H・ロレンスが1928年に発表した長編小説である。第一次大戦で負傷し，性的機能を失った若い貴族クリフォード・チャタレイ男爵の妻コニーが，チャタレイ領地の森番オリバー・メラーズと恋愛・肉体関係に落ち，上流階級の社会的拘束をふり切り，離婚によって，恋愛を基礎とする新生活に入ろうとする様子を描いたもので，当時としては大胆に性の問題を扱った作品として注目された。なお，邦訳のタイトルは「チャタレイ」であるが，判決文のなかでは「チヤタレー」と表記されている。

良識すなわち社会通念である」としたうえで,「性的秩序を守り,最少限度の性道徳を維持することが公共の福祉の内容をなすことについて疑問の余地がないのであるから,本件訳書を猥褻文書と認めその出版を公共の福祉に違反するものとなした原判決は正当であ」ると判示した。

マルキ・ド・サドの小説『悪徳の栄え』の翻訳者（澁澤龍彦）と出版社社長が刑法175条違反で起訴された「『悪徳の栄え』事件」の最高裁判決（最大判昭44・10・15刑集23・10・1239）も,多数意見は,「文書がもつ芸術性・思想性が,文書の内容である性的描写による性的刺激を減少・緩和させて,刑法が処罰の対象とする程度以下に猥褻性を解消させる場合があることは考えられるが,右のような程度に猥褻性が解消されないかぎり,芸術的・思想的価値のある文書であつても,猥褻の文書としての取扱いを免れることはできない」と判示した。しかし,田中二郎裁判官は,その反対意見において,「刑法175条にいう猥褻文書として処罰の対象とされるべきかどうかの問題は,〔チャタレイ事件最高裁判決で示されたような〕猥褻の概念を絶対普遍のものとして,一律的に判断すべきではなく,……種々の意味におけるその概念の相対性を承認し,そのような観点を総合的に考察して,なおかつ,猥褻文書に該当するといえるかどうかについて,慎重に判断されなければならない」という考え方（相対的わいせつ概念）[34]を示して注目された。

刑法175条の合憲性は,永井荷風作と伝えられる戯作『四畳半襖の下張』を掲載した雑誌編集者（野坂昭如）と雑誌社社長が起訴された「『四畳半襖の下張』事件」の最高裁判決（最二判昭55・11・28刑集34・6・433）においても確認された。しかし,この判決において最高裁は,「文書のわいせつ性の判断にあたつては,当該文書の性に関する露骨で詳細な描写叙述の程度とその手法,右描写叙述の文書全体に占める比重,文書に表現された思想等と右描写叙述との関連性,文書の構成や展開,さらには芸術性・思想性等による性的刺激の緩和の程度,これらの観点から該文書を全体としてみたときに,主として,読者の好色的興味にうつたえるものと認められるか否かなどの

---

34) 具体的には,①その時代の社会・環境等に応じた一般人の意識,②当該文書の科学性・思想性・芸術性との関連,③当該文書等に客観的にあらわれている作者の姿勢・態度や,その販売・頒布にあたっての宣伝・広告の方法との関連などが挙げられている。

諸点を検討することが必要であり，これらの事情を総合し，その時代の健全な社会通念に照らして，それが『徒らに性欲を興奮又は刺激せしめ，かつ，普通人の正常な性的差恥心を害し，善良な性的道義観念に反するもの』……といえるか否かを決すべきである」と説き，実質上，相対的わいせつ概念に立つことを示唆している。

　名誉毀損的表現　名誉権（名誉を毀損されない権利）は，民法では不法行為としての名誉毀損（民710）により，刑法では名誉毀損罪（刑230）により保護されるが，名誉権の侵害は，多くの場合，他者による表現の自由の行使によって引き起こされるため，刑法には，名誉権と表現の自由との調整を図る規定が設けられている（刑230の2①）。これに関しては，「真実であることの証明」がない場合でも，「行為者がその事実を真実であると誤信し，その誤信したことについて，確実な資料，根拠に照らし相当の理由があるときは，犯罪の故意がなく，名誉毀損の罪は成立しない」とした「夕刊和歌山時事事件」最高裁判決（最大判昭44・6・25刑集23・7・975）や，私人の私生活上の行状であっても，その者の社会的活動の性質や社会的な影響力によっては刑法230条の2第1項にいう「公共の利害に関する事実」にあたり，プライバシーを公表することができる場合があるとした「『月刊ペン』事件」最高裁判決（最一判昭56・4・16刑集35・3・84）が注目される（第4章 3 2参照）。

　犯罪煽動表現　「煽動」とは，「特定の行為を実行させる目的をもって，文書若しくは図画又は言動により，人に対し，その行為を実行する決意を生ぜしめ又は既に生じている決意を助長させるような勢のある刺激を与えること」（破防4②）をいう。政治目的のための煽動や不納税の煽動を犯罪とする法律（破壊活動防止法，国税犯則取締法，地方税法など）の規定は，煽動に刺激された行為が実行されたかどうかと無関係に，文書・図画・言動という表現行為自体を処罰の対象とするものであることから，表現の自由の侵害が強く懸念される。

　日本農民組合北海道連合会の常任書記が，農民大会において米穀不供出の決議を求める発言をしたことで，食糧緊急措置令（昭和21年勅令第86号）11条（「主要食糧ノ政府ニ對スル賣渡ヲ爲サザルコトヲ煽動シタル者」の処罰規定）に定める禁止行為の煽動に当たるとして起訴された「食糧緊急措置令違反事件」で，最高裁（最大判昭24・5・18刑集3・6・839）は，「国民が政府の政策を批判し，その失政を攻撃することは，その

方法が公安を害せざる限り,言論その他一切の表現の自由に属するであらう。しかしながら,現今における貧困なる食糧事情の下に国家が国民全体の主要食糧を確保するために制定した食糧管理法所期の目的の遂行を期するために定められたる同法の規定に基く命令による主要食糧の政府に対する売渡に関し,これを為さゞることを煽動するが如きは,所論のように,政府の政策を批判し,その失政を攻撃するに止るものではなく,国民として負担する法律上の重要な義務の不履行を慫慂し,公共の福祉を害するものである」として,これを処罰する法令は憲法 21 条に違反しないと判示した。

　中核派全学連中央執行委員会委員長が,1971(昭和 46)年 10～11 月の沖縄返還協定批准反対集会において,「本集会に結集したすべての諸君が自らの攻撃性をいかんなく発揮し,自ら武装し,機動隊をせん滅せよ」,「渋谷の機動隊員を撃滅し,一切の建物を焼き尽くして渋谷大暴動を必ず実現するということをはつきりと決意表明したいと思います」等の演説を行ったことにつき,破壊活動防止法 39 条・40 条違反で起訴された「沖縄返還阻止闘争事件」で,最高裁(最二判平 2・9・28 刑集 44・6・463)は,「右のようなせん動は,公共の安全を脅かす現住建造物等放火罪,騒擾罪等の重大犯罪をひき起こす可能性のある社会的に危険な行為であるから,公共の福祉に反し,表現の自由の保護を受けるに値しないものとして,制限を受けるのはやむを得ないものというべきであり,右のようなせん動を処罰することが憲法 21 条 1 項に違反するものでないことは,当裁判所大法廷の判例……の趣旨に徴し明らかであ」ると判示した。

　しかし,このような最高裁の判断に対しては,「具体的にいかなる内容の発言がなされたのかにも,またその発言が法違反行為を生じさせる危険性をどのようにもっていたのかにもまったく無関心であり,表現の自由に対する配慮に著しく欠けるものといわざるをえない」とする批判があり,犯罪煽動表現に対する処罰の合憲性は「明白かつ現在の危険の基準」を適用して審査すべきであることが有力に主張されている。

　営利的表現　　経済活動の一環として行われる表現行為を,「営利的表現」あるいは「商業的言論」(commercial speech) という。広告のような表現行為は,営利目的

---

35)　松井茂記『日本国憲法(第 3 版)』(有斐閣,2007 年) 458 頁。

のものではあるが、消費者の選択などにとって重要な情報でもあるので、これも表現の自由の保護を受けると考えられている。ただし、保障の程度は、非営利的な表現の自由よりも低いと解される。

きゅう〔灸〕の適応症として神経痛、リュウマチ等の病名を記載した広告ビラを配布したきゅう師が、そのような広告を禁ずるあん摩師、はり師、きゅう師及び柔道整復師法に違反するとして起訴された事件で、最高裁（最大判昭36・2・15刑集15・2・347）は、「本法があん摩、はり、きゅう等の業務又は施術所に関し前記のような制限を設け、いわゆる適応症の広告をも許さないゆえんのものは、もしこれを無制限に許容するときは、患者を吸引しようとするためややもすれば虚偽誇大に流れ、一般大衆を惑わす虞があり、その結果適時適切な医療を受ける機会を失わせるような結果を招来することをおそれたためであつて、このような弊害を未然に防止するため一定事項以外の広告を禁止することは、国民の保健衛生上の見地から、公共の福祉を維持するためやむをえない措置として是認されなければならない」として、このような営利広告の制限は憲法21条に違反しないと判示した。

4　知る権利とアクセス権

> 世界人権宣言19条　すべて人は、意見及び表現の自由に対する権利を有する。この権利は、干渉を受けることなく自己の意見をもつ自由並びにあらゆる手段により、また、国境を越えると否とにかかわりなく、情報及び思想を求め、受け、及び伝える自由を含む。

すでに述べたように、表現の自由は主権者国民の政治的意思形成と政治参加を可能にするために必要不可欠な条件であることから、それとの関係では、情報の「送り手」（マス・メディアなど）だけでなく、情報の「受け手」の側からも、表現の自由を再構成することが必要になる。世界人権宣言19条においても、表現の自由は「情報及び思想を求め、受け、及び伝える自由を含む」ものとされ、日本国憲法には明文規定のない「知る権利」が、表現の自由と表裏一体をなすものとして主張されるようになってきている。

民主政治の条件としての「知る権利」は，国家に対して政府情報等の開示を求める権利としての性格をもつ。しかし，古典的な自由権としての表現の自由は，国家の不作為を前提に成立し，情報の伝達が国家によって妨げられないようにすることを本来の役割としている。このような表現の自由から，国家に対する具体的な情報開示請求権を直接導き出すことには無理がある。「知る権利」の具体化には，情報公開法の制定をはじめとする立法政策が不可欠であり，それを根拠としてはじめて，「知る権利」は具体的な請求権となることができるのである。[36]

　一方，「知る権利」を実現するための権利として，マス・メディアに対するアクセス権（反論権）が主張されることがある。これは，一般国民がマス・メディアに対して，意見広告，反論記事，番組参加など，自己の意見の発表の場を提供することを要求する権利を意味する。しかし，公権力と個人の関係における表現の自由の原理を，私企業としてのマス・メディアに対する権利までただちに拡張することは妥当ではなく，具体的な請求権として認められるためには立法政策を必要とするものと解される。「サンケイ新聞意見広告事件」の最高裁判決（最二判昭62・4・24民集41・3・490）も，具体的な成文法の根拠のないところでは，いわゆる反論権は成立しない，との立場をとっている。

判例

サンケイ新聞意見広告事件（最二判昭62・4・24民集41・3・490）

　サンケイ新聞が掲載した自由民主党の意見広告により党綱領等を批判された日本共産党が，意見広告により党の名誉を毀損されたとして，サンケイ新聞に対し，同一スペースの反論文の無償掲載を求める仮処分を求めた事件である。反論権の成立も不法行為の成立も認めなかった最高裁の判旨は，以下のとおりである。

36）　地方公共団体のレベルでは，1980年代前半以降，多くの自治体で情報公開条例が制定されてきたが，国レベルでは，1999（平成11）年に「行政機関の保有する情報の公開に関する法律」が成立し，2001（平成13）年4月に施行された。これがいわゆる情報公開法である。同法1条は，「この法律は，国民主権の理念にのっとり，行政文書の開示を請求する権利につき定めること等により，行政機関の保有する情報の一層の公開を図り，もって政府の有するその諸活動を国民に説明する責務が全うされるようにするとともに，国民の的確な理解と批判の下（もと）にある公正で民主的な行政の推進に資することを目的とする」と定めているが，国民の「知る権利」については明確には言及していない。

「反論文掲載請求権は、これを認める法の明文の規定は存在しない。……反論文掲載請求権は、相手方に対して自己の請求する一定の作為を求めるものであつて、単なる不作為を求めるものではなく、不作為請求を実効あらしめるために必要な限度での作為請求の範囲をも超えるものであり、民法723条により名誉回復処分又は差止の請求権の認められる場合があることをもつて、所論のような反論文掲載請求権を認めるべき実定法上の根拠とすることはできない。」

「いわゆる反論権の制度は、記事により自己の名誉を傷つけられあるいはそのプライバシーに属する事項等について誤つた報道をされたとする者にとつては、機を失せず、同じ新聞紙上に自己の反論文の掲載を受けることができ、これによつて原記事に対する自己の主張を読者に訴える途(みち)が開かれることになるのであつて、かかる制度により名誉あるいはプライバシーの保護に資するものがあることも否定し難(がた)いところである。しかしながら、この制度が認められるときは、新聞を発行・販売する者にとつては、原記事が正しく、反論文は誤りであると確信している場合でも、あるいは反論文の内容がその編集方針によれば掲載すべきでないものであつても、その掲載を強制されることになり、また、そのために本来ならば他に利用できたはずの紙面を割かなければならなくなる等の負担を強いられるのであつて、これらの負担が、批判的記事、ことに公的事項に関する批判的記事の掲載をちゆうちよさせ、憲法の保障する表現の自由を間接的に侵す危険につながるおそれも多分に存するのである。……不法行為が成立する場合にその者の保護を図ることは別として、反論権の制度について具体的な成文法がないのに、反論権を認めるに等しい上告人主張のような反論文掲載請求権をたやすく認めることはできないものといわなければならない。」

「本件広告は、政党間の批判・論評として、読者である一般国民に訴えかけ、その判断をまつ性格を有するものであつて、公共の利害に関する事実にかかり、その目的が専(もっぱ)ら公益を図るものである場合に当たり、……本件広告によって政党としての上告人の名誉が毀損され不法行為が成立するものとすることはできない。」

5　取材・報道の自由

　マス・メディアによる報道は、国民の「知る権利」に奉仕するものであるから、報道の自由や、その前提としての取材の自由も、表現の自由の重要な内容をなすものと考えられている。ジャーナリストの職業倫理としての取材源秘匿権が主張されること

もある。しかし、これらの自由は、場合により制約を受けることがある。

米軍空母エンタープライズの寄港に反対する学生と警察機動隊・鉄道公安官機動隊が博多駅で衝突した事件に関する付審判請求（公務員の職権濫用等に関して検察が不起訴にした場合にその当否を審査する審判）にあたり、NHK福岡放送局ほか3社に対して裁判所がニュース・フィルムの提出を命じたことをめぐる「博多駅テレビフィルム提出命令事件」で、最高裁（最大決昭44・11・26刑集23・11・1490）は、報道機関の取材活動によって得られたものを裁判の証拠として提出させるような場合には、取材の自由がある程度制約されることになってもやむを得ないという判断を示した。

> [!NOTE] 判例
> **博多駅テレビフィルム提出命令事件（最大決昭44・11・26刑集23・11・1490）**
>
> 　福岡地裁は、付審判請求の審理にあたって、刑事訴訟法99条2項により、NHK福岡放送局ほか3社に対してニュース・フィルムの提出命令を発したが、放送局はその命令が報道の自由を侵害するとして争った。最高裁は次のように述べ、提出命令を合憲とした。
>
> 　「報道機関の報道は、民主主義社会において、国民が国政に関与するにつき、重要な判断の資料を提供し、国民の『知る権利』に奉仕するものである。したがって、思想の表明の自由とならんで、事実の報道の自由は、表現の自由を規定した憲法21条の保障のもとにあることはいうまでもない。また、このような報道機関の報道が正しい内容をもつためには、報道の自由とともに、報道のための取材の自由も、憲法21条の精神に照らし、十分尊重に値いするものといわなければならない。」
>
> 　「しかし、取材の自由といつても、もとより何らの制約を受けないものではなく、たとえば公正な裁判の実現というような憲法上の要請があるときは、ある程度の制約を受けることのあることも否定することができない。」
>
> 　「公正な刑事裁判の実現を保障するために、報道機関の取材活動によって得られたものが、証拠として必要と認められるような場合には、取材の自由がある程度の制約を蒙ることとなつてもやむを得ないところというべきである。しかしながら、このような場合においても、一面において、審判の対象とされている犯罪の性質、態様、軽重および取材したものの証拠としての価値、ひいては、公正な刑事裁判を実現するにあたつての必要性の有無を考慮するとともに、他面において取材したものを証拠として提出させられることによって報道機関の取材の自由が妨げられる程度およびこれが報道の自由に及ぼす影響の度合その他諸般の事情

第 6 章　精神的自由権

を比較衡量して決せられるべきであり，これを刑事裁判の証拠として使用することがやむを得ないと認められる場合においても，それによって受ける報道機関の不利益が必要な限度をこえないように配慮されなければならない。」

「以上の見地に立つて本件についてみるに，……当時，右の現場を中立的な立場から撮影した報道機関の本件フイルムが証拠ときわめて重要な価値を有し，被疑者らの罪責の有無を判定するうえに，ほとんど必須のものと認められる状況にある。他方，本件フイルムは，すでに放映されたものを含む放映のために準備されたものであり，それが証拠として使用されることによって報道機関が蒙る不利益は，報道の自由そのものではなく，将来の取材の自由が妨げられるおそれがあるというにとどまるものと解されるのであつて，付審判請求事件とはいえ，本件の刑事裁判が公正に行なわれることを期するためには，この程度の不利益は，報道機関の立場を十分尊重すべきものとの見地に立つても，なお忍受されなければならない程度のものというべきである。」

　新聞記者と外務省の女性事務官が国家公務員法に定める秘密漏洩に関する罪に問われた「外務省秘密漏洩事件」で，最高裁（最一決昭53・5・31刑集32・3・457）は，新聞記者が秘密文書を入手するための手段として利用する意図で女性事務官と肉体関係をもったことについて，取材対象者の人格の尊厳を著しく蹂躙するような方法による取材行為は違法性をまぬかれないと判示した。

> 判例
>
> **外務省秘密漏洩事件（最一決昭53・5・31刑集32・3・457）**
>
> 　沖縄返還日米交渉に際し，沖縄軍用地の復旧補償費を日本政府が肩代わりするという密約を裏付ける外務省極秘電文が漏洩した問題を捜査した結果，毎日新聞社の記者Y_1と外務省の女性事務官Y_2が，秘密漏洩に関する国家公務員法109条12号・100条1項・111条違反の罪に問われた事件である。一審（東京地判昭49・1・31判時732・12判タ306・91）はY_2を有罪，Y_1を無罪としたが，Y_1について検察が控訴したところ，二審（東京高判昭51・7・20高刑集29・3・429）はY_1を有罪としたため，Y_1は国家公務員法111条（国家公務員に対して秘密漏洩等の違法行為をするよう「そそのかし」た者に刑罰を科す規定）の解釈適用の誤りや憲法21条違反を主張して上告した。最高裁は，次のように述べて，上告を棄却した。
>
> 　「政府が……いわゆる密約によつて憲

法秩序に抵触するとまでいえるような行動をしたものではないのであつて、違法秘密といわれるべきものではなく、……外交交渉の一部をなすものとして実質的に秘密として保護するに値するものである。したがつて右(みぎ)電信文案に違法秘密に属する事項が含まれていると主張する所論はその前提を欠き、右(みぎ)電信文案が国家公務員法109条12号、100条1項にいう秘密にあたるとした原判断は相当である。」

「被告人〔Y_1〕は……〔Y_2〕と……肉体関係をもつた直後、『取材に困つている、助けると思つて……書類を見せてくれ。君や外務省には絶対に迷惑をかけない。特に沖縄関係の秘密文書を頼む。』という趣旨の依頼をして懇願し、一応同女の受諾を得たうえ、さらに、……同女に対し『5月28日愛知外務大臣とマイヤー大使とが請求権問題で会談するので、その関係書類を持ち出してもらいたい。』旨申し向けたというのであるから、被告人の右(みぎ)行為は、国家公務員法111条、109条12号、100条1項の『そそのかし』にあたるものというべきである。」

「報道の自由は、憲法21条が保障する表現の自由のうちでも特に重要なものであり、……報道のための取材の自由もまた、憲法21条の精神に照らし、十分尊重に値する……。そして、報道機関の国政に関する取材行為は、国家秘密の探知という点で公務員の守秘義務と対立拮(きっ)抗(こう)するものであり、時としては誘導・唆(さ)誘的性質を伴うものであるから、報道機関が取材の目的で公務員に対し秘密を漏(ろう)示(じ)するようにそそのかしたからといつて、そのことだけで、直ちに当該行為の違法性が推定されるものと解するのは相当ではなく、報道機関が公務員に対し根気強く執拗(しつよう)に説得ないし要請を続けることは、それが真に報道の目的からでたものであり、その手段・方法が法秩序全体の精神に照らし相当なものとして社会観念上是認されるものである限りは、実質的に違法性を欠き正当な業務行為というべきである。しかしながら、……取材の手段・方法が贈賄(ぞうわい)、脅迫、強要等の一般の刑罰法令に触れる行為を伴う場合は勿論(もちろん)、その手段・方法が一般の刑罰法令に触れないものであつても、取材対象者の個人としての人格の尊厳を著(いちじる)しく蹂躙(じゅうりん)する等法秩序全体の精神に照らし社会観念上是認することのできない態様のものである場合にも、正当な取材活動の範囲を逸脱し違法性を帯びるものといわなければならない。……被告人〔Y_1〕の一連の行為を通じてみるに、……被告人〔Y_1〕の取材行為は、その手段・方法において法秩序全体の精神に照らし社会観念上、到底是認することのできない不相当なものであるから、正当な取材活動の範囲を逸脱しているものというべきである。」

【付記】日本政府は密約の存在を否定し続けてきたが、その後、アメリカで沖縄返還日米交渉に関する公文書が機密解除され、密約の存在を示す文書がアメリ

> カ国立公文書記録管理局（NARA）で閲覧可能となった。2009（平成21）年3月18日には，Y_1 ほか25名が「沖縄密約情報公開訴訟」を提起し，2010（平成22）年4月9日，東京地裁（東京地判平22・4・9判時2076・19判タ1326・76）は，外務省の非開示処分を取消し，文書開示と損害賠償を命ずる判決を言渡した。そして同年12月22日，外務省はついに沖縄返還や60年安保関連の外交文書を公開し，アメリカ政府が負担すべき米軍基地の施設改良費6,500万ドルを肩代わりする密約が存在していたことが明らかになった。

　なお，取材源秘匿権，とりわけ内々の信頼関係を通じて取材した際の情報提供者が誰であるかの開示を強要されない権利（狭義の取材源秘匿権）が憲法上保障された権利であるか否かについては，学説上，争いがあるが，判例（最大判昭27・8・6刑集6・8・974）は，「新聞記者に取材源につき証言拒絶権を認めるか否かは立法政策上考慮の余地のある問題であり，新聞記者に証言拒絶権を認めた立法例もあるのであるが，わが現行刑訴法は新聞記者を証言拒絶権あるものとして列挙していないのであるから，刑訴149条に列挙する医師等と比較して新聞記者に右規定を類推適用することのできないことはいうまでもない」と判示している。

　さらに，裁判の法廷でメモを取ることを許されなかった傍聴人が損害賠償を求めた「法廷メモ採取事件」で，最高裁（最大判平1・3・8民集43・2・89）は，「裁判の公開が制度として保障されていることに伴い，傍聴人は法廷における裁判を見聞することができるのであるから，傍聴人が法廷においてメモを取ることは，その見聞する裁判を認識，記憶するためになされるものである限り，尊重に値し，故なく妨げられてはならないもの」であり，「傍聴人のメモを取る行為が公正かつ円滑な訴訟の運営を妨げるに至ることは，通常はあり得ないのであって，特段の事情のない限り，これを傍聴人の自由に任せるべきであり，それが憲法21条1項の規定の精神に合致する」と判示した。この最高裁判決を契機に，傍聴人が法廷でメモを取ることは原則として認められるようになった。

6 検閲の禁止

> 憲法21条2項　検閲は，これをしてはならない。通信の秘密は，これを侵してはならない。

　本章４２で述べたように，「二重の基準」論に基づく厳格な審査基準の一つに，事前抑制の原則的禁止が挙げられる。原則として許されないとされる事前抑制の典型が，憲法21条2項が禁ずる「検閲」である。

　「税関検査事件」の最高裁判決（最大判昭59・12・12民集38・12・1308）は，「検閲」を，「行政権が主体となつて，思想内容等の表現物を対象とし，その全部又は一部の発表の禁止を目的として，対象とされる一定の表現物につき網羅的一般的に，発表前にその内容を審査した上，不適当と認めるものの発表を禁止すること」と定義し，この意味における「検閲」の禁止を絶対的なものであると解している。最高裁は，この定義を前提としたうえで，税関による貨物の検査は，国外ですでに発表済みの表現物を対象とし，関税徴収手続に付随して行われるものであり，表現内容自体を網羅的一般的に規制するものとはいえないので合憲であるとした。

> **判例**
>
> **税関検査事件（最大判昭59・12・12民集38・12・1308）**
>
> 　図書輸入業者Xがアメリカから8ミリ映画フィルム，雑誌，書籍等を輸入しようとしたところ，札幌中央郵便局が，同局に到着したそれらの物件を検査した後，関税定率法（当時）21条1項に規定された輸入禁制品のうち同3号の「風俗を害すべき書籍，図画」等に該当する旨をXに通知したため，Xが税関長に異議申出をしたが棄却された。そこでXは，同通知・異議申出棄却決定の取消しを求めて提訴した。最高裁は，次のように述べて，税関検査を合憲とした。
>
> 　「憲法21条2項前段は，『検閲は，これをしてはならない。』と規定する。憲法が，表現の自由につき，広くこれを保障する旨の一般的規定を同条1項に置きながら，別に検閲の禁止についてかような特別の規定を設けたのは，検閲がその性質上表現の自由に対する最も厳しい制約となるものであることにかんがみ，これについては，公共の福祉を理由とする例外の許容（憲法12条，13条参照）をも認めない趣旨を明らかにしたものと解すべきである。」

「憲法 21 条 2 項にいう『検閲』とは，行政権が主体となつて，思想内容等の表現物を対象とし，その全部又は一部の発表の禁止を目的として，対象とされる一定の表現物につき網羅的一般的に，発表前にその内容を審査した上，不適当と認めるものの発表を禁止することを，その特質として備えるものを指すと解すべきである。」

「税関検査の結果，輸入申告にかかる書籍，図画その他の物品や輸入される郵便物中にある信書以外の物につき，それが 3 号物件に該当すると認めるのに相当の理由があるとして税関長よりその旨の通知がされたときは，以後これを適法に輸入する途が閉ざされること前述のとおりであつて，その結果，当該表現物に表された思想内容等は，わが国内においては発表の機会を奪われることとなる。また，……税関長の右処分により，わが国内においては，当該表現物に表された思想内容等に接する機会を奪われ，右の知る自由が制限されることとなる。これらの点において，税関検査が表現の事前規制たる側面を有することを否定することはできない。」

「しかし，これにより輸入が禁止される表現物は，一般に，国外においては既に発表済みのものであつて，その輸入を禁止したからといつて，それは，当該表現物につき，事前に発表そのものを一切禁止するというものではない。また，当該表現物は，輸入が禁止されるだけであつて，税関により没収，廃棄されるわけではないから，発表の機会が全面的に奪われてしまうというわけのものでもない。その意味において，税関検査は，事前規制そのものということはできない。」

「税関検査は，関税徴収手続の一環として，これに付随して行われるもので，思想内容等の表現物に限らず，広く輸入される貨物及び輸入される郵便物中の信書以外の物の全般を対象とし，3 号物件についても，右のような付随的手続の中で容易に判定し得る限りにおいて審査しようとするものにすぎず，思想内容等それ自体を網羅的に審査し規制することを目的とするものではない。」

「税関検査は行政権によって行われるとはいえ，その主体となる税関は，関税の確定及び徴収を本来の職務内容とする機関であつて，特に思想内容等を対象としてこれを規制することを独自の使命とするものではなく，また，前述のように，思想内容等の表現物につき税関長の通知がされたときは司法審査の機会が与えられているのであつて，行政権の判断が最終的なものとされるわけではない。」

「以上の諸点を総合して考察すると，3 号物件に関する税関検査は，憲法 21 条 2 項にいう『検閲』に当たらないものというべきである。」

表現行為の事前抑制には、このほかに、青少年の健全な育成を阻害するおそれのある図書等を「有害図書」に指定し、自動販売機で販売することを禁止する青少年保護条例がある。「岐阜県青少年保護育成条例違反事件」で、最高裁（最三判平 1・9・19 刑集 43・8・785）は、「本条例の定めるような有害図書が一般に思慮分別の未熟な青少年の性に関する価値観に悪い影響を及ぼし、性的な逸脱行為や残虐な行為を容認する風潮の助長につながるものであって、青少年の健全な育成に有害であることは、既に社会共通の認識になっている」としたうえで、「有害図書の自動販売機への収納の禁止は、青少年に対する関係において、憲法 21 条 1 項に違反しないことはもとより、成人に対する関係においても、有害図書の流通を幾分制約することにはなるものの、青少年の健全な育成を阻害する有害環境を浄化するための規制に伴う必要やむをえない制約であるから、憲法 21 条 1 項に違反するものではない」と判示した。

教科書検定制度の合憲性は、一連の「家永訴訟」において長年にわたり争われてきたが、最高裁は、教科書検定制度は「一般図書としての発行を何ら妨げるものではなく、発表禁止目的や発表前の審査などの特質がないから、検閲には当たらず、憲法 21 条 2 項前段の規定に違反するものではない」（最三判平 5・3・16 民集 47・5・3483／最三判平 9・8・29 民集 51・7・2921）と判示している。

一方、裁判所による表現行為の事前差止めの合憲性が争われた「北方ジャーナル事件」で、最高裁（最大判昭 61・6・11 民集 40・4・872）は、裁判所の仮処分による事前差止めは「検閲」には当たらないとしたうえで、「表現内容が真実でなく、又はそれが専ら公益を図る目的のものではないことが明白であつて、かつ、被害者が重大にして著しく回復困難な損害を被る虞があるときは、……例外的に事前差止めが許される」と判示した。

判 例

北方ジャーナル事件（最大判昭 61・6・11 民集 40・4・872）

　1979（昭和 54）年 4 月の北海道知事選の立候補予定者 Y は、かねてより X の発行する政界情報誌「北方ジャーナル」が Y を誹謗する記事を掲載するたびに、同誌の販売禁止の仮処分を申請し、認められてきたところ、同誌同年 4 月号に関する仮処分申請が札幌地裁に認められた件につき、X が Y および国に対して損害

賠償を求めて出訴した事件である。最高裁は、次のように述べて、上告を棄却した。

「仮処分による事前差止めは、表現物の内容の網羅的一般的な審査に基づく事前規制が行政機関によりそれ自体を目的として行われる場合とは異なり、個別的な私人間の紛争について、司法裁判所により、当事者の申請に基づき差止請求権等の私法上の被保全権利の存否、保全の必要性の有無を審理判断して発せられるものであつて、……『検閲』には当らないものというべきである。」

「表現行為に対する事前抑制は、……事前抑制たることの性質上、予測に基づくものとならざるをえないこと等から事後制裁の場合よりも広汎にわたり易く、濫用の虞があるうえ、実際上の抑止的効果が事後制裁の場合より大きいと考えられるのであつて、表現行為に対する事前抑制は、表現の自由を保障し検閲を禁止する憲法21条の趣旨に照らし、厳格かつ明確な要件のもとにおいてのみ許容されうるものといわなければならない。」

「出版物の頒布等の事前差止めは、このような事前抑制に該当するものであつて、とりわけ、その対象が公務員又は公職選挙の候補者に対する評価、批判等の表現行為に関するものである場合には、そのこと自体から、一般にそれが公共の利害に関する事項であるということができ、……その表現が私人の名誉権に優先する社会的価値を含み憲法上特に保護されるべきであることにかんがみると、当該表現行為に対する事前差止めは、原則として許されないものといわなければならない。ただ、右のような場合においても、その表現内容が真実でなく、又はそれが専ら公益を図る目的のものではないことが明白であつて、かつ、被害者が重大にして著しく回復困難な損害を被る虞があるときは、当該表現行為はその価値が被害者の名誉に劣後することが明らかであるうえ、有効適切な救済方法としての差止めの必要性も肯定されるから、かかる実体的要件を具備するときに限つて、例外的に事前差止めが許されるものというべきであ」る。

「差止めの対象が公共の利害に関する事項についての表現行為である場合においても、口頭弁論を開き又は債務者の審尋を行うまでもなく、債権者の提出した資料によつて、その表現内容が真実でなく、又はそれが専ら公益を図る目的のものではないことが明白であり、かつ、債権者が重大にして著しく回復困難な損害を被る虞があると認められるときは、口頭弁論又は債務者の審尋を経ないで差止めの仮処分命令を発したとしても、憲法21条の前示の趣旨に反するものということはできない。」

「本件記事は、……公共の事項に関するもので、原則的には差止めを許容すべきでない類型に属するものであるが、……それが同被上告人に対することさらに下品で侮辱的な言辞による人身攻撃等

> を多分に含むものであつて、到底それが専ら公益を図る目的のために作成されたものということはできず、かつ、真実性に欠けるものであることが……明らかであつたというべきところ、……同被上告人としては、本件記事を掲載する本件雑誌の発行によつて事後的には回復しがたい重大な損失を受ける虞があつたということができるから、本件雑誌の印刷、製本及び販売又は頒布の事前差止めを命じた本件仮処分は、差止請求権の存否にかかわる実体面において憲法上の要請をみたしていたもの……というべきである……。」

　日本放送協会（NHK）が政見放送に含まれていた差別用語部分の音声を削除して放送したことに対して損害賠償訴訟が提起された「政見放送削除事件」で、最高裁（最三判平2・4・17民集44・3・547）は、「本件削除部分は、多くの視聴者が注目するテレビジョン放送において、その使用が社会的に許容されないことが広く認識されていた身体障害者に対する卑俗かつ侮蔑的表現であるいわゆる差別用語を使用した点で、他人の名誉を傷つけ善良な風俗を害する等政見放送としての品位を損なう言動を禁止した公職選挙法150条の2の規定に違反するものである。そして、右規定は、テレビジョン放送による政見放送が直接かつ即時に全国の視聴者に到達して強い影響力を有していることにかんがみ、そのような言動が放送されることによる弊害を防止する目的で政見放送の品位を損なう言動を禁止したものであるから、右規定に違反する言動がそのまま放送される利益は、法的に保護された利益とはいえず、したがって、右言動がそのまま放送されなかったとしても、不法行為法上、法的利益の侵害があったとはいえないと解すべきである」と判示した。

---

37)　公職選挙法150条の2「公職の候補者、候補者届出政党、衆議院名簿届出政党等及び参議院名簿届出政党等は、その責任を自覚し、前条第一項又は第三項に規定する放送（以下「政見放送」という。）をするに当たつては、他人若しくは他の政党その他の政治団体の名誉を傷つけ若しくは善良な風俗を害し又は特定の商品の広告その他営業に関する宣伝をする等いやしくも政見放送としての品位を損なう言動をしてはならない。」

5 集会・結社の自由，通信の秘密

I 集会の自由

憲法21条1項　集会，結社及び言論，出版その他一切の表現の自由は，これを保障する。

地方自治法244条　① 普通地方公共団体は，住民の福祉を増進する目的をもってその利用に供するための施設（これを公の施設という。）を設けるものとする。

② 普通地方公共団体（……省略……）は，正当な理由がない限り，住民が公の施設を利用することを拒んではならない。

③ 普通地方公共団体は，住民が公の施設を利用することについて，不当な差別的取扱いをしてはならない。

東京都公安条例（「集会，集団行進及び集団示威運動に関する条例」）1条　道路その他公共の場所で集会若しくは集団行進を行おうとするとき，又は場所のいかんを問わず集団示威運動を行おうとするときは，東京都公安委員会（以下「公安委員会」という。）の許可を受けなければならない。但し，次の各号に該当する場合はこの限りでない。

一　学生，生徒その他の遠足，修学旅行，体育，競技
二　通常の冠婚葬祭等慣例による行事

東京都公安条例（「集会，集団行進及び集団示威運動に関する条例」）3条1項　公安委員会は，前条の規定による申請があつたときは，集会，集団行進又は集団示威運動の実施が公共の安寧を保持する上に直接危険を及ぼすと明らかに認められる場合の外は，これを許可しなければならない。但し，次の各号に関し必要な条件をつけることができる。

一　官公庁の事務の妨害防止に関する事項
二　じゆう器，きよう器その他の危険物携帯の制限等危害防止に関する事項
三　交通秩序維持に関する事項
四　集会，集団行進又は集団示威運動の秩序保持に関する事項
五　夜間の静ひつ保持に関する事項
六　公共の秩序又は公衆の衛生を保持するためやむを得ない場合の進路，場所又は日時の変更に関する事項

> 道路交通法77条 ① 次の各号のいずれかに該当する者は，それぞれ当該各号に掲(かか)げる行為について当該行為に係る場所を管轄する警察署長（以下この節において「所轄警察署長」という。）の許可（……省略……）を受けなければならない。
> 一～三 （省略）
> 四 前各号に掲げるもののほか，道路において祭礼行事をし，又はロケーションをする等一般交通に著(いちじる)しい影響を及(およ)ぼすような通行の形態若しくは方法により道路を使用する行為又は道路に人が集まり一般交通に著(いちじる)しい影響を及ぼすような行為で，公安委員会が，その土地の道路又は交通の状況により，道路における危険を防止し，その他交通の安全と円滑を図るため必要と認めて定めたものをしようとする者
> ② 前項の許可の申請があつた場合において，当該申請に係る行為が次の各号のいずれかに該当するときは，所轄警察署長は，許可をしなければならない。
> 一 当該申請に係る行為が現に交通の妨害となるおそれがないと認められるとき。
> 二 当該申請に係る行為が許可に付された条件に従つて行なわれることにより交通の妨害となるおそれがなくなると認められるとき。
> 三 当該申請に係る行為が現に交通の妨害となるおそれはあるが公益上又は社会の慣習上やむを得ないものであると認められるとき。
> ③～⑦ （省略）

憲法21条1項にいう「集会」とは，特定または不特定の多数人が政治・経済・学問・芸術・宗教等に関する共通の目的のために一定の場所に集まることを指し，それをする自由を「保障する」とは，「その目的・場所・公開性の有無・方法・時間などの如何(いかん)を問わず，集会を主催し，指導しまたは集会に参加するなどの行為につき，公権力が制限を加えることが禁止され，またはそのような行為を公権力によって強制されないこと（消極的集会の自由）を意味する[38]」とみられている。また，集会には，それを行う場所を確保することが必要であるため，集会の自由の保障には，公権力が「公園，広場，公会堂，道路といった一定の場所の提供を正当な理由なしに拒んではならないという内容も含まれている。別言すれば，公共施設の管理者たる公権力に対し，集会をもとうとする者は，公共施設の利用を要求できる権利を有するということができる[39]」と解されている。地方自治法244条が普通地方公共団体に公の施設の設置

---

38) 佐藤，前掲書544頁。
39) 伊藤，前掲書297頁。

を義務づけ,正当な理由なくその利用を拒否することを禁じているのは,この趣旨を受けたものである。こうした公の施設を「パブリック・フォーラム」(public forum)[40]と捉え,そうした場所では表現の自由に特段の配慮をすることが必要であるとする見解も有力に主張されている。

メーデー集会のための皇居外苑の使用申請が不許可とされたことの合憲性が争われた「皇居前広場事件」で,最高裁(最大判昭28・12・23民集7・13・1561)は,「〔国有財産の〕利用の許否は,その利用が公共福祉用財産の,公共の用に供せられる目的に副うものである限り,管理権者の単なる自由裁量に属するものではなく,管理権者は,当該公共福祉用財産の種類に応じ,また,その規模,施設を勘案し,その公共福祉用財産としての使命を十分達成せしめるよう適正にその管理権を行使すべきであり,若しその行使を誤り,国民の利用を妨げるにおいては,違法たるを免れないと解さなければならない」との指針を述べたうえで,本件不許可処分は,「厚生大臣がその管理権の範囲内に属する国民公園の管理上の必要から,……許可しなかつたのであつて,何ら表現の自由又は団体行動権自体を制限することを目的としたものでない」から合憲であると判示した。

中核派[41]が実質的に主催する「関西新空港反対全国総決起集会」開催のための市民ホール使用申請が,大阪府泉佐野市により不許可とされたことの合憲性が争われた「泉佐野市民会館事件」で,最高裁(最三判平7・3・7民集49・3・687)は,市立泉佐野市民会館条例7条1号に市民会館使用不許可事由として定められている「公の秩序をみだすおそれがある場合」とは,「集会の自由を保障することの重要性よりも,本件会館

---

40) パブリック・フォーラム論は,道路・歩道・公園などの伝統的な表現活動の場においては,表現活動を規制する政府の権限は厳しく制限される,というアメリカの判例法理である。日本の判例では,「吉祥寺駅事件」最高裁判決(最三判昭59・12・18刑集38・12・3026)において,伊藤正己裁判官補足意見が,「パブリック・フォーラムが表現の場所として用いられるときには,所有権や,本来の利用目的のための管理権に基づく制約を受けざるをえないとしても,その機能にかんがみ,表現の自由の保障を可能な限り配慮する必要がある」と言及して注目された。
41) 中核派(革命的共産主義者同盟全国委員会)は,マルクス・レーニン主義を掲げる極左過激派政治団体で,1970年代の革マル派(日本革命的共産主義者同盟革命的マルクス主義派)との激しい内ゲバ(組織内で行われる暴力抗争)をはじめ,過去に数多くの暴力事件を起こしており,警察・公安からは「極左暴力集団」と呼ばれている。

で集会が開かれることによって，人の生命，身体又は財産が侵害され，公共の安全が損なわれる危険を回避し，防止することの必要性が優越する場合をいうものと限定して解すべきであり，その危険性の程度としては，……単に危険な事態を生ずる蓋然性があるというだけでは足りず，明らかな差し迫った危険の発生が具体的に予見されることが必要であると解するのが相当である」としたうえで，本件不許可処分は，「本件集会の目的やその実質上の主催者と目される中核派という団体の性格そのもの」ではなく，「本件集会が本件会館で開かれたならば，……グループの構成員だけでなく，本件会館の職員，通行人，付近住民等の生命，身体又は財産が侵害されるという事態を生ずることが，具体的に明らかに予見されることを理由とするものと認められる」から合憲であると判示した。

ところで，集会はときに集団示威運動（デモ行進）などの集団行動を伴うので，他者の権利や公益との衝突を調整するために，特段の規制が必要になる場合がある。地方公共団体で制定されている公安条例は，そうした規制措置の代表的なものであるが[42]，集会，集団行進，集団示威運動に公安委員会の許可を要する旨定めているため，その合憲性に疑いがもたれてきた。

県公安条例が「行列行進又は集団示威運動」は公安委員会の許可がなければ行えない旨定めていることの違憲性が争われた「新潟県公安条例事件」で，最高裁（最大判昭29・11・24刑集8・11・1866）は，このような規制について，「一般的な許可制を定めてこれを事前に抑制することは，憲法の趣旨に反し許されない」が，「特定の場所又は方法につき，合理的かつ明確な基準の下に」，また「公共の安全に対し明らかな差迫つた危険を及ぼすことが予見されるとき」に，許可制・届出制を設けることは，憲法の保障する国民の自由を不当に制限することにはならないとしたうえで，新潟県公安条例に定める許可制は，「特定の場所又は方法についてのみ制限する場合があることを定めたものに過ぎない」から合憲であると判示した。

許可制の合憲性が最も激しく争われた事例に「東京都公安条例事件」がある。この

---

42) 戦後，治安警察法，治安維持法等の治安立法は廃止されたが，大衆運動・労働運動などの激化に伴い，連合国軍地方軍政部の指導の下に，1947（昭和22）年7月の大阪市公安条例を皮切りに，集会や集団行動に関する許可制・届出制を定めた公安条例が全国各地で制定されていった。

第 6 章 精神的自由権

事件の最高裁判決（最大判昭 35・7・20 刑集 14・9・1243）は，いわゆる集団行動暴徒化論を展開しつつ，東京都公安条例については，「集団行動に関しては，公安委員会の許可が要求されている（1 条）。しかし公安委員会は集団行動の実施が『公共の安寧を保持する上に直接危険を及ぼすと明らかに認められる場合』の外はこれを許可しなければならない（3 条）。すなわち許可が義務づけられており，不許可の場合が厳格に制限されている」ので，「本条例は規定の文面上では許可制を採用しているが，この許可制はその実質において届出制とことなるところがない」として，許可制を合憲であると判示した。

|判 例|

東京都公安条例事件（最大判昭 35・7・20 刑集 14・9・1243）

東京都公安委員会が付した条件に反して，勤務評定反対を掲げる集会および集団行進を指導し，また，同委員会の許可を受けずに警職法改悪反対を掲げる集会および集団行進を指導した者 4 名が，東京都公安条例に違反するとして起訴された事件である。一審（東京地判昭 34・8・8 刑集 14・9・1281）は，本条例は許否の基準が不明確であり，不許可処分に対する救済手段が設けられていないので憲法 21 条に違反するとし，被告人らを無罪としたが，控訴後，東京高裁から最高裁に移送され，最高裁は原判決を破棄し原審に差し戻した。最高裁判決の判旨は，以下のとおりである。

「およそ集団行動は，……通常一般大衆に訴えん〔ママ〕する，政治，経済，労働，世界観等に関する何等かの思想，主張，感情等の表現を内包するものである。この点において集団行動には，表現の自由として憲法によって保障さるべき要素が存在することはもちろんである。」

「集団行動による思想等の表現は，……現在する多数人の集合体自体の力，つまり潜在する一種の物理的力によって支持されていることを特徴とする。かような潜在的な力は，あるいは予定された計画に従い，あるいは突発的に内外からの刺激，せん動等によつてきわめて容易に動員され得る性質のものである。この場合に平穏静粛な集団であつても，時に昂奮，激昂の渦中に巻きこまれ，甚だしい場合には一瞬にして暴徒と化し，勢いの赴くところ実力によつて法と秩序を蹂躙し，集団行動の指揮者はもちろん警察力を以てしても如何ともし得ないような事態に発展する危険が存在すること，群集心理の法則と現実の経験に徴して明らかである。従つて地方公共団体が，……集団行動による表現の自由に関するかぎり，いわゆる『公安条例』を以て，地方的情況その他諸般の事情を十分考慮に入

> れ、不測の事態に備え、法と秩序を維持するに必要かつ最小限度の措置を事前に講ずることは、けだし止むを得ない次第である。」
> 「如何なる程度の措置が必要かつ最小限度のものとして是認できるであろうか。……我々はそのためにすべからく条例全体の精神を実質的かつ有機的に考察しなければならない。」
> 「本条例を検討するに、集団行動に関しては、公安委員会の許可が要求されている（1条）。しかし公安委員会は集団行動の実施が『公共の安寧を保持する上に直接危険を及ぼすと明らかに認められる場合』の外はこれを許可しなければならない（3条）。すなわち許可が義務づけられており、不許可の場合が厳格に制限されている。従つて本条例は規定の文面上では許可制を採用しているが、この許可制はその実質において届出制とことなるところがない。集団行動の条件が許可であれ届出であれ、要はそれによって表現の自由が不当に制限されることにならなければ差支えないのである。……許可または不許可の処分をするについて、かような場合に該当する事情が存するかどうかの認定が公安委員会の裁量に属することは、それが諸般の情況を具体的に検討、考量して判断すべき性質の事項であることから見て当然である。我々は、とくに不許可の処分が不当である場合を想定し、または許否の決定が保留されたまま行動実施予定日が到来した場合の救済手段が定められていないことを理由としてただちに本条例を違憲、無効と認めることはできない。」

この判決は、許可制の合憲性を安易に認めるものとして、学界から強い批判を受けることになったが、本章 **4 2** で触れたように、「徳島市公安条例事件」の最高裁判決（最大判昭 50・9・10 刑集 29・8・489）は、集団行動暴徒化論に依拠せず、徳島市公安条例 3 条 3 号が集団行進等に際しての遵守事項の一つとして掲げる「交通秩序を維持すること」については、「確かにその文言が抽象的であるとのそしりを免れないとはいえ、集団行進等における道路交通の秩序遵守についての基準を読みとることが可能であり、犯罪構成要件の内容をなすものとして明確性を欠き憲法 31 条に違反するものとはいえない」として、これを合憲と判示している。

なお、集団行進の規制は道路交通法によっても行われているが、「エンタープライズ寄港阻止闘争事件」の最高裁判決（最三判昭 57・11・16 刑集 36・11・908）は、「一般交通に著しい影響を及ぼすような通行の形態若しくは方法により道路を使用する行為又は道路に人が集まり一般交通に著しい影響を及ぼすような行為」（道交 77 ①四）に対す

る規制(許可制)につき,同法77条2項が「道路使用の許可に関する明確かつ合理的な基準を掲げて道路における集団行進が不許可とされる場合を厳格に制限しており」,同法の許可制は「表現の自由に対する公共の福祉による必要かつ合理的な制限として憲法上是認されるべきものである」と判示した。

2 結社の自由

憲法21条1項 集会,結社及び言論,出版その他一切の表現の自由は,これを保障する。

破壊活動防止法1条 この法律は,団体の活動として暴力主義的破壊活動を行つた団体に対する必要な規制措置を定めるとともに,暴力主義的破壊活動に関する刑罰規定を補整し,もつて,公共の安全の確保に寄与することを目的とする。

破壊活動防止法5条1項 公安審査委員会は,団体の活動として暴力主義的破壊活動を行つた団体に対して,当該団体が継続又は反覆して将来さらに団体の活動として暴力主義的破壊活動を行う明らかなおそれがあると認めるに足りる十分な理由があるときは,左に掲げる処分を行うことができる。但し,その処分は,そのおそれを除去するために必要且つ相当な限度をこえてはならない。

一 当該暴力主義的破壊活動が集団示威運動,集団行進又は公開の集会において行われたものである場合においては,六月をこえない期間及び地域を定めて,それぞれ,集団示威運動,集団行進又は公開の集会を行うことを禁止すること。

二 当該暴力主義的破壊活動が機関誌紙(団体がその目的,主義,方針等を主張し,通報し,又は宣伝するために継続的に刊行する出版物をいう。)によって行われたものである場合においては,六月をこえない期間を定めて,当該機関誌紙を続けて印刷し,又は頒布することを禁止すること。

三 六月をこえない期間を定めて,当該暴力主義的破壊活動に関与した特定の役職員(代表者,主幹者その他名称のいかんを問わず当該団体の事務に従事する者をいう。以下同じ。)又は構成員に当該団体のためにする行為をさせることを禁止すること。

破壊活動防止法7条 公安審査委員会は,左に掲げる団体が継続又は反覆して将来さらに団体の活動として暴力主義的破壊活動を行う明らかなおそれがあると認めるに足りる十分な理由があり,且つ,第五条第一項の処分によつては,そのおそれを有効に除去することができないと認められるときは,当該団体に対して,解散の指定を行うことができる。

一～三　（省略）

無差別大量殺人行為を行った団体の規制に関する法律 1 条　この法律は，団体の活動として役職員（代表者，主幹者その他いかなる名称であるかを問わず当該団体の事務に従事する者をいう。以下同じ。）又は構成員が，例えばサリンを使用するなどして，無差別大量殺人行為を行った団体につき，その活動状況を明らかにし又は当該行為の再発を防止するために必要な規制措置を定め，もって国民の生活の平穏を含む公共の安全の確保に寄与することを目的とする。

無差別大量殺人行為を行った団体の規制に関する法律 5 条 1 項　公安審査委員会は，その団体の役職員又は構成員が当該団体の活動として無差別大量殺人行為を行った団体が，次の各号に掲げる事項のいずれかに該当し，その活動状況を継続して明らかにする必要があると認められる場合には，当該団体に対し，三年を超えない期間を定めて，公安調査庁長官の観察に付する処分を行うことができる。

一　当該無差別大量殺人行為の首謀者が当該団体の活動に影響力を有していること。
二　当該無差別大量殺人行為に関与した者の全部又は一部が当該団体の役職員又は構成員であること。
三　当該無差別大量殺人行為が行われた時に当該団体の役員（団体の意思決定に関与し得る者であって，当該団体の事務に従事するものをいう。以下同じ。）であった者の全部又は一部が当該団体の役員であること。
四　当該団体が殺人を明示的に又は暗示的に勧める綱領を保持していること。
五　前各号に掲げるもののほか，当該団体に無差別大量殺人行為に及ぶ危険性があると認めるに足りる事実があること。

　憲法 21 条 1 項にいう「結社」とは，特定の多数人が政治・経済・学問・芸術・宗教等に関する共通の目的のために継続的に団体を形成することを指す。結社の自由には，団体を結成しそれに加入する自由だけでなく，結成しない，加入しない，あるいは加入した団体から脱退する自由も含まれる。ただし，弁護士会，司法書士会，公認会計士協会，税理士会など，その業を営むために加入が強制される団体については，「当該職業の専門性・公共性を維持するために必要で，かつ，当該団体の目的と活動が会員の職業倫理の向上や職務の改善等を図ることに限定されていることを理由として，強制設立・強制加入制をとることも許されている」と解される。[43]

---

43) 芦部，前掲書 206 頁。

結社の自由の限界としては，犯罪を行うことを目的とする結社は許されないという内在的制約がしばしば指摘されるが，これが法律により具体化されると，規制内容によっては「立憲民主主義秩序を破壊しかねない危険性を内包している」との危惧が抱[44]かれることになる。その典型が破壊活動防止法であり，暴力主義的破壊活動を行った団体に対して，公安審査委員会が，集団示威運動，集団行進または公開の集会を禁止したり（破防5①一），当該団体の解散の指定をすることができる（破防7）旨規定されていることなどの合憲性が疑問視されてきた。しかし，1995（平成7）年3月20日にオウム真理教による地下鉄サリン事件が発生すると，破壊活動防止法の想定とは異なる組織的な無差別大量殺人という前代未聞の凶悪犯罪に対処する法律の制定が求められるようになり，1999（平成11）年2月7日には，いわゆる「オウム新法」，すなわち，無差別大量殺人行為を行った団体の規制に関する法律（以下「団体規制法」という。）が公布された。

団体規制法に基づいて公安調査庁長官の観察に付する処分を受けた宗教団体アレフ（オウム真理教の組織を改変し，新たに綱領および規約を作成して2000（平成12）年に発足した団体）が，団体規制法およびこれに基づく観察処分の違憲性を主張してその取消しを求めた「宗教団体アレフ観察処分取消請求事件」で，東京地裁（東京地判平13・6・13判時1755・3判タ1069・245）は，観察処分の要件を定めた同法5条1項に合憲限定解釈（第13章4 2参照）を行ったうえで，結論において同法および観察処分を合憲とした。しかし，この事件は同時に，当該団体が同法5条1項各号のいずれかに形式的に該当すればただちに観察処分の要件を満たすかのように解釈可能な同法の問題性を浮き彫りにすることとなった。

3 通信の秘密

憲法21条2項　検閲は，これをしてはならない。通信の秘密は，これを侵してはならない。
刑法133条　正当な理由がないのに，封をしてある信書を開けた者は，一年以下の懲役

---

44) 佐藤，前掲書551-552頁。

又は二十万円以下の罰金に処する。

郵便法7条　郵便物の検閲は，これをしてはならない。

郵便法8条　① 会社の取扱中に係る信書の秘密は，これを侵してはならない。

② 郵便の業務に従事する者は，在職中郵便物に関して知り得た他人の秘密を守らなければならない。その職を退いた後においても，同様とする。

電気通信事業法3条　電気通信事業者の取扱中に係る通信は，検閲してはならない。

電気通信事業法4条　① 電気通信事業者の取扱中に係る通信の秘密は，侵してはならない。

② 電気通信事業に従事する者は，在職中電気通信事業者の取扱中に係る通信に関して知り得た他人の秘密を守らなければならない。その職を退いた後においても，同様とする。

刑事訴訟法81条　裁判所は，逃亡し又は罪証を隠滅すると疑うに足りる相当な理由があるときは，検察官の請求により又は職権で，勾留されている被告人と第三十九条第一項に規定する者以外の者との接見を禁じ，又はこれと授受すべき書類その他の物を検閲し，その授受を禁じ，若しくはこれを差し押えることができる。但し，糧食の授受を禁じ，又はこれを差し押えることはできない。

刑事訴訟法99条　① 裁判所は，必要があるときは，証拠物又は没収すべき物と思料するものを差し押えることができる。但し，特別の定のある場合は，この限りでない。

② （省略）

③ 裁判所は，差し押えるべき物を指定し，所有者，所持者又は保管者にその物の提出を命ずることができる。

刑事訴訟法100条　① 裁判所は，被告人から発し，又は被告人に対して発した郵便物，信書便物又は電信に関する書類で法令の規定に基づき通信事務を取り扱う者が保管し，又は所持するものを差し押え，又は提出させることができる。

② 前項の規定に該当しない郵便物，信書便物又は電信に関する書類で法令の規定に基づき通信事務を取り扱う者が保管し，又は所持するものは，被告事件に関係があると認めるに足りる状況のあるものに限り，これを差し押え，又は提出させることができる。

③ 前二項の規定による処分をしたときは，その旨を発信人又は受信人に通知しなければならない。但し，通知によつて審理が妨げられる虞がある場合は，この限りでない。

関税法122条　① 税関職員は，犯則事件を調査するため必要があるときは，許可状の交付を受けて，犯則嫌疑者から発し，又は犯則嫌疑者に対して発した郵便物，信書便物又は電信についての書類で法令の規定に基づき通信事務を取り扱う者が保管し，又は所持するものを差し押えることができる。

② 税関職員は，前項の規定に該当しない郵便物，信書便物又は電信についての書類で法令の規定に基づき通信事務を取り扱う者が保管し，又は所持するものについては，犯則事件に関係があると認めるに足りる状況があるものに限り，許可状の交付を受けて，これを差し押えることができる。

③ 税関職員は，前二項の規定による処分をした場合においては，その旨を発信人又は受信人に通知しなければならない。但し，通知によって犯則事件の調査が妨げられる虞がある場合は，この限りでない。

犯罪捜査のための通信傍受に関する法律1条 この法律は，組織的な犯罪が平穏かつ健全な社会生活を著しく害していることにかんがみ，数人の共謀によって実行される組織的な殺人，薬物及び銃器の不正取引に係る犯罪等の重大犯罪において，犯人間の相互連絡等に用いられる電話その他の電気通信の傍受を行わなければ事案の真相を解明することが著しく困難な場合が増加する状況にあることを踏まえ，これに適切に対処するため必要な刑事訴訟法（昭和二十三年法律第百三十一号）に規定する電気通信の傍受を行う強制の処分に関し，通信の秘密を不当に侵害することなく事案の真相の的確な解明に資するよう，その要件，手続その他必要な事項を定めることを目的とする。

犯罪捜査のための通信傍受に関する法律3条 ① 検察官又は司法警察員は，次の各号のいずれかに該当する場合において，当該各号に規定する犯罪（第二号及び第三号にあっては，その一連の犯罪をいう。）の実行，準備又は証拠隠滅等の事後措置に関する謀議，指示その他の相互連絡その他当該犯罪の実行に関連する事項を内容とする通信（以下この項において「犯罪関連通信」という。）が行われると疑うに足りる状況があり，かつ，他の方法によっては，犯人を特定し，又は犯行の状況若しくは内容を明らかにすることが著しく困難であるときは，裁判官の発する傍受令状により，電話番号その他発信元又は発信先を識別するための番号又は符号（以下「電話番号等」という。）によって特定された通信の手段（以下「通信手段」という。）であって，被疑者が通信事業者等との間の契約に基づいて使用しているもの（犯人による犯罪関連通信に用いられる疑いがないと認められるものを除く。）又は犯人による犯罪関連通信に用いられると疑うに足りるものについて，これを用いて行われた犯罪関連通信の傍受をすることができる。

一 別表に掲げる罪が犯されたと疑うに足りる十分な理由がある場合において，当該犯罪が数人の共謀によるものであると疑うに足りる状況があるとき。

二 別表に掲げる罪が犯され，かつ，引き続き次に掲げる罪が犯されると疑うに足りる十分な理由がある場合において，これらの犯罪が数人の共謀によるものであると疑うに足りる状況があるとき。

イ　当該犯罪と同様の態様で犯されるこれと同一又は同種の別表に掲げる罪
　　　ロ　当該犯罪の実行を含む一連の犯行の計画に基づいて犯される別表に掲げる罪
　　三　死刑又は無期若しくは長期二年以上の懲役若しくは禁錮に当たる罪が別表に掲げる罪と一体のものとしてその実行に必要な準備のために犯され，かつ，引き続き当該別表に掲げる罪が犯されると疑うに足りる十分な理由がある場合において，当該犯罪が数人の共謀によるものであると疑うに足りる状況があるとき。
② 別表に掲げる罪であって，譲渡し，譲受け，貸付け，借受け又は交付の行為を罰するものについては，前項の規定にかかわらず，数人の共謀によるものであると疑うに足りる状況があることを要しない。
③ 前二項の規定による傍受は，通信事業者等の看守する場所で行う場合を除き，人の住居又は人の看守する邸宅，建造物若しくは船舶内においては，これをすることができない。ただし，住居主若しくは看守者又はこれらの者に代わるべき者の承諾がある場合は，この限りでない。
犯罪捜査のための通信傍受に関する法律 14 条　検察官又は司法警察員は，傍受の実施をしている間に，傍受令状に被疑事実として記載されている犯罪以外の犯罪であって，別表に掲げるもの又は死刑若しくは無期若しくは短期一年以上の懲役若しくは禁錮に当たるものを実行したこと，実行していること又は実行することを内容とするものと明らかに認められる通信が行われたときは，当該通信の傍受をすることができる。

　通信の秘密の不可侵（憲 21 ②）は，郵便，電信，電話，電子メールその他あらゆる方法による通信に対する公権力の干渉を排除することにより，他者への意思伝達の手段，すなわち表現の自由を行使する手段を保障するものであると同時に，私的なコミュニケーションの内容を当事者以外の誰にも知られないようにするという点において，憲法 13 条により根拠づけられる全方位的権利としてのプライバシー権（第 4 章 3 2 参照）の保障にとっても重要な意味をもつものである。通信の秘密を保障するため，刑法 133 条で信書開封罪が定められているほか，通信事業にかかわるさまざまな法律においても，郵便物や通信に対する検閲の禁止，秘密の不可侵，職員の守秘義務などが定められている（郵便 7・8，電通事 3・4）。
　しかしその一方で，犯罪捜査などの必要性から，法令上，通信の秘密に制約が加えられる場合がある。刑事訴訟法 100 条は，「被告人から発し，又は被告人に対して発した郵便物，信書便物又は電信に関する書類」や「被告事件に関係があると認めるに

足りる状況のあるもの」の差押さえを認めているが，通常の差押さえの場合の「証拠物又は没収すべき物と思料するもの」(刑訴99)という要件が規定されていない。これに対しては，「被告人から發し，又は被告人に對して發せられた，というだけで，嫌疑を推定したものと思われるが，官署にあるものであつても，何らかの方法で嫌疑を確めることは，不可能ではない筈であつて，右のような要件だけで押收を許すのは憲法違反の疑が強い」との指摘がなされて久しい。[45]

犯罪捜査のための電話傍受（盗聴）の合憲性が争われた「旭川覚せい剤密売電話傍受事件」の最高裁決定（最三決平11・12・16刑集53・9・1327）は，電話傍受が許される条件について，「重大な犯罪に係る被疑事件について，被疑者が罪を犯したと疑うに足りる十分な理由があり，かつ，当該電話により被疑事実に関連する通話の行われる蓋然性があるとともに，電話傍受以外の方法によってはその罪に関する重要かつ必要な証拠を得ることが著しく困難であるなどの事情が存する場合において，電話傍受により侵害される利益の内容，程度を慎重に考慮した上で，なお電話傍受を行うことが犯罪の捜査上真にやむを得ないと認められるときには，法律の定める手続に従ってこれを行うことも憲法上許されると解するのが相当である」としたうえで，「電話傍受を直接の目的とした令状は存していなかったけれども，……対象の特定に資する適切な記載がある検証許可状により電話傍受を実施することは，本件当時においても法律上許されていたものと解するのが相当である」と判示した。

この事件の後，いわゆる組織的犯罪対策三法の一つとして1999（平成11）年8月18日に公布，翌2000（平成12）年8月15日に施行された犯罪捜査のための通信傍受に関する法律（通称「通信傍受法」）[46]には，通信傍受は「裁判官の発する傍受令状」（通信傍受3①）によるべきことが明記されたが，別件傍受（通信傍受14）が認められていることから，組織的犯罪以外の犯罪捜査に濫用される危険性や，傍受による通信の秘密の侵害に対する救済手続の不備などが指摘されている。しかし，本法が憲法13条，

---

45) 法学協会（編）『註解日本国憲法 上巻』（有斐閣，1953年）624頁。
46) 1999（平成11）年8月18日に公布された「組織的な犯罪の処罰及び犯罪収益の規制等に関する法律」（通称「組織犯罪処罰法」），「犯罪捜査のための通信傍受に関する法律」（通称「通信傍受法」）および「刑事訴訟法の一部を改正する法律」の三法を指す。

21条，31条および35条に違反するとして，無効確認と国家賠償が請求された「通信傍受法無効確認等請求事件」で，東京地裁（東京地判平13・6・30判時1787・112）は，「本件法律は，捜査機関が限定された要件の下に通信を傍受し得る旨を一般的，抽象的に定めたものであって，その対象が特定の個人にのみ向けられているわけではないことは明らかであるから，その実質を立法の形式を借りた処分とみることはできない」のであって，「本件法律自体及びその立法行為が抗告訴訟の対象となる処分に当たるということはできないから，本件無効確認の訴えは不適法である」として無効確認の訴えを却下し，国家賠償請求も認めなかった。

第7章
経済的自由権

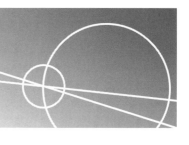

1 / 経済的自由権の意義

I 近代初期における経済的自由権

> フランス人権宣言（1789 年「人および市民の権利宣言」）17 条　所有権は，一(ひとつ)の神聖で不可侵の権利であるから，何人(なんぴと)も適法に確認された公(おおやけ)の必要性が明白にそれを要求する場合で，かつ事前の正当な補償の条件の下(もと)でなければ，これを奪われることがない。

　西欧近代における基本的人権の歴史は，近代市民革命を通じて，「国家からの自由」としての市民的自由，すなわち精神的，経済的および身体的自由権が獲得されたことに始まった。なかでも経済的自由権は，絶対君主制の封建的支配関係からの解放を象徴する権利であり，近代市民革命の主役となった市民階級（ブルジョワジー）が最も切実に求めていた価値の一つでもあったため，革命後は，財産権（所有権）が「神聖で不可侵の権利」（フランス人権宣言17条）とされ，私有財産制が憲法によって手厚く保護されることとなった。

---

1)　フランス人権宣言の邦訳は，高木八尺・末延三次・宮沢俊義（編）『人権宣言集』（岩波文庫，1957年）133頁〔山本桂一訳〕による。なお，この人権宣言は，フランス革命後の最初の憲法であるフランス1791年憲法が公布された際，それと一体をなすものとして公布されたものなので，1791年憲法の権利章典とみるべきものである。

2　経済的自由権の現代的意義

> ワイマール憲法 151 条 1 項[2]　経済生活の秩序は，すべての人に，人たるに値する生存を保障することを目指す正義の諸原則に適合するものでなければならない。各人の経済的自由は，この限度内においてこれを確保するものとする。
> ワイマール憲法 153 条　① 所有権は，憲法によって保障される。その内容及び限界は，諸法律に基づいてこれを明らかにする。
> ② 公用収用は，公共の福祉 (Wohl der Allgemeinheit) のために，かつ，法律上の根拠に基づいてのみ，これを行なうことができる。公用収用は，ライヒ法律に別段の定めのない限り，正当な (angemessen) 補償の下に，これを行なう。(……以下省略……)
> ③ 所有権は，義務を伴う。その行使は，同時に公共の善 (Gemeine Beste) に役立つものであるべきである。
> 憲法 22 条　① 何人(なんびと)も，公共の福祉に反しない限り，居住，移転及び職業選択の自由を有する。
> ② 何人(なんびと)も，外国に移住し，又は国籍を離脱する自由を侵されない。
> 憲法 29 条　① 財産権は，これを侵してはならない。
> ② 財産権の内容は，公共の福祉に適合するやうに，法律でこれを定める。
> ③ 私有財産は，正当な補償の下に，これを公共のために用ひることができる。

　近代初期に重視された自由放任的経済秩序が社会にさまざまな矛盾，格差，不平等などの弊害(へいがい)をもたらすようになると，これを是正するために国家が国民生活に積極的に介入すべきだとする社会国家・福祉国家の考え方が現れた。その転機を象徴しているのは，ドイツのワイマール憲法 (1919 年) である。同憲法は，経済的自由権が万人の生存を確保することと両立する限りにおいて認められるものとなったこと (151 条 1 項) や，所有権が「公共の福祉」あるいは「公共の善」といった価値によって限界づけられること (153 条) を明らかにした。20 世紀以降の現代国家においては，経済的自由権はもはや神聖不可侵のものではなく，経済秩序の維持と国民生活の向上をはじ

---

[2] ワイマール憲法の邦訳は，高田敏・初宿正典（編訳）『ドイツ憲法集（第5版）』（信山社，2007年）145-146 頁〔初宿訳〕による。

めとする「公共の福祉」の観点から，法律により広範に規制されうる権利とみなされるようになったのである。

社会国家・福祉国家の憲法である日本国憲法には，経済的自由権として，職業選択の自由（憲22①），財産権（憲29），居住・移転の自由（憲22①）および外国移住・国籍離脱の自由（憲22②）が規定されているが，前三者については憲法の条文自体に「公共の福祉」による制約の可能性が明記され，実際にも法律に基づくさまざまな規制が行われている。

2　職業選択の自由

1　職業選択（営業）の自由の意義

> 憲法22条1項　何人も，公共の福祉に反しない限り，居住，移転及び職業選択の自由を有する。

職業選択（営業）の自由　憲法22条1項が保障する職業選択の自由は，字義としては，自己の従事する職業を自由に選択・決定する権利，あるいは，特定の職業に従事することを公権力によって強制されない権利を意味する。しかし，職業を自由に選ぶことができても，選んだ職業を営むのに必要なさまざまな自由が制約を受けたのでは，職業選択の自由を保障する意味が失われる。このため，選択した職業を遂行する自由，すなわち営業の自由をはじめ，職業の開始，継続および廃止にかかわるすべての行為の自由も併せて保障されているものと解されている。

職業活動は社会的関連性が強いため，これを無制約に認めると，公共の安全や秩序が脅かされたり，他者の利益が損なわれたりするおそれがある。また，社会国家・福祉国家の理念を実現するため，職業活動を一定の方向に導く政策的配慮が必要となることも少なくない。このため，職業選択（営業）の自由に対しては，届出制，許可制[3]，[4]
資格制[5]，特許制[6]，国家独占[7]，全面禁止[8]など，公権力によるさまざまな規制が加えられることになる。憲法22条1項に「公共の福祉に反しない限り」という制約原理が明

記されているのは，この趣旨を表現したものとみられている。

二種の規制目的　職業選択（営業）の自由に対する公権力による規制の目的は，一般に，消極目的と積極目的の二種に大別される。

消極目的規制とは，個人の自由な経済活動による弊害（へいがい）が公共の安全や秩序を脅（おびや）かしたり，他者の生命や健康に危害を及ぼすことになるのを防止するための警察的規制を意味する（消極的な内在的制約）。日本国憲法は，共産主義的・社会主義的な計画経済体制ではなく，自由主義経済体制の存続を予定しているため，個人の自由な経済活動に対する警察的規制は，警察比例の原則に基づき，その必要性・合理性がより厳格に審査されなければならないものと解されている。

これに対し，積極目的規制とは，社会国家・福祉国家の理念を実現するための政策的規制を意味する（積極的な政策的制約）。個人の自由な競争関係は，必然的に，経済

---

3) 理容業，クリーニング業などを営む際に必要とされる「届出」とは，「行政庁に対し一定の事項の通知をする行為（申請に該当するものを除く。）であって，法令により直接に当該通知が義務付けられているもの（自己の期待する一定の法律上の効果を発生させるためには当該通知をすべきこととされているものを含む。）」（行手２七）をいい，行政庁の諾否の応答を予定していない点で，許可要件に基づく審査を要する「許可」よりもゆるやかな規制手段である。
4) 業を営むことを一般的に禁止したうえで，許可基準に基づく行政庁の審査を経て禁止が解除された場合に，私人（しじん）がその職業に従事することができるようになっている制度を，許可制という。風俗営業，飲食業，貸金業など，衛生や風俗にかかわる分野に多くみられる。
5) 医師，看護師，薬剤師など，人の生命・健康・安全等にかかわる職業や，弁護士，司法書士，公認会計士，税理士など，高度の専門的能力を必要とする職業には，国が行う試験によって資格を認められた者のみが従事することができる。これを資格制という。
6) 国によりその事業を営む権利が設定されてはじめて私人（しじん）がそれを営むことができる制度を，特許制という。電気，ガス事業等の公益事業がこれに当たる。
7) 財政政策等の観点から国が特定の事業を独占することを，国家独占という。かつての電信電話事業，郵便事業，たばこの専売などがこれに当たるが，いずれも現在では民営化されている。
8) 著（いちじる）しく反社会的な行為は，これを業とすることが全面的に禁止される。たとえば売春防止法12条は，「人を自己の占有し，若（も）しくは管理する場所又は自己の指定する場所に居住させ，これに売春をさせることを業とした者は，十年以下の懲役及び三十万円以下の罰金に処する」と定めるが，同法の合憲性は最高裁判例（最二判昭36・7・14刑集15・7・1097）でも確認されている。
9) 人の行為の自由を制限する程度は，公共の安全や秩序が害される程度またはその危険性（＝警察事実）に比例したものでなければならない。すなわち，警察権は公共の安全や秩序の維持に必要な最小限度においてのみ発動されなければならないという考え方を，警察比例の原則という。

的な勝者・敗者，社会的な強者・弱者の別を生むことになるが，現代国家には，こうした状態を放置せず，国民経済の健全な発達，国民生活の安定，社会経済全体の均衡のとれた調和的発展などを実現するための積極的な規制措置を講ずる働きが期待されており，そのような目的のための規制は，それが著しく不合理であることが明白でない限り，憲法の許容するところとみなされる。

2　職業選択（営業）の自由に対する規制の合憲性審査基準

　目的二分論　　職業選択（営業）の自由に対する規制が合憲であるか否かは，どのような基準で判断されるのか。初期の判例（職業安定法の有料職業紹介事業禁止規定を合憲とした最大判昭25・6・21刑集4・6・1049など）は，「公共の福祉」のために必要であるという理由だけで規制を合憲としていたが，規制を行わない場合に生じうる弊害を検討して公衆浴場法による適正配置規制を合憲とした最高裁判決（最大判昭30・1・26刑集9・1・89）などを経て，「小売市場距離制限事件」および「薬局距離制限事件」の最高裁判決に至り，いわゆる目的二分論に基づく審査基準が示されることとなった。

　「小売市場距離制限事件」の最高裁判決（最大判昭47・11・22刑集26・9・586）は，職業選択の自由に対する規制を，消極目的規制（他者の生命・健康に対する危険を防止するための警察的規制）と積極目的規制（社会国家・福祉国家の理念を実現するための社会・経済政策的規制）の二種に区分し，積極目的規制の合憲性審査基準として，「立法府がその裁量権を逸脱し，当該法的規制措置が著しく不合理であることの明白である場合に限つて，これを違憲として，その効力を否定することができる」という「明白の原則」を示したうえで，小売市場の許可制は，中小の小売商を過当競争による共倒れから保護するという積極目的の規制であり，著しく不合理であることが明白であるとはいえないから合憲であるとした。

> **判例**
>
> 小売市場距離制限事件（最大判昭47・11・22刑集26・9・586）
>
> 　小売商業調整特別措置法は，政令で指定する市での小売市場開設に都道府県知事の許可を受けなければならない旨を定め，許可基準の一つとして，小売商間の過当競争の防止を掲げている。これを受けて大阪府では，小売市場許可基準内規

により，小売市場間に700メートルの距離制限を設けていたところ，大阪府知事の許可を受けずに，指定地域内において，その所有する建物を小売市場とするため小売商人に貸し付けた者が，小売商業調整特別措置法違反で起訴された事件である。被告人は，同法に定める許可制および距離制限は自由競争を不当に制約し，憲法22条1項に違反するなどと主張したが，最高裁は，次のように述べて，小売市場開設の許可制を合憲とし，被告人を有罪とした。

「憲法は，国の責務として積極的な社会経済政策の実施を予定しているものということができ，個人の経済活動の自由に関する限り，個人の精神的自由等に関する場合と異なつて，右社会経済政策の実施の一手段として，これに一定の合理的規制措置を講ずることは，もともと，憲法が予定し，かつ，許容するところと解するのが相当であり，国は，積極的に，国民経済の健全な発達と国民生活の安定を期し，もつて社会経済全体の均衡のとれた調和的発展を図るために，立法により，個人の経済活動に対し，一定の規制措置を講ずることも，それが右目的達成のために必要かつ合理的な範囲にとどまる限り，許されるべきであつて，決して，憲法の禁ずるところではないと解すべきである。」

「社会経済の分野において，法的規制措置を講ずる必要があるかどうか，その必要があるとしても，どのような対象について，どのような手段・態様の規制措置が適切妥当であるかは，主として立法政策の問題として，立法府の裁量的判断にまつほかない。……個人の経済活動に対する法的規制措置については，立法府の政策的技術的な裁量に委ねるほかはなく，裁判所は，立法府の右裁量的判断を尊重するのを建前とし，ただ，立法府がその裁量権を逸脱し，当該法的規制措置が著しく不合理であることの明白である場合に限つて，これを違憲として，その効力を否定することができるものと解するのが相当である。」

「本法所定の小売市場を許可規制の対象としているのは，小売商が国民のなかに占める数と国民経済における役割とに鑑み，本法1条の立法目的が示すとおり，経済的基盤の弱い小売商の事業活動の機会を適正に確保し，かつ，小売商の正常な秩序を阻害する要因を除去する必要があるとの判断のもとに，その一方策とし

---

10) 小売商業調整特別措置法5条「都道府県知事は，第三条第一項の許可の申請があつた場合には，その申請が次の各号の一に該当すると認められる場合を除き，同項の許可をしなければならない。
　一　当該小売市場が開設されることにより，当該小売市場内の小売商と周辺の小売市場内の小売商との競争又は当該小売市場内の小売商と周辺の小売商との競争が過度に行われることとなりそのため中小小売商の経営が著しく不安定となるおそれがあること。
　二～五　（省略）」

第 7 章　経済的自由権

> て、小売市場の乱設に伴う小売商相互間の過当競争によって招来されるのであろう小売商の共倒れから小売商を保護するためにとられた措置であると認められ、一般消費者の利益を犠牲にして、小売商に対し積極的に流通市場における独占的利益を付与するためのものでないことが明らかである。……本法所定の小売市場の許可規制は、国が社会経済の調和的発展を企図するという観点から中小企業保護政策の一方策としてとつた措置ということができ、その目的において、一応の合理性を認めることができないわけではなく、また、その規制の手段・態様においても、それが著しく不合理であることが明白であるとは認められない。……小売市場の許可規制が憲法22条1項に違反するものとすることができないことは明らかであ」る。

　その後、薬局の適正配置規制の合憲性が争われた「薬局距離制限事件」において、最高裁（最大判昭50・4・30民集29・4・572）は、消極目的規制の場合には、規制の必要性・合理性の審査と、よりゆるやかな規制手段で同じ目的を達成できるかどうかを検討することが必要であるとし、「LRA の基準」（第6章 *4* 2 参照）を想起させる厳格な審査基準（ただし、精神的自由権規制の合憲性審査基準よりはゆるやかな）を示した。そのうえで、薬局の距離制限は、国民の生命・健康に対する危険の防止という消極目的のものであるが、薬局の偏在が不良医薬品の供給をもたらすという因果関係を合理的に裏付けることはできず、規制の必要性・合理性は認められないこと、また、取締りの強化等のよりゆるやかな規制手段によってもその目的は十分に達成できることを理由に、適正配置規制は違憲であるとした。

判 例

薬局距離制限事件（最大判昭 50・4・30 民集 29・4・572）

　広島県知事に薬の小売店の開設許可を求めたところ、薬事法に基づいて定められた広島県の「薬局等の配置の基準を定める条例」3条にいう、既存の薬局から「おおむね100メートル」との距離制限に適合しないとの理由で不許可処分を受けた者が、距離制限は憲法22条1項に違反すると主張して、不許可処分の取消しを求めて出訴した事件である。一審（広島地判昭42・4・17 行集18・4・501）は憲法判断をせずに不許可処分を取消し、二審（広島高判昭43・7・30 行集19・7・1346）は距離制限を合憲としたが、最高裁は、次のように述べて、裁判官の全員一致で、条例による距離制限を認める薬事法の規定を違憲とした。

「規制措置が憲法22条1項にいう公共の福祉のために要求されるものとして是認されるかどうかは、これを一律に論ずることができず、具体的な規制措置について、規制の目的、必要性、内容、これによって制限される職業の自由の性質、内容及び制限の程度を検討し、これらを比較考量したうえで慎重に決定されなければならない。」

「一般に許可制は、単なる職業活動の内容及び態様に対する規制を超えて、狭義における職業の選択の自由そのものに制約を課するもので、職業の自由に対する強力な制限であるから、その合憲性を肯定しうるためには、原則として、重要な公共の利益のために必要かつ合理的な措置であることを要し、また、それが社会政策ないしは経済政策上の積極的な目的のための措置ではなく、自由な職業活動が社会公共に対してもたらす弊害を防止するための消極的、警察的措置である場合には、許可制に比べて職業の自由に対するよりゆるやかな制限である職業活動の内容及び態様に対する規制によっては右の目的を十分に達成することができないと認められることを要するもの、というべきである。」

「不良医薬品の供給……から国民の健康と安全とをまもるために、……許可制を採用したことは、それ自体としては公共の福祉に適合する目的のための必要かつ合理的措置として肯認することができる……。」

「〔薬事法に定める〕適正配置規制は、主として国民の生命及び健康に対する危険の防止という消極的、警察的目的のための規制措置であり、……小企業の多い薬局等の経営の保護というような社会政策的ないしは経済政策的目的は右の適正配置規制の意図するところではな」い。

「競争の激化―経営の不安定―法規違反という因果関係に立つ不良医薬品の供給の危険が、薬局等の段階において、相当程度の規模で発生する可能性があるとすることは、単なる観念上の想定にすぎず、確実な根拠に基づく合理的な判断とは認めがたいといわなければならない。」

「本件適正配置規制は、……全体としてその必要性と合理性を肯定しうるにはなお遠いものであり、この点に関する立法府の判断は、その合理的裁量の範囲を超えるものであるといわなければならない。」

「薬局の開設等の許可基準の一つとして地域的制限を定めた薬事法6条2項、4項（これらを準用する同法26条2項）は、不良医薬品の供給の防止等の目的のために必要かつ合理的な規制を定めたものということができないから、憲法22条1項に違反し、無効である。」

以上のように、最高裁は、「二重の基準」論（第6章 4 2参照）に基づき、経済的自由権に対する規制の合憲性審査については、よりゆるやかな「合理性の基準」を適用

している。さらにこの「合理性の基準」においては，当該規制の目的に応じて，その厳格性に差異が設けられている。すなわち，消極目的規制に対しては，規制が必要かつ合理的なものであるか，その規制手段よりもゆるやかな制限によっては目的が達成できないかどうかを審査する「厳格な合理性の基準」を適用し，積極目的規制に対しては，立法府がその裁量権を逸脱し，当該法的規制措置が著しく不合理であることの明白である場合に限って違憲とするという「明白の原則」を適用しているのである。

　裁判所がこのような区分を用いるについては，司法権の本来の役割とその機能の限界が深く関係している。

　立法など公権力の行為が問題となる事件において，裁判所が果たすべき基本的な役割は，当該行為の適法性を判断することにある。他者の生命・健康に直接危険が及ぶのを防止する消極目的規制の場合には，規制をしなければそのような弊害が発生するか否かを客観的に判定することが比較的容易であり，それを根拠として，裁判所は，規制に必要性・合理性が認められないものを違憲とする法的判断をすることができる。

　これに対し，社会国家・福祉国家の理念を実現するために行われる積極目的規制の場合には，当該政策の妥当性を必ずしも客観的・法的に明らかにできるわけではなく，その判定には主観的・政治的な判断が必要となる。このような立法政策に対する政治的判断は，第一義的には，国民の多数意思を反映する立法府の裁量に委ねられるべきものであり，裁判所は，積極目的規制については当該規制が著しく不合理であることが明白である（明らかに違法と判断できる）場合を除いては，立法府の政策には一応の合理性があるという前提（合憲性の推定）の下に，その裁量判断を尊重せざるをえないのである。

　目的二分論の限界　　しかしながら，目的二分論に依拠する審査基準は，どのような規制に対しても普遍的に適用可能なものとはいえない。規制のなかには，消極・積極いずれの目的であるかを判断することが困難なものが少なくないうえに，時間の経過とともに，立法目的の解釈が変わってしまう場合もありうるからである。

　公衆浴場設置場所配置基準を都道府県条例で定めるべき旨規定する公衆浴場法2条3項に基づいて福岡県条例で定められた公衆浴場設置場所配置基準の合憲性が争われた事件で，最高裁（最大判昭30・1・26刑集9・1・89）は，適正配置規制を行わない場合

に生じうる弊害として，公衆浴場の偏在がもたらす不便，濫立による無用の競争，経営不合理化，衛生設備の低下等を挙げ，それを防止するための規制を行うことは憲法22条1項に違反しないと判示した。明言はされていないものの，最高裁はこの制限を消極目的規制とみていたと思われる。しかし，その約30年後に発生した類似の事件では，最高裁（最二判平1・1・20刑集43・1・1）は，自家風呂の普及で公衆浴場の経営が困難になってきている状況をふまえて，公衆浴場法を「公衆浴場業者が経営の困難から廃業や転業をすることを防止し，健全で安定した経営を行えるように」するための「積極的，社会経済政策的な規制目的に出た立法」と捉え，「立法府のとつた手段がその裁量権を逸脱し，著しく不合理であることの明白な場合に限り，これを違憲とすべきである」という「明白の原則」を適用して，当該規制を合憲としている。しかしその一方で，同年，別の類似事件（最三判平1・3・7判時1308・111判タ694・84）では，公衆浴場適正配置規制の目的には「国民保健及び環境衛生の確保」という消極目的と，「既存公衆浴場業者の経営の安定を図ることにより，自家風呂を持たない国民にとって必要不可欠な厚生施設である公衆浴場自体を確保しようとすること」という積極目的の両面があるとしたうえで，適正配置規制はこれらの目的を達成するための「必要かつ合理的な範囲内の手段」であり，合憲であるとしている。

　酒類販売の免許制（「許可制」と同義）を定める酒税法の合憲性が争われた「酒類販売免許制違憲訴訟」で，最高裁（最三判平4・12・15民集46・9・2829）は，職業の自由に対する強力な制限である許可制が合憲とされるためには，「重要な公共の利益のために必要かつ合理的な措置であることを要する」としながらも，酒類販売免許制度を「租税の適正かつ確実な賦課徴収を図るという国家の財政目的のため」の規制と位置づけ，「酒類販売業免許制度を存置すべきものとした立法府の判断が，……政策的，技術的な裁量の範囲を逸脱するもので，著しく不合理であるとまでは断定し難い」として，これを合憲と判示した。

　国内の生糸生産業者を保護するため外国からの生糸の輸入を制限する繭糸価格安定法改正に対して国家賠償が請求された「西陣ネクタイ訴訟」で，最高裁（最三判平2・2・6訟月36・12・2242）は，「積極的な社会経済政策の実施の一手段として，個人の経済活動に対し一定の合理的規制措置を講ずることは，憲法が予定し，かつ，許容する

ところであるから、裁判所は、立法府がその裁量権を逸脱し、当該規制措置が著しく不合理であることの明白な場合に限って、これを違憲としてその効力を否定することができる」とし、繭糸価格安定法改正による規制は、国家賠償法の適用上、違法の評価を受けるものではないと判示した。

　登記に関する手続の代理等の業務を司法書士以外の者が行うことを禁じている司法書士法の規定の合憲性が争われた「司法書士法違反事件」で、最高裁（最三判平12・2・8刑集54・2・1）は、司法書士法の規定は、「登記制度が国民の権利義務等社会生活上の利益に重大な影響を及ぼすものであることなどにかんがみ、……司法書士及び公共嘱託登記司法書士協会以外の者が、他人の嘱託を受けて、登記に関する手続について代理する業務及び登記申請書類を作成する業務を行うことを禁止し、これに違反した者を処罰することにしたものであって、右規制が公共の福祉に合致した合理的なもので憲法21条1項に違反するものでない」ことは明らかであると判示したが、目的二分論などの合憲性審査基準は明示しなかった。

　以上のように、目的二分論に依拠した審査基準は、今日、規制にどの程度の合理性が要求されるかを考えるうえでの一応の目安とはなっているものの、目的の別のみで規制措置の合憲性を判断することは困難であり、規制の態様をも考慮することが必要となってきている。純然と消極目的規制であることが明白な場合はともかく、社会・経済政策的要素や、国家の財源確保など消極・積極いずれとも判じがたい目的が混在するような場合には、結局のところ、民主主義的正統性に裏付けられた立法府および行政府の政策判断に信頼を置くほかなく、それは必然的に審査基準の緩和傾向を導くことになるものと考えられる。

3 / 財　産　権

I　財産権の意義

> 憲法29条　①　財産権は、これを侵してはならない。

> ② 財産権の内容は，公共の福祉に適合するやうに，法律でこれを定める。
> ③ 私有財産は，正当な補償の下に，これを公共のために用ひることができる。

憲法29条が保障する財産権には，物権（特定の物を直接支配する権利），債権（特定の者が他の特定の者に対して給付を請求する権利）をはじめ，知的財産権，パブリシティの権利（自己の氏名・肖像等を対価を得て商業利用させる権利），特別法上の権利（鉱業権，漁業権など）その他，経済的価値を有する一切の権利が含まれる。

財産権の保障は，一般に，財産に関する個人の主観的権利の保障とともに，個人が財産権を享有しうる法制度の保障をも意味するとみられている。憲法29条2項は，財産権が「公共の福祉」のために法律上の制約に服することを示唆しているが，その場合でも，財産権の基礎をなす私有財産制を完全に否定するような法律をつくることは許されない（「制度的保障」としての私有財産制の保障）。判例（最大判昭62・4・22民集41・3・408）も，「憲法29条は……私有財産制度を保障しているのみでなく，社会的経済的活動の基礎をなす国民の個々の財産権につきこれを基本的人権として保障する」と述べ，この理解によることを明らかにしている。

2 財産権規制の合憲性審査基準

職業選択の自由と同じく，財産権も，他者の権利を守るという消極目的のための内在的制約のほか，社会・経済政策上の積極目的のための政策的制約にも服する。すでに述べたように，「小売市場距離制限事件」や「薬局距離制限事件」で示された目的二分論的な合憲性審査基準は，現在ではその有用性に疑問がもたれるようになってきているが，財産権規制立法の憲法適合性が問題となった判例では，目的のいかんにかかわらず，規制手段の合理性・必要性などを比較考量する手法を用いて合憲性を判断する傾向がいっそう顕著に表れている。

共有森林につき持分価額が過半数に満たない共有者の森林分割請求権を否定していた森林法186条（当時）の合憲性が争われた「森林法共有林事件」で，最高裁（最大判昭62・4・22民集41・3・408）は，この規制の目的が森林経営の安定を図り，国民経済の発展に資するという積極的なものであることを認めながらも，消極目的規制の場合と

同じく厳格な合理性の基準を用いて，森林法186条を憲法29条2項違反と判示した。

> **判例**
>
> 森林法共有林事件（最大判昭62・4・22民集41・3・408）
>
> 父親から山林の生前贈与を受けた兄弟が，これを各々2分の1ずつ共有登記していたところ，弟の反対を押し切って兄が山林の一部を伐採したことから争いとなり，弟は持分に応じた山林の分割を求めて提訴した。しかし，森林法186条（当時）は，共有森林につき持分価額が過半数に満たない共有者の森林分割請求権を否定していたため，原告は同条の違憲性を主張した。最高裁は，次のように述べて，森林法186条を憲法29条2項違反とした。
>
> 「財産権に対して加えられる規制が憲法29条2項にいう公共の福祉に適合するものとして是認されるべきものであるかどうかは，規制の目的，必要性，内容，その規制によって制限される財産権の種類，性質及び制限の程度等を比較考量して決すべきものであるが，裁判所としては，立法府がした右比較考量に基づく判断を尊重すべきものであるから，立法の規制目的が前示のような社会的理由ないし目的に出たとはいえないものとして公共の福祉に合致しないことが明らかであるか，又は規制目的が公共の福祉に合致するものであつても規制手段が右目的を達成するための手段として必要性若しくは合理性に欠けていることが明らかであつて，そのため立法府の判断が合理的裁量の範囲を超えるものとなる場合に限り，当該規制立法が憲法29条2項に違背するものとして，その効力を否定することができるものと解するのが相当である……。」
>
> 森林法186条の立法目的は，「森林の細分化を防止することによつて森林経営の安定を図り，ひいては森林の保続培養と森林の生産力の増進を図り，もつて国民経済の発展に資することにあると解すべき」であり，そのように解される限り，「公共の福祉に合致しないことが明らかであるとはいえない。」
>
> しかし，「共有森林の共有者間の権利義務についての規制は，森林経営の安定を直接的目的とする前示の森林法186条の立法目的と関連性が全くないとはいえないまでも，合理的関連性があるとはいえない。」
>
> 「共有者間，ことに持分の価額が相等しい2名の共有者間において，共有物の管理又は変更等をめぐつて意見の対立，紛争が生ずるに至つたときは，各共有者

---

11) 森林法186条（当時）「森林の共有者は，民法第二百五十六条第一項（共有物の分割請求）の規定にかかわらず，その共有に係る森林の分割を請求することができない。但し，各共有者の持分の価額に従いその過半数をもつて分割の請求をすることを妨げない。」

は、……管理又は変更の行為を適法にすることができないこととなり、ひいては当該森林の荒廃という事態を招来することとなる。……森林法186条が共有森林につき持分価額2分の1以下の共有者に民法の右規定〔256条1項〕[12]の適用を排除した結果は、右のような事態の永続化を招くだけであつて、当該森林の経営の安定化に資することにはならず、森林法186条の立法目的と同条が共有森林につき持分価額2分の1以下の共有者に分割請求権を否定したこととの間に合理的関連性のないことは、これを見ても明らかであるというべきである。」

「現物分割においても、当該共有物の性質等又は共有状態に応じた合理的な分割をすることが可能であるから、共有森林につき現物分割をしても直ちにその細分化を来すものとはいえないし、また、同条2項は、競売による代金分割の方法をも規定しているのであり、この方法により一括競売がされるときは、当該共有森林の細分化という結果は生じないのである。したがつて、森林法186条が共有森林につき持分価額2分の1以下の共有者に一律に分割請求権を否定しているのは、同条の立法目的を達成するについて必要な限度を超えた不必要な規制というべきである。」

「以上のとおり、森林法186条が共有森林につき持分価額2分の1以下の共有者に民法256条1項所定の分割請求権を否定しているのは、森林法186条の立法目的との関係において、合理性と必要性のいずれをも肯定することのできないことが明らかであつて、この点に関する立法府の判断は、その合理的裁量の範囲を超えるものであるといわなければならない。したがつて、同条は、憲法29条2項に違反し、無効というべきであるから、共有森林につき持分価額2分の1以下の共有者についても民法256条1項本文の適用があるものというべきである。」

　財産権規制をめぐっては、このほかにも、インサイダー取引[13]を規制する証券取引法（現・金融商品取引法）164条1項について、上記「森林法共有林事件」最高裁判決の判断枠組みを踏襲し、「一般投資家が不利益を受けることのないようにし、国民経済上重要な役割を果たしている証券取引市場の公平性、公正性を維持するとともに、これに対する一般投資家の信頼を確保する」という規制目的と、「秘密を不当に利用す

---

[12]　民法256条1項「各共有者は、いつでも共有物の分割を請求することができる。ただし、五年を超えない期間内は分割をしない旨の契約をすることを妨げない。」

[13]　会社の役員・職員・主要株主等が、その地位または職務によって知りえた未公表の内部情報を利用して、有価証券の売買取引を行うことを、内部者取引（インサイダー取引）という。

る取引への誘因を排除する」という規制手段の双方を審査し，同法164条1項は，「その規制目的は正当であり，規制手段が必要性又は合理性に欠けることが明らかであるとはいえないのであるから，同項は，公共の福祉に適合する制限を定めたものであって，憲法29条に違反するものではない」とした判例がある（最大判平14・2・13民集56・2・331）。

3　条例による財産権規制

　公共の福祉を理由とする財産権の制限は「法律でこれを定める〔傍点は引用者〕」(憲29②)と明記されている。したがって，法律の根拠なしに，政令など行政府の命令のみで規制を行うことはできないが，この規定が地方公共団体の条例による規制を許さない趣旨であるかどうかが問題となる。

　ため池の破損等による災害を防止するため，ため池の堤とう（土手）に農作物を植える行為を禁止する条例の合憲性が争われた「奈良県ため池条例事件」で，最高裁（最大判昭38・6・26刑集17・5・521）は，ため池破損の原因となるような堤とうの使用は憲法・民法の保障する財産権の行使の埒外にあり，条例によってこれを禁止・処罰することができると判示した。

判例

奈良県ため池条例事件（最大判昭38・6・26刑集17・5・521）

　奈良県の「ため池の保全に関する条例」（昭和29年9月24日公布）4条2号は「ため池の堤とうに竹木若しくは農作物を植え，又は建物その他の工作物（ため池の保全上必要な工作物を除く。）を設置する行為」を禁じ，9条で違反者を3万円以下の罰金に処する旨定めていた。本件は，従前からため池堤とうで耕作を続けてきた者が，条例制定後も耕作を続けたため，同条例違反に問われた事件である。最高裁は，次のように述べて，同条例を合憲とした。

　「〔同条例4条2号は〕ため池の堤とうの使用に関し制限を加えているから，ため池の堤とうを使用する財産上の権利を有する者に対しては，その使用を殆んど全面的に禁止することとなり，同条項は，結局右財産上の権利に著しい制限を加えるものであるといわなければならない。」

　「本条例4条2号の禁止規定は，堤とうを使用する財産上の権利を有する者であると否とを問わず，何人に対しても適

用される。ただ、ため池の堤とうを使用する財産上の権利を有する者は、本条例1条の示す目的のため、その財産権の行使を殆ど全面的に禁止されることになるが、それは災害を未然に防止するという社会生活上の已むを得ない必要から来ることであつて、ため池の堤とうを使用する財産上の権利を有する者は何人も、公共の福祉のため、当然これを受忍しなければならない責務を負うというべきである。すなわち、ため池の破損、決かいの原因となるため池の堤とうの使用行為は、憲法でも、民法でも適法な財産権の行使として保障されていないものであつて、憲法、民法の保障する財産権の行使の埒外にあるものというべく、従つて、これらの行為を条例をもつて禁止、処罰しても憲法および法律に牴触またはこれを逸脱するものとはいえないし、また右条項に規定するような事項を、既に規定していると認むべき法令は存在していないのであるから、これを条例で定めたからといつて、違憲または違法の点は認められない。」

【入江俊郎裁判官補足意見】「憲法94条は、地方公共団体は、その財産を管理し、事務を処理し、行政を執行する権能を有し、法律の範囲内で条例を制定することができると規定しており、地方自治法14条1項は、普通地方公共団体は、法令に違反しない限りにおいて、同法2条2項の事務に関し条例を制定できることを定めている。……普通地方公共団体は、その行政を執行するに伴い、必要ある場合には、法令に違反しない限りにおいて、行政事務として、人の権利、自由を規制することができ、これがため条例を制定することができるのであつて、……これがために一々の事務につき、法律による特別の委任、授権の必要はないのである。もちろん、法令に違反しない限りというのは、……地方公共団体が、条例で基本的人権につき、いかなる制限もできるというわけではない。〔しかし〕……基本的人権の享有は、公共の福祉に適合するものでなければならないことは、憲法12条、13条の示すところであるから、……公共の福祉と相容れないことの明らかな、本条例4条2号の禁止している行為を、敢てなし得る自由を認容する法的秩序が、既に存在するものとは到底考えられず、また、右条項に規定するような事項を既に規定していると認むべき法令も存在しない。」

　この判決における入江俊郎裁判官の補足意見でも指摘されているように、憲法94条は、地方公共団体が「法律の範囲内で」条例を制定することができるとしていることから、この制約の下で、実際にも多くの財産権制限が条例により行われている。

4　財産権の制限と損失補償

　憲法29条3項は、「私有財産は、正当な補償の下に、これを公共のために用ひることができる」と定める。正当な補償を条件として、個人の私有財産を公権力が公共のために用いる場合とは、公用収用および公用制限[14]を指している。[15]

　しかし、公権力が個人の財産を収奪・制限するすべての場合に補償が必要とされるわけではない。たとえば租税や罰金を課したり、武器など公共の安全を害するものの所持を禁ずるなどの制限は、財産権に内在する社会的制約の範囲内にあり、国民が一般に受忍すべきものとみなされ、補償は不要とされる。しかし、内在的制約を超えて特定の個人に「特別の犠牲」を強いる場合には、補償が必要となる。

　どのような制約が補償を要する「特別の犠牲」に当たるのかの判断基準については、侵害行為の対象が広く一般人か特定の個人または集団であるかという形式的要件、および、侵害行為が内在的制約として受忍すべき限度内であるか、それをこえて財産権の本質的内容を侵すほど強度なものであるかという実質的要件の二つを総合的に考慮して判断すべきだとするのが、従来の通説的見解であった。しかし最近では、実質的要件を中心に補償の要否を判断すべきであるとする見解が有力になってきている。すなわち、「①財産権の剥奪ないし当該財産権の本来の効用の発揮を妨げることとなる[16]ような侵害については、権利者の側にこれを受忍すべき理由がある場合でないかぎり、当然に補償を要するが、②その程度に至らない規制については、(i)当該財産権の規制が社会的共同生活との調和を保っていくために必要とされるものである場合には、財

---

14)　道路、鉄道、公園、学校、病院等の建設など、特定の公共事業の用に供するために、国または地方公共団体等が特定の財産権を強制的に取得することを、公用収用という。土地収用はその代表例であり、そのための法律として土地収用法が制定されている。

15)　特定の公共事業の必要を満たすために、特定の財産権に加えられる公法上の制限を、公用制限という。保安林に対する制限、重要文化財に関する現状変更等の制限などはその代表例である。財産の強制的剥奪である公用収用と異なり、公用制限は単なる制限にとどまるが、制限のために損害が生じた場合には損失補償の対象となる場合がある。

16)　「効用」は、経済学用語で、財やサービスがそれを消費・利用する人を満足させる度合いを意味する。

産権に内在する社会的拘束の表われとして補償は不要（たとえば，建築基準法に基づく建築の制限），(ii)他の特定の公益目的のため当該財産権の本来の社会的効用とは無関係に偶然に課せられるものである場合には補償が必要（たとえば，重要文化財の保全のための制限など）」というものである。[17]

なお，補償は通常，財産権制限の根拠となる法令（土地収用法など）の規定に基づいて行われるが，関係法令上に補償規定がない場合でも，憲法29条3項を直接の根拠として補償請求をすることができる，とするのが通説および判例（最大判昭43・11・27刑集22・12・1402）の見解である。

公用収用・公用制限以外の原因により生じた損害が問題となった事例として，予防接種法に基づいて実施され，あるいは国の行政指導に基づいて行われた予防接種を受けた結果，ワクチンの副作用で死亡あるいは後遺障害を残すに至った被害児およびその親ら160名が，国を相手取り，損害賠償，および憲法29条3項に基づく損失補償を請求した「予防接種ワクチン禍事件」がある。一審（東京地判昭59・5・18判時1118・28判タ527・165）は，「憲法13条後段，25条1項の規定の趣旨に照らせば，財産上特別の犠牲が課せられた場合と生命，身体に対し特別の犠牲が課せられた場合とで，後者の方を不利に扱うことが許されるとする合理的理由は全くない」から，「生命，身体に対して特別の犠牲が課せられた場合においても，右憲法29条3項を類推適用し，かかる犠牲を強いられた者は，直接憲法29条3項に基づき，被告国に対し正当な補償を請求することができると解するのが相当である」としたが，二審（東京高判平4・12・18高民集45・3・212）は，厚生大臣の過失を認定して国家賠償請求を認める一方で，「生命身体はいかに補償を伴ってもこれを公共のために用いることはできないものであるから，許すべからざる生命身体に対する侵害が生じたことによる補償は，本来，憲法29条3項とは全く無関係のものである」がゆえに，「生命身体は財産以上に貴重なものであるといった論理により類推解釈ないしもちろん解釈〔傍点は引用者〕[18]をすることは当を得ない」として，損失補償請求を認めなかった。

戦争による損害について国に補償義務があるかどうかも，いくつかの裁判で争われ

---

17) 芦部信喜（高橋和之補訂）『憲法（第四版）』（岩波書店，2007年）224-225頁。

てきた。旧日本軍の軍人・軍属，軍隊慰安婦であった韓国人とその遺族計35名が，旧日本軍によって耐えがたい苦痛を被ったなどとして，日本国に対し，1人当たり2,000万円の損失補償ないし損害賠償を求めた「韓国人従軍慰安婦訴訟」で，最高裁（最二判平16・11・29判時1879・58判タ1170・144）は，「軍人軍属関係の上告人らが被った損失は，第二次世界大戦及びその敗戦によって生じた戦争犠牲ないし戦争損害に属するものであって，これに対する補償は，憲法の全く予想しないところというべきであり，このような戦争犠牲ないし戦争損害に対しては，単に政策的見地からの配慮をするかどうかが考えられるにすぎないとするのが，当裁判所の判例の趣旨とするところである」から，憲法29条3項は適用されないと判示した。戦争による損害は，国民一般が受忍しなければならない内在的制約とみられているのである。

5　正当な補償

　憲法29条3項の「正当な補償」がどの程度の補償を意味するかについての学説には，市場価格に基づいて損失分を全額補償すべきであるとする完全補償説，合理的に算出された相当額であれば市場価格を下回ってもよいとする相当補償説，および，完全補償説を原則としつつ例外的に相当補償を認める完全補償原則説がある。

　終戦直後，旧自作農創設特別措置法によって農地を買収された者が，その対価が「正当な補償」とはいえないとして買収価格の増額を求めて争った「農地改革事件」で，最高裁（最大判昭28・12・23民集7・13・1523）は，「正当な補償とは，その当時の経済状態において成立することを考えられる価格に基き，合理的に算出された相当な額をいうのであつて，必ずしも常にかかる価格と完全に一致することを要するものでない」とする相当補償説の立場から，低廉な買収価格を「正当な補償」と認めた。その後，「土地収用法における損失の補償は，……その収用によって当該土地の所有者等

18）　ある事項を直接規定した法規がない場合に，それに最も類似した事項を規定する法規を適用することを，「類推解釈」という。これに対し，「勿論解釈」は，ある事項について規定がある場合，その規定を拡張して他の事項に適用することを自明・当然のこととみなす解釈をいう。たとえば，皇室典範21条および国事行為の臨時代行に関する法律6条において，摂政および国事行為臨時代行が在任中「訴追されない」と定められていることに注目し，類似の規定のない天皇についても「もちろん刑事責任を問われない」と解するのがそれに当たる（第2章1 4参照）。

が被る特別な犠牲の回復をはかることを目的とするものであるから，完全な補償，すなわち，収用の前後を通じて被収用者の財産価値を等しくならしめるような補償をなすべきであ」る（最一判昭 48・10・18 民集 27・9・1210）とする判例も現れたが，相当補償の考え方自体は近時の判例（最三判平 14・6・11 民集 56・5・958）においても依然として踏襲されている。

なお，土地などの収用の場合，土地の市場価格のみを完全補償しても，転居や生活様式の変化によって，従前の生活水準を維持できないおそれがあることから，立法政策として，生活建て直し補償などの名目で生活権補償が行われることがある。

4 居住・移転の自由

1 居住・移転の自由の意義

> 憲法 22 条 1 項　何人も，公共の福祉に反しない限り，居住，移転及び職業選択の自由を有する。

憲法 22 条 1 項が保障する居住・移転の自由とは，住所または居所を決定し，移動する自由，および，自己の意に反して住所または居所を変更されることのない自由を意味する。近代化とともに人々が封建時代における移動の自由に対する制約から解放されたという歴史的背景や，人の自由な移動が労働力の商品化を可能にし，それが市場原理に基づく自由な経済活動の条件を用意することにかんがみ，ここでは一応，経済的自由権の一つに分類しているが，居住・移転の自由は，当然のことながら，身体的自由権としての側面をもち，また，自由な移動を通じてさまざまな情報を得る機会を確保するという意味では精神的自由権の要素をも併せもっている。

19）　民法 23 条 1 項は，「住所が知れない場合には，居所を住所とみなす」と定めている。すなわち，住所がないとき，または不明のときは，現にその人のいる場所が住所とみなされ，住所について認められるのと同じ法律効果が与えられる。これを「居所」という。

2 居住・移転の自由に対する制約

破産法37条1項　破産者は，その申立てにより裁判所の許可を得なければ，その居住地を離れることができない。
自衛隊法55条　自衛官は，防衛省令で定めるところに従い，防衛大臣が指定する場所に居住しなければならない。
民法752条　夫婦は同居し，互いに協力し扶助しなければならない。
民法821条　子は，親権を行う者が指定した場所に，その居所を定めなければならない。
感染症法（「感染症の予防及び感染症の患者に対する医療に関する法律」）19条　①　都道府県知事は，一類感染症のまん延を防止するため必要があると認めるときは，当該感染症の患者に対し特定感染症指定医療機関若しくは第一種感染症指定医療機関に入院し，又はその保護者に対し当該患者を入院させるべきことを勧告することができる。ただし，緊急その他やむを得ない理由があるときは，特定感染症指定医療機関若しくは第一種感染症指定医療機関以外の病院若しくは診療所であって当該都道府県知事が適当と認めるものに入院し，又は当該患者を入院させるべきことを勧告することができる。
②　都道府県知事は，前項の規定による勧告をする場合には，当該勧告に係る患者又はその保護者に対し適切な説明を行い，その理解を得るよう努めなければならない。
③　都道府県知事は，第一項の規定による勧告を受けた者が当該勧告に従わないときは，当該勧告に係る患者を特定感染症指定医療機関又は第一種感染症指定医療機関（……省略……）に入院させることができる。
④　第一項及び前項の規定に係る入院の期間は，七十二時間を超えてはならない。
⑤　都道府県知事は，緊急その他やむを得ない理由があるときは，第一項又は第三項の規定により入院している患者を，当該患者が入院している病院又は診療所以外の病院又は診療所であって当該都道府県知事が適当と認めるものに入院させることができる。
⑥　第一項又は第三項の規定に係る入院の期間と前項の規定に係る入院の期間とを合算した期間は，七十二時間を超えてはならない。
⑦　都道府県知事は，第一項の規定による勧告又は第三項の規定による入院の措置をしたときは，遅滞なく，当該患者が入院している病院又は診療所の所在地を管轄する保健所について置かれた第二十四条第一項に規定する協議会に報告しなければならない。
感染症法（「感染症の予防及び感染症の患者に対する医療に関する法律」）22条の2　第十七条から第二十一条までの規定により実施される措置は，感染症を公衆にまん延

> させるおそれ，感染症にかかった場合の病状の程度その他の事情に照らして，感染症の発生を予防し，又はそのまん延を防止するため必要な最小限度のものでなければならない。

　憲法22条1項は，居住・移転の自由に対しても「公共の福祉」による制約を明記し，上に掲(かか)げたように，法律のなかには，居住・移転の自由に制約を課しているものがある。しかし，居住・移転の自由は，経済的自由権としてだけでなく，身体的自由権および精神的自由権としての性格をも併(あわ)せもっていることから，それらのうちどの側面が強く表れているかに応じて，審査基準の厳格性に差異をもたせることが必要であるとみられている。

　破産法37条1項や自衛隊法55条のような規制は，主として経済的自由権の側面に向けられた制約である。これらについては，職業選択の自由の場合と同じ基準を適用すべきであり，立法目的と規制手段との間に合理的関連性が認められれば合憲と解される。民法752条，821条のような規制は，主として身体的自由権の側面に向けられた制約であるが，これらの合憲性は「事物の性質上当然認められる制限として正当化される[20]」などと説明される。また，感染症患者の強制入院等の措(そ)置(ち)を定める感染症法は，そのような患者を放置した場合に多数人の生命・健康に甚(じん)大(だい)な被害をもたらすことが明白であることや，その前文で感染症患者の「人権の尊重」を謳(うた)い，「最小限度の措(そ)置(ち)の原則」や入院期間の限定など過度な人権の制限を防ぐための規定を設けていることから，合憲性を肯定することができるであろう。

---

[20]　野中俊彦・中村睦男・高橋和之・高見勝利『憲法Ⅰ（第4版）』（有斐閣，2006年）442頁〔高見執筆〕。

5 外国移住，国籍離脱の自由

1 海外渡航の自由

> 憲法22条2項　何人(なんぴと)も，外国に移住し，又は国籍を離脱する自由を侵されない。

　憲法22条2項は，移動の自由の一つとして，国外への移動，すなわち外国移住の自由を規定している。字義そのものは，外国に居住するための長距離かつ長期間の移動を意味し，外国旅行のような短期間の移動の自由（海外渡航の自由）に直接言及する憲法規定はないが，海外渡航の自由は外国移住の自由に含まれるとするのが通説・判例の見解である。

　元参議院議員・帆足計(ほあしけい)が，外務大臣に対し，ソ連で開催される国際経済会議参加のため旅券の発給を申請したところ，「著(いちじる)しく且(か)つ直接に日本国の利益又は公安を害する行為を行う虞(おそれ)があると認めるに足りる相当の理由がある者」に旅券発給を拒否できるとする旅券法13条1項5号（現7号）に該当するとの理由で外務大臣が発給を拒否したため，帆足らが損害賠償を求めて提訴した「帆足計事件」で，最高裁（最大判昭33・9・10民集12・13・1969）は，「憲法22条2項の『外国に移住する自由』には外国へ一時旅行する自由を含むものと解すべきであるが，外国旅行の自由といえども無制限のままに許されるものではなく，公共の福祉のために合理的な制限に服するものと解すべきであ」り，旅券法13条1項5号は「外国旅行の自由に対し，公共の福祉のために合理的な制限を定めたものとみることができ，……漠然(ばくぜん)たる基準を示す無効のものであるということはできない」として，これを合憲と判示した。

2 国籍離脱の自由

> 憲法10条　日本国民たる要件は，法律でこれを定める。
> 憲法22条2項　何人(なんぴと)も，外国に移住し，又は国籍を離脱する自由を侵されない。
> 国籍法11条　①　日本国民は，自己の志望によって外国の国籍を取得したときは，日

> 本の国籍を失う。
> ② 外国の国籍を有する日本国民は，その外国の法令によりその国の国籍を選択したときは，日本の国籍を失う。
> 国籍法13条 ① 外国の国籍を有する日本国民は，法務大臣に届け出ることによって，日本の国籍を離脱することができる。
> ② 前項の規定による届出をした者は，その届出の時に日本の国籍を失う。

人が特定の国の国民である場合に，その国民たる資格を国籍という。憲法10条により，日本国民たる要件は法律で定めるものとされ，その具体的内容は国籍法で定められている。補訂13

憲法22条2項は国籍離脱の自由を保障しているが，国籍法は外国の国籍を有することを日本国籍離脱の条件としており，いわゆる無国籍者となる自由を認めていない。また，国籍離脱の届出をした者は「その届出の時に日本の国籍を失う」(国籍13②)とされているのは，「国籍唯一の原則」に基づいて重国籍の発生を防止する趣旨である。

もっとも，国籍の得喪に関する事項は各国の国内法の規定に委ねられているため，重国籍の発生を完全に防止することはできず，「今後は（たとえば，ヨーロッパでは1993年にストラスブール条約が改定されて締約国の間で重国籍が認められているように），二重国籍をもつ自由や無国籍になる自由も保障されるか否かが議論になることが予想される」などといわれている。しかし，国籍は政治権力の樹立や国策の決定に重要な影響を及ぼす参政権や，公権力の行使にかかわる公務への就任権を享有するために不可欠の要件であるがゆえに，国家への忠誠（少なくとも国家・国民に害をなさないこと）の問題を度外視したまま，安易に国籍要件の緩和等を認めるべきではなく，二重国籍は主として国益の観点から，無国籍は人権保護の観点から，その自由を認めることは適当ではないというべきであろう。

---

21) 辻村みよ子『憲法（第3版）』(日本評論社，2008年) 263-264頁。

第8章
身体的自由権

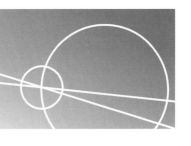

1 身体的自由権（人身の自由）の基本原則

I 奴隷的拘束・苦役からの自由

憲法18条　何人も，いかなる奴隷的拘束も受けない。又，犯罪に因る処罰の場合を除いては，その意に反する苦役に服させられない。
アメリカ合衆国憲法第13修正1節（1865年）[1]　奴隷制および意に反する苦役は，犯罪に対する処罰として当事者が適法に有罪宣告を受けた場合を除いて，合衆国またはその管轄に服するいかなる地域においても存在してはならない。
大日本帝国憲法20条　日本臣民ハ法律ノ定ムル所ニ従ヒ兵役ノ義務ヲ有ス
国際人権規約（B規約）（「市民的及び政治的権利に関する国際規約」）8条　① 何人も，奴隷の状態に置かれない。あらゆる形態の奴隷制度及び奴隷取引は，禁止する。
② 何人も，隷属状態に置かれない。
③ (a) 何人も，強制労働に服することを要求されない。
　(b) (a)の規定は，犯罪に対する刑罰として強制労働を伴う拘禁刑を科することができる国において，権限のある裁判所による刑罰の言渡しにより強制労働をさせることを禁止するものと解してはならない。
　(c) この③の規定の適用上，「強制労働」には，次のものを含まない。
　　(i) 作業又は役務であつて，(b)の規定において言及されておらず，かつ，裁判所の合法的な命令によつて抑留されている者又はその抑留を条件付きで免除されている者に通常要求されるもの

---

1) 以下本章において，アメリカ合衆国憲法の邦訳は，阿部照哉・畑博行（編）『世界の憲法集（第四版）』有信堂，6頁以下〔高井裕之訳〕による。

> (ⅱ) 軍事的性質の役務及び，良心的兵役拒否[2]が認められている国においては，良心的兵役拒否者が法律によって要求される国民的役務
> (ⅲ) 社会の存立又は福祉を脅かす緊急事態又は災害の場合に要求される役務
> (ⅳ) 市民としての通常の義務とされる作業又は役務
>
> 災害対策基本法65条1項　市町村長は，当該市町村の地域に係る災害が発生し，又はまさに発生しようとしている場合において，応急措置を実施するため緊急の必要があると認めるときは，当該市町村の区域内の住民又は当該応急措置を実施すべき現場にある者を当該応急措置の業務に従事させることができる。
>
> 国民保護法（「武力攻撃事態等における国民の保護のための措置に関する法律」）4条
> ① 国民は，この法律の規定により国民の保護のための措置の実施に関し協力を要請されたときは，必要な協力をするよう努めるものとする。
> ② 前項の協力は国民の自発的な意思にゆだねられるものであって，その要請に当たって強制にわたることがあってはならない。
> ③ （省略）

　憲法18条は，奴隷的拘束および苦役からの自由を定めている。公権力によって身体が不当に拘束されれば，個人は他のいかなる自由・権利を行使することもできなくなってしまうという意味で，身体的自由権は，基本的人権存立の前提をなすものである。明治憲法下の日本では，かつてアメリカ人がアフリカから連れてきた黒人に対して行っていたような奴隷的拘束の「制度」が存在していたわけではないが，日本国憲法は連合国軍総司令部（GHQ）民政局の人々が英語で作成した草案をベースにしており（第2章 *1* 1 参照），その過程で彼らの母国アメリカの憲法条文（第13修正1節）が念頭に置かれたのはごく自然なことであった。

　奴隷的拘束からの自由　「奴隷的拘束」とは，一般に，「自由な人格者であることと両立しない程度の身体の自由の拘束状態」[3]を意味するものと解されている。奴隷的拘束からの自由の保障は，その性質上，絶対的かつ無制約なものである。すなわち，「公共の福祉」を理由とする制約にも，公共の秩序・安全や他者の権利・自由を守る

---

2) 自己の良心に基づいて兵役の義務を拒否することができる制度を「良心的兵役拒否」という。良心的兵役拒否者には，非軍事的な代替役務が課されるのが一般的である。ドイツ連邦共和国基本法4条3項をはじめ，今日，兵役義務を定める国に広く普及している。
3) 芦部信喜（高橋和之補訂）『憲法（第四版）』（岩波書店，2007年）229頁。

ための内在的制約にも服することがない。また,「被拘束者が自ら進んで拘束されていることや,慈愛に富んだ拘束者の下で被拘束者が幸福に暮らしていることは,この禁止を除外する理由とならない。……奴隷的拘束からの自由は,本人がこれを放棄することもできない」[4]ともいうべきである。さらに,憲法18条は前段と後段の二文に分かれており,「犯罪に因る処罰の場合を除いては」という文言は意に反する苦役からの自由のみに付された留保であることから,たとえ犯罪による処罰（刑罰）の場合であっても,奴隷的拘束を受けさせることは許されないと解される。

この自由に関連しては,消費貸借契約に基づいて少女を酌婦として働かせること（前借金による芸娼妓担保契約）[5]が公序良俗違反で無効とされた判例（最二判昭30・10・7民集9・11・1616）があるが,奴隷的拘束からの自由は,公権力と個人の関係のみならず,私人相互間にも直接適用されるべきものと考えられる（第1章4 2参照）。

意に反する苦役からの自由　「苦役」とは,一般に,単なる強制労働を指すのではなく,「通常人が多少とも苦痛を感ずる程度の労役」[6]を意味するものと解されている。憲法18条は犯罪による処罰（刑罰）の場合を例外としており,懲役刑（刑9）[7]における労働の強制などはこれに該当するが,すでに述べたように,その場合であっても奴隷的拘束を受けさせるものであってはならず,また,後述するように,残虐な刑罰を科すことも絶対的に禁じられている（憲36）。

明治憲法20条には兵役の義務が規定され,日本臣民たるすべての男子が兵役に服させられた。もっとも兵役は,納税とならんで,近代国家における能動的市民の当然の義務と考えられてきた。このため,広い意味での国防の義務はもとより,その義務を具体的に履行させる方法として徴兵制をとる国は現在でも数多くみられ,国際人権

---

4) 長谷部恭男『憲法（第4版）』（新世社,2008年）255頁。
5) 高額の前借金を女子またはその親権者が受け取り,一定期間の就労契約を結んだうえで,就労期間中の芸娼妓の稼ぎを前借金に充当させるなど,実質的に人身売買と変わらない就労を強制することを,芸娼妓担保契約という。
6) 法学協会（編）『註解日本国憲法　上巻』（有斐閣,1953年）394-395頁。
7) 刑法9条は,主刑として死刑,懲役,禁錮,罰金,拘留及び科料を,付加刑として没収を定めている。このうち,懲役は,刑事施設に拘置して刑務作業を行わせるもの（刑12②）であるが,禁錮は刑務作業を科さないものである。

規約（B規約）8条3項も，兵役が「強制労働」に含まれない旨を明記している。昨今では，徴兵制をとる国は減少傾向にあるが，その理由は，人道上のものよりも，軍事技術の高度化・専門化によって，かつてほどのメリットを徴兵制に見出せなくなってきていることが大きい。日本国憲法には，徴兵制を禁止する明文規定があるわけではなく，上述のような国際社会の認識や現状に照らせば，徴兵制をとるか否かは，第一義的には立法政策の問題とみるべきであろう。しかし，日本国憲法は9条2項で戦力の不保持を定めており，政府解釈（第3章 2 4参照）が述べるように自衛隊が「戦力に当たらない」とすれば，軍隊が存在しない以上，徴兵制（国民皆兵制）は当然認められない（というより，念頭にない）ことから，多くの論者は，兵役の強制は憲法18条に違反すると考えており，政府も「平時であると有事であるとを問わず，憲法第13条，第18条などの規定の趣旨からみて，〔徴兵制は〕許容されるものではない」[8]との立場を明らかにしている。

国際人権規約（B規約）8条3項はまた，「社会の存立又は福祉を脅かす緊急事態又は災害の場合に要求される役務」が「強制労働」に含まれない旨を定めており，日本の国内法にも，住民等を非常災害時における救援活動等に従事させることを公権力の権限として規定したり（災害基65①），有事における国民保護措置実施への協力を国民に求める規定を置くもの（国民保護4）などがいくつかみられる。

2 適正手続の保障

> 憲法31条　何人も，法律の定める手続によらなければ，その生命若しくは自由を奪われ，又はその他の刑罰を科せられない。
> アメリカ合衆国憲法第5修正（1791年）（……省略……）何人も，法の適正な手続によらないで，生命，自由または財産を奪われることはない。（……省略……）
> アメリカ合衆国憲法第14修正1節（1868年）（……省略……）いかなる州も，法の適正手続によらないで何人からも生命，自由または財産を奪ってはならない。（……省略……）

---

[8] 「衆議院議員稲葉誠一君提出徴兵制問題に関する質問書に対する答弁書」（内閣衆質九二第四号，第92回衆議院，1980年8月15日）。

第 8 章 身体的自由権

> 大日本帝国憲法 23 条　日本臣民ハ法律ニ依ルニ非スシテ逮捕監禁審問処罰ヲ受クルコトナシ
>
> 大日本帝国憲法 8 条　① 天皇ハ公共ノ安全ヲ保持シ又ハ其ノ災厄ヲ避クル為緊急ノ必要ニ由リ帝国議会閉会ノ場合ニ於テ法律ニ代ルヘキ勅令ヲ発ス
> ② 此ノ勅令ハ次ノ会期ニ於テ帝国議会ニ提出スヘシ若議会ニ於テ承諾セサルトキハ政府ハ将来ニ向テ其ノ効力ヲ失フコトヲ公布スヘシ
>
> 行政手続法 13 条 1 項　行政庁は，不利益処分をしようとする場合には，次の各号の区分に従い，この章の定めるところにより，当該不利益処分の名あて人となるべき者について，当該各号に定める意見陳述のための手続を執らなければならない。
> 　一　次のいずれかに該当するとき　聴聞
> 　　イ　許認可等を取り消す不利益処分をしようとするとき。
> 　　ロ　イに規定するもののほか，名あて人の資格又は地位を直接にはく奪する不利益処分をしようとするとき。
> 　　ハ　名あて人が法人である場合におけるその役員の解任を命ずる不利益処分，名あて人の業務に従事する者の解任を命ずる不利益処分又は名あて人の会員である者の除名を命ずる不利益処分をしようとするとき。
> 　　ニ　イからハまでに掲げる場合以外の場合であって行政庁が相当と認めるとき。
> 　二　前号イからニまでのいずれにも該当しないとき　弁明の機会の付与

　明治憲法 23 条は，法律によらずに身体の拘束や処罰を受けない権利を定めていたが，法律自体が公権力による人権抑圧を容認するものであったり，法律によらず緊急勅令（明憲 8）で罰則を定めることも可能であったことなどから，臣民の身体的自由権はしばしば公権力による苛烈な抑圧を受けていた。日本国憲法はその反省に立ち，アメリカ合衆国憲法第 5 修正および第 14 修正 1 節にみられる「法の適正な手続」(due process of law) を念頭に，身体的自由権の通則として 31 条を置いたうえで，刑事手続における身体的自由権の個別規定（33 条から 39 条まで）を詳細に列挙している。

　もっとも，憲法 31 条自体は，刑事手続において個人の人身の自由を制限する措置は必ず「法律の定める手続」によらなければならないこと，すなわち法定手続の保障を規定しているだけで，文言上は明治憲法 23 条と大差がない。しかし，これを字義どおりに読むだけでは身体的自由権の通則としての意義を全うできないとの観点から，多くの論者は，以下のように，これを「手続・実体の法定」および「手続・実体の適

正」を要求する規定と解している。

　手続の法定　すべての国民が安心して生活できる社会を維持するためには，秩序を乱し，他者の権利・自由を侵害する者の行動（身体的自由権）に制約を加えることが不可欠となるが，国民主権の民主主義国家であれば，そのような制約を加える際の手順は，主権者国民の代表たる国会が憲法所定の手続に従って制定した法律によって定められなければならず，法律の根拠なしに行政府などが人身の自由を制約する措置をとることは許されない。具体的には，一連の刑事手続が刑事訴訟法という手続法に従って行われることが要求されるのであり，その意味で，憲法31条は，第一義的には「法定手続の保障」を定めたものということになる。

　手続の適正（due process of law）　法定手続が保障されれば，とりあえず，国民代表者の意思を無視して当局が人身の自由を不当に侵害する事態は防ぐことができる。しかし，もしも法律で定められた手続自体が人権抑圧的なものであったとしたら，それに従うことはかえって人権侵害をもたらすことになる。ゆえに刑事手続は，法定されていなければならないだけでなく，刑事訴訟法に規定された手続そのものの適正さが確保されていなければならない。そこで，憲法31条には「法律の定める手続」としか書かれていないところを，適正な手続まで保障しているというように読むことが必要になってくる。これは，英米法の領域で発展してきたdue process of lawの考え方と同じものである。手続の適正さの中心をなすものは，具体的には「告知」（どんな事実に基づいて身体を拘束されたり裁判にかけられたりしているのかを十分に知らされること）と「聴聞」（それに対して反論したり意見を聴いてもらう機会が十分に与えられること）の権利であるが，後述する黙秘権，弁護人依頼権などもそれに数えられることがある。貨物の密輸を企て，関税法違反で起訴された被告人らが，関税法118条1項により没収された貨物のなかに本人以外の者（第三者）の所有物が含まれており，第三者に告知・弁解・防御の機会を与えることなく第三者の所有物を没収するのは憲法

9）　権利義務の実質的な内容を実現するためにとるべき手続・方法を規定する法を，「手続法」（procedural law）という。具体的には，権利義務が私法上のものである場合には民事訴訟法を，刑事上のものである場合には刑事訴訟法を指すが，ある法令のなかの手続に関する個々の条文を指して「手続的規定」と呼ぶこともある。

違反であると主張した「第三者所有物没収事件」で，最高裁（最大判昭37・11・28刑集16・11・1593）は，「〔関税法118条1項は〕同項所定の犯罪に関係ある船舶，貨物等が被告人以外の第三者の所有に属する場合においてもこれを没収する旨規定しながら，その所有者たる第三者に対し，告知，弁解，防禦の機会を与えるべきことを定めておらず，また刑訴法その他の法令においても，何らかかる手続に関する規定を設けていない」から，この条項によって「第三者の所有物を没収することは，憲法31条，29条に違反する」と判示した．

　実体の法定（罪刑法定主義）　　一連の刑事手続が，刑事訴訟法という法律に基づいて行われ，かつ，その適正が確保されていたとしても，あらかじめ法律で罰則が定められていない行為が処罰されるようなことがあれば，基本的人権尊重の精神に大きく背馳することになる．そこで，憲法31条の文言には，裁判で適用される刑罰の内容も法律（刑法をはじめとする実体法[10]）で定められていなければならないという意味を読み込まなければならない．刑罰の実体を法律で定めるという考え方は，罪刑法定主義と呼ばれ，その趣旨は憲法31条のほかにも，同39条前段において「遡及処罰の禁止」という形で述べられている（本章3 6参照）．

　実体の適正（実体的適正手続）　　さらに，実体法である刑法も，単に法律という形式で定められているだけでは不十分である．もしも過度に人権抑圧的な刑罰が法定されていたとすれば，それもやはり憲法の理念に悖ることになるからである．ゆえに，憲法31条には，字義どおりの「法定手続」をはるかに越えて，実体法である刑法の内容的適正（実体の適正）を要求する趣旨までもが読み込まれることとなる．これを実体的適正手続の保障という．実体が適正であるための要件としては，①刑罰規定の明確性，②罪刑の均衡，③刑罰の謙抑主義，④不当な差別の禁止などが挙げられるが，②と④は憲法14条（法の下の平等），③は憲法36条（残虐刑の禁止）によっても担保されている原則であるから，憲法31条がカバーするものとしては，①が最も重要である．①の要件をどう判断すべきかについて，「徳島市公安条例事件」（第6章4 2参

---

10) 権利義務の種類，主体，要件，効果など，法律関係そのものについて規定する法を，「実体法」（substantive law）という．民法，刑法などがそれに当たる．また，ある法令のなかの実体に関する個々の条文を指して「実体的規定」と呼ぶこともある．

照)の最高裁判決(最大判昭 50・9・10 刑集 29・8・489)は,「ある刑罰法規があいまい不明確のゆえに憲法 31 条に違反するものと認めるべきかどうかは,通常の判断能力を有する一般人の理解において,具体的場合に当該行為がその適用を受けるものかどうかの判断を可能ならしめるような基準が読みとれるかどうかによつてこれを決定すべきである」と判示している。

行政手続への準用　　ところで,憲法 31 条は基本的に刑事裁判手続における身体的自由権の保障を念頭に置いたものであるが,行政庁が行う行政処分も,公権力の行使である以上,その対象となる個人の権利・自由になんらかの影響を及ぼすことがあり,行政罰と呼ばれる刑罰の一種が科せられることもある。それゆえ,行政処分上の手続についても憲法 31 条による法定・適正手続の保障が及ぶと解されている。つまり,行政処分手続にも憲法 31 条が準用され,行政処分を受ける個人には告知と聴聞の権利が保障されなければならないということである。

新東京国際空港の安全確保に関する緊急措置法(1988 年のいわゆる成田新法)に基づいて発せられた運輸大臣の工作物等使用禁止命令の取消しを求めて訴訟が提起された「成田新法事件」で,最高裁(最大判平 4・7・1 民集 46・5・437)は,「憲法 31 条の定める法定手続の保障は,……行政手続については,それが刑事手続ではないとの理由のみで,そのすべてが当然に同条による保障の枠外にあると判断することは相当ではない」としつつ,「一般に,行政手続は,刑事手続とその性質においておのずから差異があり,また,行政目的に応じて多種多様であるから,行政処分の相手方に事前の告知,弁解,防御の機会を与えるかどうかは,行政処分により制限を受ける権利利益の内容,性質,制限の程度,行政処分により達成しようとする公益の内容,程度,緊急性等を総合較量して決定されるべきものであって,常に必ずそのような機会を与えることを必要とするものではないと解するのが相当である」としたうえで,本件については,総合較量の結果,成田新法 3 条 1 項に,命令の相手方に対し事前に告知,弁解,防御の機会を与える旨の規定がなくても,憲法 31 条に違反しないと判示した。

---

11)　行政法上の義務違反行為をした一般私人に制裁として科せられる罰を,「行政罰」という。刑事犯に科せられる制裁である刑事罰と区別される。

その後，1993（平成5）年の行政手続法で，不利益処分における「聴聞」および「弁明の機会の付与」が定められた（行手13①）ため，この問題の大部分は，今日では立法的に解消されるに至っている。

2 被疑者の権利

1 不法な逮捕・抑留・拘禁からの自由

憲法33条　何人も，現行犯として逮捕される場合を除いては，権限を有する司法官憲が発し，且つ理由となつてゐる犯罪を明示する令状によらなければ，逮捕されない。
刑事訴訟法199条　① 検察官，検察事務官又は司法警察職員は，被疑者が罪を犯したことを疑うに足りる相当な理由があるときは，裁判官のあらかじめ発する逮捕状により，これを逮捕することができる。（……省略……）
② 裁判官は，被疑者が罪を犯したことを疑うに足りる相当な理由があると認めるときは，検察官又は司法警察員（警察官たる司法警察員については，国家公安委員会又は都道府県公安委員会が指定する警部以上の者に限る。以下本条において同じ。）の請求により，前項の逮捕状を発する。但し，明らかに逮捕の必要がないと認めるときは，この限りでない。
③ （省略）
刑事訴訟法200条1項　逮捕状には，被疑者の氏名及び住居，罪名，被疑事実の要旨，引致すべき官公署その他の場所，有効期間及びその期間経過後は逮捕をすることができず令状はこれを返還しなければならない旨並びに発付の年月日その他裁判所の規則で定める事項を記載し，裁判官が，これに記名押印しなければならない。
刑事訴訟法210条1項　検察官，検察事務官又は司法警察職員は，死刑又は無期若しくは長期三年以上の懲役若しくは禁錮にあたる罪を犯したことを疑うに足りる充分な理由がある場合で，急速を要し，裁判官の逮捕状を求めることができないときは，その

---

12) 犯罪の捜査や被疑者の逮捕など，刑事司法権の補助作用として行われる警察活動を「司法警察」といい，刑事訴訟法は，この任務に服する場合の警察官等に「司法警察職員」という名称を与えている。司法警察職員は，「司法警察員」と「司法巡査」を指す（刑訴39③）が，いかなる警察官を司法警察員とするかは，国家公安委員会または都道府県公安委員会が指定することとなっており，概して巡査部長以上が司法警察員，巡査が司法巡査とされている。

理由を告げて被疑者を逮捕することができる。この場合には，直ちに裁判官の逮捕状を求める手続をしなければならない。逮捕状が発せられないときは，直ちに被疑者を釈放しなければならない。

刑事訴訟法212条 ① 現に罪を行い，又は現に罪を行い終つた者を現行犯人とする。
② 左の各号の一にあたる者が，罪を行い終つてから間がないと明らかに認められるときは，これを現行犯人とみなす。
一 犯人として追呼されているとき。
二 贓物又は明らかに犯罪の用に供したと思われる兇器その他の物を所持しているとき。
三 身体又は被服に犯罪の顕著な証跡があるとき。
四 誰何されて逃走しようとするとき。

憲法34条 何人も，理由を直ちに告げられ，且つ，直ちに弁護人に依頼する権利を与へられなければ，抑留又は拘禁されない。又，何人も，正当な理由がなければ，拘禁されず，要求があれば，その理由は，直ちに本人及びその弁護人の出席する公開の法廷で示されなければならない。

刑事訴訟法203条1項 司法警察員は，逮捕状により被疑者を逮捕したとき，又は逮捕状により逮捕された被疑者を受け取つたときは，直ちに犯罪事実の要旨及び弁護人を選任することができる旨を告げた上，弁解の機会を与え，留置の必要がないと思料するときは直ちにこれを釈放し，留置の必要があると思料するときは被疑者が身体を拘束された時から四十八時間以内に書類及び証拠物とともにこれを検察官に送致する手続をしなければならない。

刑事訴訟法82条1項 勾留されている被告人は，裁判所に勾留の理由の開示を請求することができる。

人身保護法1条 この法律は，基本的人権を保障する日本国憲法の精神に従い，国民をして，現に，不当に奪われている人身の自由を，司法裁判により，迅速，且つ，容易に回復せしめることを目的とする。

人身保護法2条 ① 法律上正当な手続によらないで，身体の自由を拘束されている者は，この法律の定めるところにより，その救済を請求することができる。
② 何人も被拘束者のために，前項の請求をすることができる。

不当な逮捕からの自由 憲法33条は，現行犯の場合を除いて，犯罪による逮捕には司法官憲（＝裁判官）の発する令状を要する旨定めている。この原則を令状主義という。逮捕には，被疑者の氏名および住居，罪名，被疑事実の要旨，引致すべき官

公署その他の場所，有効期間等を明記し，裁判官が記名押印した逮捕状の発給をあらかじめ受けておかなければならない（刑訴199・200）。

唯一，令状主義の例外をなすのは，現行犯逮捕である。目の前で罪を行い，または行い終わった者のほか，犯人として追呼されたり，贓物・凶器等を所持していたり，身体・被服に犯罪の証跡があったり，誰何されて逃走しようとした者で，罪を行い終わって間もないと明らかに認められる者も，現行犯人とみなされ（刑訴212），これらの者を逮捕する場合のみ令状は不要となる。

令状主義に関連のある制度としては，刑事訴訟法210条に定める緊急逮捕の合憲性が問題となる。これは，逮捕の時点では逮捕状を要しないが，逮捕後直ちに裁判官の逮捕状を求める手続をしなければならず，逮捕状が発せられないときは，直ちに被疑者を釈放しなければならないため，無令状逮捕とは異なる。判例（最大判昭30・12・14刑集9・13・2760）は，「〔刑事訴訟法210条に規定するような〕厳格な制約の下に，罪状の重い一定の犯罪のみについて，緊急已むを得ない場合に限り，逮捕後直ちに裁判官の審査を受けて逮捕状の発行を求めることを条件とし，被疑者の逮捕を認めることは，憲法33条規定の趣旨に反するものではない」とし，令状逮捕の特別の場合として合憲とみなしている。

ところで，法令上の概念ではないが，実務上しばしば行われているものに，「別件逮捕」，「別件勾留」，「余罪の取調べ」がある。逮捕状を請求できるだけの証拠が得られていない事件（本件）の捜査のために，証拠のそろっている比較的軽い事件（別件）を理由に逮捕状を取り，被疑者を逮捕することを別件逮捕といい，これに引き続く勾留を別件勾留という。また，逮捕・勾留の根拠となる被疑事実以外にも当該被疑者による犯罪がある場合，これを余罪と呼び，「警察で余罪を追及しています」などの報道がなされることもある。別件逮捕は，明らかに令状主義に反するので，学説に

---

13) 犯罪の嫌疑を受け，捜査の対象とされているが，まだ公訴（検察官が裁判所に対して刑事事件の審判を請求すること）を提起されていない者を，「被疑者」という。「被害者」という正反対の言葉と発音が似ていてまぎらわしいため，ニュース報道などでは「容疑者」という言い方が使われる。公訴が提起された後は，「被告人」と呼ばれる。
14) 個人財産を侵害する犯罪によって得られた財物を「贓物」という。

はこれを違法とするものが多く，少なくとも，余罪を理由に勾留を延長したり，弁護人などとの接見を制限したりすることは許されないと解されているが，合法・違法の境界線を明確に引くことは，実際には困難であるといわれている。なお，裁判における量刑のための情状として余罪を考慮することについて，判例（最大判昭 41・7・13 刑集 20・6・609）は，「余罪を単に被告人の性格，経歴および犯罪の動機，目的，方法等の情状を推知するための資料として考慮することは，犯罪事実として認定し，これを処罰する趣旨で刑を重くするのとは異なる」から合憲であると判示しているが，これに対しても，有罪として処罰するのと同じことではないかとの批判がある。

　抑留・拘禁からの自由　　憲法 34 条は，逮捕に引き続く身体の拘束が許容される条件を明示している。一般に，「抑留」は比較的短期の拘束，「拘禁」は長期の拘束を意味すると解されている。被疑者の逮捕・勾引に伴う留置（刑訴 203 以下）は「抑留」に，勾留・鑑定留置は「拘禁」に当たる。また，憲法 34 条後段の趣旨を受けて，刑事訴訟法 82 条以下には勾留理由開示請求の制度が規定されている。

　このように，刑事手続上の身体の拘束については刑事訴訟法上の保護が及ぶが，法律上正当な手続によらないで身体の自由が拘束されている者は，人身保護法に基づく救済を請求することができる（人保 2）。これは英米法の「ヘイビアス・コーパス」に倣ったもので，憲法 34 条の趣旨を具体化し，不当に奪われている人身の自由を司法裁判を通じて迅速かつ容易に回復させることを目的としている（人保 1）。

---

15) 被疑者，被告人，証人等を裁判所またはその他指定された場所に引致し抑留する裁判およびその執行を，「勾引」という。
16) 人を拘束する裁判およびその執行，あるいはその結果として拘束されている状態を，「留置」という。
17) 被疑者・被告人を，主としてその逃亡または証拠隠滅を防止する目的で拘禁する裁判およびその執行を，「勾留」という。「未決勾留」と呼ぶこともある。刑の一種としての「拘留」とは異なる。
18) 被疑者・被告人の精神状態や身体について鑑定させるため，病院その他一定の場所に留置することを，「鑑定留置」という。
19) ヘイビアス・コーパス（habeas corpus）は，「身柄提出」を原意とする英米法上の人身保護制度である。不当に拘禁されている者から請求があったときは，裁判所が人身保護令状（Writ of habeas corpus）を発して，拘禁者に被拘禁者を伴って出頭するよう命じ，不当拘禁であれば直ちに被拘禁者を釈放する。

2 住居等の不可侵

> **憲法35条** ① 何人も，その住居，書類及び所持品について，侵入，捜索及び押収を受けることのない権利は，第三十三条の場合を除いては，正当な理由に基いて発せられ，且つ捜索する場所及び押収する物を明示する令状がなければ，侵されない。
> ② 捜索又は押収は，権限を有する司法官憲が発する各別の令状により，これを行ふ。
>
> **刑事訴訟法218条1項** 検察官，検察事務官又は司法警察職員は，犯罪の捜査をするについて必要があるときは，裁判官の発する令状により，差押え，記録命令付差押え，捜索又は検証をすることができる。この場合において身体の検査は，身体検査令状によらなければならない。
>
> **刑事訴訟法219条1項** 前条の令状には，被疑者若しくは被告人の氏名，罪名，差し押えるべき物，記録させ若しくは印刷させるべき電磁的記録及びこれを記録させ若しくは印刷させるべき者，捜索すべき場所，身体若しくは物，検証すべき場所若しくは物又は検査すべき身体及び身体の検査に関する条件，有効期間及びその期間経過後は差押え，記録命令付差押え，捜索又は検証に着手することができず令状はこれを返還しなければならない旨並びに発付の年月日その他裁判所の規則で定める事項を記載し，裁判官が，これに記名押印しなければならない。
>
> **刑事訴訟法220条** ① 検察官，検察事務官又は司法警察職員は，第百九十九条〔逮捕状による逮捕〕の規定により被疑者を逮捕する場合又は現行犯人を逮捕する場合において必要があるときは，左の処分をすることができる。第二百十条〔緊急逮捕〕の規定により被疑者を逮捕する場合において必要があるときも，同様である。
> 一 人の住居又は人の看守する邸宅，建造物若しくは船舶内に入り被疑者の捜索をすること。
> 二 逮捕の現場で差押，捜索又は検証をすること。
> ② 前項後段の場合において逮捕状が得られなかつたときは，差押物は，直ちにこれを還付しなければならない。第百二十三条第三項の規定は，この場合についてこれを準用する。
> ③ 第一項の処分をするには，令状は，これを必要としない。
> ④ （省略）

住居・書類・所持品について，不当な侵入・捜索・押収を禁ずる憲法35条は，刑事手続における人身の自由を保障するとともに，通信の秘密の不可侵（憲21②）と相

俟って，憲法13条により根拠づけられるプライバシー権（第4章 3 2 参照）の保護にも寄与するものである。

　捜索・押収には，裁判官が個々の捜索・押収について各別に（個別に）発した令状が必要となるが，「第三十三条の場合」は例外である。判例（最大判昭30・4・27 刑集9・5・924）は，「第三十三条の場合」とは「〔憲法〕33条による不逮捕の保障の存しない場合」を意味すると解し，現行犯の場合には，犯行現場において令状なしに捜索・押収等を行うことができるとしている（刑訴220参照）。ただし，「証拠物の押収等の手続に，憲法35条及びこれを受けた刑訴法218条1項等の所期する令状主義の精神を没却するような重大な違法があり，これを証拠として許容することが，将来における違法な捜査の抑制の見地からして相当でないと認められる場合においては，その証拠能力は否定される」（最大判昭53・9・7 刑集32・6・1672）と解されている。

　なお，収税官吏が納税義務者に対して質問または検査をすることを認め，質問に答弁しなかったり，検査を拒否・妨害・忌避する行為に罰則を設けていた旧所得税法63条等の合憲性が争われた「川崎民商事件」で，最高裁（最大判昭47・11・22 刑集26・9・554）は，「憲法35条1項の規定は，本来，主として刑事責任追及の手続における強制について，それが司法権による事前の抑制の下におかれるべきことを保障した趣旨であるが，当該手続が刑事責任追及を目的とするものでないとの理由のみで，その手続における一切の強制が当然に右規定による保障の枠外にあると判断することは相当ではない」として，憲法35条が行政手続にも及ぶことを認めたが，旧所得税法の規定自体については，「諸点を総合して判断すれば，旧所得税法70条10号，63条に規定する検査は，あらかじめ裁判官の発する令状によることをその一般的要件としないからといつて，これを憲法35条の法意に反するものとすることはでき」ないので合憲であると判示した。

3 刑事被告人の権利

I 公平な裁判所の迅速な公開裁判を受ける権利

> 憲法 37 条 1 項　すべて刑事事件においては，被告人は，公平な裁判所の迅速な公開裁判を受ける権利を有する。
> 刑事訴訟法 20 条　裁判官は，次に掲げる場合には，職務の執行から除斥される。
> 　一　裁判官が被害者であるとき。
> 　二　裁判官が被告人又は被害者の親族であるとき，又はあつたとき。
> 　三　裁判官が被告人又は被害者の法定代理人，後見監督人，保佐人，保佐監督人，補助人又は補助監督人であるとき。
> 　四　裁判官が事件について証人又は鑑定人となつたとき。
> 　五　裁判官が事件について被告人の代理人，弁護人又は補佐人となつたとき。
> 　六　裁判官が事件について検察官又は司法警察員の職務を行つたとき。
> 　七　裁判官が事件について（……省略……）差し戻し，若しくは移送された場合における原判決又はこれらの裁判の基礎となつた取調べに関与したとき。ただし，受託裁判官として関与した場合は，この限りでない。
> 刑事訴訟法 21 条　①　裁判官が職務の執行から除斥されるべきとき，又は不公平な裁判をする虞があるときは，検察官又は被告人は，これを忌避することができる。
> ②　弁護人は，被告人のため忌避の申立をすることができる。但し，被告人の明示した意思に反することはできない。
> 憲法 82 条 1 項　裁判の対審及び判決は，公開法廷でこれを行ふ。

　憲法は，裁判を受ける権利（憲 32）および裁判公開の原則（憲 82）に関する一般的な規定に加え，特に刑事裁判を受ける被告人について，「公平な裁判所の迅速な公開裁判を受ける権利」（憲 37 ①）を保障している。[20]

---

[20]　刑事訴訟法上，犯罪を犯したとして公訴を提起された者を，「被告人」と呼ぶ。これに対し，民事訴訟の原告に対する訴訟当事者は，「被告」と呼ばれる。

公平な裁判所　ここにいう「公平」とは，裁判の内容そのものよりも，内容の公平性を担保しうるような構成になっているかどうかを問題とする概念である。判例（最大判昭23・5・5刑集2・5・447）も，公平な裁判所とは「構成其他において偏頗の惧なき裁判所」を意味すると解し，裁判のなかで法律の誤解，事実の誤認または記録調査の不十分等があったとしても，憲法37条1項に違反しているとはいえないと判示している。そのような公平性を確保するため，刑事訴訟法には，「除斥」[21]（刑訴20）および「忌避」[22]（刑訴21）の制度が設けられ，同法上明文規定はないものの，「回避」[23]も可能となっている。

迅速な裁判　刑事裁判は，被告人の人権に多大な影響を及ぼすものであるだけに，拙速は避けなければならないが，裁判が確定するまでの間には身体の拘束が続くので，不当に遅延した裁判は拙速な裁判以上の被害を被告人にもたらすことになりかねない。公安事件の審理が約15年間にわたって中断されたことから，迅速な裁判を受ける権利が侵害されたとして，被告人側が公訴棄却[24]あるいは免訴[25]を求めた「高田事件」で，最高裁（最大判昭47・12・20刑集26・10・631）は，「憲法37条1項の保障する迅速な裁判をうける権利は，……単に迅速な裁判を一般的に保障するために必要な立法上および司法行政上の措置をとるべきことを要請するにとどまらず，さらに個々の刑事事件について，現実に右の保障に明らかに反し，審理の著しい遅延の結果，迅速な裁判をうける被告人の権利が害せられたと認められる異常な事態が生じた場合には，これに

---

21) 裁判官または裁判所書記官が，法定された原因により当然にその事件の職務執行を禁止されることを，「除斥」という。
22) 除斥原因がなくても，不公正な裁判がなされるおそれのある場合に，当事者が，特定の裁判官または裁判所書記官に職務を執行させないよう申し立てることを，「忌避」という。
23) 裁判官または裁判所書記官が，みずから除斥または忌避の原因があることに気付いて，その事件の取扱いを避けることを，「回避」という。
24) 刑事訴訟において，実体判決（有罪・無罪の判決）に至る前に手続を打ち切る裁判を，「公訴棄却」という。
25) 公訴権（検察官が裁判所に対して刑事事件の審判を請求する権利）の消滅を理由として，有罪・無罪の判断をせずに裁判を打ち切ることを，「免訴」という。刑事訴訟法337条は，判決で免訴を言渡さなければならない場合として，確定判決を経たとき，犯罪後の法令により刑が廃止されたとき，大赦があったとき，時効が完成したとき，の四つを挙げている。

対処すべき具体的規定がなくても，もはや当該被告人に対する手続の続行を許さず，その審理を打ち切るという非常救済手段がとられるべきことをも認めている趣旨の規定である」として，本件につき免訴を言渡した．

公開裁判　「公開裁判」とは，憲法82条1項にいうように，その対審および判決が，国民が自由に傍聴できる法廷で行われる裁判を意味している．憲法37条1項は，この原則を刑事被告人の権利の観点からあらためて規定したものと解される．

2　証人審問権・証人喚問権

憲法37条2項　刑事被告人は，すべての証人に対して審問する機会を充分に与へられ，又，公費で自己のために強制的手続により証人を求める権利を有する．
刑事訴訟法320条　①　第三百二十一条乃至第三百二十八条に規定する場合を除いては，公判期日における供述に代えて書面を証拠とし，又は公判期日外における他の者の供述を内容とする供述を証拠とすることはできない．
②　第二百九十一条の二〔簡易公判手続〕の決定があつた事件の証拠については，前項の規定は，これを適用しない．但し，検察官，被告人又は弁護人が証拠とすることに異議を述べたものについては，この限りでない．

憲法37条2項は，前段において「証人審問権」，後段において「証人喚問権」を保障している．いずれも，適正手続の一つとしての当事者主義（裁判官みずからが被告人を追及するのではなく，訴訟の主導権を当事者に委ね，裁判官はあくまでも中立的立場から両者の主張の優劣を判断するのが望ましいという考え方）を実質的に保障するのに不可欠な権利である．

証人審問権　検察官が提出した証拠のみに基づいて一方的に有罪の認定がなされないようにするため，被告人が法廷で証人に対してその証言内容を問いただす権利を，証人審問権という．ここにいう「証人」には，主として，被告人にとって不利な証言をするであろう証人が想定されているので，証人審問権は，自己に不利な証人に対す

---

26) 法令用語としての「乃至」は，もっぱら「○○から△△まで」の意味で用いられる．この条文では，「第321条から第328条までに規定する場合を除いては……」ということである．つまり，321条から328条にかけて，320条にいう「伝聞証拠禁止の原則」の例外が定められている．

る反対尋問権と言い換えることができる。これを具体化するため，刑事訴訟法は伝聞証拠禁止の原則を定めている（刑訴320以下）。ただし，判例は，「公判廷外における聴取書又は供述に代(か)る書面をもつて証人に代えることは絶対に許されないと断定し去るは，早計に過ぎるものであつて到底賛同することができない」（最大判昭23・7・19刑集2・8・952）とか，「憲法第37条第2項に，刑事被告人はすべての証人に対し審問の機会を充分に与えられると規定しているのは，裁判所の職権により，又は訴訟当事者の請求により喚問した証人につき，反対訊問の機会を充分に与えなければならないと言うのであつて，被告人に反対訊(じんもん)問の機会を与えない証人其(そのた)他の者（被告人を除く。）の供述を録取(ろくしゅ)した書類は，絶対に証拠とすることは許されないと言う意味をふくむものではない」（最大判昭24・5・18刑集3・6・789）などと述べており，直接審理を厳格に求める趣旨とは解していない。

　証人喚問権　被告人が「公費で自己のために強制的手続により」証人を求めることのできる権利を，証人喚問権という。ここにいう「証人」には，主として，被告人にとって有利な証言をするであろう証人が想定されているので，証人喚問権は，自己に有利な証人の喚問を請求する権利と言い換えることができる。公費で被告人の犯罪を立証する証拠を存分に集めることのできる検察官に対し，被告人は経済的にも不利な立場に置かれているので，被告人側にも証人を公費で強制的に法廷に呼ぶ権利が認められなければならないのである。ただし，これについても判例は，「被告人又は弁護人からした証人申請に基(もと)きすべての証人を喚問し不必要と思われる証人までをも悉(ことごと)く訊問しなければならぬという訳(わけ)のものではなく，裁判所は当該事件の裁判をなすに必要適切な証人を喚問すればそれでよい」（最大判昭23・7・29刑集2・9・1045）としており，「公費で」という文言(もんごん)に関しても，「その被告人が，判決において有罪の言渡を受けた場合にも，なおかつその被告人に訴訟費用の負担を命じてはならないという趣意の規定ではない」（最大判昭23・12・27刑集2・14・1934）としている。

3　弁護人依頼権・国選弁護制度

憲法37条3項　刑事被告人は，いかなる場合にも，資格を有する弁護人を依頼するこ

とができる。被告人が自らこれを依頼することができないときは，国でこれを附する。
憲法34条　何人も，理由を直ちに告げられ，且つ，直ちに弁護人に依頼する権利を与へられなければ，抑留又は拘禁されない。(……省略……)
刑事訴訟法30条1項　被告人又は被疑者は，何時でも弁護人を選任することができる。
刑事訴訟法36条　被告人が貧困その他の事由により弁護人を選任することができないときは，裁判所は，その請求により，被告人のため弁護人を附しなければならない。但し，被告人以外の者が選任した弁護人がある場合は，この限りでない。
刑事訴訟法77条1項　被告人を勾留するには，被告人に対し，弁護人を選任することができる旨及び貧困その他の事由により自ら弁護人を選任することができないときは弁護人の選任を請求することができる旨を告げなければならない。但し，被告人に弁護人があるときは，この限りでない。
刑事訴訟法272条1項　裁判所は，公訴の提起があつたときは，遅滞なく被告人に対し，弁護人を選任することができる旨及び貧困その他の事由により弁護人を選任することができないときは弁護人の選任を請求することができる旨を知らせなければならない。但し，被告人に弁護人があるときは，この限りでない。
刑事訴訟法181条1項　刑の言渡をしたときは，被告人に訴訟費用の全部又は一部を負担させなければならない。但し，被告人が貧困のため訴訟費用を納付することのできないことが明らかであるときは，この限りでない。
刑事訴訟法37条の2　①　被疑者に対して勾留状が発せられている場合において，被疑者が貧困その他の事由により弁護人を選任することができないときは，裁判官は，その請求により，被疑者のため弁護人を付さなければならない。ただし，被疑者以外の者が選任した弁護人がある場合又は被疑者が釈放された場合は，この限りでない。
②　前項の請求は，勾留を請求された被疑者も，これをすることができる。

　憲法37条3項は，前段において刑事被告人の弁護人依頼権，後段において国選弁護制度を保障している。
　弁護人依頼権　刑事裁判においては，訴追する側と被告人側が法律的専門能力において対等でなければ，当事者主義(本章3 2参照)に反することになるため，憲法は，刑事被告人に，弁護士資格をもつ弁護人を依頼する権利を保障している。この権利は被疑者に対しても保障され(憲34)，その趣旨は刑事訴訟法30条以下に具体化されている。なお，憲法37条3項前段の文言は，「弁護人を依頼することができる」(傍点は引用者)となっているため，弁護人を依頼するかどうかは被告人の任意である

かのような印象を与えるし，判例（最大判昭24・11・30刑集3・11・1857）も，この権利は「被告人が自ら行使すべきもので裁判所，検察官等は被告人がこの権利を行使する機会を与え，その行使を妨げなければいい」と解している。しかし，これについては，「当事者主義の下における弁護人の存在の重要性を考えるなら，第一に，依頼権が実質的に行使できるように，依頼権の告知，依頼方法の教示なども憲法が要請していると解すべきであり，単に妨害しなければよいというのでは，あまりに消極的すぎよう。さらに，第二に，依頼権は弁護人の援助を得るために認められたものであるから，援助が実質的に得られることまで保障内容に入ると考えられなければならない」[27]という批判が当を得ていよう。法律専門家でない一般人はそもそもこの権利が保障されていること自体を知らない，ということを前提にしなければ，刑事裁判における当事者主義を実質的に全うすることはできないと考えられるからである。もっとも，刑事訴訟法は弁護人依頼権の告知を義務づけている（刑訴77・272）ので，憲法解釈上の問題は立法的に解消されているといえる。

　国選弁護制度　　被告人がみずから弁護人を依頼できないときは「国でこれを附する」という憲法37条3項後段の趣旨を具体化するため，国選弁護制度が設けられている。刑事訴訟法は，国選弁護人を請求する権利があることを被告人に告知することも義務づけている（刑訴77・272）。訴訟費用である国選弁護人の日当・報酬等[28]は国が支払うが，有罪となった場合に，被告人に支払能力があれば，被告人がその負担を命じられることがある（刑訴181）。なお，国選弁護人請求権が被疑者にも保障されるか否かについては争いがあるが，刑事訴訟法上は，死刑または無期もしくは長期3年を超える懲役もしくは禁錮に当たる事件の被疑者には弁護人を付さなければならないとされている（刑訴37の2）。

---

27) 野中俊彦・中村睦男・高橋和之・高見勝利『憲法I（第4版）』（有斐閣，2006年）425-426頁〔高橋執筆〕。
28) 刑事裁判を受けること自体には費用はかからないが，刑事訴訟費用等に関する法律に規定された証人等の日当・宿泊料・旅費，鑑定料，弁護人の旅費・報酬等の費用は「訴訟費用」と呼ばれ，刑の言渡しをしたときは，原則として，被告人がこれを負担することになる。

4　自己に不利益な供述を強要されない権利

> アメリカ合衆国憲法第5修正（1791年）（……省略……）何人(なんぴと)も，自己に不利益な供述を強制されない。（……省略……）
> 憲法38条1項　何人(なんぴと)も，自己に不利益な供述を強要されない。
> 刑事訴訟法198条　①　検察官，検察事務官又は司法警察職員は，犯罪の捜査をするについて必要があるときは，被疑者の出頭を求め，これを取り調べることができる。但(ただ)し，被疑者は，逮捕又は勾留(こうりゅう)されている場合を除いては，出頭を拒み，又は出頭後，何時(いつ)でも退去することができる。
> ②　前項の取調に際しては，被疑者に対し，あらかじめ，自己の意思に反して供述をする必要がない旨(むね)を告げなければならない。
> ③〜⑤　（省略）
> 刑事訴訟法291条4項　裁判長は，起訴状の朗読が終つた後(のち)，被告人に対し，終始沈黙し，又は個々の質問に対し陳述を拒むことができる旨その他裁判所の規則で定める被告人の権利を保護するため必要な事項を告げた上，被告人及び弁護人に対し，被告事件について陳述する機会を与えなければならない。

　憲法38条1項は，いわゆる自己負罪拒否特権を定めたアメリカ合衆国憲法第5修正の影響を受け，「何人(なんぴと)も，自己に不利益な供述を強要されない」と定めている。しかし，「自己に不利益な」という部分に特別な意味をもたせる読み方をすると，自己に不利益なものでなければ供述を強要できる場合があるという解釈が成り立ち，被告人・被疑者の権利保護規定としての意味を失わせることになる。ゆえにこの条項は，事柄の内容いかんを問わず，供述の強制から被告人・被疑者を保護することを意図したものと解されなければならない。この趣旨を受け，刑事訴訟法は，被疑者には「自己の意思に反して供述をする必要がない」（刑訴198②）こと，被告人には「終始沈黙し，又は個々の質問に対し陳述を拒むことができる」（刑訴291③）ことを，それぞれ告知しなければならない旨(むね)定めている。これらの権利が，いわゆる黙秘権である。

　このように，刑事手続において完全黙秘の権利が保障されている一方で，行政法規のなかには，記帳，報告，答弁等の義務や違反者に対する罰則を定めているものがある。旧麻薬取締法が，麻薬取扱者に対し，その取り扱った麻薬の品名・数量・取扱年

月日等を所定の帳簿に記入することを義務づけていたことについて，最高裁（最二判昭29・7・16刑集8・7・1151）は，「麻薬取扱者たることを自ら申請して免許された者は，そのことによって当然麻薬取締法規による厳重な監査を受け，その命ずる一切の制限または義務に服することを受諾しているものというべきである。されば，麻薬取扱者として麻薬を処理した以上，たとえその麻薬が取締法規に触れるものであつても，これを記帳せしめられることを避けることはできないのみならず，取締上の要請からいつても，かかる場合記帳の義務がないと解すべき理由は認められない」と判示した。また，道路交通法が，自動車運転者に対し，交通事故の報告を義務づけていることについて，最高裁（最大判昭37・5・2刑集16・5・495）は，報告を求められる「事故の内容」には「刑事責任を問われる虞のある事故の原因その他の事項」は含まれていないので，報告の義務づけは憲法38条1項にいう自己に不利益な供述の強要に当らないと判示した。

　なお，供述強要の禁止にかかわる今日的問題に，刑事免責の是非をめぐる議論がある。刑事免責とは，共犯等の関係にある者の一部に対し，刑事責任を問わないことと引き換えに，その者の自己負罪拒否特権を消滅させて供述を強制し，これにより得られた供述を他の者の有罪を立証する証拠とすることができる制度で，アメリカでは一定の条件の下に認められているが，日本の法令にはこの制度に関する明文規定がない。これについて，判例（最大判平7・2・22刑集49・2・1）は，「我が国の刑訴法は，刑事免責の制度を採用しておらず，刑事免責を付与して獲得された供述を事実認定の証拠とすることを許容していないものと解すべきである」として，アメリカ在住の証人らに刑事免責を与えて得られた嘱託証人尋問調書の証拠能力を否定している 補訂14 。

5　自白の証拠能力

憲法38条2項　強制，拷問若しくは脅迫による自白又は不当に長く抑留若しくは拘禁された後の自白は，これを証拠とすることができない。
憲法38条3項　何人も，自己に不利益な唯一の証拠が本人の自白である場合には，有罪とされ，又は刑罰を科せられない。
刑事訴訟法319条　①　強制，拷問又は脅迫による自白，不当に長く抑留又は拘禁さ

> れた後の自白その他任意にされたものでない疑のある自白は、これを証拠とすることができない。
> ② 被告人は、公判廷における自白であると否とを問わず、その自白が自己に不利益な唯一の証拠である場合には、有罪とされない。
> ③ 前二項の自白には、起訴された犯罪について有罪であることを自認する場合を含む。

　憲法38条2項は、被疑者・被告人の行った任意性のない自白の証拠能力を否定する「自白排除の法則」を定めたものである。しかし、刑事裁判において発見されるべき真実は、あくまでも客観的な真実であるところ、たとえ被疑者・被告人の自白が任意のものであったとしても、それが常に客観的な真実である保証はない。そこで憲法38条3項は、任意性のある自白であっても、それを補強する証拠が別にない限り、自白のみを根拠に有罪とし刑罰を科すことはできないという「補強証拠の法則」を定めているのである。

　なお、初期の判例では、公判廷における自白は憲法38条3項にいう「本人の自白」に含まれないとされていた（最大判昭23・7・29刑集2・9・1012）が、現行の刑事訴訟法319条2項は、公判廷における自白であっても、それのみを証拠に有罪とすることを禁じている。

6　事後法（遡及処罰）の禁止と一事不再理

> **憲法39条**　何人も、実行の時に適法であつた行為又は既に無罪とされた行為については、刑事上の責任を問はれない。又、同一の犯罪について、重ねて刑事上の責任を問はれない。
> **アメリカ合衆国憲法第5修正（1791年）**（……省略……）何人も、同一の犯罪について、重ねて生命身体の危険にさらされることはない。（……省略……）
> **刑事訴訟法435条**　再審の請求は、左の場合において、有罪の言渡をした確定判決に対して、その言渡を受けた者の利益のために、これをすることができる。

---

29) このような考え方を「実体的真実主義」という。これに対し、民事裁判では、当事者間に争いのない事実は、客観的な真実に反するものであっても真実として扱い、争いのある事実についても、当事者の立証の優劣で真実かどうかを判断すればよい、という考え方がとられる。これを「形式的真実主義」という。

一　原判決の証拠となつた証拠書類又は証拠物が確定判決により偽造又は変造であつたことが証明されたとき。
　二　原判決の証拠となつた証言，鑑定，通訳又は翻訳が確定判決により虚偽であつたことが証明されたとき。
　三　有罪の言渡を受けた者を誣告した罪が確定判決により証明されたとき。但し，誣告により有罪の言渡を受けたときに限る。
　四　原判決の証拠となつた裁判が確定裁判により変更されたとき。
　五　特許権，実用新案権，意匠権又は商標権を害した罪により有罪の言渡をした事件について，その権利の無効の審決が確定したとき，又は無効の判決があつたとき。
　六　有罪の言渡を受けた者に対して無罪若しくは免訴を言い渡し，刑の言渡を受けた者に対して刑の免除を言い渡し，又は原判決において認めた罪より軽い罪を認めるべき明らかな証拠をあらたに発見したとき。
　七　原判決に関与した裁判官，原判決の証拠となつた証拠書類の作成に関与した裁判官又は原判決の証拠となつた書面を作成し若しくは供述をした検察官，検察事務官若しくは司法警察員が被告事件について職務に関する罪を犯したことが確定判決により証明されたとき。但し，原判決をする前に裁判官，検察官，検察事務官又は司法警察職員に対して公訴の提起があつた場合には，原判決をした裁判所がその事実を知らなかつたときに限る。

　憲法39条には，さまざまな原則がきちんと整理されないまま混在しているため，その解釈につき見解が分かれている。

　事後法（遡及処罰）の禁止　まず，「実行の時に適法であつた行為」について「刑事上の責任を問はれない」というのが，事後法（遡及処罰）の禁止を意味していることは，比較的明白である。過去に適法であった行為が後に違法化されるのは，よくあることだが，その行為が過去に遡って処罰されるとすれば，あらゆる行為の自由に萎縮効果をもたらすから，遡及効をもつ刑罰法規をつくることは許されない。

　一事不再理／二重の危険の禁止　その一方で，「既に無罪とされた行為」について「刑事上の責任を問はれない」ということと，「同一の犯罪について，重ねて刑事上の責任を問はれない」ということが，それぞれ，あるいは，合わせて何を意味する

30）人に刑事または懲戒の処分を受けさせる目的で，虚偽の告訴，告発その他の申告をする罪（虚偽告訴等の罪）のことを，1995（平成7）年改正（平易化）前の刑法では「誣告罪」と呼んでいた。

かについては，大陸法的な「一事不再理」の原則とみる説と，英米法的な「二重の危険の禁止」の原則とみる説に分かれている。

　一事不再理とは，既判力(きはんりょく)（裁判の確定判決が当事者および裁判所を拘束する力）の効果として，確定判決の変更を許さないとする，裁判制度に内在する原則である。この考え方をとると，憲法39条前段後半は無罪判決が確定した場合，後段は有罪判決が確定した場合を意味し，いずれの場合も，その後に被告人にとって不利益な変更をしてはならないことを定めたものということになる。

　これに対し，二重の危険の禁止とは，アメリカ合衆国憲法第5修正の「何人(なんぴと)も，同一の犯罪について，重ねて生命身体の危険にさらされることはない」という文言(もんごん)に表れている原則で，ここにいう「危険」とは，刑罰を受ける危険ではなく，裁判にかけられること自体を意味している。憲法39条をこの意味に解するならば，前段後半は裁判で無罪が言渡される場合，後段は有罪が言渡される場合ということになる。

　二重の危険の禁止の観点からは，いわゆる検察官上訴，すなわち，一審で無罪の判決が言渡されたときに，有罪の判決を求めて検察官が上訴を行うことは認められない。しかし，わが国の現行制度上，それが可能であることについて，最高裁（最大判昭25・9・27刑集4・9・1805）は，憲法39条を一事不再理の原則と捉(とら)え，それは，「何人(なんぴと)も同じ犯行について，二度以上罪の有無に関する裁判を受ける危険に曝(さ)さるべきものではない」とする原則であるとしたうえで，「その危険とは，同一の事件においては，訴訟手続の開始から終末に至るまでの一つの継続的状態と見るを相当とする」ので，「検察官が上訴をなし有罪又はより重き刑の判決を求めることは，被告人を二重の危険に曝(さ)すものでもなく，従つてまた憲法39条に違反して重ねて刑事上の責任を問うものでもない」と判示している。つまり，一度の「危険」を，公訴が提起されてから最終的に判決が確定するまでのスパンで捉(とら)えているのである。

　なお，刑事訴訟法上，有罪判決確定後に，一定の条件を満たす重大な理由がある場合に，裁判をやり直し，誤判を救済する手段として，再審の制度が設けられている（刑訴435以下）。これまでに，免田事件（1948（昭和23）年発生，1983（昭和58）年再審無罪），松山事件（1955（昭和30）年発生，1984（昭和59）年再審無罪），足利事件（1990（平成2）年発生，2010（平成22）年再審無罪）など，数多くの冤罪(えんざい)事件の再審が行われ，

ほとんどのケースで無罪が言渡されている。

7 拷問および残虐な刑罰の禁止

> 憲法36条　公務員による拷問及び残虐な刑罰は，絶対にこれを禁ずる。
> 刑法195条1項　裁判，検察若しくは警察の職務を行う者又はこれらの職務を補助する者が，その職務を行うに当たり，被告人，被疑者その他の者に対して暴行又は陵辱若しくは加虐の行為をしたときは，七年以下の懲役又は禁錮に処する。

憲法36条は，公務員による拷問を絶対的に禁止し，これを受けて刑法195条には，職権濫用罪の一種として，特別公務員暴行陵虐の罪が規定されている。

残虐な刑罰も，同じく，絶対的に禁止されている。死刑の存廃をめぐっては，刑事政策的有効性の有無や人道上の問題など，さまざまな角度からの議論がありうるが，現行憲法の観点からは，第一義的には，死刑が憲法36条の禁ずる「残虐な刑罰」に当たるか否かの問題とみられる。これについて，判例（最大判昭23・3・12刑集2・3・191）は，「刑罰としての死刑そのものが，一般に直ちに同条にいわゆる残虐な刑罰に該当するとは考えられない。ただ死刑といえども，他の刑罰の場合におけると同様に，その執行の方法等がその時代と環境とにおいて人道上の見地から一般に残虐性を有するものと認められる場合には，勿論これを残虐な刑罰といわねばならぬから，将来若し死刑について火あぶり，はりつけ，さらし首，釜ゆでの刑のごとき残虐な執行方法を定める法律が制定されたとするならば，その法律こそは，まさに憲法第36条に違反するものというべきである」と判示している。

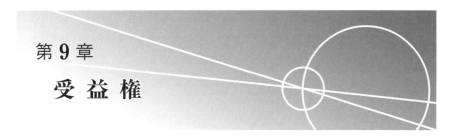

第9章 受益権

1 / 受益権の意義

1 受益権の意義

　受益権は、人権を確保するために、国家に対して積極的な作為を要求する権利であり、国務請求権とも呼ばれる。日本国憲法が明文で保障する受益権は、裁判を受ける権利（憲32）、国家賠償請求権（憲17）、刑事補償請求権（憲40）および請願権（憲16）であるが、後述するように、請願権は、政治的要求を表明する手段としての性格をもつため、参政権に分類されることもある。

2 受益権と社会権

> 大日本帝国憲法24条　日本臣民ハ法律ニ定メタル裁判官ノ裁判ヲ受クルノ権ヲ奪ハルヽコトナシ
> 大日本帝国憲法30条　日本臣民ハ相当ノ敬礼ヲ守リ別ニ定ムル所ノ規程ニ従ヒ請願ヲ為スコトヲ得

　受益権は、19世紀ドイツの国法学者G・イェリネックのいう、国家権力に対する国民の「積極的地位」[1]に対応する権利であり、自由権と表裏一体をなすようにして、近代初期から保障されてきたものである。明治憲法も、このカテゴリーに入るものとして、民事裁判を受ける権利（明憲24）および請願権（明憲30）を規定していた。
　20世紀に入ると、受益権と同じく公権力の積極的な作為を要求する権利として、

社会権が生まれた。受益権は、自由国家・消極国家の思想に基づき、主として公権力による自由の侵害から個人を保護するために、司法権の作用に期待をかける近代初期的な権利であるのに対し、社会権は、社会国家・積極国家の思想に基づき、主として行政権の作用を通じて国民の福祉を実現することを目的とするところに、両者の違いがある。

2 裁判を受ける権利

I 裁判を受ける権利の意義

> 憲法 32 条 何人も、裁判所において裁判を受ける権利を奪はれない。
> 憲法 31 条 何人も、法律の定める手続によらなければ、その生命若しくは自由を奪はれ、又はその他の刑罰を科せられない。

憲法 32 条にいう「裁判を受ける権利」は、（日本「国民」だけでなく）すべての個人が、憲法に基づいて設置され、政治権力から独立した裁判所に対して、権利・自由の救済を求めることができ、また、これ以外の機関によっては裁判されることのない権利である。

裁判は、民事裁判と刑事裁判に大別される。民事裁判（行政事件の裁判を含む。）を受ける権利は、個人的利益を実現するために裁判という国務を請求する、文字通り国務請求権であり、公権力による自由の侵害から個人を救済する作用は、後述する国家賠償請求権（憲17）が行使された場合に顕著に表れることになる。これに対し、刑事裁判を受ける権利は、裁判手続によらなければ刑罰を科せられない自由（適正手続の保障）としての性格が濃厚であるが、これについては、身体的自由権の基本原則とし

---

1) イェリネック（Jellinek, Georg: 1851-1911）は、『公権論』（1892 年）において、国家権力に対する国民の地位との関係で権利を分類した。すなわち、①受動的地位（国家に従属する地位）に対応する義務、②消極的地位（国家から自由な地位）に対応する自由権・平等権、③積極的地位（自己のために国家制度の利用を請求する地位）に対応する受益権（国務請求権）、④能動的地位（国家意思の形成に参加する地位）に対応する参政権である。

て憲法 31 条に明記されている（第 8 章 *1* 2 参照）ので，憲法 32 条は「民事裁判手続（行政事件を含む。）に対する手続的デュー・プロセスの総則規定だとみるべき[2)]」であるとする見方が当を得ていよう。

2　訴訟事件と非訟事件

憲法 82 条 1 項　裁判の対審及び判決は，公開法廷でこれを行ふ。

民法 7 条　精神上の障害により事理を弁識する能力を欠く常況にある者については，家庭裁判所は，本人，配偶者，四親等内の親族，未成年後見人，未成年後見監督人，保佐人，保佐監督人，補助人，補助監督人又は検察官の請求により，後見開始の審判をすることができる。

民法 30 条　①　不在者の生死が七年間明らかでないときは，家庭裁判所は，利害関係人の請求により，失踪の宣告をすることができる。

②　戦地に臨んだ者，沈没した船舶の中に在った者その他死亡の原因となるべき危難に遭遇した者の生死が，それぞれ，戦争が止んだ後，船舶が沈没した後又はその他の危難が去った後一年間明らかでないときも，前項と同様とする。

民法 834 条（旧規定）　父又は母が，親権を濫用し，又は著しく不行跡であるときは，家庭裁判所は，子の親族又は検察官の請求によって，その親権の喪失を宣告することができる。 補訂 15

民法 840 条 1 項　前条の規定により未成年後見人となるべき者がないときは，家庭裁判所は，未成年被後見人又はその親族その他の利害関係人の請求によって，未成年後見人を選任する。未成年後見人が欠けたときも，同様とする。

旧家事審判法 7 条　特別の定めがある場合を除いて，審判及び調停に関しては，その性質に反しない限り，非訟事件手続法（明治三十一年法律第十四号）第一編の規定を準用する。（……省略……） 補訂 16

憲法 32 条にいう「裁判」は，第一義的には，憲法 82 条 1 項に規定されているような，公開法廷での対審（当事者を対立関与させて行う訴訟審理）を経て判決が言渡される訴訟事件を指している。これとの関連で，公開法廷での対審を経ずに簡易な審理で民事・商事の事件を解決する非訟事件手続が，裁判を受ける権利を侵害しないかが問題となる。

---

2)　松井茂記『日本国憲法（第 3 版）』（有斐閣，2007 年）522 頁。

たとえば後見開始の審判（民7），失踪の宣告（民30），親権の喪失の宣告（民834），未成年後見人の選任（民840①）などに関する家庭裁判所の審判は，非訟事件手続で行われる（旧家審7）。訴訟事件では，裁判所は当事者の立証の優劣をみて，どちらか一方の主張を認めて権利義務関係を判断するのに対し，非訟事件では，裁判所は後見的立場から当事者の意見を聴き，お互いが納得できる妥協点を探ることで，裁判所みずからの裁量により権利義務関係を具体的に形成するのである。社会国家・福祉国家の思想を背景に，今日では，私人間の生活関係に対して国家の後見的・監督的介入が求められる場面が増えてきており，非訟事件の範囲が拡大していく「訴訟の非訟化」という傾向が指摘されている。

判例（最大決昭35・7・6民集14・9・1657）は，公開法廷での対審の原則が当てはまるものを「純然たる訴訟事件の裁判」に限定し，憲法32条にいう「裁判」をそのようなものと解している。この考え方でいくと，非訟事件は「裁判を受ける権利」の保障対象とならないことになるが，学説上は，非訟事件にも憲法32条の保障を及ぼし，適正手続の確保を期するべきであるとする見解が多数を占めている。

3　国家賠償請求権

I　国家賠償請求権の意義

> ワイマール憲法131条1項[3]　ある公務員が，自己に委託された公権力を行使するに当たり，第三者に対してその公務員が負っている職務義務に違反した場合には，その責任は原則として，その公務員が服務している国又は公共団体にある。〔ただし〕その公務員に求償することを妨げない。通常裁判所で争う途が閉ざされてはならない。

裁判を受ける権利や請願権は，自由権と同じく，近代初期からの権利だが，違法な国家行為に対して損害賠償を請求する権利の歴史はそれほど古いわけではない。かつ

---

[3]　ワイマール憲法の邦訳は，高田敏・初宿正典（編訳）『ドイツ憲法集（第5版）』（信山社，2007年）140頁〔初宿訳〕による。

て絶対君主制の下でいわれていた「国王は悪をなしえず」という法格言が，近代国家における「国家無答責の原則」に受け継がれたからである。自由国家は国民生活への介入に消極的であり，行政行為が国民の権利・自由に影響を及ぼす度合いも大きくはなかったという背景もある。19世紀末につくられた明治憲法にも，国家賠償の規定は置かれていなかった。

しかし，20世紀に入り，社会国家・福祉国家の理念の下に，公権力の活動領域が拡大するにつれ，行政行為が国民の権利・自由を侵害する機会も増えていき，ワイマール憲法131条のように，国家の賠償責任を規定する憲法が現れるようになった。日本国憲法の国家賠償請求権（憲17）と刑事補償請求権（憲40）の規定は，政府案の段階では存在しなかったが，その後の衆議院での審議過程で付け加えられたものである。

2　国家賠償制度

> 憲法17条　何人も，公務員の不法行為により，損害を受けたときは，法律の定めるところにより，国又は公共団体に，その賠償を求めることができる。
> 国家賠償法1条　①　国又は公共団体の公権力の行使に当る公務員が，その職務を行うについて，故意又は過失によつて違法に他人に損害を加えたときは，国又は公共団体が，これを賠償する責に任ずる。
> ②　前項の場合において，公務員に故意又は重大な過失があつたときは，国又は公共団体は，その公務員に対して求償権を有する。
> 国家賠償法2条　①　道路，河川その他の公の営造物の設置又は管理に瑕疵があつたために他人に損害を生じたときは，国又は公共団体は，これを賠償する責に任ずる。
> ②　前項の場合において，他に損害の原因について責に任ずべき者があるときは，国又は公共団体は，これに対して求償権を有する。

憲法17条が保障する国家賠償請求権を具体化する制度は，国家賠償法で規定されている。すなわち，公権力の行使に当たる公務員の故意または過失によって生じた損害や，道路・河川その他の公の営造物（国または公共団体によって特定の公の目的に供される施設）の設置または管理に瑕疵（欠点・欠陥）があったために生じた損害について，賠償責任を定めている（国賠1①・2①）。

責任の本質　　国家賠償法の定める賠償責任の本質については，これを代位責任（他人の責任を代わって負担すること）と解するのが一般的である。すなわち，公務員のなした不法行為の責任を，当該公務員ではなく，国または地方公共団体が代わって負担するのである。被害者は，不法行為をした公務員個人に対して損害賠償を請求することはできず，公務員自身も，被害者に対しては直接の賠償責任を負わない。ただし，このことは，不法行為をした公務員自身が常に責任の負担をまぬかれることを意味しない。公務員に故意または重大な過失があったときには，国または公共団体は，当該公務員に対して求償権（他人のために債務の弁済をした者が，その他人に対してその弁済を求める権利）を行使することができる（国賠1②）からである。

　国家賠償法は，公の営造物の設置または管理に瑕疵があったために損害を生じた場合についても，国または公共団体が賠償責任を負う旨を定めている（国賠2①）。同法1条と異なり，この責任は原則として無過失責任（損害の発生について故意または過失がなくても損害賠償の責任を負うこと）であると解されているが，この場合も，ほかに損害の原因について責任を負うべき者があるときは，国または公共団体は，賠償を行った後で，その者に対して求償権を行使することができる（国賠2②）。

　立法行為または立法不作為に対する国家賠償請求　　国家賠償法が，第一義的には，行政行為によって損害が生じる場合を念頭に置いていることは明白であるが，同法1条1項にいう「公権力の行使」に立法行為または立法不作為が含まれるか否かについては，争いがある。

　在宅投票制度を廃止した立法行為，およびこれを復活しなかった立法不作為の違憲性が争われた「在宅投票制廃止事件」で，最高裁（最一判昭60・11・21民集39・7・1512）は，「国会議員の立法行為は，立法の内容が憲法の一義的な文言に違反しているにもかかわらず国会があえて当該立法を行うというごとき，容易に想定し難いような例外的な場合でない限り，国家賠償法1条1項の規定の適用上，違法の評価を受けない」と述べ，原則として国家賠償法上の違法の問題を生じないとの判断を示した。

第9章 受益権

> **判例**
>
> **在宅投票制廃止事件（最一判昭60・11・21民集39・7・1512）**
>
> 身体障害者等に在宅のまま投票を認める在宅投票制度は、昭和27年の公職選挙法改正により廃止され、その後はこの制度を設けるための立法は行われなかった。身体障害のため投票所に行くことのできない原告は、在宅投票制度を廃止し、その後復活の立法措置(そち)がとられていないことは、在宅選挙人の選挙権行使を妨げる違憲のものであるとして、国家賠償法1条1項に基づき、国に対して損害賠償を請求した。この事件では、主として、国会議員の立法行為が、国家賠償法上、違法と評価される場合があるかが争点となった。
>
> 最高裁は、次のように述べて、原告の請求を棄却した。
>
> 「国会議員の立法行為は、本質的に政治的なものであつて、その性質上法規制の対象になじまず、特定個人に対する損害賠償責任の有無という観点から、あるべき立法行為を措定(そてい)して具体的立法行為の適否を法的に評価するということは、原則的には許されないものといわざるを得ない。」
>
> 「国会議員は、立法に関しては、原則として、国民全体に対する関係で政治的責任を負うにとどまり、個別の国民の権利に対応した関係での法的義務を負うものではないというべきであつて、国会議員の立法行為は、立法の内容が憲法の一義的な文言(もんごん)に違反しているにもかかわらず国会があえて当該立法を行うというごとき、容易に想定し難(がた)いような例外的な場合でない限り、国家賠償法1条1項の規定の適用上、違法の評価を受けないものといわなければならない。」
>
> 「憲法には在宅投票制度の設置を積極的に命ずる明文の規定が存しないばかりでなく、かえつて、その47条は『選挙区、投票の方法その他両議院の議員の選挙に関する事項は、法律でこれを定める。』と規定しているのであつて、これが投票の方法その他選挙に関する事項の具体的決定を原則として立法府である国会の裁量的権限に任せる趣旨であることは、当裁判所の判例とするところである……。」
>
> 「そうすると、在宅投票制度を廃止しその後前記8回の選挙までにこれを復活しなかつた本件立法行為につき、これが前示の例外的場合に当たると解すべき余地はなく、結局、本件立法行為は国家賠償法1条1項の適用上違法の評価を受けるものではないといわざるを得ない。」

ところが近年、立法不作為が国家賠償の対象になるとする最高裁判例が現れ、注目されている。外国に在住する日本国民に国政選挙における選挙権行使を認めていなか

った (改正後も制限のあった) 公職選挙法について，その違憲・違法の確認と立法不作為により被った損害に対する賠償を求めて提起された「在外選挙権制限違憲訴訟」で，最高裁 (最大判平 17・9・14 民集 59・7・2087) は，「在宅投票制廃止事件」最高裁判決の判断枠組みを踏襲しつつ，次のよう判示した。「在外選挙制度を設けるなどの立法措置を執ることが必要不可欠であったにもかかわらず，……昭和 59 年に在外国民の投票を可能にするための法律案が閣議決定されて国会に提出されたものの，……10 年以上の長きにわたって何らの立法措置も執られなかったのであるから，このような著しい不作為は……例外的な場合に当たり，……過失の存在を否定することはできない。このような立法不作為の結果，上告人らは本件選挙において投票をすることができず，これによる精神的苦痛を被ったものというべきである。したがって，本件においては，上記の違法な立法不作為を理由とする国家賠償請求はこれを認容すべきである」(第 13 章 4 I 参照)。

4 刑事補償請求権

I 刑事補償請求権の意義

憲法 40 条 何人も，抑留又は拘禁された後，無罪の裁判を受けたときは，法律の定めるところにより，国にその補償を求めることができる。

刑事補償法 1 条 ① 刑事訴訟法 (昭和二十三年法律第百三十一号) による通常手続又は再審若しくは非常上告の手続において無罪の裁判を受けた者が同法，少年法 (昭和二十三年法律第百六十八号) 又は経済調査庁法 (昭和二十三年法律第二百六号) によつて未決の抑留又は拘禁を受けた場合には，その者は，国に対して，抑留又は拘禁による補償を請求することができる。

② 上訴権回復による上訴，再審又は非常上告の手続において無罪の裁判を受けた者が原判決によつてすでに刑の執行を受け，又は刑法 (明治四十年法律第四十五号) 第十

---

4) 「判決が確定した後その事件の審判が法令に違反したことを発見したとき」に検事総長が最高裁判所に申し立てることのできる非常救済手続を，「非常上告」という (刑訴 454)。

> 一条第二項の規定による拘置(こうち)を受けた場合には，その者は，国に対して，刑の執行又は拘置による補償を請求することができる。
> ③ （省略）

　憲法31条，33〜39条の保障が，刑事手続における身体的自由権の事前的保障であるのに対し，40条に定める刑事補償請求権は事後的救済措置(そち)といえる。

　公務員である検察官等の不法行為が原因で冤罪(えんざい)が生じたような場合であれば，すでに述べた国家賠償請求制度を通じて損害賠償を求めることができるが，公権力側に故意または過失がなければ，この方法で救済を受けることはできない。法律の定める手続に従って犯罪の被疑者を拘束し，有罪判決を期待しうる合理的な根拠に基づいて公訴（検察官が裁判所に対して刑事事件の審判を請求すること）を提起することは，公権力の正当な行使であって，裁判の結果，被告人が無罪とされることがあっても，そこまでの検察側の公権力の行使自体は，不法行為とはみなされないからである。

　しかし，被告人は，無罪の言渡しを受けるまでの間，身体の拘束をはじめ，精神的にも経済的にも，マスコミ等で大きく報道された事件であれば社会的にも，払う必要のない多大な犠牲を強いられたことになる。ゆえに，公務員の行為の違法性や故意または過失の有無にかかわらず，その犠牲を金銭的に救済するために設けられたのが，刑事補償の制度である。その具体的内容は，刑事補償法に定められている。

2　刑事補償の内容

> 刑事補償法2条　① 前条の規定により補償の請求をすることのできる者がその請求をしないで死亡した場合には，補償の請求は，相続人からすることができる。
> ② 死亡した者について再審又は非常上告の手続において無罪の裁判があつた場合には，補償の請求については，死亡の時に無罪の裁判があつたものとみなす。
> 刑事補償法4条　① 抑留(よくりゅう)又は拘禁(こうきん)による補償においては，前条及び次条第二項に規定する場合を除いては，その日数に応じて，一日千円以上一万二千五百円以下の割合による額の補償金を交付する。懲役，禁錮(きんこ)若しくは拘留の執行又は拘置による補償においても，同様である。
> ② 裁判所は，前項の補償金の額を定めるには，拘束の種類及びその期間の長短，本人が受けた財産上の損失，得るはずであつた利益の喪失，精神上の苦痛及び身体上の損

傷並びに警察，検察及び裁判の各機関の故意過失の有無その他一切の事情を考慮しなければならない。
③ 死刑の執行による補償においては，三千万円以内で裁判所の相当と認める額の補償金を交付する。ただし，本人の死亡によって生じた財産上の損失額が証明された場合には，補償金の額は，その損失額に三千万円を加算した額の範囲内とする。
④ 裁判所は，前項の補償金の額を定めるには，同項但書の証明された損失額の外，本人の年齢，健康状態，収入能力その他の事情を考慮しなければならない。
⑤ 罰金又は科料の執行による補償においては，すでに徴収した罰金又は科料の額に，これに対する徴収の日の翌日から補償の決定の日までの期間に応じ年五分の割合による金額を加算した額に等しい補償金を交付する。労役場留置の執行をしたときは，第一項の規定を準用する。
⑥ 没収の執行による補償においては，没収物がまだ処分されていないときは，その物を返付し，すでに処分されているときは，その物の時価に等しい額の補償金を交付し，又，徴収した追徴金についてはその額にこれに対する徴収の日の翌日から補償の決定の日までの期間に応じ年五分の割合による金額を加算した額に等しい補償金を交付する。

刑事補償法25条 ① 刑事訴訟法の規定による免訴又は公訴棄却の裁判を受けた者は，もし免訴又は公訴棄却の裁判をすべき事由がなかつたならば無罪の裁判を受けるべきものと認められる充分な事由があるときは，国に対して，抑留若しくは拘禁による補償又は刑の執行若しくは拘置による補償を請求することができる。
② 前項の規定による補償については，無罪の裁判を受けた者の補償に関する規定を準用する。補償決定の公示についても同様である。

被疑者補償規程2条 検察官は，被疑者として抑留又は拘禁を受けた者につき，公訴を提起しない処分があつた場合において，その者が罪を犯さなかつたと認めるに足りる十分な事由があるときは，抑留又は拘禁による補償をするものとする。

被疑者補償規程3条 ① 補償は，抑留又は拘禁の日数に応じ，一日千円以上一万二千五百円以下の割合による額の補償金を本人に交付して行う。
② 本人が死亡した場合において，必要があるときは，相続人その他適当と認める者に補償金を交付することができる。

　刑事補償は，無罪の裁判を受けた者本人だけでなく，本人が死亡している場合にはその相続人も請求することができる（刑補2①）。補償額は，抑留・拘禁，懲役・禁錮・拘留・拘置を受けていた場合には，その日数に応じて，1日1,000円以上

12,500円以下の割合による額（刑補4①），死刑執行後の場合は30,000,000円以内（刑補4③），罰金・科料・没収等の場合は，すでに徴収した罰金等の額に年5分の割合を加算した額（刑補4⑤・⑥）とされている。免訴または公訴棄却の場合にも，補償を請求することができる（刑補25）。不起訴の場合については，刑事補償法には規定がないが，被疑者補償規程（法務省訓令）により，被疑者として抑留・拘禁を受けた後(のち)不起訴とされた者についても補償がなされる。さらに，少年審判手続上，身体を拘束された後に，審判を開始せず，または保護処分に付さないこととなった場合の補償も，少年の保護事件に係る補償に関する法律（1992（平成4）年）により行われることとなった。

5 　請　願　権

1　請願権の由来と現代的意義

　請願権は，現代憲法の人権カタログのなかでも，おそらくは最も古い歴史をもつものである。その起源はイギリスの大憲章(マグナ・カルタ)（1215年）にまで遡(さかのぼ)ることができ，近代議会制確立以前の封建社会において，民衆が君主に対して懇願する手段として制度化されたものが元になっている。つまり，民衆に許されていた数少ない政治参加，権利侵害救済の手段だったのである。すでにみたように，君主制憲法である明治憲法も，臣民の権利の一つとして，請願権を定めていた（明憲30）。

　代表議会制が確立し，より効果的に民意を国政に反映させる手段が用意されている現代国家においては，請願権の役割は相対的に低下したといわざるをえないが，損害の救済等を求める受益権であると同時に，参政権を補完する機能を果たすものとして，現在もなおその意義を完全には失っていない。

2　請願権行使の方法

憲法16条　何人(なんぴと)も，損害の救済，公務員の罷免(ひめん)，法律，命令又は規則の制定，廃止又

> は改正その他の事項に関し，平穏に請願する権利を有し，何人も，かかる請願をしたためにいかなる差別待遇も受けない。
> 請願法1条　請願については，別に法律の定める場合を除いては，この法律の定めるところによる。
> 請願法2条　請願は，請願者の氏名（法人の場合はその名称）及び住所（住所のない場合は居所）を記載し，文書でこれをしなければならない。
> 請願法3条　①　請願書は，請願の事項を所管する官公署にこれを提出しなければならない。天皇に対する請願書は，内閣にこれを提出しなければならない。
> ②　請願の事項を所管する官公署が明らかでないときは，請願書は，これを内閣に提出することができる。
> 請願法5条　この法律に適合する請願は，官公署において，これを受理し誠実に処理しなければならない。

請願権は，日本国籍をもつ成年者だけでなく，未成年者，法人，さらには外国人であってもこれを行使することができる。その点では，選挙権・被選挙権をもたない者にとって，使い方によっては，ある程度まで参政権の代替手段となりうる。

請願権を行使する手続は，その大枠が請願法で規定されているほか，国会法，衆議院規則，参議院規則，地方自治法など，請願を受ける官公署の組織や権能を定める法令で個別的に規定されている。請願は，請願者の氏名・住所を記載した文書により，請願の事項を所管する官公署にこれを提出するものとされる（請願2・3）。明治憲法下では禁止されていた天皇に対する請願も可能となっている（請願3①）が，日本国憲法下の天皇は国政権能をもたないので，請願の内容が天皇によって実現されることはありえない。いずれにせよ，請願は「平穏に」（憲16）行わなければならず，暴力的手段を用いることは許されない。

このような手続でなされた請願は，「官公署において，これを受理し誠実に処理しなければならない」（請願5）とされている。これは，受理した官公署に，請願の内容を審査したり，請願の内容を具体化する法的な義務まで負わせる趣旨ではなく，その後の処理は，各機関の裁量に委ねられている。しかし，インターネットが普及した今日では，たとえば衆議院や参議院に寄せられた請願の内容や処理結果が各議院のホームページに掲載され，常に多くの人の目につく状態となっていることから，請願提出

先となった官公署を直接動かすことはなくても，さまざまな政策問題につき，国民世論に直接訴える手段としての新たな意義を獲得しつつあるといえるかもしれない。

第10章 社会権

1 社会権の意義

I 社会権の登場

> ワイマール憲法 151 条 1 項　経済生活の秩序は，すべての人に，人たるに値する生存を保障することを目指す正義の諸原則に適合するものでなければならない。各人の経済的自由は，この限度内においてこれを確保するものとする。

　20世紀に入ると，第7章12で述べたように，自由放任的経済秩序が社会にもたらしたさまざまな矛盾，格差，不平等を是正するため，国家が国民生活に積極的に介入すべきだとする社会国家・福祉国家の思想が現れ，国家に対し一定の施策を要求する権利として，社会権が登場した。

　「世界で最初に憲法に社会権を規定したのはドイツのワイマール憲法（1919年）である」とは，巷間よく耳にする言説である。しかし，社会権の前史には，19世紀末から20世紀初頭にかけて世界的に高揚した労働運動があり，ロシア革命（1917年）に続く社会主義国家の成立と相俟って，社会権は，社会主義的な国家・経済体制を前提に，なによりもまず労働者の権利として成立した。その意味において，世界で最初に社会権を規定したのは，メキシコ憲法（1917年）である。メキシコ憲法 123 条は「労働する権利」を謳い，労働基本権や社会保障制度を具体化する法律の制定を連邦

---

1) ワイマール憲法の邦訳は，高田敏・初宿正典（編訳）『ドイツ憲法集（第5版）』（信山社，2007年）145頁〔初宿訳〕による。

議会に義務づけていたが，生存権への言及はなかった。したがって，「世界で最初に生存権を規定したのはワイマール憲法である」というなら，それはかろうじて正しい。

もっとも，生存権条項として引用されるワイマール憲法151条1項ですら，直接には経済的自由権の規定であって，「人たるに値する生存」（生存「権」ではない。）という価値が経済的自由権の制約原理となる旨を述べていたにすぎない。それでもこの条文は，経済的自由権について，単なる「国家からの自由」とはまったく異なる接し方を求めるものであったため，接し方をめぐる当惑が，151条1項を法的な命令としてでなく国政の綱領・指針（プログラム規定）とみる解釈を生むことになった。

ワイマール憲法以降，社会的権利の保障を憲法に盛り込む方式は世界諸国に普及していき，日本国憲法にも，そのような権利として，生存権（憲25），教育を受ける権利（憲26），勤労の権利（憲27）および労働基本権（憲28）が明記された。

2 社会権（とりわけ生存権）の特質

> 生活保護法1条　この法律は，日本国憲法第二十五条に規定する理念に基き，国が生活に困窮するすべての国民に対し，その困窮の程度に応じ，必要な保護を行い，その最低限度の生活を保障するとともに，その自立を助長することを目的とする。
> 生活保護法4条　①　保護は，生活に困窮する者が，その利用し得る資産，能力その他あらゆるものを，その最低限度の生活の維持のために活用することを要件として行われる。
> ②　民法（明治二十九年法律第八十九号）に定める扶養義務者の扶養及び他の法律に定める扶助は，すべてこの法律による保護に優先して行われるものとする。
> ③　前二項の規定は，急迫した事由がある場合に，必要な保護を行うことを妨げるものではない。

公的制度を通じて具体化される社会権の作用を金銭の流れで捉えると，結局のとこ

---

2) メキシコ憲法は，憲法典としては特異な体裁をとり，一つの「条」のなかに，通常なら法律のレベルで規定すべき事項が大量に列挙されているため，ここにすべてを引用する紙面の余裕はないが，123条には，8時間労働，産休・母体保護，最低賃金，男女差別の禁止，労災補償，団結権，争議権等が詳細に規定されている。メキシコ憲法の詳細は，中川和彦『（参憲資料第20号）メキシコ合衆国憲法概要』（参議院憲法調査会事務局，2003年）を参照のこと。

ろそれは,「持てる者」から「持たざる者」への所得の再分配（所得移転）のしくみであることがわかる。生活保護など,受給者による事前の拠出を要せずに給付を行う公的扶助は,その典型であるが,わが国では,公的年金などの社会保険も,積立方式（現役時代に納付した保険料を積み立て,老後にその金を受け取るしくみ）から賦課方式（高齢者への給付を,その年に現役世代が納付した保険料で賄うしくみ）への事実上の転換により,実質的な世代間所得移転制度に変質して久しく,各種社会福祉制度も,その実施には多額の財源を必要とする。ここで注意すべきは,再分配される富（所得）の源泉は,「持てる者」による自由な経済活動の結果生まれた財産であって,国家は単にそれを収奪・分配しているにすぎないということである。富（所得）の源泉は,自由権の行使によって生まれたものであって,社会権自体は何も生み出さない。自由権は生産の原理であり,社会権は分配の原理である。ゆえに,福祉国家の成否は,憲法に社会権が明記されているか否かよりも,国民が全体としてどの程度の生産力をもっているかに依存するところが大きい。

　自由権の価値は,「持てる者」にとっても「持たざる者」にとっても同等である。これに対し,社会権は,その人の社会的・経済的地位に応じて異なる意味をもつ。「持てる者」にとって,社会権は,ときに忌まわしいものとなる。なぜなら,社会権は,自助努力を重ねて「持てる者」となった者の財産の一部を国家が侵害することを正当化する原理となるからである。一方,「持たざる者」にとって,社会権は歓迎すべきものである。なぜなら,「持てる者」から国家が収奪した財産からの分配を受けることを,単なる「恩恵」ではなく,「権利」として保障する原理となるからである。その意味で,「社会権は,一方において『持てる者』の自由権を制限し,他方において『持たざる者』の自由権の確保のために作用する」のであり,それゆえ「社会権は,その役割を十分にはたすことによってその存在価値を失ってしまう,そういう宿命を背負わされている[3]」権利だといえる。つまり,いつまでも作用し続けることを前提とした権利ではない。生活保護法1条が,同法の目的として,生活に困窮する者の「自立を助長すること」を挙げ,同4条1項に「保護の補足性」を謳っているのも,その

---

[3]　小林昭三『戦後の憲法史（第一分冊）』（成文堂,1971年）132-133頁。

趣旨を表現したものである。

2 生存権

I 憲法25条

> 憲法25条 ① すべて国民は、健康で文化的な最低限度の生活を営む権利を有する。
> ② 国は、すべての生活部面について、社会福祉、社会保障及び公衆衛生の向上及び増進に努めなければならない。

　憲法25条1項は、「健康で文化的な最低限度の生活を営む権利」（生存権）を保障しているが、国家の不作為によりおのずと確保される自由権と異なり、生存権の確保には国家の積極的な施策を必要とするため、2項は、1項の趣旨を実現するために国が総合的な施策を行うべきことを定めている。「健康で文化的な最低限度の生活」とは、ワイマール憲法151条1項にいう「人たるに値する生存」と同義であり、生物学的な意味で生命が維持されているというだけでなく、精神的な面でも人としての尊厳が保たれる程度の生活水準をいうものと考えられる。

　憲法25条の1項と2項の関係については、両者を表裏一体のものと捉え、1項は生存権保障という目的を、2項はその目的を達成するために必要な国の責務を定めたものと解するのが一般的であるが、後述する「堀木訴訟」の二審判決（大阪高判昭50・11・10行集26・10-11・1268）は、「〔憲法25条〕第2項は国の事前の積極的防貧施策をなすべき努力義務のあることを、同第1項は第2項の防貧施策の実施にも拘らず、なお落ちこぼれた者に対し、国は事後的、補足的且つ個別的な救貧施策をなすべき責務のあることを各宣言したものである」というユニークな解釈を示して注目された。この解釈は、救貧施策（憲25①）を生活保護法による公的扶助に限定し、他の施策をすべて防貧施策（憲25②）とみてこれに広範な立法裁量を認めるものであることから、学説上ほとんど支持されておらず、最高裁判例でも採用されなかったが、国が行うべき生存配慮に「事前の施策」・「事後の救済」の二面があることはたしかであろう。

憲法25条2項の趣旨を受けて，これまでに，社会福祉（生活保護法，児童福祉法，老人福祉法など），社会保障（国民健康保険法，国民年金法，雇用保険法，介護保険法など），公衆衛生（食品衛生法，食品安全基本法，大気汚染防止法，環境基本法など）に関する数多くの法律が制定・施行されている。

2　生存権の法的性格

　生存権は，憲法という法規の条文に「権利」という言葉を以て明記されているにもかかわらず，それが法的権利といえるのかどうか，つまり，公権力に対して拘束力をもち，それを根拠に裁判上救済を求めることのできるような権利であるのかどうかが問われてきた。この問題をめぐる学説は，生存権に法的権利としての性格を認めない「プログラム規定説」と，これを認める「法的権利説」とに大別され，後者はさらに，「抽象的権利説」，「（従来の）具体的権利説」，「言葉どおりの具体的権利説」の三種に区分される。

　プログラム規定説　　上記四種の学説のうち，プログラム規定説だけは，生存権の法的性格を認めない，つまり，憲法25条を法規範とみていない点で，他の三学説とは前提を異にしている。

　20世紀初頭のドイツにおけるワイマール憲法151条1項の解釈に影響を受けたプログラム規定説は，憲法25条を，国政の綱領・指針（プログラム）を宣言したにとどまると解する。同条は，「国が常に，そのことにつき努力すべきであるという，将来の政治や立法に対する基本的方向を指示したもの」であり，「このような努力を国が怠った場合，即ち生存権に対する，いわば消極的な侵害に対しては，特別の法的救済は予定されていないことから，それは法律的にはプログラム的意義のものであるということにもなる[4]」。つまり，憲法25条1項の「権利」という文言に法的な意味はなく，同2項の定める国（政府）の生存権配慮義務も，法的義務ではなく政治的義務にとどまるとされるのである。

　プログラム規定説の考え方が裁判実務に反映されると，次のような帰結が導かれる。

---

4)　法学協会（編）『註解日本国憲法　上巻』（有斐閣，1953年）488-489頁。

①生存権を具体化する法律が存在しない場合には，国民は，憲法25条を直接の根拠として，裁判所に出訴し，具体的な給付を請求することができない。②生存権を具体化する法律が存在し，生存権に配慮する何らかの国家行為が行われている場合であっても，裁判官は，憲法25条に照らしてその法律や国家行為の合憲性を審査することができない。つまり，憲法25条の裁判規範性[5]は否定される。法に妥当性を付与するものは常に上位法であるところ，政治的なプログラムは，法規範たる法律に妥当性を与える上位規範とはなりえないからである。

生存権を具体化する立法がなされていない段階では，プログラム規定説は，個別的かつ大量に裁判所に提起されるかもしれない給付請求訴訟を寄せつけない強力な理論武装となりうる。そのためもあってか，日本国憲法制定当初はプログラム規定説が通説的位置を占めていたが，社会福祉・社会保障・公衆衛生の諸制度が整備されていくにつれ，理論武装としての実益が失われ，権利性の軽視というマイナス・イメージだけが残ることとなったため，今日この学説を厳密に保持する論者は皆無に近い。

抽象的権利説　　生存権の法的権利性を認める学説のうち，現在のところ通説的位置を占めていると思われるのは，抽象的権利説である。

抽象的権利説は，生存権が法的権利であることを強調しながらも，「25条1項は，抽象的な規定にすぎないから，立法によってこれを具体化することを要し，国民は，それによって具体的な生活保障を要求する権利を保障されることになる」[6]とするものである。保障されている権利は法的なものであるから，国家は，その権利を実現するために立法その他の措置をとる法的義務を負っている。ゆえに，議会が生存権を具体化する立法を怠るならば，それは憲法25条に違反することになるが，同規定は具体的な権利を定めたものではないので，裁判を通じて救済を図ることはできない。

抽象的権利説の考え方が裁判実務に反映されると，次のような帰結が導かれる。①

---

5) 裁判所が裁判を通じて紛争を解決する際に，裁判官が判断の根拠として引き合いに出すことのできる法規範を，「裁判規範」という。現行の法令は，その大部分が裁判規範性を有しているが，憲法の前文，プログラム規定，政治的マニフェスト（第3章2 4参照），統治行為に属する事項（第13章1 2参照）など，裁判規範ではないと主張されているものもある。
6) 橋本公亘『日本国憲法〔改訂版〕』（有斐閣，1988年）392頁。

生存権を具体化する法律が存在しない場合には，国民は，憲法25条を直接の根拠として，裁判所に出訴し，具体的な給付を請求することができない（この点はプログラム規定説と同様である）。しかし，②具体的な法律が存在する場合には，裁判官は，憲法25条に照らしてその法律や国家行為の合憲性を審査することができる。つまり，憲法25条は，法規範であるがゆえに，裁判規範として機能することができる。

（従来の）具体的権利説　従来の具体的権利説は，「具体的」を標榜してはいるが，法律が存在しない場合に憲法25条を直接の根拠として給付請求をすることができるとまで主張するものではなく，その意味では，プログラム規定説や抽象的権利説の帰結を大きく踏み越えるものではない。この学説の特徴は，議会が必要な立法を怠った場合の裁判的救済の可能性を，訴訟手続の面で追求したところにある。すなわち，「国の不作為もその〔憲法81条にいう〕『処分』にふくまれていると解し，それは違憲審査の対象になりうると解すべきである[7]」としたうえで，ドイツの憲法訴願制度を引き合いに出しつつ，「立法権の不作為の違憲性を争える訴訟手続に関する立法を制定もしくは補充することは，……立法権の憲法上の義務である[9]」と述べて，立法不作為の違憲確認訴訟を可能にする制度を構築すべきことを主張するものである。

このほかにも，現行法の枠組みを前提に立法不作為の違憲状態への対処を試みたものとして，行政事件訴訟の一つである無名抗告訴訟を提起することができるとする説[10]がある。すなわち，「法令は，文理上困難な解釈であってもそれを採らなければ違憲となる場合には，そのように解釈されなければならない。とすれば，現行法下では，ここでいう国の不作為による生存権の侵害も，国が立法を行いそれにもとづいて行政庁が生存権を保障するということの不作為であるという意味において，『行政庁の公権力の行使に関する』ものであると解すべきであり，国を被告とする不作為の違憲性

---

[7]　大須賀明『生存権論』（日本評論社，1984年）108頁。
[8]　「憲法訴願」（Verfassungsbeschwerde）とは，通常の訴訟手段を尽くしてもなお，公権力により自己の憲法上の権利を侵害されていると主張する者が，それを理由に憲法裁判所に救済を求めることができる制度をいう。「憲法異議」と訳されることもある。
[9]　大須賀，前掲書111-112頁。
[10]　行政事件訴訟法が具体的に明示していない抗告訴訟（行政庁の公権力の行使に関する不服の訴訟）の類型を，「無名抗告訴訟」という。「法定外抗告訴訟」とも呼ばれる。

確認訴訟を特殊な無名抗告訴訟と構成すべきであろう」と主張するものである。

しかしながら、訴訟法の改正や、現行制度の活用を通じて手続上の問題をクリアすることができたとしても、違憲の判断が下された場合の当事者の救済はどうなるのか、当事者以外にもいるかもしれない潜在的被害者の救済はどうすべきかの問題は残ることとなろう。

言葉どおりの具体的権利説　抽象的権利説も従来の具体的権利説も、憲法25条を直接の根拠として給付を請求できるという意味での具体的権利性を認めるまでには至らず、そのために、法的権利説であるにもかかわらず、裁判実務上は、法的権利性を否定するプログラム規定説と大差ない帰結が導かれるだけであった。そこで、この一線を越える学説として登場したのが、「言葉どおりの具体的権利説」である。この学説は、これまで生存権の裁判規範性が十分に認められない根拠とされてきた要因（不確定概念性、審査不適合性、作為方法不確定性、予算随伴性）を再検討し、「それらは技術的に克服可能である」としたうえで、「『健康で文化的な最低限度』を下回る特定の水準については、金銭給付を裁判上求めることが可能である」と主張する。表現の自由にも「わいせつ」のような不確定概念があるが、裁判所はその定義や合憲性審査基準を示してきた（第6章4 3参照）し、損失補償についても、裁判所は、憲法29条3項を直接の根拠とする補償請求を認めている（第7章3 4参照）のだから、生存権についてもそのような扱いができるはずであるという。

この学説においても、直接憲法に基づいて具体的な給付を求めることは、あくまで例外的な場合と考えられているようである。しかし、わいせつ罪での摘発や公用収用などの公権力の行使により生じうる権利侵害と異なり、「健康で文化的な最低限度」を下回るほどの貧困の原因は、大半が、公権力の行使よりむしろ個人的な問題に帰するものであろう。にもかかわらず、個人的原因による貧困の"補償"を国に求めることが可能となれば、例外が例外でなくなり、給付水準の確定という立法裁量的判断を

---

11)　髙田敏「現代における法治行政の構造」『行政救済の諸問題（渡辺宗太郎先生古稀記念論文集）』有信堂、1970年）53頁。

12)　棟居快行「生存権の具体的権利性」長谷部恭男（編著）『リーディングズ現代の憲法』（日本評論社、1995年）167頁。

行う大きな負担を裁判官に負わせることになるのではないかという懸念がないわけではない。貧困問題への対処は、主権者国民の広範な合意の下に、原則的にはやはり、立法政策を以てなされるべきものであろう。

3 生存権をめぐる判例

　生存権をめぐる初期の判例として、ヤミ米を購入し自宅に運搬する途中に検挙され、食糧管理法違反で起訴された者が、不足食糧の購入・運搬は憲法25条の保障する生活権の行使であり、これを違法とする食糧管理法の規定は違憲であるとして争った「食糧管理法事件」がある。最高裁（最大判昭23・9・29刑集2・10・1235）は、憲法25条1項が個々の国民に国家に対する具体的・現実的な権利を保障したものではない旨を述べたうえで、食糧管理法は「国民全般の福祉のため、能う限りその生活条件を安定せしめるための法律であつて、まさに憲法第25条の趣旨に適合する立法である」から合憲であると判示した。

　公的扶助制度のあり方が問われたという意味で、生存権をめぐるリーディング・ケースとなったのは、生活保護法に基づいて給付される生活扶助費が「健康で文化的な最低限度の生活」を維持するのに足るかどうかが争われた「朝日訴訟」である。上告中に原告が死亡したことで、訴訟自体は終了となったものの、最高裁（最大判昭42・5・24民集21・5・1043）は、生存権規定につき、次のような解釈を示した。①憲法25条1項は、すべての国民が健康で文化的な最低限度の生活を営み得るように国政を運営すべきことを国の責務として宣言したにとどまり、直接個々の国民に具体的権利を賦与したものではない。②何が「健康で文化的な最低限度の生活」であるかの判断は、厚生大臣の合目的的裁量に委ねられる。ただし、③著しく低い基準を設定するなど憲法および法律の趣旨に反し、法律によって与えられた裁量権の限界をこえ、または裁量権を濫用した場合には、違法行為として司法審査の対象となる。

　この見解は、国の責務の「宣言」というくだりがあるため、一般に、プログラム規定説に立つものとみられているが、行政行為が憲法および生活保護法の趣旨・目的に反する場合には司法審査が可能であるとし、憲法25条が裁判規範として機能することを明確に否定しているわけではないことに注意すれば、厳密な意味でプログラム規

定説とはいえないとみる余地もあろう。

> **判例**
>
> 朝日訴訟（最大判昭42・5・24民集21・5・1043）
>
> 　原告・朝日茂は、国立岡山療養所に長期入院加療中であった肺結核療養者で、単身・無収のため、生活保護法に基づいて、月額600円の日用品費の生活扶助と、現物による全部扶助の医療扶助を受けていた（現金として毎月受け取っていた額は600円）が、1956（昭和31）年8月以降、（存在が判明した）実兄から毎月1,500円の送金を受けることとなったため、津山市社会福祉事務所長は、同年7月18日付で、同年8月以降の600円の生活扶助を廃止し、実兄からの1,500円の送金額から日用品費600円を控除した残額900円を医療費の一部として朝日に負担させる保護変更決定をした。朝日はこの決定を不服とし、同年8月、岡山県知事に対し、仕送りから日用品費として少なくとも1,000円を控除すべきであるとして不服申立をしたが却下されたので、同年12月、厚生大臣に不服申立をしたが、厚生大臣は1957（昭和32）年2月15日付で却下の裁決を下した。そこで朝日は、厚生大臣を相手どり、生活扶助基準の600円は憲法25条の理念に基づく生活保護法の定める健康で文化的な最低限度の生活水準を維持するに足りない違法なものであると主張して、上記裁決の取消しを求める訴えを起こした。
>
> 　一審（東京地判昭35・10・19行集11・10・2921）は、「『健康で文化的な生活水準』は……それが人間としての生活の最低限度という一線を有する以上理論的には特定の国における特定の時点においては一応客観的に決定すべきものであり、またしうるもの」であるから、厚生大臣の生活保護基準設定行為は裁判的統制に服する覊束行為[13]であるとしたうえで、日用品費の最高月額を600円と定めた保護基準は最低限度の需要に即応するものとはいえず、生活保護法8条2項、3条[14]に違反するとして、不服申立却下裁定を取り消す旨の判決を下した。これに対し、二審（東京高判昭38・11・4行集14・11・1963）は、具体的に日用品額を検討して月額670円程度という基準額を算出したが、「1割程度の不足をもって本件保護基準を当・不当というにとどまらず確定的に違法と断定することは早計である」として原判決を取り消した（なお、生活保護基準自体は、二審判決後の第16改訂で、日用品費支給額が705円に変更され、第17改訂では1,035円へと変更されている）。そこで朝日は上告したのだが、上告中に朝日は死亡した。

---

13)　「覊束（きそく）行為」とは、行政行為のうち、法令が行政行為の要件および内容を確定的な概念を用いて規定し、かつ要件に該当する事実が存するときは必ず当該行為をなすべき旨（むね）を命じている場合をいう。

死亡した朝日の養子夫婦は訴訟の承継を主張したが、最高裁は、保護請求権は「被保護者自身の……一身専属の権利であって、他にこれを譲渡し得ないし……、相続の対象ともなり得ない」ので、「本件訴訟は、上告人の死亡と同時に終了し、同人の相続人……においてこれを承継し得る余地はない」とした。

本来ならば、裁判官がそれ以上の判断を示す必要はないのであるが、最高裁は「なお、念のために、本件生活扶助基準の適否に関する当裁判所の意見を付加する」として、以下のような見解を示し、これがその後の司法判断に影響を与えることになった。

「憲法25条1項は、……すべての国民が健康で文化的な最低限度の生活を営み得るように国政を運営すべきことを国の責務として宣言したにとどまり、直接個々の国民に対して具体的権利を賦与したものではない……。具体的権利としては、憲法の規定の趣旨を実現するために制定された生活保護法によって、はじめて与えられているというべきである。

……厚生大臣の定める保護基準は、法〔生活保護法〕8条2項所定の事項を遵守したものであることを要し、結局には憲法の定める健康で文化的な最低限度の生活を維持するにたりるものでなければならない。しかし、健康で文化的な最低限度の生活なるものは、抽象的な相対的概念であり、その具体的内容は、文化の発達、国民経済の進展に伴つて向上するのはもとより、多数の不確定的要素を綜合考量してはじめて決定できるものである。したがつて、何が健康で文化的な最低限度の生活であるかの認定判断は、いちおう、厚生大臣の合目的的な裁量に委されており、その判断は、当不当の問題として政府の政治責任が問われることはあつても、直ちに違法の問題を生ずることはない。ただ、現実の生活条件を無視して著しく低い基準を設定する等憲法および生活保護法の趣旨・目的に反し、法律によつて与えられた裁量権の限界をこえた場合または裁量権を濫用した場合には、違法な行為として司法審査の対象となることをまぬかれない。」

---

14)　生活保護法3条「この法律により保障される最低限度の生活は、健康で文化的な生活水準を維持することができるものでなければならない。」
　　生活保護法8条「① 保護は、厚生労働大臣の定める基準により測定した要保護者の需要を基とし、そのうち、その者の金銭又は物品で満たすことのできない不足分を補う程度において行うものとする。
　　② 前項の基準は、要保護者の年齢別、性別、世帯構成別、所在地域別その他保護の種類に応じて必要な事情を考慮した最低限度の生活の需要を満たすに十分なものであって、且つ、これをこえないものでなければならない。」

生存権をめぐるもう一つの重要判例は、障害福祉年金と児童扶養手当との併給禁止規定の合憲性が争われた「堀木訴訟」である。最高裁（最大判昭57・7・7民集36・7・1235）は、「『健康で文化的な最低限度の生活』なるものは、きわめて抽象的・相対的な概念であつて、……右規定を現実の立法として具体化するに当たつては、……高度の専門技術的な考察とそれに基づいた政策的判断を必要とする」から、「憲法25条の規定の趣旨にこたえて具体的にどのような立法措置を講ずるかの選択決定は、立法府の広い裁量にゆだねられており、それが著しく合理性を欠き明らかに裁量の逸脱・濫用と見ざるをえないような場合を除き、裁判所が審査判断するのに適しない」と判示した。このいわゆる「立法裁量論」（生存権の具体化を立法裁量に委ねるが、憲法25条の法規範性・裁判規範性は否定しない。）は、その後の社会保障関連判例でも踏襲されている。

> 判例
>
> 堀木訴訟（最大判昭57・7・7民集36・7・1235）
>
> 内縁の夫と離別後独力で次男を養育してきた全盲の障害者堀木フミ子は、障害福祉年金を受給していたが、同時に、寡婦として子を養育していたので、1970（昭和45）年、兵庫県知事に対して児童扶養手当の受給資格の認定を請求したところ、児童扶養手当法4条3項3号（当時）の併給禁止規定に該当するとして、請求を却下された。これに対して異議申立をしたところ、却下されたため、当該併給禁止規定が憲法14条、25条、13条に違反して無効であるとして、請求却下処分の取消を求めて出訴した。
>
> 一審（神戸地判昭47・9・20行集23・8-9・711）は、併給禁止が「公的年金を受けることができる地位にある者を然らざる者との間において、差別している」ことは、「現行規定のままでは、憲法第14条第1項に違反し、無効であるといわなければならない」として、平等原則の観点から、受給資格認定請求却下処分の取消を認容した。この判決後の1973（昭和48年）には、併給を認める法改正が行われた。しかし、二審（大阪高判昭50・11・10行集26・10-11・1268）は、憲法25条「1項・2項分離（峻別）論」（本章2 I 参照）の観点から、障害福祉年金、児童扶養手当のような「防貧施策」は立法府の裁量に任せられており、併給禁止は憲法14条、13条にも違反しないとして、原判決を取り消した。
>
> 最高裁は、次のように述べて、上告を棄却し、原告（上告人）を敗訴とした。「憲法25条の規定は、国権の作用に対

「し,一定の目的を設定しその実現のための積極的な発動を期待するという性質のものである。しかも,右規定にいう『健康で文化的な最低限度の生活』なるものは,きわめて抽象的・相対的な概念であつて,その具体的内容は,その時々における文化の発達の程度,経済的・社会的条件,一般的な国民生活の状況等との相関関係において判断決定されるべきものであるとともに,右規定を現実の立法として具体化するに当たつては,国の財政事情を無視することができず,また,多方面にわたる複雑多様な,しかも高度の専門技術的な考察とそれに基づいた政策的判断を必要とするものである。したがつて,憲法25条の規定の趣旨にこたえて具体的にどのような立法措置を講ずるかの選択決定は,立法府の広い裁量にゆだねられており,それが著しく合理性を欠き明らかに裁量の逸脱・濫用と見ざるをえないような場合を除き,裁判所が審査判断するのに適しない事柄であるといわなければならない。」

「児童扶養手当は,……受給者に対する所得保障である点において,……障害福祉年金と基本的に同一の性格を有するもの,と見るのがむしろ自然である。」

「一般に,社会保障法制上,同一人に同一の性格を有する二以上の公的年金が支給されることとなるべき,いわゆる複数事故において,……事故が二以上重なつたからといって稼得能力の喪失又は低下の程度が必ずしも事故の数に比例して増加するといえないことは明らかである。このような場合について,社会保障給付の全般的公平を図るため公的年金相互間における併給調整を行うかどうかは,……立法府の裁量の範囲に属する事柄と見るべきである。また,この種の立法における給付額の決定も,立法政策上の裁量事項であり,それが低額であるからといって当然に憲法25条違反に結びつくものということはできない。」

「本件併給調整条項の適用により,上告人のように障害福祉年金を受けることができる地位にある者とそのような地位にない者との間に児童扶養手当の受給に関して差別を生ずることになるとしても,……身体障害者,母子に対する諸施策及び生活保護制度の存在などに照らして総合的に判断すると,右差別がなんら合理的理由のない不当なものであるとはいえないとした原審の判断は,正当として是認することができる。」

「朝日訴訟」も「堀木訴訟」も,裁判所の最終的な判断は,当該行政行為または立法を合憲とするものとなったが,問題とされた保護基準や法規定は,いずれも判決が確定する前に改定され,立法政策を通じた問題解決が図られている。裁判自体が,立法・行政に対するいわば是正勧告的機能を果たしたことになるが,このことは,憲法

が生存権保障を明記しながら，オンブズマン（行政監察官）[15]制度など，非司法的手続を通じて社会・経済的政策の妥当性を担保するしくみを用意していないなかで，その負担を司法権に負わせることの本質的なむずかしさを物語るものといえよう。

3 教育を受ける権利

I 教育を受ける権利の内容

> 憲法26条　①　すべて国民は，法律の定めるところにより，その能力に応じて，ひとしく教育を受ける権利を有する。
> ②　すべて国民は，法律の定めるところにより，その保護する子女に普通教育を受けさせる義務を負ふ。義務教育は，これを無償とする。
> 教育基本法4条　①　すべて国民は，ひとしく，その能力に応じた教育を受ける機会を与えられなければならず，人種，信条，性別，社会的身分，経済的地位又は門地によって，教育上差別されない。
> ②　国及び地方公共団体は，障害のある者が，その障害の状態に応じ，十分な教育を受けられるよう，教育上必要な支援を講じなければならない。
> ③　国及び地方公共団体は，能力があるにもかかわらず，経済的理由によって修学が困難な者に対して，奨学の措置を講じなければならない。

子どもの学習権　憲法26条1項は，主として平等原則の観点から，国民の「教育を受ける権利」を保障している。そのためもあってか，当初この規定は，教育の機会均等，すなわち「その者の属する階級，父兄の経済的社会的地位等によって教育を受ける機会に差別をつけられぬこと」を意味すると解されていたが[16]，今日では，子ど

---

[15]　オンブズマン（ombudsman）とは，議会によって任命され，国民からの直接の苦情の申立てに基づいて，行政の実態を調査し，改善についての意見を表明する権限を有する独立の行政監察機関であり，19世紀初頭の北欧諸国に起源がある。現代諸国では，オンブズマンを憲法上の機関として位置づける例が増えてきている。

[16]　法学協会（編）『註解日本国憲法　上巻』（有斐閣，1953年）500頁。

もが教育を通じて人間的に発達・成長していく権利、すなわち「子どもの学習権」を基軸にして捉えるべきであるとの見解が有力になってきている。「旭川学力テスト事件」の最高裁判決（最大判昭51・5・21刑集30・5・615）も、「この規定〔憲法26条〕の背後には、国民各自が、一個の人間として、また、一市民として、成長、発達し、自己の人格を完成、実現するために必要な学習をする固有の権利を有すること、特に、みずから学習することのできない子どもは、その学習要求を充足するための教育を自己に施すことを大人一般に対して要求する権利を有するとの観念が存在していると考えられる。換言すれば、子どもの教育は、教育を施す者の支配的権能ではなく、何よりもまず、子どもの学習をする権利に対応し、その充足をはかりうる立場にある者の責務に属するものとしてとらえられている」と述べ、この考え方に立脚することを明らかにしている。

　義務教育の無償　憲法26条2項は、親（親権者）がその保護する子どもに普通教育を受けさせる義務を負う旨を定めている。[17] 義務教育とは、子どもが学校教育を受ける義務を負わされているという意味ではない。子どもはもっぱら「学習をする権利」をもつのである。

　教育を受ける権利が社会権に分類されるのは、国が、公教育の制度を維持し、教育に必要な諸条件を整備する責務を負っており、子どもの学習権は、国が学校という教育の場を用意し、親がそこに子どもを就学させてはじめて充足されるからである。学校教育の制度は、教育基本法や学校教育法などの法令を通じて整備されているが、その最も重要な柱となるのは、小・中学校の義務教育である。これについて、憲法26条2項は義務教育の無償を定めているが、ここにいう「無償」の範囲は、一般に、公立の義務教育諸学校における授業料の不徴収をいい、教科書・教材費、学用品費、給食費など、義務教育就学に付随して必要となるその他の費用の無償までは、憲法上、要求されていないと解されている。ただし、教科書については、義務教育諸学校の教科用図書の無償措置に関する法律に基づき、立法政策上、無償で給付されている。

---

17)　専門教育・職業教育ではなく、社会生活を営むのに必要な基礎的な知識・技能を身につけさせるための教育を「普通教育」という。ここでは義務教育とほぼ同義である。

2 教育の自由

教育の自由　親（親権者）には，公権力の干渉を受けず，自己の信条や方針に従って子どもを教育する自由が当然に認められると解されるが，憲法には明文規定がないため，教育の自由の根拠は，憲法13条（幸福追求権），23条（学問の自由），26条（教育を受ける権利）のいずれかに求められることになる。それは，親が子どもを人格的に支配する自由ではなく，子どもの学習権に仕える限りにおける自由であり，自由であると同時に責務でもある。具体的には，家庭教育の自由や私立学校選択の自由などを意味している。

なお，学校教育を担う教師についても，教育の自由がいわれることがあるが，教師の職務は，親（親権者）の負託を受け，子どもの学習権に仕えることにあるので，親の場合よりも，責務としての性格が強く表れるものと考えられる。

教育権の所在　教育権が誰に帰属するのかについても，憲法に明文規定がないため，「国家教育権説」と「国民教育権説」が対立してきた。

国家教育権説は，公教育は，議会制民主主義を通じて国民の総意を反映した法律に基づいて行われるものであるから，国は公教育の内容を決定する権能を有し，国のみが国民全体に対して直接責任を負いうる立場にある，とする考え方である。これに対し，国民教育権説は，子どもの教育に責任を負うのは，親（親権者）およびその負託を受けた教師を中心とする国民全体であって，国の任務は教育の条件整備を行うにとどまるとする考え方であり，教科書検定や学習指導要領など，教育内容に関する国の規制を排除して現場の教師が自由に教育を行うことができるとする主張の根拠として，しばしば援用された。

これにつき，「旭川学力テスト事件」の最高裁判決（最大判昭51・5・21刑集30・5・615）は，国家教育権説と国民教育権説の「いずれも極端かつ一方的であり，そのいずれをも全面的に採用することはできない」との立場から，「親の教育の自由は，主として家庭教育等学校外における教育や学校選択の自由にあらわれるものと考えられるし，……教師の教授の自由も，それぞれ限られた一定の範囲においてこれを肯定するのが相当であるけれども，それ以外の領域においては，一般に社会公共的な問題に

ついて国民全体の意思を組織的に決定，実現すべき立場にある国は，国政の一部として広く適切な教育政策を樹立，実施すべく，また，しうる者として，憲法上は，あるいは子ども自身の利益の擁護のため，あるいは子どもの成長に対する社会公共の利益と関心にこたえるため，必要かつ相当と認められる範囲において，教育内容についてもこれを決定する権能を有する」と判示し，いわば折衷説の形で論争に一応の決着をもたらすに至っている。

4 / 勤労の権利

I 勤労の権利・義務

> 憲法 27 条 1 項　すべて国民は，勤労の権利を有し，義務を負ふ。

　本章 1 I で述べたように，社会権は，なによりもまず労働者の権利として成立した。労働者の権利は，働くことを公権力から妨害されないという，職業選択（営業）の自由に通ずる自由権的側面のみならず，社会的に弱い立場に置かれている労働者が，公権力に対し，その権利を具体化するためのさまざまな施策を要求することができるという側面をもつところに特徴がある。

　憲法 27 条 1 項に定める勤労の権利がいかなる法的性格をもつかについては議論があるが，生存権の場合と同じく，これを抽象的な権利と解するのが一般的である。勤労の機会の確保や職業生活の安定などは，立法を通じた国の施策があってはじめて実現されるのであり，そのために職業安定法，雇用保険法，男女雇用機会均等法などの法律が制定・施行されている。

　なお，憲法 27 条 1 項において，勤労は国民の義務とされているが，それは国が国民に強制労働を課すことができるというような意味ではない。本章 1 2 で述べたように，公的扶助や社会保険などの社会的給付は，国民一人ひとりが経済的自由権を行使して創出した富を源泉とする所得の再分配の作用であるがゆえに，働く能力と機会があるのに働かず，その結果，納税義務（憲30）や社会保険料の納付を行わない者には，

生存権の保障において不利益が及ぶ場合があるという，社会国家・福祉国家に内在する当然の条件を述べたものと解される。

2　勤労条件に関する基準の法定

> 憲法27条2項　賃金，就業時間，休息その他の勤労条件に関する基準は，法律でこれを定める。

　憲法27条2項は，国に対し，勤労条件に関する基準を定める法律の制定を義務づけている。かつて労働契約は，私人間（企業と個人）の法律関係として，私的自治の原則の下に，当事者の自由意思に委ねられていたが，経済的弱者である労働者個人には，事実上，契約の自由はなく，低い賃金や過重労働による「搾取」を受けてきた。そこで，20世紀以降の社会国家は，労働契約に関して，法律により最低基準を設定し，企業側にその遵守を強制することによって，労働者の保護に乗り出したのである。この趣旨を具体化する法律として，労働基準法が制定・施行されている。

3　児童酷使の禁止

> 憲法27条3項　児童は，これを酷使してはならない。
> 労働基準法56条　①　使用者は，児童が満十五歳に達した日以後の最初の三月三十一日が終了するまで，これを使用してはならない。
> ②　前項の規定にかかわらず，別表第一第一号から第五号までに掲げる事業以外の事業に係る職業で，児童の健康及び福祉に有害でなく，かつ，その労働が軽易なものについては，行政官庁の許可を受けて，満十三歳以上の児童をその者の修学時間外に使用することができる。映画の製作又は演劇の事業については，満十三歳に満たない児童についても，同様とする。
> 学校教育法20条　学齢児童又は学齢生徒を使用する者は，その使用によって，当該学齢児童又は学齢生徒が，義務教育を受けることを妨げてはならない。

　戦前のわが国において，年少者が過酷な労働に従事させられる例が少なくなかったことにかんがみ，憲法27条3項は児童酷使の禁止を定めている。この趣旨を受けて，

労働基準法56条は，義務教育期間を終えていない児童・生徒に労働をさせることを原則として禁止している。例外として，映画や演劇の子役などで児童・生徒を使用することは認められているが，その場合にも労働時間等にさまざまな制約が課せられ，さらに学校教育法20条は，学齢児童・学齢生徒を使用する者に対して，義務教育諸学校での修学を妨げないよう求めている。

5 労働基本権

I 労働基本権（労働三権）

憲法28条　勤労者の団結する権利及び団体交渉その他の団体行動をする権利は，これを保障する。

労働組合法1条　①　この法律は，労働者が使用者との交渉において対等の立場に立つことを促進することにより労働者の地位を向上させること，労働者がその労働条件について交渉するために自ら代表者を選出することその他の団体行動を行うために自主的に労働組合を組織し，団結することを擁護すること並びに使用者と労働者との関係を規制する労働協約を締結するための団体交渉をすること及びその手続を助成することを目的とする。

②　刑法（明治四十年法律第四十五号）第三十五条の規定〔「法令又は正当な業務による行為は，罰しない。」〕は，労働組合の団体交渉その他の行為であつて前項に掲げる目的を達成するためにした正当なものについて適用があるものとする。但し，いかなる場合においても，暴力の行使は，労働組合の正当な行為と解釈されてはならない。

労働組合法7条　使用者は，次の各号に掲げる行為をしてはならない。

一　労働者が労働組合の組合員であること，労働組合に加入し，若しくはこれを結成しようとしたこと若しくは労働組合の正当な行為をしたことの故をもって，その労働者を解雇し，その他これに対して不利益な取扱いをすること又は労働者が労働組合に加入せず，若しくは労働組合から脱退することを雇用条件とすること。ただし，労働組合が特定の工場事業場に雇用される労働者の過半数を代表する場合において，その労働者がその労働組合の組合員であることを雇用条件とする労働協約を締結することを妨げるものではない。

二　使用者が雇用する労働者の代表者と団体交渉をすることを正当な理由がなくて拒

むこと。
　三　労働者が労働組合を結成し，若しくは運営することを支配し，若しくはこれに介入すること，又は労働組合の運営のための経費の支払につき経理上の援助を与えること。ただし，労働者が労働時間中に時間又は賃金を失うことなく使用者と協議し，又は交渉することを使用者が許すことを妨げるものではなく，かつ，厚生資金又は経済上の不幸若しくは災厄を防止し，若しくは救済するための支出に実際に用いられる福利その他の基金に対する使用者の寄附及び最小限の広さの事務所の供与を除くものとする。
　四　労働者が労働委員会に対し使用者がこの条の規定に違反した旨の申立てをしたこと若しくは中央労働委員会に対し第二十七条の十二第一項の規定による命令に対する再審査の申立てをしたこと又は労働委員会がこれらの申立てに係る調査若しくは審問をし，若しくは当事者に和解を勧め，若しくは労働関係調整法（昭和二十一年法律第二十五号）による労働争議の調整をする場合に労働者が証拠を提示し，若しくは発言をしたことを理由として，その労働者を解雇し，その他これに対して不利益な取扱いをすること。
労働組合法8条　使用者は，同盟罷業その他の争議行為であつて正当なものによつて損害を受けたことの故をもつて，労働組合又はその組合員に対し賠償を請求することができない。

　生存権（憲25）と勤労の権利（憲27）が，経済的弱者である労働者に「人たるに値する生存」を確保するための"最低限の"条件を保障する趣旨のものであるのに対し，憲法28条は，使用者との関係において劣位に置かれてきた労働者を有利に扱い，実質的な平等を確保するための，より積極的な保障として，労働基本権を定めている。すなわち，勤労者（「労働者」と同義）の団結する権利（団結権），団体交渉をする権利（団体交渉権）および争議権（狭義の団体行動権）のいわゆる労働三権である。[18]

　団結権　団結権とは，労働者が使用者と対等に交渉する力をもつために，永続的な団体すなわち労働組合を結成し，またはそれに加入する権利を意味する。この権利には団体自体の自由の保障も含まれるので，使用者が労働組合を支配したり，労働組合内部の問題に介入することは，不当労働行為として禁止される（労組7三）。

　団体交渉権　団体交渉権とは，労働者が団結権を行使して結成した労働組合が，その代表者を通じて，使用者と対等の立場で，労働条件の維持・改善を目的として使

用者と交渉する権利を意味する。この権利の主体は団体（労働組合）である。使用者が理由なく団体交渉を拒むことは，不当労働行為として禁止される（労組7二）。

　争議権（狭義の団体行動権）　争議権とは，労使間交渉における対等性を実質的なものにするため，労働者の団体が，同盟罷業（ストライキ）や怠業（サボタージュ）[19]などの，使用者に圧力をかける争議行為（ただし，暴力の行使は認められない。）を合法的に行う権利を意味する。争議行為には刑事免責が適用される（労組1②）が，これは（刑罰権を有する）公権力による労働基本権の侵害を防ぐ趣旨である。また，労働基本権の保障は，その性質上，私人間（使用者と労働者の間）に直接適用される（第1章4　2参照）ものと解され，争議行為により生じた損害については民事免責が適用される（労組8）。

2　公務員の労働基本権

> 国家公務員法98条2項　職員は，政府が代表する使用者としての公衆に対して同盟罷業，怠業その他の争議行為をなし，又は政府の活動能率を低下させる怠業的行為をしてはならない。又，何人も，このような違法な行為を企て，又はその遂行を共謀し，そそのかし，若しくはあおってはならない。
> 国家公務員法108条の2第5項　警察職員及び海上保安庁又は刑事施設において勤務する職員は，職員の勤務条件の維持改善を図ることを目的とし，かつ，当局と交渉する団体を結成し，又はこれに加入してはならない。
> 国家公務員法108条の5　①　当局は，登録された職員団体から，職員の給与，勤務時

---

18)　憲法28条には，「団結する権利及び団体交渉その他の団体行動をする権利」（下線は引用者）と表記されているが，法令の条文中に「Aその他のB」という表現が用いられている場合，Aは後に出てくるより意味内容の広いBという言葉に該当するものの例示であるのが通例である。つまりこの条文は，正しくは，「団結する権利」と「（広義の）団体行動をする権利」の二つを定め，「団体交渉」は「（広義の）団体行動」の一例を挙げたものと読むべきである。しかし，団体交渉は圧力を伴わない団体行動であるところ，労働者にとっては，使用者に圧力をかける争議行為をする権利が憲法上保障されていることが決定的に重要であることから，憲法28条にいう「団体行動」を狭義の団体行動すなわち「争議行為」と解し，「団結権，団体交渉権および争議権」の三権を定めたものと読むのが一般的である。

19)　「怠業」は，同盟罷業（ストライキ）と異なり，一応は仕事をしながら，作業能率を低下させる争議行為をいう。

第 10 章　社会権

間その他の勤務条件に関し，及びこれに附帯して，社交的又は厚生的活動を含む適法な活動に係る事項に関し，適法な交渉の申入れがあつた場合においては，その申入れに応ずべき地位に立つものとする。
② 　職員団体と当局との交渉は，団体協約を締結する権利を含まないものとする。
③ 　国の事務の管理及び運営に関する事項は，交渉の対象とすることができない。
④〜⑨　（省略）

地方公務員法 37 条 1 項 　職員は，地方公共団体の機関が代表する使用者としての住民に対して同盟罷業，怠業その他の争議行為をし，又は地方公共団体の機関の活動能率を低下させる怠業的行為をしてはならない。又，何人も，このような違法な行為を企て，又はその遂行を共謀し，そそのかし，若しくはあおつてはならない。

地方公務員法 52 条 5 項 　警察職員及び消防職員は，職員の勤務条件の維持改善を図ることを目的とし，かつ，地方公共団体の当局と交渉する団体を結成し，又はこれに加入してはならない。

地方公務員法 55 条 　① 　地方公共団体の当局は，登録を受けた職員団体から，職員の給与，勤務時間その他の勤務条件に関し，及びこれに附帯して，社交的又は厚生的活動を含む適法な活動に係る事項に関し，適法な交渉の申入れがあつた場合においては，その申入れに応ずべき地位に立つものとする。
② 　職員団体と地方公共団体の当局との交渉は，団体協約を締結する権利を含まないものとする。
③ 　地方公共団体の事務の管理及び運営に関する事項は，交渉の対象とすることができない。
④〜⑪　（省略）

自衛隊法 64 条 　① 　隊員は，勤務条件等に関し使用者たる国の利益を代表する者と交渉するための組合その他の団体を結成し，又はこれに加入してはならない。
② 　隊員は，同盟罷業，怠業その他の争議行為をし，又は政府の活動能率を低下させる怠業的行為をしてはならない。
③④　（省略）

特定独立行政法人等の労働関係に関する法律 17 条 1 項 　職員及び組合は，特定独立行政法人等に対して同盟罷業，怠業，その他業務の正常な運営を阻害する一切の行為をすることができない。また，職員並びに組合の組合員及び役員は，このような禁止された行為を共謀し，唆し，又はあおつてはならない。

地方公営企業等の労働関係に関する法律 11 条 1 項 　職員及び組合は，地方公営企業等に対して同盟罷業，怠業その他の業務の正常な運営を阻害する一切の行為をするこ

> とができない。また，職員並びに組合の組合員及び役員は，このような禁止された行為を共謀し、唆(そそのか)し、又はあおつてはならない。

公務員の労働基本権に対する制約　公務員の労働基本権は，現行法上，さまざまな制約を受けている。警察職員，消防職員，自衛隊員，海上保安庁職員および刑事施設（刑務所，少年刑務所，拘置所）職員は，労働三権すべてが否定されている（国公98②・108の2⑤，地公37①・52⑤，自衛64）ほか，非現業の国家・地方公務員については団体交渉権の一部と争議権が否定され（国公108の5①～③・92②，地公55①～③・37①），現業の国家公務員（林野庁・特定独立行政法人の職員）および地方公務員（市営バスなど地方公営企業の職員）については争議権が否定されている（独行等労17①，地行等労11①）。

労働基本権，とりわけ争議権の行使は，労使双方以外の第三者にも大きな影響を及ぼす。特に公務員がこれを行使すれば，使用者である国民または住民の生活に甚大(じんだい)な被害をもたらすおそれがあるため，一定程度の制約は不可避となる。しかし，公務員も労働者であり，労働基本権が労働者の生きる権利として保障されていることに照らせば，労働基本権の規制につき広範な立法裁量を認めるのは妥当ではないと解され，具体的な合憲性審査基準としては，「LRA の基準」（第6章 4 2 参照）などの，ある程度厳格な基準を適用すべきことが有力に主張されている。[20]

判例の推移　現業の国家公務員の争議行為を禁止する公共企業体等労働関係法（当時）17条の合憲性が争われた「全逓東京中郵事件(ぜんてい)」で，最高裁（最大判昭41・10・26刑集20・8・901）は，公務員も憲法28条にいう勤労者として労働基本権を保障されており，「全体の奉仕者」（憲15）であることを理由に，公務員の労働基本権をすべて否定することは許されず，「その担当する職務の内容に応じて，私企業における労働者と異なる制約を内包しているにとどまる」としたうえで，制約が許される条件として，①合理性の認められる必要最小限度の制限であること，②国民生活に重大な障害をもたらすおそれのあるものについて，これを避けるために必要やむを得ない場合であること，③刑事制裁は必要やむをえない場合に限られること，④労働基本権制約の代償

---

20) 芦部信喜（高橋和之補訂）『憲法（第四版）』（岩波書店，2007年）266頁。

措置を講ずること，の四つを挙げ，公労法17条はこれらを備えているので合憲であるとした。

東京都教職員組合が勤務評定に反対して一斉休暇闘争を行ったことに関し，都教組の執行委員長らが，地方公務員法37条1項のそそのかし，あおり行為に当たるとして起訴された「都教組事件」で，最高裁（最大判昭44・4・2刑集23・5・305）は，地方公務員法37条1項および61条4号（37条1項違反を3年以下の懲役または10万円以下の罰金に処する旨の規定）に合憲限定解釈（第13章4 2参照）を施し，刑事罰の対象となる行為は，争議行為もあおり行為も，違法性の強いものに限られるという「二重の絞り」の限定を加え，被告人を無罪とした。

> 判 例

都教組事件（最大判昭44・4・2刑集23・5・305）

1958（昭和33）年，東京都教職員組合は，東京都内の公立小中学校教職員を対象とする勤務評定に反対する闘争に際し，組合員が一斉休暇を取って集会に参加する方法を用いた。これが同盟罷業に当たるとされ，都教組の執行委員長らが地方公務員法37条1項で禁じられている争議行為をあおったとして同61条4号により起訴された事件である。一審（東京地判昭37・4・18下刑集4・3-4・303）の無罪判決，二審（東京高判40・11・16高刑集18・7・742）の有罪判決を経て，最高裁は，地方公務員法37条・61条4号に合憲限定解釈を施し，次のように述べて，無罪を言渡した。

「これらの規定〔地方公務員法37条・61条4号〕が，文字どおりに，すべての地方公務員の一切の争議行為を禁止し，これらの争議行為の遂行を共謀し，そそのかし，あおる等の行為（以下，あおり行為等という。）をすべて処罰する趣旨と解すべきものとすれば，それは，前叙の公務員の労働基本権を保障した憲法の趣旨に反し，必要やむをえない限度をこえて争議行為を禁止し，かつ，必要最小限度にとどめなければならないとの要請を無視し，その限度をこえて刑罰の対象としているものとして，これらの規定は，いずれも，違憲の疑を免れないであろう。」

「しかし，法律の規定は，可能なかぎり，憲法の精神にそくし，これと調和しうるよう，合理的に解釈されるべきものであつて，この見地からすれば，これらの規定の表現にのみ拘泥して，直ちに違憲と断定する見解は採ることができない。」

「一見，一切の争議行為を禁止し，一切のあおり行為等を処罰の対象としているように見える地公法の前示各規定も，

「右のような合理的な解釈によって，規制の限界が認められるのであるから，その規定の表現のみをみて，直ちにこれを違憲無効の規定であるとする所論主張は採用することができない。」

「地方公務員の具体的な行為が禁止の対象たる争議行為に該当するかどうかは，争議行為を禁止することによって保護しようとする法益と，労働基本権を尊重し保障することによって実現しようとする法益との比較較量(きょうりょう)により，両者の要請を適切に調整する見地から判断することが必要である。」

「地方公務員の行為が地公法37条1項の禁止する争議行為に該当する違法な行為と解される場合であつても，それが直ちに刑事罰をもつてのぞむ違法性につながるものでないことは，同法61条4号が地方公務員の争議行為そのものを処罰の対象とすることなく，もつぱら争議行為のあおり行為等，特定の行為のみを処罰の対象としていることからいつて，きわめて明瞭である。」

「あおり行為等にもさまざまの態様があり，その違法性が認められる場合にも，その違法性の程度には強弱さまざまのものがありうる。……地公法61条4号の趣旨からいつても，争議行為に通常随伴して行なわれる行為のごときは，処罰の対象とされるべきものではない。」

「本件の一せい休暇闘争は，同盟罷業または怠業にあたり，……その違法性を否定することができないとしても，被告人らは，いずれも都教組の執行委員長その他幹部たる組合員の地位において右(みぎ)指令の配布または趣旨伝達等の行為をしたというのであつて，これらの行為は，本件争議行為の一環として行なわれたものであるから，前示の組合員のする争議行為に通常随伴する行為にあたるものと解すべきであり，……さきに説示した労働基本権尊重の憲法の精神に照らし，さらに，争議行為自体を処罰の対象としていない地公法61条4号の趣旨に徴し，これら被告人のした行為は，刑事罰をもつてのぞむ違法性を欠くものといわざるをえない。」

以上のように，最高裁は，公務員の労働基本権をできる限り尊重する傾向を示してきたのであるが，警察官職務執行法改正に反対する者らが，全農林組合員に対し勤務時間内の抗議行動をそそのかしたとして起訴された「全農林警職法事件」以降は，公務員の争議行為の一律的禁止を認める方向へと推移していくことになる。この事件の最高裁判決（最大判昭48・4・25刑集27・4・547）は，従来の判例を変更して，国家公務員の争議行為を一律かつ全面的に禁止することを合憲と判示し，その理由として，①公務員の地位の特殊性と職務の公共性，②財政民主主義，③勤務条件法定主義，④市

場原理による抑制の欠如、⑤人事院等の代償措置の存在を挙げた。

> **判例**
>
> **全農林警職法事件（最大判昭 48・4・25 刑集 27・4・547）**
>
> 　1958（昭和33年）に内閣が衆議院に提出した警察官職務執行法の一部を改正する法律案に対し、労働運動抑圧の危険が大きいとして労働団体の反対運動が起こり、農林省（当時）職員で構成される全農林労働組合もこの運動に参加することとなったところ、同組合の役員らが、勤務時間内の抗議行動をそそのかしたことが、国家公務員法98条5項（現2項）に違反するとして、同110条1項17号（罰則規定）により起訴された事件である。最高裁は、次のように述べて、被告人に有罪を言渡した。
>
> 　「公務員は、……憲法15条の示すとおり、実質的には、その使用者は国民全体であり、公務員の労務提供義務は国民全体に対して負うものである。もとよりこのことだけの理由から公務員に対して団結権をはじめその他一切の労働基本権を否定することは許されないのであるが、公務員の地位の特殊性と職務の公共性にかんがみるときは、これを根拠として公務員の労働基本権に対し必要やむをえない限度の制限を加えることは、十分合理的な理由があるというべきである。」
>
> 　「公務員の場合は、その給与の財源は国の財政とも関連して主として税収によつて賄われ、……その勤務条件はすべて政治的、財政的、社会的その他諸般の合理的な配慮により適当に決定されなければならず、しかもその決定は民主国家のルールに従い、立法府において論議のうえなされるべきもので、同盟罷業等争議行為の圧力による強制を容認する余地は全く存しないのである。」
>
> 　「公務員の勤務条件の決定に関し、……公務員が政府に対し争議行為を行なうことは、的はずれであつて正常なものとはいいがたく、もしこのような制度上の制約にもかかわらず公務員による争議行為が行なわれるならば、……ひいては民主的に行なわれるべき公務員の勤務条件決定の手続過程を歪曲することともなつて、憲法の基本原則である議会制民主主義（憲法41条、83条等参照）に背馳し、国会の議決権を侵す虞れすらなしとしないのである。」
>
> 　「私企業においては、……一般に使用者にはいわゆる作業所閉鎖（ロックアウト）をもつて争議行為に対抗する手段があるばかりでなく、労働者の過大な要求を容れることは、企業の経営を悪化させ、……ひいては労働者自身の失業を招くという重大な結果をもたらすこととなるのであるから、労働者の要求はおのずからその面よりの制約を免れず、……また、一般の私企業においては、……争議行為に対しても、いわゆる市場の抑制力が働

くことを必然とするのに反し、公務員の場合には、そのような市場の機能が作用する余地がないため、公務員の争議行為は場合によつては一方的に強力な圧力となり、この面からも公務員の勤務条件決定の手続をゆがめることとなるのである。」

「その争議行為等が……制約を受ける公務員に対しても、……法は、これらの制約に見合う代償(そち)措置として身分、任免、服務、給与その他に関する勤務条件についての周到詳密な規定を設け、さらに中央人事行政機関として準司法機関的性格をもつ人事院を設けている。」

「公務員の行なう争議行為のうち、同法によつて違法とされるものとそうでないものとの区別を認め、さらに違法とされる争議行為にも違法性の強いものと弱いものとの区別を立て、あおり行為等の罪として刑事制裁を科されるのはそのうち違法性の強い争議行為に対するものに限るとし、あるいはまた、あおり行為等につき、争議行為の企画、共謀、説得、慫慂(しょうよう)、指令等を争議行為にいわゆる通常随伴するものとして、国公法上不処罰とされる争議行為自体と同一視し、かかるあおり等の行為自体の違法性の強弱または社会的許容性の有無を論ずることは、いずれも、とうてい是認することができない。……このように不明確な限定解釈は、かえつて犯罪構成要件の保障的機能を失わせることとなり、その明確性を要請する憲法31条に違反する疑いすら存(そん)するものといわなければならない。」

この判決の後、「岩手教組学力テスト事件」判決（最大判昭51・5・21刑集30・5・1178）、「全逓名古屋中郵事件」判決（最大判昭52・5・4刑集31・3・182）など、従来の最高裁判例をくつがえして公務員の争議行為の全面禁止を合憲とする判例が相次いだ。

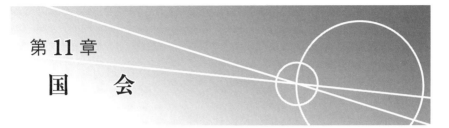

第11章 国会

1 国会の地位

1 代表民主制

> 憲法前文1段 （……省略……）そもそも国政は，国民の厳粛な信託によるものであつて，その権威は国民に由来し，その権力は国民の代表者がこれを行使し，その福利は国民がこれを享受する。これは人類普遍の原理であり，この憲法は，かかる原理に基くものである。（……省略……）

日本国憲法は国民主権原理に立脚するが，それは主権者国民がみずからすべての政治的決定を行うという意味ではなく，前文1段にいうように，国民が選挙を通じて代表者に国政を「信託」し，それを受けて代表者が政治権力を「行使」し，その結果としての福利を国民が「享受」するという政治のしくみを念頭に置いている。このような国政のあり方は，間接民主制または代表民主制と呼ばれ，国会はその中心的な位置を占めている。

2 国会の地位

> 憲法43条1項　両議院は，全国民を代表する選挙された議員でこれを組織する。
> フランス1791年憲法3編1章3節7条[1]　県において任命された代表者は，特定の県の

---

1) フランス1791年憲法の邦訳は，中村義孝（編訳）『フランス憲法史集成』（法律文化社，2003年）22頁による。

代表者ではなく，国民全体の代表者であり，代表者にはいかなる委任も与えることはできない。

ドイツ帝国憲法（1871年）29条[2] 帝国議会議員は，全国民の代表者であって，委任または指令に拘束されない。

ドイツ帝国憲法（1871年）32条 帝国議会議員は，議員として，いかなる給料または報酬をうけとることもできない。

ドイツ連邦共和国基本法21条1項[3] 政党は，国民の政治的意思形成に協力する。その設立は自由である。政党の内部秩序は，民主主義の諸原則に適合していなければならない。政党は，その資金の出所および使途について，ならびにその財産について，公的に報告しなければならない。

ドイツ連邦共和国基本法38条1項 ドイツ連邦議会の議員は，普通，直接，自由，平等，秘密の選挙により選出される。議員は，国民全体の代表者であって，委任および指示に拘束されず，かつ自己の良心にのみ従う。

憲法41条 国会は，国権の最高機関であつて，国の唯一の立法機関である。

憲法73条 内閣は，他の一般行政事務の外(ほか)，左(さ)の事務を行ふ。

　一～五　（省略）

　六　この憲法及び法律の規定を実施するために，政令を制定すること。但(ただ)し，政令には，特にその法律の委任がある場合を除いては，罰則を設けることができない。

　七　（省略）

内閣法11条 政令には，法律の委任がなければ，義務を課し，又は権利を制限する規定を設けることができない。

国家行政組織法12条3項 省令には，法律の委任がなければ，罰則を設け，又は義務を課し，若しくは国民の権利を制限する規定を設けることができない。

憲法42条 国会は，衆議院及び参議院の両議院でこれを構成する。

憲法43条2項 両議院の議員の定数は，法律でこれを定める。

憲法45条 衆議院議員の任期は，四年とする。但(ただ)し，衆議院解散の場合には，その期間満了前に終了する。

憲法46条 参議院議員の任期は，六年とし，三年ごとに議員の半数を改選する。

憲法47条 選挙区，投票の方法その他(た)両議院の議員の選挙に関する事項は，法律でこ

---

2) ドイツ帝国憲法（1871年）の邦訳は，C・ボルンハーク『憲法の系譜』山本浩三訳（法律文化社，1961年）267頁による。

3) 以下，ドイツ連邦共和国基本法の邦訳は，阿部照哉・畑博行（編）『世界の憲法集（第四版）』（有信堂，2009年）281頁以下〔永田秀樹訳〕による。

れを定める。
公職選挙法 4 条 ① 衆議院議員の定数は，四百六十五人とし，そのうち，二百八十九人を小選挙区選出議員，百七十六人を比例代表選出議員とする。
② 参議院議員の定数は二百四十八人とし，そのうち，百人を比例代表選出議員，百四十八人を選挙区選出議員とする。
③ 地方公共団体の議会の議員の定数は，地方自治法（昭和二十二年法律第六十七号）の定めるところによる。

憲法は，国会に，「国民の代表機関」，「国権の最高機関」および「唯一の立法機関」という地位を与えている。

国民の代表機関 憲法 43 条 1 項にいう「全国民を代表する」という文言は，法的な意味ではなく，政治的な意味で捉えるべきものと解されている。[4]

「全国民の代表」は，近代初期的代表民主制の理念を表す歴史的なキーワードである。たとえばフランス 1791 年憲法 3 編 1 章 3 節 7 条は，代表者すなわち国民立法議会議員が，県ごとに選出されるにもかかわらず，「特定の県の代表者ではなく，国民全体の代表者」であるとしている。しかし，県ごとに選出された議員を「全国民の代表」たらしめるためには，議員と，その選出母体である県の選挙人との関係を断ち切ることが必要なので，続く文言で，「代表者にはいかなる委任も与えることはできない」と釘を刺しているのである。

ここで禁止されている「委任」とは，中世の身分制議会（等族会議）に特定の身分集団から派遣されていた議員が所属集団から受けていた「命令委任」を意味する。近代の議会制は，命令委任による拘束から代表者を解放し，選挙人と代表者の間に「自由委任」の関係を築いた。すなわち，代表者は，「全国民の代表」として，選挙人の意思に拘束されず，みずからの意思と良心のみに基づいて，国家的見地から全国民の利益のために国政を行うものとされ，それが代表民主制の基本理念となったのである。

---

4) 法的な意味の「代表」（≒代理）とは，A（代表する者）のした行為が，法律上，B（代表される者）のした行為としての法律効果を発生させることを意味する。もし憲法 43 条 1 項をこの意味に解すると，「国会(A)の行為は法的に国民(B)の行為とみなされる」ということになるが，同条項にいう「代表」は，むしろ逆に，国民（代表される者）の意思が代表者の行為に反映されるべきであるという，政治的な意味で捉えられている。

このようなタイプの代表制は,「純粋代表制」と呼ばれている。

　自由委任(＝命令委任の禁止)に基づく「全国民の代表」理念は,「財産と教養」を備えた社会的エリートからなる名望家議員の存在を前提とし,制限選挙制は,そのような議員を選出するための合理的な方法であった。また,議員が議会活動を生業とするようであると,次の選挙で職を失いたくないがため,選挙人に阿り,その利益の代弁者に堕してしまうので,議員職は一種の名誉職とされ,ドイツ帝国憲法(1871年)32条のように,議員に俸給を与えてはならないことを憲法に明記する例もあった。

　その後19世紀末から20世紀にかけて,諸国の代表民主制は,質的に大きく変化した。普通選挙制の拡大と政党政治の進展により,議員は,特定の政策を掲げる政党の意を体し,また特殊利益の代弁者として行動するようになって,独立の良心に基づく「全国民の代表」としての性格を,事実上,失っていった。それでもなお,諸国の憲法は,古典的・近代初期的な「全国民の代表」と「自由委任(＝命令委任の禁止)」の理念に固執し続けて今日に至る。たとえば,政党を「憲法的に編入」した憲法として[5],その20世紀的特徴が強調されるドイツ連邦共和国基本法は,21条1項で,「国民の政治的意思形成に協力する」という,政党の積極的な役割を認める一方で,所属政党の拘束を受けて行動しているはずの議員に対しては,38条1項後段で,「議員は,国民全体の代表者であって,委任および指示に拘束されず,かつ自己の良心にのみ従う」としているため,両者の論理的整合性をめぐって議論が絶えない。

　このような憲法史的背景と,日本国憲法が政党に関する規定をもたないことを考え合わせれば,43条1項は,第一義的には,自由委任の原則に基づく古典的・近代初期的代表民主制の枠組みを表現したものとみられよう。しかし,現代国家においては,代表する者とされる者との意思の一致が重視されるようになってきていることから,今日では,「日本国憲法における『代表』の観念も,政治的代表という意味に加えて,社会学的代表という意味を含むものとして構成するのが妥当である」[6]とし,43条1

---

5) ドイツの国法学者トリーペル (Triepel, Heinrich: 1868-1946) は,政党に対する国家(憲法)の態度を,①敵視,②無視,③承認および法制化,④憲法的編入の四段階に区分したが,ドイツ連邦共和国憲法は,この区分でいう④の段階に達したものとみられている。日本国憲法がどの段階に該当するかについては,②とみる説と③とみる説を中心に,さまざまな解釈がなされている。

項の趣旨を「半代表制」的に捉える見解が通説的位置を占めている。さらに，地方（自治）特別法に関する住民投票（憲95）や憲法改正の国民投票（憲96）の制度があることを根拠として，日本国憲法の代表制は，一定の要件の下に，国民に，立法作用その他の国政に直接介入する機会が保障された「半直接民主制の系譜に属する」とする見解も有力に主張されている。

　　国権の最高機関　憲法が国会に与えている「国権の最高機関」（憲41）という言葉については，国会が他の国家機関よりも優越した地位にあるとか，権限の所在が明らかでない場合に国会がその権限をもつと推定すべきであるというように，法的意味を読み込む見解もあるが，通説は，主権者国民によって直接選挙された国会が国政の中心をなす重要な機関であることを強調する「政治的美称」と解している。なお，この言葉に法的意味を読み込むか否かは，後述する国政調査権の性格をどう理解するかに大きな影響を及ぼす。

　　唯一の立法機関　国会は，「国の唯一の立法機関である」（憲41）とされるが，国内に存在するすべての法規範を国会がつくるわけではない。政令は内閣が，省令は各省大臣が，条例は地方議会が制定する。

　　憲法41条にいう「立法」とは，「義務を課し，又は権利を制限する規定」（内11，行組12③）をもつ一般的な法規範を「法律」という形式で定めることを指す。国会が「唯一」の立法機関であるとは，このような意味の「法律」を定めることができるのは国会のみであるという「国会中心立法の原則」と，立法に際して他の国家機関の関与を排除する「国会単独立法の原則」を述べたものである。

　　ただし，本来国会が定めるべき事項（法律事項）に関する立法権限を，行政府をはじめとする他の国家機関に委任することは認められる（憲73六）。法律の委任に基づいて制定される法規範を委任立法といい，委任立法の増大は，現代行政国家の特徴の

---

6) 芦部信喜（高橋和之補訂）『憲法（第四版）』（岩波書店，2007年）278頁。
7) 「半代表制」は，19世紀後半のフランス憲法学においてエスマン（Esmein, Adhemar: 1848-1913）らにより理論化された代表制の類型で，普通選挙を通じて議会が選挙人の意思を忠実に反映し，その意味で直接民主制の代替物としての性格をもつようになった代表制を指す。
8) 大石眞『立憲民主制』（信山社，1996年）108-109頁。

一つともなっている。

二院制（両院制） 「国会は，衆議院及び参議院の両議院でこれを構成する」(憲42)。このような立法府のあり方を二院制（両院制）という。マッカーサー草案（第2章 *1* Ⅰ参照）は，当初，一院制国会を予定していたが，日本側からの強い要望を容れ，選挙による第二院を置く二院制が採用されることとなった。

しかしながら，日本国憲法の二院制は，「第二院は，第一院と一致するなら無用，一致しないなら有害」という，フランス革命期の政治家シエイエスの名言を地で行くようなものとなっている。一般に，参議院を置く目的は，衆議院多数派の専横を防止すること，「良識の府」として審議の慎重を期すること，衆議院解散中の緊急事態に対処すること，などと説明されるが，いずれも多分に"後付け"の理屈といわざるをえず，参議院の存在理由説明としての説得力を著しく欠いている。

二院制の特徴は，第二院の性格に顕著に表れ，第二院の性格は，議員の選任方法で決まるが，憲法は，両議院の選挙方法を広く法律に委ね（憲47)，選挙制度の基本原則すら定めていない。そのため，理念上は政党政治的なものとは異なる原理に基づく「良識の府」であるはずの参議院に，政党本位の選挙制度である比例代表制が，1982（昭和57）年の公職選挙法の改正により，衆議院よりも先に導入されるなど，しばしば整合性に欠ける制度改革が行われてきた。

衆議院の任期は4年だが，解散により，満了前に終了することがある（憲45)。現行法上，定数は475人で，そのうち295人が小選挙区選出議員，180人が比例代表選出議員とされている（公選4①)。

参議院の任期は6年で，3年ごとに議員の半数が改選される（憲46)。衆議院と異なり，参議院は解散されることがない。現行法上，定数は242人で，そのうち96人が比例代表選出議員，146人が選挙区選出議員とされている（公選4②)。

3 国会議員の地位

憲法50条 両議院の議員は，法律の定める場合を除いては，国会の会期中逮捕されず，会期前に逮捕された議員は，その議院の要求があれば，会期中これを釈放しなければ

第11章 国　会

> ならない。
>
> **国会法 33 条**　各議院の議員は，院外における現行犯罪の場合を除いては，会期中その院の許諾がなければ逮捕されない。
>
> **憲法 51 条**　両議院の議員は，議院で行つた演説，討論又は表決について，院外で責任を問はれない。
>
> **憲法 63 条**　内閣総理大臣その他の国務大臣は，両議院の一に議席を有すると有しないとにかかはらず，何時でも議案について発言するため議院に出席することができる。又，答弁又は説明のため出席を求められたときは，出席しなければならない。
>
> **憲法 49 条**　両議院の議員は，法律の定めるところにより，国庫から相当額の歳費を受ける。
>
> **国会法 35 条**　議員は，一般職の国家公務員の最高の給与額（地域手当等の手当を除く。）より少なくない歳費を受ける。
>
> **国会議員の歳費，旅費及び手当等に関する法律 1 条**　各議院の議長は二百十七万円を，副議長は百五十八万四千円を，議員は百二十九万四千円を，それぞれ歳費月額として受ける。
>
> **国会議員の歳費，旅費及び手当等に関する法律 8 条**　議長，副議長及び議員は，議院の公務により派遣された場合は，別に定めるところにより旅費を受ける。
>
> **国会議員の歳費，旅費及び手当等に関する法律 9 条 1 項**　各議院の議長，副議長及び議員は，公の書類を発送し及び公の性質を有する通信をなす等のため，文書通信交通滞在費として月額百万円を受ける。
>
> **国会議員の歳費，旅費及び手当等に関する法律 10 条 1 項**　各議院の議長，副議長及び議員は，その職務の遂行に資するため，（……省略……）鉄道及び自動車に運賃及び料金を支払うことなく乗ることができる特殊乗車券の交付を受け，又はこれに代えて若しくはこれと併せて（……省略……）航空券の交付を受ける。

　国会議員が，不当な干渉を受けずに，全国民の代表としての職務を全うすることができるようにするため，国会議員には，不逮捕特権，免責特権および歳費受領権が認められている。

　不逮捕特権　「両議院の議員は，法律の定める場合を除いては，国会の会期中逮捕されず，会期前に逮捕された議員は，その議院の要求があれば，会期中これを釈放しなければならない」（憲50）。これを不逮捕特権という。古典的な権力分立論の観点から，この特権の目的は，他の国家機関（行政府または司法府）による権力濫用から

議員の行動の自由を保障することにあるとみられるが，政党政治の観点からは，議院内の政治的敵対者の謀略から議員を守るという意義も見出すことができよう。

「法律の定める場合」とは，院外における現行犯逮捕の場合および議院の許諾のある場合（国会33条）であり，これらの場合には会期中であっても逮捕が可能である。不逮捕特権が及ぶのは，在任中ではなく，会期中なので，閉会中には議員を逮捕することができる。しかし，会期が始まってもまだ当該議員の身体の拘束が続いている場合には，その所属する議院の要求があれば，会期中これを釈放しなければならない。

　免責特権　憲法51条は，「両議院の議員は，議院で行つた演説，討論又は表決について，院外で責任を問はれない」と定める。これを免責特権という。不逮捕特権と同様，自由な議員活動を確保することが目的である。

議院内閣制の下，内閣総理大臣その他の国務大臣は，いずれかの議院に議席をもっていてもいなくても，いつでも議院に出席し発言できる（憲63）ことから，国務大臣にも免責特権が及ぶのかどうかが問題となるが，通説は，議席をもたない国務大臣には免責特権は及ばず，議席をもつ国務大臣であっても，国務大臣として行った発言は免責の対象にならない（議員として行った発言は免責の対象になる）と解している。また，国会と同じく有権者により直接選挙される立法機関である地方議会の議員に免責特権が及ぶのかどうかも問題となるが，判例（最大判昭42・5・24刑集21・4・505）は，「地方議会議員の発言についても，いわゆる免責特権を憲法上保障しているものと解すべき根拠はない」としている。

免責の対象となる行為が，憲法51条にいう「議院で行つた演説，討論又は表決」に限られるかどうかについて，判例（東京高判昭44・12・17高刑集22・6・924）は，「必ずしも同規定に明文のある演説，討論又は表決だけに限定すべきではないが，少なくとも議員がその職務上行なつた言論活動に附随して一体不可分的に行なわれた行為の範囲内のものでなければならない」とし，通説もそのように解している。つまり，議員としての職務執行に付随した行為も免責の対象となるが，一方で，議院内での行為であっても，野次や私語などは，議員の職務行為ともそれに付随した行為ともみなされず，免責の対象とならない。

免除される「責任」とは，一般国民が通常負うべき民事上および刑事上の法的責任

を意味する。すなわち，政治的・道義的責任までも免除する趣旨ではないので，議員の発言や表決について，選挙人がその政治的・道義的責任を追及したり，所属政党が，党の方針に反する行動をした所属議員を除名する等のことは可能である。

ところで，国会審議の様子はテレビやインターネットで中継されるため，議院内での議員の発言によって，個人のプライバシーや名誉に影響が及ぶ場合がありうる。衆議院議員が，委員会審議において，実在する病院の院長が女性患者に破廉恥な行為をした等の発言をしたことにつき，その発言により名誉を毀損された院長が自殺に追い込まれたとして，院長の妻が国家賠償を請求した「病院長自殺国賠訴訟」で，最高裁（最三判平9・9・9民集51・8・3850）は，「国会議員が国会で行った質疑等において，個別の国民の名誉や信用を低下させる発言があったとしても，これによって当然に国家賠償法1条1項の規定にいう違法な行為があったものとして国の損害賠償責任が生ずるものではなく，右責任が肯定されるためには，当該国会議員が，その職務とはかかわりなく違法又は不当な目的をもって事実を摘示し，あるいは，虚偽であることを知りながらあえてその事実を摘示するなど，国会議員がその付与された権限の趣旨に明らかに背いてこれを行使したものと認め得るような特別の事情があることを必要とする」とし，本件における議員の発言に違法または不当な目的はなく，発言内容も虚偽ではなかったとして，賠償責任を否定した。

歳費受領権　憲法49条に基づいて国会議員に支給される歳費は，一般職の国家公務員の最高の給与額より少なくない額（国会35）とされる。ただし，裁判官の場合（憲79⑥，80②）とは異なり，国会議員の歳費受領権は，在任中減額されないことまでは保障されていない。国会議員の歳費，旅費及び手当等に関する法律によれば，議員の歳費月額は，議長2,170,000円，副議長1,584,000円，議員1,294,000円とされ，期末手当，退職金も支給されるほか，派遣旅費，文書通信交通滞在費（月額1,000,000円），鉄道・バス等に無料で乗車できる特殊乗車券や航空券などが交付される。

2 ／国会の活動

1 会　期

憲法52条　国会の常会は，毎年一回これを召集する。
憲法53条　内閣は，国会の臨時会の召集を決定することができる。いづれかの議院の総議員の四分の一以上の要求があれば，内閣は，その召集を決定しなければならない。
憲法54条1項　衆議院が解散されたときは，解散の日から四十日以内に，衆議院議員の総選挙を行ひ，その選挙の日から三十日以内に，国会を召集しなければならない。
国会法2条　常会は，毎年一月中に召集するのを常例とする。
国会法2条の2　特別会は，常会と併せてこれを召集することができる。
国会法2条の3　① 衆議院議員の任期満了による総選挙が行われたときは，その任期が始まる日から三十日以内に臨時会を召集しなければならない。但し，その期間内に常会が召集された場合又はその期間が参議院議員の通常選挙を行うべき期間にかかる場合は，この限りでない。
② 参議院議員の通常選挙が行われたときは，その任期が始まる日から三十日以内に臨時会を召集しなければならない。但し，その期間内に常会若しくは特別会が召集された場合又はその期間が衆議院議員の任期満了による総選挙を行うべき期間にかかる場合は，この限りでない。
国会法10条　常会の会期は，百五十日間とする。但し，会期中に議員の任期が満限に達する場合には，その満限の日をもつて，会期は終了するものとする。
国会法11条　臨時会及び特別会の会期は，両議院一致の議決で，これを定める。
国会法12条　① 国会の会期は，両議院一致の議決で，これを延長することができる。
② 会期の延長は，常会にあつては一回，特別会及び臨時会にあつては二回を超えてはならない。
国会法13条　前二条の場合において，両議院の議決が一致しないとき，又は参議院が議決しないときは，衆議院の議決したところによる。
国会法47条　① 常任委員会及び特別委員会は，会期中に限り，付託された案件を審査する。
② 常任委員会及び特別委員会は，各議院の議決で特に付託された案件（懲罰事犯の件を含む。）については，閉会中もなお，これを審査することができる。

第11章 国　会

> ③④　（省略）
> 国会法68条　会期中に議決に至らなかつた案件は、後会に継続しない。但し、第四十七条第二項の規定により閉会中審査した議案及び懲罰事犯の件は、後会に継続する。
> 大日本帝国憲法39条　両議院ノ一ニ於テ否決シタル法律案ハ同会期中ニ於テ再ヒ提出スルコトヲ得ス

　会期制　国会が憲法上の権能を行使することのできる期間を、会期という。会期には、常会（通常国会）、臨時会（臨時国会）、特別会（特別国会）の三種がある。

(1)　**常会（通常国会）**　一般に通常国会と呼ばれている常会は、毎年1回、1月中に召集され、150日の会期で活動する（憲52、国会2・10）。常会の会期は、両議院一致の議決により、1回に限り、延長することができる（国会12）。なお、会期延長について、「両議院の議決が一致しないとき、又は参議院が議決しないときは、衆議院の議決したところによる」（国会13）とされ、法律上、衆議院の優越（本章3参照）が規定されている。

(2)　**臨時会（臨時国会）**　一般に臨時国会と呼ばれている臨時会は、必要に応じて開かれる会期であり、①内閣が召集を決定するとき（憲53）、②いずれかの議院の総議員の4分の1以上の要求により内閣がその召集を決定するとき（同）、③衆議院議員の任期満了による総選挙または参議院の通常選挙が行われたとき（国会2の3）に召集される。②の場合に、多数要件が総議員の4分の1とされているのは、議院内少数派に臨時会召集を要求する権利を確保する趣旨と解される。

　臨時会の会期は、両議院一致の議決で決定され、同じく両議院一致の議決で、2回までこれを延長することができ（国会11・12）、議決手続については、常会の場合と同様に、法律上、衆議院の優越が規定されている（国会13）。

(3)　**特別会（特別国会）**　一般に特別国会と呼ばれている特別会は、衆議院が解散された場合に、衆議院議員総選挙の日から30日以内に召集される国会である（憲54①）。特別会の会期は、両議院一致の議決で決定され、同じく両議院一致の議決で、2回までこれを延長することができ（国会11・12）、議決手続については、常会・臨時会の場合と同様に、法律上、衆議院の優越が規定されている（国会13）。特別会は、解散総選挙の後に必ず召集されなければならないが、特別会の召集時期が常会の召集時

期と重なった場合には，常会と併せて特別会を召集することができる（国会2の2）。

なお，すでに述べたように，任期満了による衆議院議員総選挙の後に召集されるのは，特別会ではなく，臨時会である（国会2の3）。

会期制における諸原則　国会の会期はそれぞれ独立であるとする考え方に基づく原則として，「会期不継続の原則」および「一事不再議の原則」がある。

(1) **会期不継続の原則**　各会期ごとに国会の意思は独立のものとみなされ，会期中に議決されなかった案件は，原則として，次の会期でこれを継続審議することができない（国会68）。これを会期不継続の原則という。ただし，国会閉会中に委員会が審査した議案および懲罰事犯の件は，後会に継続する（同）。

憲法が直接要求しているわけではないこの原則に基づいて会期中に審議未了となった案件は，会期終了とともに原則として廃案となるので，会期末の折衝で少数派が多数派から譲歩を引き出すための駆け引きの手段として用いられることが多い。

(2) **一事不再議の原則**　同一会期中の議院の意思は一つであるとみなされ，すでに議決された事件と同じ案件については，同一会期中は再びこれを審議することができない。これを一事不再議の原則という。明治憲法39条にはこの原則が明記されていたが，日本国憲法下では，憲法にも国会法にも各議院規則にも，これに関する明文規定はない。ゆえに，「それは憲法上の固定された議事手続原則ではなく，会議運営上の合理的準則にすぎないと考えられ，場合によっては議院が事情変更の考え方に立って再議することも認められる」[9]と解されている。

2　参議院の緊急集会

> 憲法54条　①　（省略）
> ②　衆議院が解散されたときは，参議院は，同時に閉会となる。但し，内閣は，国に緊急の必要があるときは，参議院の緊急集会を求めることができる。
> ③　前項但書の緊急集会において採られた措置は，臨時のものであつて，次の国会開会の後十日以内に，衆議院の同意がない場合には，その効力を失ふ。

---

9) 大石眞『憲法講義Ⅰ（第2版）』（有斐閣，2009年）161頁。

> 国会法99条1項　内閣が参議院の緊急集会を求めるには，内閣総理大臣から，集会の期日を定め，案件を示して，参議院議長にこれを請求しなければならない。
> 国会法100条　① 参議院の緊急集会中，参議院の議員は，院外における現行犯罪の場合を除いては，参議院の許諾がなければ逮捕されない。
> ②③　（省略）
> ④ 参議院の緊急集会前に逮捕された参議院の議員は，参議院の要求があれば，緊急集会中これを釈放しなければならない。
> ⑤　（省略）
> 国会法101条　参議院の緊急集会においては，議員は，第九十九条第一項の規定により示された案件に関連のあるものに限り，議案を発議することができる。
> 国会法102条の2　緊急の案件がすべて議決されたときは，議長は，緊急集会が終つたことを宣言する。

　衆議院が解散されると，参議院も同時に閉会となり（憲54②），国会はその活動を停止する。この間に緊急に国会の議決を要する事態が生じた場合に備えて，憲法は参議院の緊急集会の制度を設けている。

　内閣は，国に緊急の必要があるときは，参議院の緊急集会を求めることができる（憲54②）。緊急集会には期間の定めはなく，案件がすべて議決されたときに，議長により緊急集会の終了が宣言される（国会102の2）。緊急集会は，「内閣総理大臣から，集会の期日を定め，案件を示して」（国会99①）求められる性質のものであるため，議員による議案の発議はその案件に関連のあるものに限られる（国会101）。参議院の緊急集会でとられた措置は，臨時のものであり，次の国会開会の後10日以内に衆議院の同意が得られない場合には，将来に向かって，その効力を失う（憲54条3項）。

　緊急集会は国会の会期に含まれないが，緊急集会の期間中も，参議院議員は，会期中と同じく，不逮捕特権（憲50，国会100）および免責特権（憲51）を保持する。

　ちなみに，実態としての緊急集会は，1952（昭和27）年に中央選挙管理会の委員の任命について，1953（昭和28）年に昭和28年度暫定予算および法律四件について求められた二例があるのみである。

3　会議の諸原則

憲法56条　① 両議院は、各々その総議員の三分の一以上の出席がなければ、議事を開き議決することができない。
② 両議院の議事は、この憲法に特別の定のある場合を除いては、出席議員の過半数でこれを決し、可否同数のときは、議長の決するところによる。
国会法49条　委員会は、その委員の半数以上の出席がなければ、議事を開き議決することができない。
国会法50条　委員会の議事は、出席委員の過半数でこれを決し、可否同数のときは、委員長の決するところによる。
国会法52条　① 委員会は、議員の外傍聴を許さない。但し、報道の任務にあたる者その他の者で委員長の許可を得たものについては、この限りでない。
② 委員会は、その決議により秘密会とすることができる。
③ 委員長は、秩序保持のため、傍聴人の退場を命ずることができる。
憲法55条　両議院は、各々その議員の資格に関する争訟を裁判する。但し、議員の議席を失はせるには、出席議員の三分の二以上の多数による議決を必要とする。
憲法57条　① 両議院の会議は、公開とする。但し、出席議員の三分の二以上の多数で議決したときは、秘密会を開くことができる。
② 両議院は、各々その会議の記録を保存し、秘密会の記録の中で特に秘密を要すると認められるもの以外は、これを公表し、且つ一般に頒布しなければならない。
③ 出席議員の五分の一以上の要求があれば、各議員の表決は、これを会議録に記載しなければならない。
憲法58条2項　両議院は、各々その会議その他の手続及び内部の規律に関する規則を定め、又、院内の秩序をみだした議員を懲罰することができる。但し、議員を除名するには、出席議員の三分の二以上の多数による議決を必要とする。
憲法59条2項　衆議院で可決し、参議院でこれと異なつた議決をした法律案は、衆議院で出席議員の三分の二以上の多数で再び可決したときは、法律となる。
憲法96条1項　この憲法の改正は、各議院の総議員の三分の二以上の賛成で、国会が、これを発議し、国民に提案してその承認を経なければならない。この承認には、特別の国民投票又は国会の定める選挙の際行はれる投票において、その過半数の賛成を必要とする。

定足数　議事を開き，または議決をするために必要とされる出席者数を，定足数という。両議院（本会議）の定足数は，総議員の3分の1以上である（憲56①）。ここにいう「総議員」を法定議員数とするか現在議員数とするかについては争いがあるが，先例は，帝国議会以来，法定議員数によっている。[10] なお，委員会の定足数は，委員の半数以上である（国会49）。

　表決　「両議院の議事は，この憲法に特別の定のある場合を除いては，出席議員の過半数でこれを決し，可否同数のときは，議長の決するところによる」（憲56②）。この要件は，委員会の場合も同様である（国会50）。可否同数の場合に議長が可否を決定する権限を「決裁権」という。決裁権を積極・消極いずれに行使すべきかについては，法的には特段の制約はなく，実務上も両方の先例がある。一方，議長および委員長は，表決に加わらないことが先例となっている。

　例外とされる「この憲法に特別の定のある場合」には，出席議員の3分の2以上の多数を要するものとして，議員の資格争訟裁判において議席を失わせるための議決要件（憲55），秘密会を開くための議決要件（憲57①），議員を除名するための議決要件（憲58条②），衆議院において法律案を再可決するための議決要件（憲59②）があり，総議員の3分の2以上の賛成を要するものとして，憲法改正の発議（憲96①）がある。

　会議の公開・秘密会　両議院の会議は公開が原則であるが，出席議員の3分の2以上の多数で議決したときは，秘密会を開くことができる（憲57①）。しかし，両議院とも，これまで本会議が秘密会で行われた事例はない。

　これに対し，委員会は公開を原則としていない（国会52①）が，現在では，本会議・委員会ともにテレビやインターネットによる会議の中継や映像の配信が行われており，委員会も事実上公開されているといってよい。

　会議の記録　両議院は，会議の記録を保存し，原則としてこれを一般に公表・頒布しなければならない（憲57②）。この原則は秘密会についても該当し，公表しないことのできるものは「秘密会の記録の中で特に秘密を要すると認められるもの」に限

---

[10]　以下，会議および議事手続における先例は，浅野一郎・河野久（編著）『新・国会事典（第2版）』（有斐閣，2008年）の解説による。

られる（同）。

　なお，表決において議員がどのような投票をしたかは，通常，記録として残されることはないが，出席議員の5分の1以上の要求があれば，各議員の表決を会議録に記載しなければならない（憲57③）。

3　国会の権能と衆議院の優越

　国会の権能は多岐にわたるが，法律の議決，予算の議決，条約の承認，および内閣総理大臣の指名については，両議院の意思が一致しない場合に，「衆議院の優越」を発動して解決する手続が，憲法上，用意されている。

1　法律の議決

> **国会法56条**　①　議員が議案を発議するには，衆議院においては議員二十人以上，参議院においては議員十人以上の賛成を要する。但し，予算を伴う法律案を発議するには，衆議院においては議員五十人以上，参議院においては議員二十人以上の賛成を要する。
> ②　議案が発議又は提出されたときは，議長は，これを適当の委員会に付託し，その審査を経て会議に付する。但し，特に緊急を要するものは，発議者又は提出者の要求に基き，議院の議決で委員会の審査を省略することができる。
> ③　委員会において，議院の会議に付するを要しないと決定した議案は，これを会議に付さない。但し，委員会の決定の日から休会中の期間を除いて七日以内に議員二十人以上の要求があるものは，これを会議に付さなければならない。
> ④　前項但書の要求がないときは，その議案は廃案となる。
> ⑤　前二項の規定は，他の議院から送付された議案については，これを適用しない。
>
> **内閣法5条**　内閣総理大臣は，内閣を代表して内閣提出の法律案，予算その他の議案を国会に提出し，一般国務及び外交関係について国会に報告する。
>
> **国会法41条**　①　常任委員会は，その部門に属する議案（決議案を含む。），請願等を審査する。
> ②　衆議院の常任委員会は，次のとおりとする。
> 　一　内閣委員会

二　総務委員会
三　法務委員会
四　外務委員会
五　財務金融委員会
六　文部科学委員会
七　厚生労働委員会
八　農林水産委員会
九　経済産業委員会
十　国土交通委員会
十一　環境委員会
十二　安全保障委員会
十三　国家基本政策委員会
十四　予算委員会
十五　決算行政監視委員会
十六　議院運営委員会
十七　懲罰委員会

③　参議院の常任委員会は，次のとおりとする。
一　内閣委員会
二　総務委員会
三　法務委員会
四　外交防衛委員会
五　財政金融委員会
六　文教科学委員会
七　厚生労働委員会
八　農林水産委員会
九　経済産業委員会
十　国土交通委員会
十一　環境委員会
十二　国家基本政策委員会
十三　予算委員会
十四　決算委員会
十五　行政監視委員会
十六　議院運営委員会

十七　懲罰委員会
国会法45条1項　各議院は，その院において特に必要があると認めた案件又は常任委員会の所管に属しない特定の案件を審査するため，特別委員会を設けることができる。
国会法46条1項　常任委員及び特別委員は，各会派の所属議員数の比率により，これを各会派に割り当て選任する。
国会法51条　① 委員会は，一般的関心及び目的を有する重要な案件について，公聴会を開き，真に利害関係を有する者又は学識経験者等から意見を聴くことができる。
② 総予算及び重要な歳入法案については，前項の公聴会を開かなければならない。但し，すでに公聴会を開いた案件と同一の内容のものについては，この限りでない。
国会法56条2項　議案が発議又は提出されたときは，議長は，これを適当な委員会に付託し，その審査を経て会議に付する。但し，特に緊急を要するものは，発議者又は提出者の要求に基き，議院の議決で委員会の審査を省略することができる。
国会法69条1項　内閣官房副長官，副大臣及び大臣政務官は，内閣総理大臣その他の国務大臣を補佐するため，議院の会議又は委員会に出席することができる。
衆議院規則86条　① 委員会が付託案件について審査又は調査を終つたときは，議決の理由，費用その他について簡明に説明した報告書を作り，委員長からこれを議長に提出しなければならない。
② 委員会が国会法第五十七条の三の規定により，内閣に対して意見を述べる機会を与えた場合は，その意見の要旨を報告書に記載しなければならない。
参議院規則72条　① 委員会が案件の審査又は調査を終つたときは，報告書を作り，委員長からこれを議長に提出しなければならない。
② 前項の報告書には，委員会の決定の理由，費用その他について簡明に説明した要領書を添えなければならない。
③ 委員会において国会法第五十七条の三により内閣が意見を述べた場合は，その要旨を要領書に記載しなければならない。
憲法59条　① 法律案は，この憲法に特別の定のある場合を除いては，両議院で可決したとき法律となる。
② 衆議院で可決し，参議院でこれと異なつた議決をした法律案は，衆議院で出席議員の三分の二以上の多数で再び可決したときは，法律となる。
③ 前項の規定は，法律の定めるところにより，衆議院が，両議院の協議会を開くことを求めることを妨げない。
④ 参議院が，衆議院の可決した法律案を受け取つた後，国会休会中の期間を除いて六十日以内に，議決しないときは，衆議院は，参議院がその法律案を否決したものとみ

なすことができる。
国会法 84 条　① 法律案について，衆議院において参議院の回付案に同意しなかったとき，又は参議院において衆議院の送付案を否決し及び衆議院の回付案に同意しなかつたときは，衆議院は，両院協議会を求めることができる。
② 参議院は，衆議院の回付案に同意しなかつたときに限り前項の規定にかかわらず，その通知と同時に両院協議会を求めることができる。但し，衆議院は，この両院協議会の請求を拒むことができる。
国会法 88 条　第八十四条第二項但書の場合を除いては，一の議院から両院協議会を求められたときは，他の議院は，これを拒むことができない。
国会法 89 条　両院協議会は，各議院において選挙された各々十人の委員でこれを組織する。
国会法 91 条　両院協議会は，各議院の協議委員の各々三分の二以上の出席がなければ，議事を開き議決することができない。
国会法 92 条　① 両院協議会においては，協議案が出席協議委員の三分の二以上の多数で議決されたとき成案となる。
② 両院協議会の議事は，前項の場合を除いては，出席協議委員の過半数でこれを決し，可否同数のときは，議長の決するところによる。
国会法 93 条　① 両院協議会の成案は，両院協議会を求めた議院において先ずこれを議し，他の議院にこれを送付する。
② 成案については，更に修正することができない。
国会法 97 条　両院協議会は，傍聴を許さない。

発議[11]　国会議員は，所属議院において法律案等の議案を発議する権能を有する。発議には，衆議院では議員 20 人以上，参議院では議員 10 人以上，予算を伴う法律案の発議には，衆議院では議員 50 人以上，参議院においては議員 20 人以上の賛成を必要とする（国会 56 ①）。

憲法には内閣の法律案提出権についての規定はないが，内閣法 5 条によれば，内閣総理大臣が内閣を代表して国会に提出する議案の中には内閣提出の法律案も含まれる。国会単独立法の原則（憲 41）との関係で，その是非について争いがあるが，法律案の

---

11) ここにいう「発議」は，衆議院議員または参議院議員がその所属する議院に議案を提案することを指す。憲法改正の「発議」（憲 96 ①）とは異なる。

提出自体は国会の議決権を拘束するものではないので問題はないとするのが通説である。

　委員会審査　明治憲法下の帝国議会は，審議の中心を本会議に置いていた（本会議中心主義）が，日本国憲法の下では，連合国軍総司令部（GHQ）の指示を受けて，委員会を中心とする法案審議の方式（委員会中心主義）が導入され，各会派の所属議員数の比率により各会派に割り当てて選任される（国会46①）常任委員会（国会41）および特別委員会（国会45①）が法案の実質審査を担うことになった。

　発議された議案は，議長によって適当な委員会に付託される（国会56②）。かつて委員会における答弁は，政府委員（国会に出席して答弁する国務大臣を補佐する公務員）によって行われることが多く，国会審議の形骸化や官僚主導の政策決定に批判がいわれ続けてきたが，2000（平成12）年以降，国会法の改正で政府委員制度は廃止され，内閣官房副長官，副大臣および大臣政務官が，本会議および委員会において，国務大臣の補佐にあたることになった（国会69①）。

　委員会では，総予算および重要な歳入法案については必ず，その他の重要案件については任意に，利害関係者や学識経験者から意見を聴く公聴会が開かれる（国会51）。

　議案の審査が終了すると，議決の理由，費用その他に関する報告書がつくられ，委員長がこれを議長に提出する（衆規86，参規72）。

　本会議・両院の意思の調整・議決　委員長から議長に提出された議案は，議長の定める議事日程に組み込まれ，それに従って本会議での議事が行われる。実質審議は委員会で終了しているので，本会議の議事は形式的なものになる。

　法律案をはじめ，国会両院の議決を必要とする議案は，甲議院で可決された後に乙議院に送付され，乙議院でも同様の手続により可決されれば成立するが，両院の意思が一致しない場合には，両院協議会による調整と「衆議院の優越」の発動による解決の方法が用意されている（憲59）。

　法律案については，①衆議院で可決した法律案を参議院が否決した場合，②参議院が，衆議院の可決した法律案を受け取った後，国会休会中の期間を除いて60日以内に議決せず，衆議院が，参議院がその法律案を否決したものとみなした場合（この場合には，参議院が否決したものとみなす旨の決議を行うのが先例である。），③衆議院で可

決した法律案に参議院が修正を加え，衆議院が同意しなかった場合，および，④参議院で可決した法律案に衆議院が修正を加え，参議院が同意しなかった場合に，衆議院は両院協議会を求めることができ，両院協議会が求められたら，参議院はこれを拒むことができない（国会84①・88）。一方，参議院は④の場合に限り，両院協議会を求めることができるが，衆議院はこの請求を拒むことができる（国会84②）。

両議院の意思の調整を担う両院協議会は，各議院において選挙された各々10人の委員で組織される（国会89）。両院協議会の定足数は各議院の協議委員の各々3分の2以上（国会91）で，協議案は，出席協議委員の3分の2以上の多数で議決されたとき成案となる（国会92①）。なお，両院協議会は傍聴を許さない（国会97）。

両院協議会の成案は，両院協議会を求めた議院においてまず審議し，次に他の議院に送付される（国会93①）が，その際に，成案を修正することはできない（同②）。

以上の手続を経て，両院で成案が可決されれば，法律は成立するが，両院協議会で成案が得られない場合，または成案がいずれかの議院で否決されたときは，法律は不成立となる。しかし，それでもなお衆議院が成立を望む場合，衆議院の出席議員の3分の2以上の多数で再可決されれば法律となる（憲59②）。

2 予算の議決

> 憲法86条 内閣は，毎会計年度の予算を作成し，国会に提出して，その審議を受け議決を経なければならない。
> 憲法60条 ① 予算は，さきに衆議院に提出しなければならない。
> ② 予算について，参議院で衆議院と異なつた議決をした場合に，法律の定めるところにより，両議院の協議会を開いても意見が一致しないとき，又は参議院が，衆議院の可決した予算を受け取つた後，国会休会中の期間を除いて三十日以内に，議決しないときは，衆議院の議決を国会の議決とする。
> 国会法85条1項 予算及び衆議院先議の条約について，衆議院において参議院の回付案に同意しなかつたとき，又は参議院において衆議院の送付案を否決したときは，衆議院は，両院協議会を求めなければならない。

予算を作成するのは内閣の権限であるが，国会に提出してその審議を受け議決を経

なければならない（憲86）。衆議院は予算の先議権を有する（憲60①）。

　予算について，参議院が衆議院と異なる議決をした場合には，衆議院は両院協議会を求めなければならない（国会85条①）が，両院協議会で調整をしても意見が一致しないときは，衆議院の議決が国会の議決となる（憲60②）。衆議院で議決した予算を受け取った後（のち），国会休会中の期間を除いて30日以内に参議院が議決しないときも，同様である（同）。いずれも，法律案の場合と異なり，衆議院での再可決を要しない。

3　条約の承認

> 憲法73条　内閣は，他の一般行政事務の外（ほか），左（き）の事務を行ふ。
> 　一，二　（省略）
> 　三　条約を締結すること。但（ただ）し，事前に，時宜（じぎ）によつては事後に，国会の承認を経（へ）ることを必要とする。
> 　四〜七　（省略）
> 憲法60条2項　予算について，参議院で衆議院と異なつた議決をした場合に，法律の定めるところにより，両議院の協議会を開いても意見が一致しないとき，又は参議院が，衆議院の可決した予算を受け取つた後（のち），国会休会中の期間を除いて三十日以内に，議決しないときは，衆議院の議決を国会の議決とする。
> 憲法61条　条約の締結に必要な国会の承認については，前条第二項の規定を準用する。
> 国会法85条　①　予算及び衆議院先議の条約について，衆議院において参議院の回付案に同意しなかつたとき，又は参議院において衆議院の送付案を否決したときは，衆議院は，両院協議会を求めなければならない。
> ②　参議院先議の条約について，参議院において衆議院の回付案に同意しなかつたとき，又は衆議院において参議院の送付案を否決したときは，参議院は，両院協議会を求めなければならない。

　条約の締結権は内閣に属するが，「事前に，時宜（じぎ）によつては事後に，国会の承認を経（へ）ることを必要とする」（憲73三）。

　条約の承認については，憲法60条2項の規定が準用される[12]（憲61）。すなわち，衆議院の先議権は認められず，参議院が先議することもできるが，議決に関しては，予算の場合と同様に，衆議院の優越が認められる。

4 その他の権能

> 憲法67条 ① 内閣総理大臣は，国会議員の中から国会の議決で，これを指名する。この指名は，他のすべての案件に先だつて，これを行ふ。
> ② 衆議院と参議院とが異なつた指名の議決をした場合に，法律の定めるところにより，両議院の協議会を開いても意見が一致しないとき，又は衆議院が指名の議決をした後，国会休会中の期間を除いて十日以内に，参議院が，指名の議決をしないときは，衆議院の議決を国会の議決とする。
> 国会法86条2項 内閣総理大臣の指名について，両議院の議決が一致しないときは，参議院は，両院協議会を求めなければならない。
> 憲法64条 ① 国会は，罷免の訴追を受けた裁判官を裁判するため，両議院の議員で組織する弾劾裁判所を設ける。
> ② 弾劾に関する事項は，法律でこれを定める。
> 国会法125条 ① 裁判官の弾劾は，各議院においてその議員の中から選挙された同数の裁判員で組織する弾劾裁判所がこれを行う。
> ② 弾劾裁判所の裁判長は，裁判員がこれを互選する。
> 裁判官弾劾法5条1項 裁判官訴追委員（以下訴追委員という。）の員数は，衆議院議員及び参議院議員各十人とし，その予備員の員数は，衆議院議員及び参議院議員各五人とする。
> 裁判官弾劾法16条1項 裁判員の員数は，衆議院議員及び参議院議員各七人とし，その予備員の員数は，衆議院議員及び参議院議員各四人とする。
> 憲法83条 国の財政を処理する権限は，国会の議決に基いて，これを行使しなければならない。
> 憲法85条 国費を支出し，又は国が債務を負担するには，国会の議決に基くことを必要とする。
> 財政法15条1項 法律に基くもの又は歳出予算の金額（……省略……）若しくは継続費の総額の範囲内におけるものの外，国が債務を負担する行為をなすには，予め予算を以て，国会の議決を経なければならない。

---

12)「準用」は，ある事項に関する規定を，他の類似事項について，必要な修正を加えつつ，当てはめることをいう。複数の事項に同一の手続等が当てはまる場合に，条文が増えるのを防ぐ立法技術の一つである。この場合でいえば，憲法60条2項の「予算」という言葉を「条約承認の議案」などの言葉に読み替えればよい。

> 憲法84条　あらたに租税を課し，又は現行の租税を変更するには，法律又は法律の定める条件によることを必要とする。
> 憲法8条　皇室に財産を譲り渡し，又は皇室が，財産を譲り受け，若しくは賜与することは，国会の議決に基かなければならない。
> 憲法96条1項　この憲法の改正は，各議院の総議員の三分の二以上の賛成で，国会が，これを発議し，国民に提案してその承認を経なければならない。この承認には，特別の国民投票又は国会の定める選挙の際行はれる投票において，その過半数の賛成を必要とする。

　内閣総理大臣の指名　国会は，他のすべての案件に先立って，内閣総理大臣の指名の議決を行う（憲67①）が，衆議院と参議院とが異なった指名の議決をしたときは，衆議院の優越が発動される。この場合には，参議院が両院協議会を求めなければならず（憲67②，国会86②），協議をしても意見が一致しないときには，衆議院の議決が国会の議決となる（憲67②）。衆議院が指名の議決をした後，国会休会中の期間を除いて10日以内に参議院が指名の議決をしないときも，衆議院の議決が国会の議決となる（同）。

　弾劾裁判　国会は，裁判官を裁判するための弾劾裁判所を組織する（憲64）。弾劾裁判所は，各議院から7人ずつ選挙された裁判員で組織され，同じく各議院から10人ずつ選挙された訴追委員で組織する訴追委員会の訴追を受けて，裁判官を裁判する（国会125，裁弾5①・16①）。

　財政国会中心主義　憲法83条は，国の財政処理はすべて国会の議決に基づくべきことを定めている。この原則を財政国会中心主義という。なお，憲法85条は「国費を支出し，又は国が債務を負担するには，国会の議決に基くことを必要とする」と定めるが，国費の支出は先に述べた予算の形式でのみ行われるのに対し，債務負担については，予算の形式のほかに，法律の形式でこれを行うことができる（財15①）。

　租税法律主義　「あらたに租税を課し，又は現行の租税を変更するには，法律又は法律の定める条件によることを必要とする」（憲84）。国会のみが法律を通じて課税権を行使することができる（ただし，条例による課税は認められると解される）。この原則を租税法律主義という。

皇室財産授受の議決　皇室が私有財産を増大させたり，特定の者との結びつきを強めたりすることを防ぐため，憲法8条は，皇室財産の授受を国会の議決事項としている（第2章 *3* 2参照）。

憲法改正の発議　国会は，各議院の総議員の3分の2以上の賛成で，憲法改正の発議をすることができる（憲96①）。ここにいう「発議」とは，法律案等の発議とは異なり，国会が用意した憲法改正案を国民投票に付することを意味する（第1章 *4* 3参照）。

4　議院の権能

I　議院の自律権

> 憲法55条　両議院は，各々その議員の資格に関する争訟を裁判する。但し，議員の議席を失はせるには，出席議員の三分の二以上の多数による議決を必要とする。
>
> 国会法39条　議員は，内閣総理大臣その他の国務大臣，内閣官房副長官，内閣総理大臣補佐官，副大臣，大臣政務官及び別に法律で定めた場合を除いては，その任期中国又は地方公共団体の公務員と兼ねることができない。ただし，両議院一致の議決に基づき，その任期中内閣行政各部における各種の委員，顧問，参与その他これらに準ずる職に就く場合は，この限りでない。
>
> 国会法108条　各議院の議員が，他の議院の議員となつたときは，退職者となる。
>
> 国会法109条　各議院の議員が，法律に定めた被選の資格を失つたときは，退職者となる。
>
> 憲法58条　①　両議院は，各々その議長その他の役員を選任する。
>
> ②　両議院は，各々その会議その他の手続及び内部の規律に関する規則を定め，又，院内の秩序をみだした議員を懲罰することができる。但し，議員を除名するには，出席議員の三分の二以上の多数による議決を必要とする。
>
> 国会法16条　各議院の役員は，左の通りとする。
>
> 　一　議長
> 　二　副議長
> 　三　仮議長
> 　四　常任委員長

> 五　事務総長
> 国会法 122 条　懲罰は，左の通りとする。
> 一　公開議場における戒告
> 二　公開議場における陳謝
> 三　一定期間の登院停止
> 四　除名

　各議院が，他の国家機関や他の議院から干渉を受けることなく，その内部組織および運営等について自律的に決定できる権能を，議院の自律権という。議院の自律権には，議員の資格争訟の裁判権，役員選任権，議院規則制定権および議員懲罰権がある。

　議員の資格争訟の裁判　各議院は，所属議員の資格に関する争訟を裁判する権限を有する（憲 55）。「資格に関する争訟」とは，現に議員の地位にある者の資格の有無に関する争訟を意味し，具体的には，公職選挙法に定める被選挙権要件を満たしているか，兼職禁止規定（国会 39・108・109）に違反していないかが審査される。ただし，議員の資格を失わせるには，出席議員の 3 分の 2 以上の多数による議決を必要とする（憲 55）。この裁判に不服のある場合でも，救済を求めて司法裁判所に出訴することはできないと解されている。

　役員の選任　「両議院は，各々その議長その他の役員を選任する」（憲 58 ①）。各議院の役員は，議長，副議長，仮議長，常任委員長および事務総長である（国会 16）。

　議院規則の制定　各議院は，議事手続や内部規律などに関する規則を議院規則で定めることができる（憲 58 ②）。議院規則は，国会中心立法の原則の例外をなす法形式であり，内閣や裁判所のみならず，他方の議院による関与も排除して，議院単独で制定することができる。その意味で，通常の法令とは異なるため，議院規則は憲法 7 条 1 号の手続によっては公布されないが，官報には登載されて国民に公示される。

　議事手続に関する規定は，国会法にも数多くみられるため，国会法と議院規則の形式的効力における優劣が問題となるが，一般的には，国会法が議院規則に優越すると考えられている。しかし，法律である国会法に定められた議事手続を改正するためには，当該議院のみならず，他方の議院での議決も必要であり，両議院の意思が一致しないときは衆議院の優越を発動することも可能なので，議院とりわけ参議院の自律性

が損なわれやすい。大石眞教授が指摘するように，憲法58条2項は「本来，法律によって議院手続準則を規律することを排除する趣旨をもつ」にもかかわらず，明治憲法以来の議院法伝統（①議院手続準則が憲法・法律・議院規則によって規律される。②両議院の組織・構成は大きく異なるのに，議事運営は同一であるべきだとする観念がある。③成文化・法典化指向が強い。）の影響で，議院手続準則の多くが国会法で定められてしまったため，「議院規則はまたもや国会法の施行細則にすぎないものとなり，その意義が低く見積もられることになった」[13]という事情を考慮すれば，憲法58条2項にいう「会議その他の手続及び内部の規律」に関する国会法の規定は，「各々が自律権をもつ両議院の間で取り決められた『紳士協約』以上の意味をもつものではない，と考えられる。そこで，国会法と議院規則との間に抵触が生じた場合には，規則が有効とされる」[14]という見方が当を得ていよう。

議員の懲罰　　各議院は，院内の秩序を乱した議員を懲罰することができる（憲58条②）。懲罰には，戒告，陳謝，登院停止および除名の四種がある（国会122）。ただし，議員を除名するには，出席議員の3分の2以上の多数による議決を必要とする（憲58②）。資格争訟裁判の場合と同様，懲罰も議院の判断が終局的なものとみなされるため，懲罰事案については司法裁判所の審査権は及ばないものと解される。

2　国政調査権

> 憲法62条　両議院は，各々国政に関する調査を行ひ，これに関して，証人の出頭及び証言並びに記録の提出を要求することができる。
> 議院における証人の宣誓及び証言等に関する法律7条　①　正当の理由がなくて，証人が出頭せず，現在場所において証言すべきことの要求を拒み，若しくは要求された書類を提出しないとき，又は証人が宣誓若しくは証言を拒んだときは，一年以下の禁錮又は十万円以下の罰金に処する。
> ②　前項の罪を犯した者には，情状により，禁錮及び罰金を併科することができる。
> 国会法104条1項　各議院又は各議院の委員会から審査又は調査のため，内閣，官公署

---

13) 大石眞『議会法』（有斐閣アルマ，2001年）18-19頁。
14) 小嶋和司・大石眞『憲法概観〔第4版〕』（有斐閣，1993年）162頁。

その他に対し，必要な報告又は記録の提出を求めたときは，その求めに応じなければならない。

議院における証人の宣誓及び証言等に関する法律4条　① 証人は，自己又は次に掲げる者が刑事訴追を受け，又は有罪判決を受けるおそれのあるときは，宣誓，証言又は書類の提出を拒むことができる。
　一　自己の配偶者，三親等内の血族若しくは二親等内の姻族又は自己とこれらの親族関係があつた者
　二　自己の後見人，後見監督人又は保佐人
　三　自己を後見人，後見監督人又は保佐人とする者
② 医師，歯科医師，薬剤師，助産師，看護師，弁護士（外国法事務弁護士を含む。），弁理士，公証人，宗教の職にある者又はこれらの職にあつた者は，業務上委託を受けたため知り得た事実で他人の秘密に関するものについては，宣誓，証言又は書類の提出を拒むことができる。ただし，本人が承諾した場合は，この限りでない。
③ 証人は，宣誓，証言又は書類の提出を拒むときは，その事由を示さなければならない。

議院における証人の宣誓及び証言等に関する法律5条1項　各議院若しくは委員会又は両議院の合同審査会は，証人が公務員（国務大臣，内閣官房副長官，内閣総理大臣補佐官，副大臣及び大臣政務官以外の国会議員を除く。以下同じ。）である場合又は公務員であつた場合その者が知り得た事実について，本人又は当該公務所から職務上の秘密に関するものであることを申し立てたときは，当該公務所又はその監督庁の承認がなければ，証言又は書類の提出を求めることができない。

憲法38条1項　何人も，自己に不利益な供述を強要されない。

　憲法62条は，各議院が国政調査権を有し，証人の出頭および証言ならびに記録の提出を求めることができる旨定めている。調査方法は，議院における証人の宣誓及び証言等に関する法律（通称「議院証言法」）で詳細に規定されている。調査には強制力があり，正当な理由なく出頭や証言を拒むと処罰される（議院証言7）。ただし，逮捕・住居侵入・捜索・押収などの刑事手続上の強制力を行使することは認められない。

　国政調査権の主体　　憲法62条に明記されているように，国政調査権の主体は各議院であるが，調査は必ずしも議院みずから行う必要はなく，各議院の委員会にもこの権能を行使させることが可能であり（国会104①），実際の調査は，常任委員会または調査特別委員会が行っている。

国政調査権の性格　　国政調査権の性格をどう考えるかは，憲法41条にいう「国権の最高機関」をどのように理解するかによって異なる（本章 *1* 2参照）。「国権の最高機関」に法的な意味を認める立場からは，国政調査権は最高機関として国権を統括するための独立の権能であるとする見解（独立権能説）がいわれるが，通説は，「国権の最高機関」に法的な意味を認めず，国政調査権は，立法権をはじめ，国会または議院に憲法上認められた権能を行使するために必要な調査を行う補助的な権能であると解している（補助的権能説）。

　国政調査権の限界　　補助的権能説に立つとしても，議院の国政調査権は，国会が立法や行政監視の機能を果たすためにきわめて重要な権能であるから，その対象は，実質的に，広く国政全般に及ぶ。しかしその一方で，国政調査権には，国民の権利，司法権および行政権との関係で，次のような限界がある。

　(1)　**国民の権利との関係における限界**　　証人は，自分や親族等が刑事訴追を受け，または有罪判決を受けるおそれのあるときは，宣誓，証言または書類の提出を拒むことができる（議院証言4①）。また，調査目的と関連性のない，または個人のプライバシーにかかわる証言または資料の提出も拒否できると解される。自己に不利益な刑事上の質問に対しても，憲法38条1項の自己負罪拒否特権（黙秘権）に基づいて証言を拒否することができる（第8章 *3* 4参照）。

　(2)　**司法権との関係における限界**　　係属中（訴訟事件が特定の裁判所の審判にかけられている状態）の事件について，裁判の内容の当否などを調査することは許されない[15]。確定判決を批判するような調査も，その後の類似の裁判に影響を及ぼすおそれがあるので，許されない。ただし，裁判とは異なる目的のために，議院が調査を行うことは許される場合もあると解される。

　(3)　**行政権との関係における限界**　　行政権の一部をなす検察権との関係では，起

---

15)　1948（昭和23）年，参議院法務委員会は，「検察及び裁判の運営などに関する調査」の一環として，母子心中を図って生き残った母親（浦和充子）の殺人事件につき浦和地裁が下した懲役3年・執行猶予3年の判決を取り上げ，これを批判する決議を行った。これに対し，最高裁は，参議院法務委員会の調査・決議は司法権の独立を侵害し，国政調査権の範囲を越えるとして，参議院に抗議を申し入れた。（いわゆる「浦和事件」）

訴・不起訴について検察権の行使に政治的圧力を加えることを目的とする調査や，捜査の続行に重大な支障をきたすような方法による調査は，許されない。

一般の行政権との関係では，公務員の職務上の秘密に関する証言または資料の提出には，その公務所または監督庁の承認を必要とする（議院証言5①）。なお，裁判の場合と異なり，検察の事件調査と国政調査権の並行調査は許されるとするのが判例（東京地判昭55・7・24判時982・3）の立場である。

3 内閣不信任決議

> 憲法69条　内閣は，衆議院で不信任の決議案を可決し，又は信任の決議案を否決したときは，十日以内に衆議院が解散されない限り，総辞職をしなければならない。

衆議院のみに認められた権能に，内閣不信任決議権（憲69）がある。衆議院が内閣不信任決議案を可決し，または内閣信任決議案を否決したときは，内閣は，10日以内に衆議院が解散されない限り，総辞職をしなければならない（同）。

5　参政権と選挙制度

I　参政権と選挙の基本原則

> 憲法15条　①　公務員を選定し，及びこれを罷免することは，国民固有の権利である。
> ②　すべて公務員は，全体の奉仕者であつて，一部の奉仕者ではない。
> ③　公務員の選挙については，成年者による普通選挙を保障する。
> ④　すべて選挙における投票の秘密は，これを侵してはならない。選挙人は，その選択に関し公的にも私的にも責任を問はれない。
> 憲法44条　両議院の議員及びその選挙人の資格は，法律でこれを定める。但し，人種，信条，性別，社会的身分，門地，教育，財産又は収入によつて差別してはならない。
> 憲法47条　選挙区，投票の方法その他両議院の議員の選挙に関する事項は，法律でこれを定める。
> 憲法93条2項　地方公共団体の長，その議会の議員及び法律の定めるその他の吏員は，

> その地方公共団体の住民が，直接これを選挙する。

参政権　広義の「参政権」には，国民審査を通じて最高裁判所裁判官を罷免する権利（憲79②），住民投票を通じて地方（自治）特別法を承認する権利（憲95），国民投票を通じて憲法改正を承認する権利（憲96①），公務就任権（明文規定はないが，憲法13条・14条・15条等から導かれるとされる。），請願権（憲16）なども含まれるが，その中心をなすものは選挙権（憲15）である。

憲法15条1項は，「公務員を選定し，及びこれを罷免することは，国民固有の権利である」と定め，国民の選挙権を保障している。これは，すべての公務員が国民により直接に選定・罷免されることを求める趣旨ではなく，公務員の地位の根拠が国民の意思にあることを表明したものと解される。憲法上，国民により選挙される公職は，国会議員（憲43①），地方公共団体の長および議会の議員ならびに法律の定めるその他の吏員（憲93②）となっており，罷免権を具体化する制度は，最高裁判所裁判官の国民審査（憲79②）以外には定められていない。

憲法15条1項は，公務員の選定・罷免権を「国民固有の権利」としている。憲法上，このような限定的表現は，他の権利・自由を定めた条文にはみられず，参政権は国家意思の決定に影響を及ぼす権利であることから，従来，参政権の主体は日本国籍を有する日本国民に限られると解されてきた。

ところが近年，外国人の人権を尊重すべきとの見地から，国政レベルは無理としても，地方レベルに限定すれば，外国人に参政権を付与することは可能であるとする説が有力になりつつある。1995（平成7）年には，「外国人地方参政権訴訟」において，最高裁（最三判平7・2・28民集49・2・639）が，「憲法15条1項の規定は，権利の性質上日本国民のみをその対象とし，右規定による権利の保障は，我が国に在留する外国人には及ばないものと解するのが相当」であり，「憲法93条2項にいう『住民』とは，地方公共団体の区域内に住所を有する日本国民を意味するものと解するのが相当であり，右規定は，我が国に在留する外国人に対して，地方公共団体の長，その議会の議員等の選挙の権利を保障したものということはできない」としながらも，傍論において，「我が国に在留する外国人のうちでも永住者等であってその居住する区域の地方

公共団体と特段に緊密な関係を持つに至ったと認められるものについて，……法律をもって，地方公共団体の長，その議会の議員等に対する選挙権を付与する措置を講ずることは，憲法上禁止されているものではないと解するのが相当である」との意見を述べて，注目を集めた。

　しかし，国民「固有の」という言葉が，日本国民「だけの」ではなく，「生来の」あるいは「不可譲の」という意味であるとしても，参政権が「国民の」権利であり，国家の存在を前提とした（＝後国家的）権利であることは疑いようがない。具体的な権利ではなく，地方「制度」を定めたにすぎない93条2項にいう「住民」が，日本国民でない者を含むとすれば，それは，「国民の権利及び義務」という章のなかで参政権という権利の一般的準則を定めた15条1項と矛盾することになるから，そのような解釈は成立しえないというべきであろう。

　一方，外国に在住する日本国民に国政選挙における選挙権行使を認めていなかった（改正後も制限のあった）公職選挙法について，その違憲・違法の確認と立法不作為により被った損害に対する賠償を求めて提起された「在外選挙権制限違憲訴訟」で，最高裁（最大判平17・9・14民集59・7・2087）は，「公職選挙法附則8項の規定のうち，在外選挙制度の対象となる選挙を当分の間両議院の比例代表選出議員の選挙に限定する部分は，憲法15条1項及び3項，43条1項並びに44条ただし書に違反するもので無効であって，……上告人らは，次回の衆議院議員の総選挙における小選挙区選出議員の選挙及び参議院議員の通常選挙における選挙区選出議員の選挙において，在外選挙人名簿に登録されていることに基づいて投票をすることができる地位にあるというべきである」として，日本国民として選挙権をもつ者であれば，外国に居住している者であっても，日本の国政選挙における選挙権の行使を妨げられてはならないことを確認している。

　参政権は，そこに居住しているがゆえに与えられる権利ではなく，その国の国民であるがゆえに保有する不可譲の権利である。納税者であるがゆえの権利でもない。後述するように，経済的条件による制限を設けないのが普通選挙の趣旨だからである。

　選挙の基本原則　　日本国憲法における選挙の基本原則として挙げられるのは，「普通選挙」，「平等選挙」，「秘密選挙」，「直接選挙」および「自由選挙」である。

(1) 普通選挙　憲法15条3項は,「公務員の選挙については,成年者による普通選挙を保障する」と定めている。普通選挙とは,制限選挙に対する概念で,本来は,選挙権の取得に財産や収入等の経済的要件による制限を設けない選挙制度を意味していたが,現在ではそれに加え,人種,信条,性別,社会的身分,門地,教育等による差別を設けないこと（次に述べる「平等選挙」）も含めて,普通選挙と呼ぶようになっている。

(2) 平等選挙　憲法44条は,選挙人の資格を法律で定めるに際して,「人種,信条,性別,社会的身分,門地,教育,財産又は収入によつて差別してはならない」と述べている。これは,人の属性によって選挙権の価値に差をつけることを禁じ,複数選挙（特定の範疇の選挙人に複数の投票権を与える制度）や等級選挙（納税額・教育程度・門地などに応じて選挙人をいくつかの等級に分け,等級ごとに同数の議員を選挙する制度）のような不平等な選挙制度を否定し,形式的平等としての「1人1票」の原則を定めたものである。さらに現在では,平等選挙の原則は,実質的平等すなわち投票価値（一票の重み）の平等をも要求するものと解されていることから,選挙区間に生じる議員定数の不均衡が問題となっているが,これについては「第5章 3 4　議員定数不均衡問題」で詳細に述べているので参照されたい。

(3) 秘密選挙　憲法15条4項は,「すべて選挙における投票の秘密は,これを侵してはならない」と定めている。選挙において誰に投票したかを,公権力に対しても,私人に対しても知られないことを,秘密選挙の原則といい,自由な投票を可能にするために必要なものと解されている。

(4) 直接選挙　選挙人が直接に代表者を選出し,その間に他の者の意思が介在しない選挙方法を,直接選挙という。憲法は,大統領制的な首長と一院制議会の議員を選出する地方選挙に関しては直接選挙の原則を明記している（憲93①）が,議院内閣制の下における二院制国会の議員の選挙については,この原則に明文では言及していない。一般には,国政選挙に関しても直接選挙の原則が採用されているものと解されており,現行公職選挙法に定める選挙もすべて直接選挙であるが,たとえば衆議院との差別化を図る目的で,第二院たる参議院の選挙の一部に間接選挙を採用することは,必ずしも違憲であるとは言い切れないであろう。憲法43条1項が自由委任（＝命令

委任の禁止）の全国民代表という理念（本章 1 2 参照）を表現したものであるとすれば，それはむしろ間接選挙に親和的だからである。

(5) **自由選挙** 個々の選挙人の自由な意思に基づいて選挙が行われることを，自由選挙という。この原則には，憲法には明文規定のない「立候補の自由」が含まれているとみられ，判例（最大判昭 43・12・4 刑集 22・13・1425）もこれを憲法 15 条 1 項の保障する重要な基本的人権の一つと解すべきであるとしている。なお，「棄権の自由」も自由選挙の原則に含まれると説かれているが，選挙権は「権利」であると同時に，その行使は能動的市民の「公務」という側面をもっていることや，「公務」の側面を重視して義務投票制を採用している国も少なからず存在していることを考えれば，[16)]「棄権の自由」が積極的に肯定されるべき性質のものであるか，日本国憲法の下で，立法政策として義務投票制を採用することが違憲といえるかどうかは，議論の余地があろう。

2 選挙制度

選挙制度の類型 選挙制度は，一般に，小選挙区制，大選挙区制および比例代表制に大別される。

(1) **小選挙区制** 小選挙区制は，選挙区（選挙人の集団を区分けするための基準となる区域）で投票の最多数を獲得した 1 名の者に議席を与える制度である。多数党が超比例的に議席を獲得するので安定した多数派が形成されやすい，死票（落選者に投じられた票）が多くなりやすい等の特徴をもつ。

(2) **大選挙区制** 1 選挙区から 2 名以上の議員を選出する制度を，大選挙区制という。わが国では，1994（平成 6）年の公職選挙法改正まで，1 選挙区の定数を 2 名から 5 名とする方式が衆議院議員選挙に採用され，「中選挙区制」と呼ばれていたが，講学上はこれも大選挙区制に分類される。この方式は，単記投票（1 名のみを記載し投票する方法）であれば，少数派にも議席獲得への道を開き，完全連記投票（定数と同

---

16) オーストラリア，ベルギー，イタリアなど，選挙において投票することを有権者に法律上義務づけている国は，現在，30 か国前後あるが，罰金等の罰則については，厳格に適用される国，されない国，罰則のない国など，さまざまである。

じ候補者数を連記して投票する方法）であれば，小選挙区制に近くなり，制限連記（定数より少ない数まで投票してよい方法）であれば，両者の中間形態となる．

(3) **比例代表制** 政党の得票に比例して議席を配分する制度を，比例代表制という．少数派にも議席獲得の機会が増し，民意を反映しやすい，小党分立を生みやすい，死票が少なくなる等の特徴をもつ．

現行の国政選挙制度 国政選挙の具体的な制度は，憲法47条に基づいて，公職選挙法により規定されている．

(1) **衆議院議員選挙制度** 衆議院議員の選挙制度については，小選挙区制と比例代表制を組み合わせた小選挙区比例代表並立制がとられている．

定数465人のうち289人は，1回の投票で最多票を獲得した候補者を当選者とする英米型の1回投票方式で選出される．残り176人については，全国を11の選挙区（ブロック）[17]に分けて行う比例代表選挙において，政党ごとの得票を選挙区（ブロック）単位で集計し，いわゆるドント式で各党の獲得議席を決定し[18]，各党の比例名簿登載者の上位から獲得議席数に達するものまでを当選者とする．

選挙人は，小選挙区については投票用紙に1つの候補者名を自書し，比例代表については1つの政党等の名称を自書し，各1票ずつを投票する．

(2) **参議院議員選挙制度** 参議院議員は，「全都道府県の区域を通じて」（公選12②），すなわち全国を1つの選挙区として行われる比例代表選挙と，各都道府県を選挙区とする選挙区選挙[19]を通じて選出される．定数242人のうち，比例代表選出は96

---

17) 北海道8人，東北13人（青森・岩手・宮城・秋田・山形・福島），北関東19人（茨城・栃木・群馬・埼玉），南関東22人（千葉・神奈川・山梨），東京都17人，北陸信越11人（新潟・富山・石川・福井・長野），東海21人（岐阜・静岡・愛知・三重），近畿28人（滋賀・京都・大阪・兵庫・奈良・和歌山），中国11人（鳥取・島根・岡山・広島・山口），四国6人（徳島・香川・愛媛・高知），九州20人（福岡・佐賀・長崎・熊本・大分・宮崎・鹿児島・沖縄）．（公選13②／別表第二）

18) 公職選挙法95条の2第1項「衆議院（比例代表選出）議員の選挙においては，各衆議院名簿届出政党等の得票数を一から当該衆議院名簿届出政党等に係る衆議院名簿登載者（……）の数に相当する数までの各整数で順次除して得たすべての商のうち，その数値の最も大きいものから順次に数えて当該選挙において選挙すべき議員の数に相当する数になるまでにある商で各衆議院名簿届出政党等の得票数に係るものの個数をもって，それぞれの衆議院名簿届出政党等の当選人の数とする．」

人，選挙区選出は146人とされ，3年ごとに定数の半数を改選する[20]。

2000（平成12）年の公選法改正により，参議院の比例代表選挙には非拘束名簿式が採用され，各政党が順位をつけずに作成した候補者名簿につき，選挙人は投票用紙に公職の候補者たる参議院名簿登載者の氏名1つを自書するか，または名簿届出政党等の名称1つを自書して投票することになった。候補者投票と政党名投票を合算した得票数に基づいて，まずドント式により各政党の議席数が決定され，各政党の当選人は，候補者投票の得票の多い順に決定される。

---

19) 各選挙区の定数は次のとおり（公選14①／別表第三）。北海道6人／青森県2人／岩手県2人／宮城県2人／秋田県2人／山形県2人／福島県2人／茨城県4人／栃木県2人／群馬県2人／埼玉県6人／千葉県6人／東京都12人／神奈川県8人／新潟県2人／富山県2人／石川県2人／福井県2人／山梨県2人／長野県2人／岐阜県2人／静岡県4人／愛知県8人／三重県2人／滋賀県2人／京都府4人／大阪府8人／兵庫県6人／奈良県2人／和歌山県2人／鳥取県及び島根県2人／岡山県2人／広島県4人／山口県2人／徳島県及び高知県2人／香川県2人／愛媛県2人／福岡県6人／佐賀県2人／長崎県2人／熊本県2人／大分県2人／宮崎県2人／鹿児島県2人／沖縄県2人

20) 2018（平成30）年の公選法改正により，参議院議員の定数が6増えて248人（比例代表選出100人，選挙区選出148人）となったことにより，2019年7月の通常選挙では3増の124人（比例代表選出50人，選挙区選出74人）が改選され，2022年7月の通常選挙でさらに3増の124人（比例代表選出50人，選挙区選出74人）が改選される見込みである。

第12章 内閣

1 行政権と内閣

I 行政権

> 憲法65条　行政権は，内閣に属する。
> 国家公務員法3条1項　内閣の所轄の下に人事院を置く。(……省略……)
> 国家公務員法8条1項　人事官は，左の各号の一に該当する場合を除く外，その意に反して罷免されることがない。
> 　一　第五条第三項各号の一に該当するに至つた場合
> 　二　国会の訴追に基き，公開の弾劾手続により罷免を可とすると決定された場合
> 　三　任期が満了して，再任されず又は人事官として引き続き十二年在任するに至つた場合
> 私的独占の禁止及び公正取引の確保に関する法律27条2項　公正取引委員会は，内閣総理大臣の所轄に属する。
> 私的独占の禁止及び公正取引の確保に関する法律28条　公正取引委員会の委員長及び委員は，独立してその職権を行う。
> 私的独占の禁止及び公正取引の確保に関する法律31条　委員長及び委員は，次の各号のいずれかに該当する場合を除いては，在任中，その意に反して罷免されることがない。
> 　一　破産手続開始の決定を受けた場合
> 　二　懲戒免官の処分を受けた場合
> 　三　この法律の規定に違反して刑に処せられた場合
> 　四　禁錮以上の刑に処せられた場合

五　公正取引委員会により，心身の故障のため職務を執ることができないと決定された場合
　　六　前条第四項の場合において，両議院の事後の承認を得られなかつたとき。

行政権　憲法65条は，「行政権は，内閣に属する」と定める。立法権（第11章 1 2参照）や司法権（第13章 1 1参照）は，その作用を比較的明快に定義することができるのに対し，行政権とは何かを積極的に定義することは困難である。現代国家における行政は，単なる法律の執行にとどまらず多種広範にわたるので，明快な定義であればあるほど，それに当てはまらない事例が多く出てくるからである。[1]

　このため，多くの憲法学者は行政権の積極的な定義づけを断念し，「行政権とは，国家作用から立法作用と司法作用を除いた残りの作用である」などの消極的な定義にとどまっている。これを控除説（消極説）という。こうした事情は，行政権を定義すること自体には特段の実益があるわけではないことを示唆するものでもある。行政権の具体的内容は，結局のところ，法令に定められたものや事実上行われているものを逐一拾い上げて明らかにしていく以外にない。

行政委員会の合憲性　国会は立法作用を独占し，裁判所は司法作用を独占しているが，内閣はそれ自体がすべての行政事務を処理しているわけではない。行政権の主体には，内閣だけでなく，その統括の下にある省庁など「行政各部」も当然含まれ，内閣は行政権の最高機関としてこれら「行政各部」をコントロールし，国民代表機関である国会に連帯責任を負っているものと解される。このような観点から，人事院，公正取引委員会，国家公安委員会，中央労働委員会，公害等調整委員会，公安審査委員会など，内閣からの独立性を強く認められた行政委員会（「独立行政委員会」とも呼ばれる。）の合憲性が問題となる。

　行政委員会は，内閣，内閣総理大臣あるいは国務大臣の「所轄」の下に置かれてい

---

1) たとえば，憲法学者による「国家が，その目的を達成すべき現実の状態を惹起す［ママ］ことに指し向けて行う作用」（佐々木惣一『改訂　日本国憲法論』（有斐閣，1952年）279頁）という定義や，行政法学者による「法の下に法の規制を受けながら，現実に国家目的の積極的な実現をめざして行われる全体として統一性をもった継続的な形成的国家活動」（田中二郎『行政法総論』（有斐閣，1957年）22頁）という定義などが知られているが，いずれも，多種広範な行政活動の全容を捉え切れているとはいえない。

る（国公3①，独禁27②）。「所轄」とは，ある機関が，形式的には他の機関の下に位置しているものの，「管理」や「監督」とは異なり，上位機関によるコントロールがほとんど及ばない場合に用いられる言葉である。独占禁止法（正式名称は「私的独占の禁止及び公正取引の確保に関する法律」）28条などは，委員長・委員が「独立してその職権を行う」と述べ，その趣旨をいっそう明らかにしている。行政委員会は，身分保障規定（国公8①，独禁31①）によっても独立性を担保され，その多くは，行政的権限だけでなく，準立法的権限や準司法的権限をも行使している。

このように，行政委員会には内閣のコントロールがほとんど及ばないため，その限りでは，講学上，憲法65条・72条違反が疑われることになる。しかし，そうであるからといって，これらを一律に違憲とするのはあまり現実的でないこともあり，学説の多くはこれを合憲としている。その理由づけはさまざまだが，主なものとしては，憲法65条は内閣に行政権が属することについて「すべて」や「唯一」などの修飾的表現を用いていないこと，委員の任命権や予算権は内閣に留保されていること，職務の特殊性（政治的中立性，公正性，専門性など）ゆえに民主的統制になじまないこと等が挙げられている。

2　内閣制度

憲法66条　①　内閣は，法律の定めるところにより，その首長たる内閣総理大臣及びその他の国務大臣でこれを組織する。
②　（省略）
③　内閣は，行政権の行使について，国会に対し連帯して責任を負ふ。
大日本帝国憲法4条　天皇ハ国ノ元首ニシテ統治権ヲ総攬シ此ノ憲法ノ条規ニ依リ之ヲ行フ
大日本帝国憲法5条　天皇ハ帝国議会ノ協賛ヲ以テ立法権ヲ行フ
大日本帝国憲法55条1項　国務各大臣ハ天皇ヲ輔弼シ其ノ責ニ任ス
大日本帝国憲法57条1項　司法権ハ天皇ノ名ニ於テ法律ニ依リ裁判所之ヲ行フ
内閣官制2条　内閣総理大臣ハ各大臣ノ首班トシテ機務ヲ奏宣シ旨ヲ承ケテ行政各部ノ統一ヲ保持ス

明治憲法下の内閣制度　明治憲法は，内閣についての明文規定をもっていなかった。国家元首たる天皇が「統治権ヲ総攬」（国家の意思力を全体として掌握）する（明憲4）という，いわゆる天皇主権主義の下で，立法権は「帝国議会ノ協賛」を条件に天皇が行使し（明憲5），司法権は「天皇ノ名ニ於テ」裁判所が行使する（明憲57①）ものとされた。しかし，行政権については，これを天皇が行使するのは自明のことであるがゆえに，憲法には個々の国務大臣の「輔弼」（天皇に進言する）責任のこと（明憲55①）のみが記され，内閣や内閣総理大臣への言及は皆無であった。

もっとも，内閣制度自体は1885（明治18）年から存在していた。しかし，明治憲法が施行されてからも，内閣の組織・権能は，法律ではなく，「内閣官制」という勅令によって規律された。内閣官制2条は，内閣総理大臣を「各大臣ノ首班」とし，これに「機務ヲ奏宣」（重要な政務につき天皇に報告）し，「行政各部ノ統一ヲ保持」する役割を与えていた。しかし，ここにいう「首班」は，いわゆる「同輩中の首席」を意味するにすぎず，内閣総理大臣は他の国務大臣と同格であり，天皇に対する責任も各大臣が個別に負うだけであった。

日本国憲法下の内閣制度　これに対し，日本国憲法は，内閣に行政権を帰属させる（憲65）と同時に，内閣総理大臣をその「首長」（憲66①）と表現することによって，内閣総理大臣に内閣の代表者・主宰者としての地位を与えた。合議体としての内閣が連帯して責任を負う相手は，天皇ではなく国会となった（憲66②）。一方，天皇は，行政権のみならず一切の国政権能を保有せず，内閣の「助言と承認」を受けて国事行為のみを行う象徴的君主となった（第1章2Ⅰ参照）。

2　議院内閣制

Ⅰ　権力分立制の態様と議院内閣制の本質

権力分立制の態様　社会主義・共産主義国家等の例を除けば，権力分立制は，現代諸国の統治機構にほぼ共通の特徴となっている。その態様，とりわけ行政権と立法権の関係は，大統領制と議院内閣制に大別される[2]。

(1) **大統領制** 　行政府（大統領）と立法府（議会）が，制度上，厳格に分離され，独任制機関たる公選大統領が，国家元首として対外的に国家を代表し，かつ，首長として実質的な行政権を行使するような権力分立の類型を，大統領制という。行政権も立法権も，それぞれ別個の選挙を経て成立し，国民に対して直接責任を負うため，議会は不信任決議等を通じて大統領の責任を直接追及することはできず，大統領もまた議会に対して解散権等を行使することができない。アメリカ合衆国憲法（1787 年）は，このような大統領制の嚆矢であり典型である。

(2) **議院内閣制** 　行政府（内閣）が，立法府（議会）の信任に基づいて成立し，かつ，立法府に対して責任を負う権力分立の類型を，議院内閣制 (parliamentary government) という。「議会政」と訳されることもある。権力分立を前提としながらも，それをある程度崩して，行政府と立法府との間に緊密な関係を構築しようとするものである。

アメリカ型の大統領制は，権力の源泉を国民に置いたうえで，かつての絶対君主制における君主のそれに匹敵する権能を公選大統領に与え，これに国民代表議会を対峙させるシステムを，成文憲法において人為的・人工的に構築したものである。これに対し，議院内閣制は，君主制国家の歴史のなかで自然発生的に生成・発展してきたメカニズムを，講学上，そのように呼ぶ習わしとなったものである。そのため，同じく議院内閣制と呼ばれるものでも，どの国の，いつの時代のそれかによって，その具体的な態様は大きく異なっている。

議院内閣制の本質 　「議院内閣制」は，法令用語ではなく，講学上の概念である。しかも，具体的にどのようなしくみを備えていることを以て「議院内閣制」と呼ぶべきか，すなわち議院内閣制の定義なり条件なりについて，必ずしも論者の見解が一致しているわけではない。なかでも議会解散権は，議院内閣制の本質にかかわる重要な要素とみられ，それをめぐって責任本質説と均衡本質説が対立している。

(1) **責任本質説** 　議院内閣制の本質は，内閣が議会に対して政治的責任を負うと

---

2) 行政権と立法権の関係についての類型は，もちろんこの二者だけでない。このほかに，政府が議会の一委員会にすぎず，議会に完全に従属している議会統治制（会議政）や，大統領制と議院内閣制の折衷型など，さまざまな類型がある。

ころにあると解し、議会の内閣不信任決議に対抗する解散権が存在しなくても、その制度は議院内閣制たりうるとする見解を、責任本質説という。たしかに「責任」という要素は、大統領制における大統領と議会の関係には当てはまらないものであるから、大統領制との違いがこの点にあるのは明白である。また、古典的な権力分立概念（行政権と立法権との間で機能する抑制・均衡）を前提として、議会による内閣に対する民主的統制に議院内閣制のメリットを見出す観点からは、責任本質説が妥当とみられるであろう。

(2) **均衡本質説** 内閣の存立が議会の信任に依拠することに加え、議会の内閣不信任決議に対抗して、内閣が実質的に議会解散権を行使することができ、それによって議会と内閣が均衡するところに議院内閣制の本質を求める見解を、均衡本質説という。この説に対しては、内閣が国王と議会の両方の信任を必要とする19世紀的な「二元型」議院内閣制には適合するが、議会の信任のみを存立基盤とする20世紀的な「一元型」議院内閣制には適合しないとか、「均衡」という要素は大統領制にも共通しており、その限りでは大統領制との区別がつかないなどの批判がある。しかしながら、政党政治の存在を前提とし、最新の民意を確認する手段としての解散・総選挙の重要性に注目する現代的な民主制論の立場からは、均衡本質説は、むしろ今日的で妥当な見解として支持されるであろう。

2 日本国憲法の議院内閣制

> 憲法66条3項　内閣は、行政権の行使について、国会に対し連帯して責任を負ふ。
> 憲法67条1項　内閣総理大臣は、国会議員の中から国会の議決で、これを指名する。この指名は、他のすべての案件に先だつて、これを行ふ。
> 憲法68条1項　内閣総理大臣は、国務大臣を任命する。但し、その過半数は、国会議員の中から選ばれなければならない。
> 憲法69条　内閣は、衆議院で不信任の決議案を可決し、又は信任の決議案を否決したときは、十日以内に衆議院が解散されない限り、総辞職をしなければならない。
> 憲法7条　天皇は、内閣の助言と承認により、国民のために、左の国事に関する行為を行ふ。
> 　一～二　（省略）

第12章　内　閣

　　三　衆議院を解散すること。
　　四～十　(省略)
衆議院規則18条　①　内閣総理大臣の指名については，記名投票で指名される者を定める。
②　投票の過半数を得た者を指名される者とし，その者について指名の議決があつたものとする。
③　投票の過半数を得た者がないときは，第八条第二項の規定〔「投票の過半数を得た者がないときは，投票の最多数を得た者二人について決選投票を行い，多数を得た者を当選人とする。但し，決選投票を行うべき二人及び当選人を定めるに当り得票数が同じときは，くじでこれを定める。」〕を準用して指名される者を定め，その者について指名の議決があつたものとする。
④　議院は，投票によらないで，動議その他の方法により，指名することができる。
参議院規則20条　①　内閣総理大臣の指名は，単記記名投票でこれを行う。
②　投票の過半数を得た者を指名された者とする。
③　投票の過半数を得た者がないときは，投票の最多数を得た者二人について決選投票を行い，多数を得た者を指名された者とする。但し，得票数が同じときは，決選投票を行わなければならない二人又は指名される者を，くじで定める。
④　議院は，投票によらないで，動議その他の方法により指名することができる。
憲法70条　内閣総理大臣が欠けたとき，又は衆議院議員総選挙の後に初めて国会の召集があつたときは，内閣は，総辞職をしなければならない。
憲法71条　前二条の場合には，内閣は，あらたに内閣総理大臣が任命されるまで引き続きその職務を行ふ。

　日本国憲法の議院内閣制　責任本質説に立つと，議院内閣制の範疇はより広いものとなるが，ここでは便宜上，均衡本質説に立ち，議院内閣制のメルクマール(Merkmal 標識)として，(1)内閣の存立基盤が議会にあること，(2)内閣が議会に対して連帯責任を負うこと，(3)内閣が議会の解散を決定できること，(4)大臣と議員は兼任が原則であること，の四点を挙げておくことにする。以下に述べるように，日本国憲法の統治機構は，これらの要件をすべて満たしていることから，議院内閣制を採用していることが明白である。

　(1)　**内閣の存立基盤**　内閣総理大臣(首相)は，国会議員のなかから国会の議決で指名され(憲67①)，この手続を通じて国会に信任された首相が内閣を構成する国

務大臣を任命する（憲68①）。ゆえに，内閣の存立基盤は国会にあるといえる。

(2) 議会に対する連帯責任　すでにみたように，行政権の主体は合議体としての内閣にある（憲65）。内閣を創出したのは，直接には国民ではなく，国会であるから，内閣は国会に対して連帯して責任を負う（憲66③）。そして，この責任を議会の側から追及する手段が，衆議院の内閣不信任決議（憲69）である。

(3) 衆議院解散権　憲法69条は，「内閣は，衆議院で不信任の決議案を可決し，又は信任の決議案を否決したときは，十日以内に衆議院が解散されない限り，総辞職をしなければならない」と定めているが，「解散されない限り」という受け身の表現となっているため，この規定だけでは解散権の所在が明らかでない。衆議院を解散するという行為自体は天皇の国事行為である（憲7三）が，国政権能を有しない天皇がその主体的意思で解散を決定する余地はない。そのため，一般的には，内閣が衆議院解散を実質的に決定する権限を有し，「助言と承認」を通じてこれを行使できるものと解されている。

(4) 大臣と議員の兼任制　憲法68条1項ただし書は，国務大臣の過半数を国会議員のなかから選ぶことを求めている。つまり，大臣と議員は兼任することが原則となっている。

ちなみに，上記(1)～(4)のすべてを否定すると，それがそのままアメリカ型大統領制の制度的特徴となる。大統領制においては，(1)大統領権力の基盤は議会でなく国民にあり，(2)大統領は議会に責任を負わず，(3)大統領は議会を解散できず，(4)閣僚と議員の兼職は禁止されている。

内閣総理大臣の指名と組閣　内閣総理大臣の指名の議決は，衆議院および参議院の本会議における記名投票によって行われる（衆規18①，参規20①）。この投票で過半数を得た者が指名された者となる（衆規18②，参規20②）が，過半数を得た者がないときは，投票の最多数を得た者2人について決選投票を行い，多数を得た者が指名された者となる（衆規18③，参規20③）。なお，衆議院と参議院が異なった指名の議決をしたときは，参議院が両院協議会を求めなければならず（国会86②），協議をしても意見が一致しないときは，衆議院の議決が国会の議決となる。衆議院が指名の議決をした後，国会休会中の期間を除いて10日以内に参議院が指名の議決をしないときも，衆

議院の議決が国会の議決となる（憲67②）（第11章3 4参照）。

内閣総理大臣の指名を受けた者は，国務大臣を選考し，これが終了すると，天皇が内閣総理大臣を任命する親任式を行い，他の国務大臣の任命を認証する。その後，内閣総理大臣は，首相官邸において，国務大臣等の補職辞令を交付し，これを以て組閣の手続は完了する。

　内閣総辞職　内閣を構成する内閣総理大臣およびその他の国務大臣が一体となってその地位を失うことを，内閣総辞職という。内閣が総辞職するのは，次の三つの場合である。

　(1)　**内閣不信任案が可決（信任案が否決）された場合**　衆議院において，内閣不信任決議案が可決され，または信任決議案が否決された場合には，10日以内に衆議院が解散されない限り，内閣は総辞職しなければならない（憲69条）。

　(2)　**衆議院議員総選挙の後に最初に国会が召集された場合**　衆議院の解散または任期満了によって，先に内閣総理大臣を指名した衆議院は消失し，総選挙後には別の衆議院が改選されるので，内閣はその存立根拠を失ったことになる。したがって，総選挙の結果，政府与党が多数を占め，再び同一人が内閣総理大臣に指名されることが予想される場合であっても，新しい国会から改めて信任を得ることが必要となる。そのため，衆議院議員総選挙の後に最初に国会が召集されたときには，内閣は総辞職しなければならない（憲70）。

　(3)　**内閣総理大臣が欠けた場合**　「内閣総理大臣が欠けたとき」（憲70）には，内閣は総辞職しなければならない。具体的には，内閣総理大臣が死亡・失踪・亡命した場合，内閣総理大臣の在任要件（国会議員の地位など）を欠くこととなった場合，みずからの意思で辞職した場合などがこれに該当する。

　上記(1)～(3)いずれの場合にも，内閣の職務自体は，新たに内閣総理大臣が任命されるまで続けられ（憲71），新首相の任命や新閣僚の任命の認証といった天皇の国事行為に対する助言・承認などの職務は，総辞職した内閣によって行われる。

　69条解散と7条解散　憲法は，衆議院が内閣不信任案を可決（信任案を否決）したときに，内閣がこれに対抗して衆議院を解散することができる（いわゆる「69条解散」）旨定めているが，それ以外には解散権を行使できる場合についての明文規定を

もっていない。そのため，不信任案の可決（信任案の否決）がない場合に，憲法7条のみを根拠に内閣が解散権を行使すること（いわゆる「7条解散」）が憲法上許されるかどうかについては，学説上争いがある。

　日本国憲法施行後，最初の衆議院解散は，連合国軍総司令部（GHQ）施政下の1948（昭和23）年12月23日に行われた。当時の第二次吉田内閣は，解散は69条の場合に限定されないとの解釈をとっていたが，野党は不信任決議がなければ解散はできないと主張したため，GHQに見解を求めたところ，解散は69条の場合に限定されるとの回答を得た。そのため，与野党が内閣不信任決議案に賛成して，これを可決させ，それを受けて内閣が衆議院解散を決めるという段取りを経て，総選挙を行うことになった。いわゆる「馴れ合い解散」である。

　ところが，2回目の解散，すなわち1952年（昭和27）年8月28日に第三次吉田内閣が行った「抜き打ち解散」は，7条のみを根拠としたものであったため，野党（国民民主党）の衆議院議員・苫米地義三が，解散を無効とする訴訟を提起した。この「苫米地事件」で，最高裁（最大判昭35・6・8民集14・7・1206）は，統治行為論（第13章１２参照）を援用し，「衆議院の解散は，極めて政治性の高い国家統治の基本に関する行為であつて，かくのごとき行為について，その法律上の有効無効を審査することは司法裁判所の権限の外にありと解すべき」であるとして，憲法判断を回避した。

　このため，その後は7条解散が広く行われるようになり，今日ではすっかり定着した感がある。日本国憲法下でこれまでに行われた24回の衆議院議員総選挙のうち，任期満了によるものは1回（1976（昭和51）年）しかなく，残り23回は，すべて解散によるものである。そして，この23回の解散のうち，69条解散は4回にとどまり，残りの19回はすべて7条解散であった（2016（平成28）年1月現在）。

　このように，実務上，解散権は内閣によって任意に行使されているが，学説上は，それが許されるためには一定の大義名分が必要であるとの見解が有力である。たとえば芦部信喜教授は，「解散は，憲法69条の場合を除けば，①衆議院で内閣の重要案件（法律案，予算等）が否決され，または審議未了になった場合，②政界再編等により内閣の性格が基本的に変わった場合，③総選挙の争点でなかった新しい重大な政治的課題（立法，条約締結等）に対処する場合，④内閣が基本政策を根本的に変更する場合，

⑤議員の任期満了時期が接近している場合，などに限られるとすべきであり，内閣の一方的な都合や党利党略で行われる解散は，不当である」と述べている。

　この点に関連して，解散権行使の合憲性が取沙汰された最近の例として，2005（平成 17）年 8 月のいわゆる「郵政解散」がある。衆議院を通過した郵政民営化法案が参議院で否決されたのを受けて小泉内閣が行った衆議院解散について，憲法 59 条所定の手続（両院協議会や衆議院での再議決）を踏まず，衆議院ではなく参議院での否決を内閣不信任のようにみなして解散を行うのは違憲であるとの批判がいわれた。しかし，憲法上，内閣は（衆参合わせた）国会の信任を得て発足するのであり，郵政民営化法案が両院の議決を得られなかったのは，国会全体として法案を否決したことを意味する。これを不信任とみなし民意を問うのは，いわば憲政の常道である。問題があるとすれば，それは解散のない参議院にも首相指名の議決権を与えている憲法の方であろう。「議院内閣制の母国」と呼ばれるイギリスでも，上院（貴族院）は内閣の存立を左右せず，信任関係は内閣と下院（庶民院）の間にある。「議院内閣制」という訳語は，正鵠を射ているのである。

3　内閣の組織

I　内閣総理大臣

> 憲法 66 条　①　内閣は，法律の定めるところにより，その首長たる内閣総理大臣及びその他の国務大臣でこれを組織する。
> ②　内閣総理大臣その他の国務大臣は，文民でなければならない。
> ③　（省略）
> 憲法 67 条 1 項　内閣総理大臣は，国会議員の中から国会の議決で，これを指名する。この指名は，他のすべての案件に先だつて，これを行ふ。
> 憲法 68 条　①　内閣総理大臣は，国務大臣を任命する。但し，その過半数は，国会議員の中から選ばれなければならない。

---

3)　芦部信喜（高橋和之補訂）『憲法（第四版）』（岩波書店，2007 年）319 頁。

> ② 内閣総理大臣は，任意に国務大臣を罷免することができる。
>
> 憲法72条　内閣総理大臣は，内閣を代表して議案を国会に提出し，一般国務及び外交関係について国会に報告し，並びに行政各部を指揮監督する。
>
> 内閣法4条2項　閣議は，内閣総理大臣がこれを主宰する。この場合において，内閣総理大臣は，内閣の重要政策に関する基本的な方針その他の案件を発議することができる。
>
> 内閣府設置法6条　①　内閣府の長は，内閣総理大臣とする。
>
> ②　内閣総理大臣は，内閣府に係る事項についての内閣法にいう主任の大臣とし，第四条第三項に規定する事務を分担管理する。
>
> 公職選挙法89条1項　国若しくは地方公共団体の公務員又は行政執行法人（……省略……）若しくは特定地方独立行政法人（……省略……）の役員若しくは職員は，在職中，公職の候補者となることができない。（……省略……）
>
> 公職選挙法90条　前条の規定により公職の候補者となることができない公務員が，（……省略……）届出により公職の候補者となつたときは，当該公務員の退職に関する法令の規定にかかわらず，その届出の日に当該公務員たることを辞したものとみなす。

地位　内閣の「首長」（憲66①）としての内閣総理大臣は，具体的には，閣僚の任免権者としての地位（憲68），内閣の代表者としての地位（憲72），閣議の主宰者としての地位（内4②），行政各部の長としての地位（内閣府6）を有している。

要件　(1) 国会議員であること　内閣総理大臣に指名されるための資格要件は，第一に，国会議員であることとされている（憲67①）。憲法は，参議院議員のなかから内閣総理大臣を指名することを禁じてはいないが，解散のない参議院よりも，より民意に直結した衆議院の議員から指名することが望ましいと考えられており，実際にも参議院議員が指名された例はない。

国会議員の地位を有することは，指名を受けるための資格要件であるのみならず，在任要件でもあると解されているため，非現実的な想定ではあるが，国会議員を辞職した場合，議員の資格争訟の裁判により国会議員の地位を失った場合，所属議院により除名された場合などは，内閣総理大臣としての地位を失うと解されている。

(2) 文民であること　第二に，「内閣総理大臣その他の国務大臣は，文民でなければならない」（憲66②）とされている。このいわゆる「文民条項」は，憲法改正草

案を審議していた衆議院帝国憲法改正案特別委員会小委員会で行われた「芦田修正」（第3章2Ⅰ参照）により，憲法9条2項の冒頭に「前項の目的を達するため」という一文が加えられたことで，同条の下でも日本が将来再軍備することが解釈上可能になると察知し，軍国主義の復活を警戒した極東委員会の強い要求を受けて，付加されることとなったものである。

「文民」は，英語のcivilianに対応する訳語として，日本国憲法制定過程において考案された新造語である。civilianは，現に軍人（military）でない者，すなわち「非軍人」を意味する言葉であり，憲法66条2項のように，首相・閣僚から軍人を排除する規定を置くのは，軍による政治介入または政治支配を防ぐため，職業軍人を最終的に指揮・統制する者は非軍人でなければならないという，文民統制（civilian control）あるいは文民優位（civilian supremacy）の原則を表現したものである。

ところが，憲法9条2項前段にいうように，わが国に「陸海空軍その他の戦力」つまり軍隊が存在しないのなら，軍人も存在せず，国民はすべて「非軍人」＝「文民」ということになり，文民条項はまったく無意味なものとなる。戦後わが国は徹底的に武装解除されたので，憲法施行当初，文民条項は空文であったといえよう。しかしその後，警察予備隊（1950（昭和25）年），保安隊（1952（昭和27）年）を経て自衛隊（1954（昭和29）年）が発足すると，事実上の軍事組織である自衛隊に対して文民統制を及ぼすことが必要と考えられるようになり，旧憲法下で職業軍人であった者や現役自衛官が「文民でない者」とみられるようになった。

政府見解は，「①旧陸海軍の職業軍人の経歴を有する者であって，軍国主義的思想に深く染まっていると考えられるもの，②現に自衛官の職にある者」以外の者を文民と解している[4]。しかし，①については，職業軍人歴があっても「軍国主義的思想に深く染まって」いなければ文民ということになるし，そもそも「軍国主義的思想に深く染まっている」かどうかを何を基準に判断するのかという問題があり，定義ないし制約としての意味をなしていない。実際にも①に該当するとの理由で文民と認められなかった例はなく，今日では，旧憲法下で職業軍人歴のあった者が内閣総理大臣となる

---

4) 浅野一郎・杉原泰雄（監修）『憲法答弁集 1947〜1999』（信山社，2003年）398-399頁。

現実的可能性もなくなっているので，文民とは，実質的に現役自衛官以外の者を指すということになろう。

もっとも，現行法上，自衛官を含む公務員は，在職中，公職の候補者となることができず（公選89①），立候補した場合はその届出の日に当該公務員たることを辞したものとみなされる（公選90）ので，自衛官が現職のまま国会議員となり，内閣総理大臣に指名されることはない。

　　身分上の特典　　後述するように，「国務大臣は，その在任中，内閣総理大臣の同意がなければ，訴追されない」（憲75）とされていることから，訴追同意権を有する内閣総理大臣には，当然，在任中訴追されないという身分上の特典が認められると解されているが，現行法上，これについての明文規定はない。

2　国 務 大 臣

憲法68条1項　内閣総理大臣は，国務大臣を任命する。但し，その過半数は，国会議員の中から選ばれなければならない。
憲法66条2項　内閣総理大臣その他の国務大臣は，文民でなければならない。
内閣法2条2項　前項の国務大臣の数は，十四人以内とする。ただし，特別に必要がある場合においては，三人を限度にその数を増加し，十七人以内とすることができる。
内閣法3条　①　各大臣は，別に法律の定めるところにより，主任の大臣として，行政事務を分担管理する。
②　前項の規定は，行政事務を分担管理しない大臣の存することを妨げるものではない。
憲法75条　国務大臣は，その在任中，内閣総理大臣の同意がなければ，訴追されない。但し，これがため，訴追の権利は，害されない。

内閣を構成する国務大臣の過半数は国会議員のなかから選ばれなければならない（憲68①）が，国会議員の身分をもつ国務大臣はもとより，国会議員以外から任命される国務大臣も，文民でなければならない（憲66②）。国務大臣の数は原則として14人以内だが，特別に必要がある場合には3人を限度にその数を増加し，17人以内とすることができる（内2②）。国務大臣は，内閣の構成員（閣僚）であると同時に，その多くは内閣総理大臣から主任の大臣（各省大臣）となることを命じられ，行政事務

を分担管理するが,行政事務を分担管理しない大臣(無任所大臣)を置くこともできる(内3)。

なお,憲法75条は,国務大臣が「その在任中,内閣総理大臣の同意がなければ,訴追されない」ことを保障しているが,同条ただし書は「これがため,訴追の権利は,害されない」,つまり,国務大臣の職を退いた後であれば訴追できることも定めている。したがって,内閣総理大臣が国務大臣の訴追に同意しなかった場合には,同意が得られずに訴追ができなくなった時点から,公訴時効は停止すると解される。

3 閣　　議

> 内閣法4条　①　内閣がその職権を行うのは,閣議によるものとする。
> ②　閣議は,内閣総理大臣がこれを主宰する。この場合において,内閣総理大臣は,内閣の重要政策に関する基本的な方針その他の案件を発議することができる。
> ③　各大臣は,案件の如何を問わず,内閣総理大臣に提出して,閣議を求めることができる。

内閣法4条は,内閣の職権が,内閣総理大臣の主宰する閣議によって行われることを定めている。閣議は,内閣総理大臣および国務大臣で構成され,運営上の庶務などのために,内閣官房副長官と内閣法制局長官も陪席する。

閣議の具体的な運営については,法令上の規定はなく,ほとんどが明治憲法以来の長年の慣行によっている。それによれば,閣議は非公開で行われる。そして,閣議での決定は全会一致で行われ,結論が得られた案件については,国務大臣全員が閣議書に署名(花押)することで,意見の一致を確認することになっている。なお,閣議の議事録も長らく作成されなかったが,第二次安倍内閣が2014(平成26)年4月に公式の議事録の作成を決定し,現在ではこれが公開されるに至っている。

---

5) 犯罪行為が終わった時点から一定の期間が経過したことにより公訴権(検察官が裁判所に対して刑事事件の審判を請求する権能)が消滅し,その後の起訴が許されなくなることを,「公訴時効」という。期間は法定刑の重さにより異なる(刑訴250)。

4 / 内閣の権能

I 内閣総理大臣の権能

> 憲法68条 ① 内閣総理大臣は，国務大臣を任命する。但し，その過半数は，国会議員の中から選ばれなければならない。
> ② 内閣総理大臣は，任意に国務大臣を罷免することができる。
> 憲法72条 内閣総理大臣は，内閣を代表して議案を国会に提出し，一般国務及び外交関係について国会に報告し，並びに行政各部を指揮監督する。
> 憲法74条 法律及び政令には，すべて主任の国務大臣が署名し，内閣総理大臣が連署することを必要とする。
> 内閣法2条1項 内閣は，国会の指名に基づいて任命された首長たる内閣総理大臣及び内閣総理大臣により任命された国務大臣をもって，これを組織する。
> 内閣法4条2項 閣議は，内閣総理大臣がこれを主宰する。この場合において，内閣総理大臣は，内閣の重要政策に関する基本的な方針その他の案件を発議することができる。
> 内閣法6条 内閣総理大臣は，閣議にかけて決定した方針に基いて，行政各部を指揮監督する。
> 内閣法7条 主任の大臣の間における権限についての疑義は，内閣総理大臣が，閣議にかけて，これを裁定する。
> 内閣法8条 内閣総理大臣は，行政各部の処分又は命令を中止せしめ，内閣の処置を待つことができる。

国務大臣の任免 国会に対して連帯責任を負う内閣には，内閣総理大臣を中心とした一体性が強く求められるため，国務大臣の任命は内閣総理大臣の専権とされている（憲68①）。すでに述べたように，閣議決定は全会一致で行われるが，閣内に意見の不一致が生じた場合にも，内閣総理大臣は，閣議の決定などを経ずに，任意に国務大臣を罷免することができる（憲68②）ので，この権限を行使して内閣の一体性を保持することができる。

なお，国務大臣の罷免の決定は内閣総理大臣の一存ですることができるが，憲法7

条 5 号により，国務大臣の罷免には天皇の認証を必要とし，認証という国事行為は内閣の助言と承認に基づかなければならないため，罷免の認証については，これを閣議にかけることが必要となる。

　内閣を代表する権能　　憲法 72 条は，内閣総理大臣が内閣を代表して行う行為として，議案を国会に提出すること，一般国務および外交関係について国会に報告すること，行政各部を指揮監督することを挙げている。

　国会に提出する議案を用意し，一般国務・外交関係を処理するのは，内閣の権能であり，内閣総理大臣はそれを対外的に代表するという趣旨であるが，この点に関連して注意を要するのは，「行政各部を指揮監督する」権能である。憲法規定上は，それが内閣総理大臣の専権であるようにも読めるが，内閣法 6 条は，「内閣総理大臣は，閣議にかけて決定した方針に基いて，行政各部を指揮監督する」と定めていることから，内閣としての方針決定がないまま，内閣総理大臣が独自の判断で指揮監督権を行使することはできないと解される。

　法律・政令の連署　　法律を執行し，政令を制定する内閣の責任を明らかにするため，憲法 74 条は，法律および政令につき，主任の国務大臣の署名とともに，内閣を代表する内閣総理大臣の「連署」（他の者の署名に連続して署名すること）を求めている。ただし，連署自体は法律および政令の効力発生要件ではなく，連署を欠いていても，法律および政令は有効であると解されている。

　国務大臣の訴追の同意　　すでにみたように，憲法 75 条は内閣総理大臣に国務大臣訴追の同意権を与えている。検察機構は内閣の統括の下に置かれてはいるが，職務の性質上，政治的中立性やある程度の独立性が認められるので，検察官の訴追権濫用により内閣の職務遂行に支障が生じるのを防ぐため，このような規定が設けられたものと考えられている。

　権限疑義の裁定権／中止権　　内閣法 7 条は，内閣総理大臣に，主任の大臣の間における権限疑義の裁定権を与えている。しかし，首相独自の判断で裁定できるわけではなく，「閣議にかけて」行うことができるにとどまる。また，内閣法 8 条は，「内閣総理大臣は，行政各部の処分又は命令を中止せしめ，内閣の処置を待つことができる」と定める。閣議による方針決定がなされないまま行政事務が遂行されることを防

ぐために，一時的に行政事務を中止させることのできる権能であるが，この場合にも，待たれるのは首相の処置ではなく，内閣の処置である。

憲法が内閣総理大臣を内閣の「首長」（66①）と呼び，その優越的地位を強調しているのに対して，内閣法の規定には，このように"内閣合議制"的性格が濃厚である。そこで，首相のリーダーシップ強化を目指し，1999（平成11）年の内閣法改正により，首相が「国会の指名に基づいて任命された首長」であることが強調され（内2①），閣議における首相の発議権が規定された（内4②）。しかし，前者は憲法の趣旨を表面的に再確認しただけであって，首相にあらたな権能を与えるものではなく，後者も首相が閣議主宰者であることから当然もっていると考えられてきた権能を明文化したにすぎない。

2 内閣の権能

憲法73条 内閣は，他の一般行政事務の外，左の事務を行ふ。
一 法律を誠実に執行し，国務を総理すること。
二 外交関係を処理すること。
三 条約を締結すること。但し，事前に，時宜によつては事後に，国会の承認を経ることを必要とする。
四 法律の定める基準に従ひ，官吏に関する事務を掌理すること。
五 予算を作成して国会に提出すること。
六 この憲法及び法律の規定を実施するために，政令を制定すること。但し，政令には，特にその法律の委任がある場合を除いては，罰則を設けることができない。
七 大赦，特赦，減刑，刑の執行の免除及び復権を決定すること。

中央省庁等改革基本法4条 政府は，次に掲げる基本方針に基づき，中央省庁等改革を行うものとする。
一 内閣が日本国憲法の定める国務を総理する任務を十全に果たすことができるようにするため，内閣の機能を強化し，内閣総理大臣の国政運営上の指導性をより明確なものとし，並びに内閣及び内閣総理大臣を補佐し，支援する体制を整備すること。
二～八 （省略）

条約法に関するウィーン条約46条1項 いずれの国も，条約に拘束されることについての同意が条約を締結する権能に関する国内法の規定に違反して表明されたという事実を，当該同意を無効にする根拠として援用することができない。ただし，違反が明

第12章　内　閣

白でありかつ基本的な重要性を有する国内法の規則に係るものである場合は，この限りでない。

国家公務員法2条　① 国家公務員の職は，これを一般職と特別職とに分つ。
② 一般職は，特別職に属する職以外の国家公務員の一切の職を包含する。
③ 特別職は，次に掲げる職員の職とする。
　一　内閣総理大臣
　二　国務大臣
　三　人事官及び検査官
　四　内閣法制局長官
　五　内閣官房副長官
　五の二　内閣危機管理監及内閣情報通信政策監
　五の三　国家安全保障局長
　五の四　内閣官房副長官補，内閣広報官及び内閣情報官
　六　内閣総理大臣補佐官
　七　副大臣
　七の二　大臣政務官
　七の三　大臣補佐官
　八　内閣総理大臣秘書官及び国務大臣秘書官並びに特別職たる機関の長の秘書官のうち人事院規則で指定するもの
　九　就任について選挙によることを必要とし，あるいは国会の両院又は一院の議決又は同意によることを必要とする職員
　十　宮内庁長官，侍従長，東宮大夫，式部官長及び侍従次長並びに法律又は人事院規則で指定する宮内庁のその他の職員
　十一　特命全権大使，特命全権公使，特派大使，政府代表，全権委員，政府代表又は全権委員の代理並びに特派大使，政府代表又は全権委員の顧問及び随員
　十一の二　日本ユネスコ国内委員会の委員
　十二　日本学士院会員
　十二の二　日本学術会議会員
　十三　裁判官及びその他の裁判所職員
　十四　国会職員
　十五　国会議員の秘書
　十六　防衛省の職員（……省略……）
　十七　独立行政法人通則法（平成十一年法律第百三号）第二条第二項に規定する特定

独立行政法人（……省略……）の役員
　④　この法律の規定は，一般職に属するすべての職（……省略……）に，これを適用する。人事院は，ある職が，国家公務員の職に属するかどうか及び本条に規定する一般職に属するか特別職に属するかを決定する権限を有する。
　⑤　この法律の規定は，この法律の改正法律により，別段の定がなされない限り，特別職に属する職には，これを適用しない。
　⑥⑦　（省略）

　内閣が行う主な事務は，憲法73条に列挙されている。

　一般行政事務　憲法73条にいう「他の一般行政事務」とは，同1～7号に列挙されているもの以外の事務を指すが，これらのすべてを内閣が直接行わなければならないのではなく，内閣が統括する行政機関にこれを行わせることができる。

　法律の誠実な執行（1号）　法律を「誠実に」執行するとは，内閣がその法律の内容に批判的であったり，内閣の判断として憲法違反ではないかとの疑いをもった場合でも，それを理由として，国会が制定した法律の執行を拒否することは許されないという意味である。ただし，裁判所（とりわけ最高裁判所）が違憲と判断した法律については，内閣はその執行を差し控えるべきであるとする考え方が有力である。

　国務の総理（1号）　「国務を総理する」という言葉は，従来，内閣がすべての行政事務を統括・処理するという意味に解されてきたが，近年では，単なる行政事務にとどまらず，国政全般にわたって統括・処理するという広い意味で捉えようとする傾向が強くなってきている。内閣機能の強化と首相のリーダーシップの明確化を目指した中央省庁等改革基本法4条に定める基本方針も，「国務を総理する」という言葉をそのような意味に解していると思われる。

　外交関係の処理（2号）　外交関係を処理する事務は広範にわたるが，天皇の国事行為ともかかわる重要な憲法上の事務としては，全権委任状および大使・公使の信任状の発行，批准書その他の外交文書の発行などがある（第2章22参照）。

　条約の締結（3号）　条約の締結も広義の「外交関係の処理」に含まれるが，憲法7条は特にこれを3号で取り上げ，条約を締結する権能だけでなく，国会の承認を求める手続についても規定している。

「条約」とは，広義では，国家間において文書の形式で締結される国際約束全般を指すが，そのすべてに国会の承認が必要となるわけではない。一般に，その内容に法律事項を含むもの，財政支出義務を発生させるもの，政治的に重要なものなどが，憲法73条3号にいう「条約」に該当するものとして扱われている。また，国会の承認は，事後であってもかまわないが，原則的には事前に行うべきものと解される。

内閣によって締結された条約が事後に国会の承認を得られなかったときは，当該条約は国内法上無効となる。この場合に，国際法上の効力がどうなるかについては，有効説，無効説，条件付無効説が対立しているが，条約法に関するウィーン条約46条1項は，国際法的には原則として有効だが，違反が明白であり，かつ国内法の規則にかかわるものである場合は無効となりうるとの考え方を示している。

官吏に関する事務の掌理（4号）　「官吏」とは，国家公務員（地方公務員は含まれない。）を指し，憲法73条4号は，内閣が，国家公務員に関する事務の管理を，国会が制定した法律（国家公務員法）の定める基準に従って行うべきことを定めている。国家公務員は，一般職と特別職とに種別されるが，国家公務員法は，特別職である内閣総理大臣，国務大臣，国会議員，裁判官などを除いた一般職の国家公務員（国家の行政機関の職員）のみに適用される（国公2）。

予算の作成・国会への提出（5号）　予算（案）を作成し，国会に提出することは，行政権の主体である内閣の専権事項である（予算については第14章2参照）。

政令の制定（6号）　行政府が定める命令のうち，内閣が制定するものを「政令」という。憲法73条6号は，「この憲法及び法律の規定を実施するために」（傍点は引用者）政令を制定する権能を内閣に与えているが，法律の根拠なしに内閣が憲法の規定を直接実施するような政令を制定することは認められず，内閣が制定することのできる政令は，執行命令[6]と委任命令[7]に限られると解されている。

---

[6] 法律の規定を執行するために必要な細則を定める命令を，「執行命令」という。その制定文に，「○○法の規定を実施するため，この政令を制定する」旨明記されているのが通例である。

[7] 法律の委任に基づいて法律の所管事項を定める命令を，「委任命令」という。その制定文に，「○○法△△条の規定に基づき，この政令を制定する」旨を述べて，根拠法を明らかにしているのが通例である。

なお，政令には，特にその法律の委任がある場合を除いては，罰則を設けることができない（憲73六ただし書）。また，「省令」を制定するのは，内閣ではなく，各省大臣の権能である。

恩赦の決定（7号）　憲法73条7号に挙げられた大赦、特赦、減刑、刑の執行の免除、復権を総称して、「恩赦」という。恩赦は、行政権の作用によって、公訴権（検察官が裁判所に対して刑事事件の審判を請求する権利）を消滅させ、または刑の言渡しの効果の全部または一部を消滅させる制度で、かつては君主の慈悲という意味をもっていたが、現代では、刑法の衡平的運用などの合理的な機能が期待されている。恩赦は、国家的慶事などに際して行われることが多く、内閣は、政令を制定して一律に恩赦を行うことも、特定の者に対して個別的に行うこともできる。恩赦の認証は、天皇の国事行為である（第2章22参照）。

第13章 裁判所

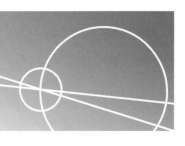

1 司法権

I 司法権

> 大日本帝国憲法 57 条 1 項　司法権ハ天皇ノ名ニ於テ法律ニ依リ裁判所之ヲ行フ
> 憲法 76 条 1 項　すべて司法権は，最高裁判所及び法律の定めるところにより設置する下級裁判所に属する。
> 裁判所法 3 条 1 項　裁判所は，日本国憲法に特別の定のある場合を除いて一切の法律上の争訟を裁判し，その他法律において特に定める権限を有する。

　日本国憲法は，国の三権のうち，立法権については「第四章　国会」，行政権については「第五章　内閣」と，権力機関の名称を章のタイトルに掲げているのに対し，司法権については「第六章　司法」とし，その限りで明治憲法の表記を受け継いでいる。しかし，「司法権ハ天皇ノ名ニ於テ法律ニ依リ裁判所之ヲ行フ」（明憲 57 ①）と述べられていたように，明治憲法下の司法権があくまでも統治権の総攬者である天皇に由来するものであったのに対し，日本国憲法 76 条 1 項は，「すべて司法権は，最高裁判所及び法律の定めるところにより設置する下級裁判所に属する」と述べ，司法権が裁判所固有の権能であることを明らかにしている。

　一般に，司法とは，「具体的な争訟を解決するために法を適用し裁定する国家作用」をいうものと解されている。「具体的な争訟」は，裁判所法 3 条にいう「法律上の争訟」と同義であり，「法律上の争訟」といえるためには，①それが当事者間の具体的

な権利義務または法律関係の存否に関する紛争であり，かつ，②法律を解釈適用することによって終局的に解決可能なものであることを要する。

①の点に関し，村議会における予算決議の無効確認を求め提訴された事案で，最高裁（最一判昭29・2・11民集83・4・19）は，「村議会の予算議決があつたというだけでは，未だ行政処分はないのであり具体的な権利義務に関する争訟があるとはいえず，従つて裁判所法3条の『法律上の争訟』に当るということはできない」と述べ，村民の具体的な権利義務に直接関係しない予算議決の有効無効だけを争うのは不適法であるとした。また，②の点に関し，宗教法人・創価学会の会員が，宗教施設（正本堂）に安置された本尊の「板まんだら」が偽物であることを理由として，正本堂建立のためにした寄付金の返還を求めた「板まんだら事件」で，最高裁（最三判昭56・4・7民集35・3・443）は，「本件訴訟は，具体的な権利義務ないし法律関係に関する紛争の形式をとつており，その結果信仰の対象の価値又は宗教上の教義に関する判断は請求の当否を決するについての前提問題であるにとどまるものとされてはいるが，本件訴訟の帰すうを左右する必要不可欠のものと認められ，……本件訴訟の争点及び当事者の主張立証も右の判断に関するものがその核心となつていると認められることからすれば，結局本件訴訟は，その実質において法令の適用による終局的な解決の不可能なものであつて，裁判所法3条にいう法律上の争訟にあたらないものといわなければならない」と判示した。

2　司法権の限界

憲法55条　両議院は，各々その議員の資格に関する争訟を裁判する。但し，議員の議席を失はせるには，出席議員の三分の二以上の多数による議決を必要とする。

憲法64条1項　国会は，罷免の訴追を受けた裁判官を裁判するため，両議院の議員で組織する弾劾裁判所を設ける。

行政事件訴訟法25条　①　処分の取消しの訴えの提起は，処分の効力，処分の執行又は手続の続行を妨げない。

②　処分の取消しの訴えの提起があつた場合において，処分，処分の執行又は手続の続行により生ずる重大な損害を避けるため緊急の必要があるときは，裁判所は，申立

第13章　裁判所

> により，決定をもって，処分の効力，処分の執行又は手続の続行の全部又は一部の停止（以下「執行停止」という。）をすることができる。ただし，処分の効力の停止は，処分の執行又は手続の続行の停止によって目的を達することができる場合には，することができない。
> ③〜⑧　（省略）
> 行政事件訴訟法27条　①　第二十五条第二項の申立てがあつた場合には，内閣総理大臣は，裁判所に対し，異議を述べることができる。執行停止の決定があつた後においても，同様とする。
> ②③　（省略）
> ④　第一項の異議があつたときは，裁判所は，執行停止をすることができず，また，すでに執行停止の決定をしているときは，これを取り消さなければならない。
> ⑤⑥　（省略）

　司法権は「一切の法律上の争訟」に及ぶが，法律上の争訟としての条件を満たすものであっても，法令上あるいは事柄の性質上，司法権の審査対象とならないとされるものがある。

　憲法に定める例外　裁判所法3条1項に「日本国憲法に特別の定のある場合を除いて」と書かれている例外には，議員の資格争訟の裁判（憲55）（第11章 *4* 1参照），裁判官の弾劾裁判（憲64①）（第11章 *3* 4参照）がある。前者は，当該議員の所属する議院によって，後者は，国会に設置される弾劾裁判所によって行われる裁判である。

　立法権との関係における限界　(1) 議院の自律権　議院の議事手続や議員の懲罰など，議院の内部事項については，議院の自律権に属する事項として，司法裁判所の審査権は及ばないと解される。衆議院における無効の会期延長議決後に参議院で議決された警察法改正が無効ではないかが争われた「警察法改正無効訴訟」で，最高裁（最大判昭37・3・7民集16・3・445）は，「同法〔警察法〕は両院において議決を経たものとされ適法な手続によつて公布されている以上，裁判所は両院の自主性を尊重すべく同法制定の議事手続に関する所論のような事実を審理してその有効無効を判断すべきでない」と判示した。

　(2) 立法府の裁量　法的判断を旨とする裁判所（裁判官）は，社会国家・福祉国家の理念を実現するための立法の政策的妥当性を判断する能力を十分に備えていない。

また，民主主義の観点からも，立法政策は，第一義的には，民意を反映する議会が中心的に担うことが望ましい。そのため，経済政策的立法，社会権を実現するための立法，あるいは選挙制度にかかわる立法などは，原則として，国会の裁量に委ねられる。ただし，いずれについても，裁量権の著しい逸脱や濫用がある場合には，司法権の審査対象となる。

行政権との関係における限界　　行政府の裁量行為についても，原則として，司法権が及ばないと解されるが，この場合も，裁量権の限界を越える行為や，裁量権の濫用に当たる行為は，司法権の審査対象となる。

行政事件訴訟法上の制約としては，内閣総理大臣の異議の制度が挙げられる。すなわち，行政処分の取消しの訴えがあった場合，「重大な損害を避けるため緊急の必要があるとき」には，裁判所は，処分の執行停止をすることができる（行訴25②）が，内閣総理大臣はこれに異議を述べることができ，異議があった場合には，裁判所は執行を停止できず，または執行停止の決定を取り消さなければならない（行訴27①・④）。

統治行為論　　裁判所による法律的判断が可能であるにもかかわらず，高度の政治性を有するために，裁判所の審査権の範囲外にあるとされる行為を，「統治行為」という。「政治問題（political question）の法理」と呼ばれるアメリカの判例理論の影響を受けた考え方である。小林直樹教授は，「統治行為論の採択は，ともすれば裁判所の過度の『自制』と政治問題からの逃避によって，司法権に託された責任を回避させる傾向をともなう」から，「『統治行為』という包括的概念を用いないで，個別の理由に基づく対象除外例を見定めていけばよい」と述べているが，このほかにも，統治行為論を援用することに対しては，批判的な学説が多い。

判例は，どちらかといえば肯定的である。代表的な事例として，第12章 2 2で触れた「苫米地事件」最高裁判決（最大判昭35・6・8民集14・7・1206）のほか，日米安保条約とそれに基づく駐留米軍の合憲性が争われた「砂川事件」がある。最高裁（最大判昭34・12・16刑集13・13・3225）は，「本件安全保障条約は，……主権国としてのわが国の存立の基礎に極めて重大な関係をもつ高度の政治性を有するものというべきであ

---

1) 小林直樹『〔新版〕憲法講義（下）』（東京大学出版会，1981年）379-380頁。

つて，その内容が違憲なりや否やの法的判断は，その条約を締結した内閣およびこれを承認した国会の高度の政治的ないし自由裁量的判断と表裏をなす点がすくなくない。それ故，右(みぎ)違憲なりや否やの法的判断は，純司法的機能をその使命とする司法裁判所の審査には，原則としてなじまない性質のものであり，従って，一見極めて明白に違憲無効であると認められない限りは，裁判所の司法審査権の範囲外のものであつて，それは第一次的には，右(みぎ)条約の締結権を有する内閣およびこれに対して承認権を有する国会の判断に従うべく，終局的には，主権を有する国民の政治的批判に委(ゆだ)ねられるべきものであると解するを相当とする」と判示した。

部分社会の法理　　地方議会，大学，宗教団体，政党，労働組合など，市民社会とは区別された自律的な団体の内部紛争については司法審査を控えるべきであるとする考え方を，「部分社会の法理」という。

学部教授会によって授業担当を停止された教授の実施する試験を受け合格したにもかかわらず，単位不認定とされた国立大学の学生が，学部長・学長に対し，単位の授与等の決定をしないことの違法確認などを求めて提訴した「富山大学単位不認定事件」で，最高裁（最三判昭52・3・15民集31・2・234）はまず，「一般市民社会の中にあつてこれとは別個に自律的な法規範を有する特殊な部分社会における法律上の係争のごときは，それが一般市民法秩序と直接の関係を有しない内部的な問題にとどまる限り，その自主的，自律的な解決に委(ゆだ)ねるのを適当とし，裁判所の司法審査の対象にはならない」と述べて，部分社会の法理を明らかにしたうえで，「単位授与（認定）行為は，他にそれが一般市民法秩序と直接の関係を有するものであることを肯認(こうにん)するに足りる特段の事情のない限り，純然たる大学内部の問題として大学の自主的，自律的な判断に委(ゆだ)ねられるべきものであつて，裁判所の司法審査の対象にはならない」と判示した。

政党の除名処分の効力が争われた「共産党袴田(はかまだ)事件」で，最高裁（最三判昭63・12・20判タ694・92判時1307・113）は，「政党は，……議会制民主主義を支える上においてきわめて重要な存在であ」り，「政党の結社としての自主性にかんがみると，政党の内部的自律権に属する行為は，法律に特別の定めのない限り尊重すべきであるから，政党が組織内の自律的運営として党員に対してした除名その他の処分の当否については，原則として自律的な解決に委(ゆだ)ねるのを相当とし，したがって，政党が党員に対してし

た処分が一般市民法秩序と直接の関係を有しない内部的な問題にとどまる限り，裁判所の審判権は及ばないというべきであ」ると判示した。

また，参議院比例代表選挙で日本新党候補者名簿に登載され，次点で落選した者が，その後，同党から除名されたため，その者より後順位の者が後日繰り上げ当選となったことから，党の除名処分の無効を求めて提起された「日本新党繰上当選事件」でも，最高裁（最一判平 7・5・25 民集 49・5・1279）は，共産党袴田事件最高裁判決の解釈を前提としつつ，「政党等から名簿登載者の除名届が提出されているにもかかわらず，選挙長ないし選挙会が当該除名が有効に存在しているかどうかを審査すべきものとするならば，必然的に，政党等による組織内の自律的運営に属する事項について，その政党等の意思に反して行政権が介入することにならざるを得ないのであって，……相当ではない」と判示している。

2 司法権の独立

1 司法権の独立

政治部門（立法府・行政府）の権力と異なり，司法権の存在意義を大きく左右する要素は，他の権力に対する権限の強さよりも，その独立性の度合いである。公正な裁判を確保するためには，裁判官が他の国家機関や社会的勢力からの干渉を受けることなく，その職責を果たすことが必要である。そのため，司法権の独立の原則は，近代憲法の基本原則の一つとして，諸国憲法において広く認められてきた。司法権の独立を確保するためには，裁判官の職権の独立を保持し，裁判官の身分保障を確立しなければならない。

2 裁判官の職権の独立

憲法 76 条 3 項　すべて裁判官は，その良心に従ひ独立してその職権を行ひ，この憲法及び法律にのみ拘束される。

> 憲法 19 条　思想及び良心の自由は，これを侵してはならない。

　憲法 76 条 3 項は，「すべて裁判官は，その良心に従ひ独立してその職権を行ひ，この憲法及び法律にのみ拘束される」と定める。ここにいう「良心」は，一般に，憲法 19 条にいう個人的・主観的な「良心」ではなく，裁判官としての客観的な良心を意味すると解されている。裁判官も，一個の人間として，それぞれに思想，信条，世界観，人生観等をもつものと考えられるが，裁判官としての職務を行うときは，そのような主観的な基準ではなく，法規範という客観的な基準のみに従わなければならない。

　憲法 76 条 3 項はまた，裁判官に「独立して職権を行う」ことを求めている。裁判官の職権の独立は，具体的には，個々の裁判官が，立法権（国会），行政権（内閣等），上級審裁判所，他の裁判官，マスコミ，一般国民など，外部からの干渉や圧力に屈せずに独立して行動すべきことを意味している。

　初期の判例は，「裁判官が良心に従うというのは，裁判官が有形無形の外部の壓迫乃至誘惑に屈しないで自己内心の良識と道徳感に従う意味である」（最大判昭 23・11・17 刑集 2・12・1565）とか，「凡て裁判官は法（有効な）の範囲内において，自ら是なりと信ずる処に従つて裁判をすれば，それで憲法のいう良心に従つた裁判といえる」（最大判昭 23・12・15 刑集 2・13・1783）などと述べており，必ずしも個人的・主観的判断を排除していないようにも読めるが，少なくとも，法規範よりも個人的な「良心」を優先させることを許容する趣旨ではないと解されよう。

3　裁判官の身分保障

> 憲法 78 条　裁判官は，裁判により，心身の故障のために職務を執ることができないと決定された場合を除いては，公の弾劾によらなければ罷免されない。裁判官の懲戒処分は，行政機関がこれを行ふことはできない。
> 憲法 64 条　①　国会は，罷免の訴追を受けた裁判官を裁判するため，両議院の議員で組織する弾劾裁判所を設ける。
> ②　弾劾に関する事項は，法律でこれを定める。
> 裁判官弾劾法 2 条　弾劾により裁判官を罷免するのは，左の場合とする。
> 　一　職務上の義務に著しく違反し，又は職務を甚だしく怠つたとき。

二　その他職務の内外を問わず，裁判官としての威信を著しく失うべき非行があつたとき。

裁判官弾劾法31条2項　裁判は，審理に関与した裁判員の過半数の意見による。但し，罷免の裁判をするには，審理に関与した裁判員の三分の二以上の多数の意見による。

裁判官弾劾法37条　裁判官は，罷免の裁判の宣告により罷免される。

憲法79条　①　最高裁判所は，その長たる裁判官及び法律の定める員数のその他の裁判官でこれを構成し，その長たる裁判官以外の裁判官は，内閣でこれを任命する。

②　最高裁判所の裁判官の任命は，その任命後初めて行われる衆議院議員総選挙の際国民の審査に付し，その後十年を経過した後初めて行はれる衆議院議員総選挙の際更に審査に付し，その後も同様とする。

③　前項の場合において，投票者の多数が裁判官の罷免を可とするときは，その裁判官は，罷免される。

④　審査に関する事項は，法律でこれを定める。

⑤　最高裁判所の裁判官は，法律の定める年齢に達した時に退官する。

⑥　最高裁判所の裁判官は，すべて定期に相当額の報酬を受ける。この報酬は，在任中，これを減額することができない。

憲法80条　①　下級裁判所の裁判官は，最高裁判所の指名した者の名簿によつて，内閣でこれを任命する。その裁判官は，任期を十年とし，再任されることができる。但し，法律の定める年齢に達した時には退官する。

②　下級裁判所の裁判官は，すべて定期に相当額の報酬を受ける。この報酬は，在任中，これを減額することができない。

最高裁判所裁判官国民審査法15条1項　審査人は，投票所において，罷免を可とする裁判官については，投票用紙の当該裁判官に対する記載欄に自ら×の記号を記載し，罷免を可としない裁判官については，投票用紙の当該裁判官に対する記載欄に何等の記載をしないで，これを投票箱に入れなければならない。

最高裁判所裁判官国民審査法32条　罷免を可とする投票の数が罷免を可としない投票の数より多い裁判官は，罷免を可とされたものとする。但し，投票の総数が，（……省略……）選挙人名簿に登録されている者の総数の百分の一に達しないときは，この限りでない。

裁判官分限法1条1項　裁判官は，回復の困難な心身の故障のために職務を執ることができないと裁判された場合及び本人が免官を願い出た場合には，日本国憲法の定めるところによりその官の任命を行う権限を有するものにおいてこれを免ずることができる。

裁判官分限法2条　裁判官の懲戒は，戒告又は一万円以下の過料とする。
裁判官分限法3条　①　各高等裁判所は，その管轄区域内の地方裁判所，家庭裁判所及び簡易裁判所の裁判官に係る第一条第一項の裁判及び前条の懲戒に関する事件（以下分限事件という。）について裁判権を有する。
②　最高裁判所は，左の事件について裁判権を有する。
　一　第一審且つ終審として，最高裁判所及び各高等裁判所の裁判官に係る分限事件
　二　終審として，高等裁判所が前項の裁判権に基いてした裁判に対する抗告事件
裁判官分限法4条　分限事件は，高等裁判所においては，五人の裁判官の合議体で，最高裁判所においては，大法廷で，これを取り扱う。
裁判所法49条　裁判官は，職務上の義務に違反し，若しくは職務を怠り，又は品位を辱める行状があつたときは，別に法律で定めるところにより裁判によつて懲戒される。
裁判所法50条　最高裁判所の裁判官は，年齢七十年，高等裁判所，地方裁判所又は家庭裁判所の裁判官は，年齢六十五年，簡易裁判所の裁判官は，年齢七十年に達した時に退官する。
裁判所法52条　裁判官は，在任中，左の行為をすることができない。
　一　国会若しくは地方公共団体の議会の議員となり，又は積極的に政治運動をすること。
　二　最高裁判所の許可のある場合を除いて，報酬のある他の職務に従事すること。
　三　商業を営み，その他金銭上の利益を目的とする業務を行うこと。

　憲法76条3項の定めは，裁判官の重要な行動準則ではあるが，それだけでは道徳的訓戒の域を出ないものであるから，裁判官の職権の独立を確保するためには，制度としての裁判官の身分保障が不可欠である。憲法および法律は，裁判官に対し，罷免，懲戒および報酬の三つの面で，手厚い身分保障を規定している。
　罷免　裁判官が罷免されるのは，次の場合に限られる。(1)執務不能の裁判による罷免（憲78），(2)公の弾劾による罷免（同），そして，(3)国民審査による最高裁判所裁判官の罷免（憲79③）である。
　(1)　執務不能の裁判（分限裁判2)）　憲法78条は，「裁判により，心身の故障のた

---

2)　公務員の身分の不利益変更のうち，懲戒以外のものを「分限」という。懲戒は，一定の義務違反に対する制裁として科されるものであるが，分限には懲罰的意味はない。

めに職務を執ることができないと決定された場合」を，裁判官の罷免事由としている。具体的には，「回復の困難な心身の故障のために職務を執ることができないと裁判された場合及び本人が免官を願い出た場合」（裁限 1 ①）がこれに該当し，これを裁判する分限裁判は，高等裁判所においては 5 人の裁判官の合議体で，最高裁判所においては大法廷で行われる（裁限 3・4）。

(2) 公の弾劾　　第 11 章 *3* 4 で触れたように，裁判官の弾劾裁判は，国会に設置される弾劾裁判所によって行われる。罷免事由は，「職務上の義務に著しく違反し，又は職務を甚だしく怠つたとき」または「その他職務の内外を問わず，裁判官としての威信を著しく失うべき非行があつたとき」（裁弾 2）とされ，審理に関与した裁判員の 3 分の 2 以上の意見によって，裁判官は罷免される（裁弾 31 ②・37）。

(3) 最高裁判所裁判官の国民審査　　最高裁判所の裁判官だけは，任命後初めて行われる衆議院議員総選挙の際に，国民審査に付され，その後も 10 年ごとに国民審査に付されることになっており（憲 79 ②），投票者の多数が罷免を可とした裁判官は罷免される（同③）。この国民審査は，一般に，最高裁判所に対する民主的統制を目的とした解職（リコール）制度であると解されている。有権者は，罷免を可とする裁判官に×をつけて投票し（裁審 15 ①），無記入より×の方が多かった裁判官が罷免を可とされた者となる（裁審 32）。

　　裁判官のリコール制は，アメリカのミズーリ州で 1940 年に初めて採用された。アメリカのように，裁判官公選制の伝統のあるところでは，それに伴う弊害（過剰な政治的影響，裁判官の資質の欠如など）を是正する方策として，リコール制が一定の役割を果たすであろう。しかし，日本のように，裁判官公選制の経験がなく，法曹が高度な専門職業的性格をもつ国において，国民審査制に積極的な役割が期待されるようになると，逆に，独立・公正であるべき司法に過剰な政治的影響が持ち込まれることにもなりかねない。もっとも，これまでのところ，国民審査によって罷免された最高裁裁判官はなく，この制度は形骸化しているために，大きな問題にならずにすんでいるともいえよう。

　　懲戒　　公務員に対する懲戒処分といえば，その最も重いものは「免職」であるが，裁判官の場合，上に述べた三つの事由以外には罷免されないので，裁判官に対する懲

戒「免職」処分というものはない。行政機関が裁判官の懲戒を行うこともできない（憲78）。裁判官の懲戒は，「職務上の義務に違反し，若しくは職務を怠り，又は品位を辱める行状があつたとき」に，上に述べた分限裁判の手続で行われる。裁判官に科すことのできる懲戒処分は，「戒告又は一万円以下の過料」（裁限2）である。

組織的犯罪処罰法に反対する言論活動を行ったり，反対集会に参加したため，裁判所法52条1号の禁止する「積極的に政治運動をすること」に当たるとして分限裁判を経て戒告処分に付された裁判官が最高裁に即時抗告した「寺西判事補分限裁判」で，最高裁（最大決平 10・12・1 民集 52・9・1761）は，「裁判官に対し『積極的に政治運動をすること』を禁止することは，必然的に裁判官の表現の自由を一定範囲で制約することにはなるが，右制約が合理的で必要やむを得ない限度にとどまるものである限り，憲法の許容するところであるといわなければならず，右の禁止の目的が正当であって，その目的と禁止との間に合理的関連性があり，禁止により得られる利益と失われる利益との均衡を失するものでないなら，憲法21条1項に違反しないというべきである」としたうえで，同裁判官の言動は「積極的に政治運動をすること」に該当するとして，原決定を支持した。

裁判官の懲戒処分については，このほかに，ストーカー容疑で捜査対象となった妻の嫌疑を晴らすために，被疑事実について捜査機関から情報の開示を受けた後，妻の実質的弁護活動を行った高等裁判所判事について，「裁判官の公正，中立に対する国民の信頼を傷つけ，ひいては裁判所に対する国民の信頼を傷つけた」として，裁判所法49条による懲戒処分が決定された事例がある（最大決平 13・3・30 判時 1760・68 判タ 1071・99）。

報酬　裁判官が独立して職権を行うことを経済的な側面から支えるため，すべての裁判官は，定期に相当額の報酬を受け，在任中この報酬を減額されないことが憲法で保障されている（憲79⑥・80②）。「定期」の「報酬」とは，月ごとに受ける俸給を意味し，具体的な金額などは，裁判官の報酬等に関する法律に規定されている。現在，裁判官の報酬月額は，最高裁判所長官 2,009,000 円，最高裁判所判事 1,465,000 円，東京高等裁判所長官 1,405,000 円，その他の高等裁判所長官 1,301,000 円，判事 515,000～1,174,000 円，判事補 227,500～419,200 円，簡易裁判所判事 227,500～

817,000 円となっている（裁報2別表）。

　国会議員の歳費（第11章 *1* 3参照）と異なり，裁判官の報酬は，一般に，国家財政の危機などの理由で公務員全体の俸給を減額する場合であっても，減額することができないと解されてきたが，2002（平成14）年，最高裁判所裁判官会議の合意を経て，裁判官の報酬等に関する法律が改正され，裁判官の報酬の引き下げが行われた。

　なお，身分保障と直接かかわるものではないが，裁判官の定年は，最高裁判所および簡易裁判所の裁判官は70歳，その他の裁判官は65歳となっている（憲79⑤・80①，裁50）。また，下級裁判所の裁判官の任期は10年で，再任されることができる（憲80①）。

3 裁判所の組織および権能

1　裁判所の組織

> 憲法76条　①　すべて司法権は，最高裁判所及び法律の定めるところにより設置する下級裁判所に属する。
> ②　特別裁判所は，これを設置することができない。行政機関は，終審として裁判を行ふことができない。
> ③　（省略）
> 裁判所法3条　①　裁判所は，日本国憲法に特別の定のある場合を除いて一切の法律上の争訟を裁判し，その他法律において特に定める権限を有する。
> ②　前項の規定は，行政機関が前審として審判することを妨げない。
> ③　（省略）
> 裁判所法5条3項　最高裁判所判事の員数は，十四人とし，下級裁判所の裁判官の員数は，別に法律でこれを定める。

　憲法76条1項は，最高裁判所の名称のみを直接規定し，その他はひとまとめに「下級裁判所」と呼び，その名称，組織および権能を法律の規定に委ねている。裁判所法上，下級裁判所は，高等裁判所，地方裁判所，家庭裁判所，簡易裁判所の四種が

設置されている（裁2）。事件当事者は，下級審から上級審へ，原則として三回の審理を求めることができる（「三審制」という）。

憲法76条2項前段は，特別裁判所の設置を禁じている。設置してはならない「特別裁判所」とは，最高裁判所を頂点とする通常裁判所の系列とは別に，特定の身分をもつ人や特定の種類の事件について司法権を行使する裁判所を意味する。明治憲法下の行政裁判所，皇室裁判所[3)]，軍法会議などがそれに当たる。また，憲法76条2項後段は，行政機関による終審裁判を禁じているが，憲法が禁止しているのは，行政機関が終審として裁判を行うことであって，行政機関が前審として審判することは許される（裁判所法3②）。特許庁の審判や公正取引委員会の審判など，行政処分に対する審査請求や異議申立てに対して，行政機関自身が裁決ないし決定を下す場合がそれである。行政機関による審判は，終審として事件を確定するものではなく，それに不服のある場合には通常裁判所に提訴することができる。

2 最高裁判所

> 憲法6条2項　天皇は，内閣の指名に基いて，最高裁判所の長たる裁判官を任命する。
> 憲法79条1項　最高裁判所は，その長たる裁判官及び法律の定める員数のその他の裁判官でこれを構成し，その長たる裁判官以外の裁判官は，内閣でこれを任命する。
> 裁判所法5条3項　最高裁判所判事の員数は，十四人とし，下級裁判所の裁判官の員数は，別に法律でこれを定める。
> 裁判所法41条1項　最高裁判所の裁判官は，識見の高い，法律の素養のある年齢四十年以上の者の中からこれを任命し，そのうち少くとも十人は，十年以上第一号及び第二号に掲げる職の一若しくは二に在つた者又は左の各号に掲げる職の一若しくは二以上に在つてその年数を通算して二十年以上になる者でなければならない。
> 　一　高等裁判所長官
> 　二　判事

---

3) 皇室裁判所は，皇族相互の民事訴訟及び皇族の嫡出子又は庶子（＝嫡出でない子のうち父が認知した子について旧民法が用いていた名称）の身分に関する訴訟を裁判するために，旧皇室典範49条および皇室裁判令に基づいて，必要に応じて設けるものとされていた特別裁判所である。実際には一度も設けられたことがなかった。

三　簡易裁判所判事
　四　検察官
　五　弁護士
　六　別に法律で定める大学の法律学の教授又は准教授
裁判所法9条　①　最高裁判所は，大法廷又は小法廷で審理及び裁判をする。
②　大法廷は，全員の裁判官の，小法廷は，最高裁判所の定める員数の裁判官の合議体とする。但し，小法廷の裁判官の員数は，三人以上でなければならない。
③④　（省略）
裁判所法10条　事件を大法廷又は小法廷のいずれで取り扱うかについては，最高裁判所の定めるところによる。但し，左の場合においては，小法廷では裁判をすることができない。
　一　当事者の主張に基いて，法律，命令，規則又は処分が憲法に適合するかしないかを判断するとき。（意見が前に大法廷でした，その法律，命令，規則又は処分が憲法に適合するとの裁判と同じであるときを除く。）
　二　前号の場合を除いて，法律，命令，規則又は処分が憲法に適合しないと認めるとき。
　三　憲法その他の法令の解釈適用について，意見が前に最高裁判所のした裁判に反するとき。

　最高裁判所は，長官と判事14人の計15人で構成される（裁5③）。長官は，内閣の指名に基づいて天皇により任命され（憲6②），その他の裁判官は内閣が任命する（憲79①）。裁判官は，「識見の高い，法律の素養のある年齢40年以上の者」から任命され，15人のうち少なくとも10人は，高等裁判所長官，判事，簡易裁判所判事，検察官，弁護士，大学の法律学の教授または准教授の職に通算20年以上奉職した者から任命することを要する（裁41①）。任期の定めはないが，すでに述べたように定年は70歳であり，10年ごとに国民審査を受ける。

　最高裁判所の審理は，大法廷（15人の裁判官全員の合議制）か小法廷（裁判官3人以上の合議制）において行われる（裁9）ことになっているが，後者については，5人からなる第一から第三までの三つの小法廷が設置されている。事件をどちらの法廷で扱うかは最高裁の定めによるが，憲法判断や判例変更を行う場合は大法廷で扱わなければならない（裁10）。

3 下級裁判所

裁判所法 15 条　各高等裁判所は，高等裁判所長官及び相応な員数の判事でこれを構成する。

裁判所法 16 条　高等裁判所は，左の事項について裁判権を有する。
　一　地方裁判所の第一審判決，家庭裁判所の判決及び簡易裁判所の刑事に関する判決に対する控訴
　二　第七条第二号の抗告を除いて，地方裁判所及び家庭裁判所の決定及び命令並びに簡易裁判所の刑事に関する決定及び命令に対する抗告
　三　刑事に関するものを除いて，地方裁判所の第二審判決及び簡易裁判所の判決に対する上告
　四　刑法第七十七条乃至第七十九条の罪に係る訴訟の第一審

裁判所法 18 条　①　高等裁判所は，裁判官の合議体でその事件を取り扱う。但し，法廷ですべき審理及び裁判を除いて，その他の事項につき他の法律に特別の定があるときは，その定に従う。
②　前項の合議体の裁判官の員数は，三人とし，そのうち一人を裁判長とする。但し，第十六条第四号の訴訟については，裁判官の員数は，五人とする。

知的財産高等裁判所設置法 2 条　東京高等裁判所の管轄に属する事件のうち，次に掲げる知的財産に関する事件を取り扱わせるため，裁判所法（昭和二十二年法律第五十九号）第二十二条第一項の規定にかかわらず，特別の支部として，東京高等裁判所に知的財産高等裁判所を設ける。
　一　特許権，実用新案権，意匠権，商標権，回路配置利用権，著作者の権利，出版権，著作隣接権若しくは育成者権に関する訴え又は不正競争（不正競争防止法（平成五年法律第四十七号）第二条第一項に規定する不正競争をいう。）による営業上の利益の侵害に係る訴えについて地方裁判所が第一審としてした終局判決に対する控訴に係る訴訟事件であってその審理に専門的な知見を要するもの
　二　特許法（昭和三十四年法律第百二十一号）第百七十八条第一項の訴え，実用新案法（昭和三十四年法律第百二十三号）第四十七条第一項の訴え，意匠法（昭和三十四年法律第百二十五号）第五十九条第一項の訴え又は商標法（昭和三十四年法律第百二十七号）第六十三条第一項（同法第六十八条第五項において準用する場合を含む。）の訴えに係る訴訟事件
　三　前二号に掲げるもののほか，主要な争点の審理に知的財産に関する専門的な知見

を要する事件
　四　第一号若しくは第二号に掲げる訴訟事件又は前号に掲げる事件で訴訟事件であるものと口頭弁論を併合して審理されるべき訴訟事件

裁判所法23条　各地方裁判所は，相応な員数の判事及び判事補でこれを構成する。

裁判所法24条　地方裁判所は，次の事項について裁判権を有する。
　一　第三十三条第一項第一号の請求以外の請求に係る訴訟（第三十一条の三第一項第二号の人事訴訟を除く。）及び第三十三条第一項第一号の請求に係る訴訟のうち不動産に関する訴訟の第一審
　二　第十六条第四号の罪及び罰金以下の刑に当たる罪以外の罪に係る訴訟の第一審
　三　第十六条第一号の控訴を除いて，簡易裁判所の判決に対する控訴
　四　第七条第二号及び第十六条第二号の抗告を除いて，簡易裁判所の決定及び命令に対する抗告

裁判所法26条　①　地方裁判所は，第二項に規定する場合を除いて，一人の裁判官でその事件を取り扱う。
②　左の事件は，裁判官の合議体でこれを取り扱う。但し，法廷ですべき審理及び裁判を除いて，その他の事項につき他の法律に特別の定があるときは，その定に従う。
　一　合議体で審理及び裁判をする旨の決定を合議体でした事件
　二　死刑又は無期若しくは短期一年以上の懲役若しくは禁錮にあたる罪（……省略……）に係る事件
　三　簡易裁判所の判決に対する控訴事件並びに簡易裁判所の決定及び命令に対する抗告事件
　四　その他他の法律において合議体で審理及び裁判をすべきものと定められた事件
③　前項の合議体の裁判官の員数は，三人とし，そのうち一人を裁判長とする。

裁判所法31条の2　各家庭裁判所は，相応な員数の判事及び判事補でこれを構成する。

裁判所法31条の3　①　家庭裁判所は，次の権限を有する。
　一　家事事件手続法（平成二十三年法律第五十二号）で定める家庭に関する事件の審判及び調停
　二　人事訴訟法（平成十五年法律第百九号）で定める人事訴訟の第一審の裁判
　三　少年法（昭和二十三年法律第百六十八号）で定める少年の保護事件の審判
②　家庭裁判所は，この法律に定めるものの外，他の法律において特に定める権限を有する。

裁判所法31条の4　①　家庭裁判所は，審判又は裁判を行うときは，次項に規定する場合を除いて，一人の裁判官でその事件を取り扱う。

② 次に掲げる事件は，裁判官の合議体でこれを取り扱う。ただし，審判を終局させる決定並びに法廷ですべき審理及び裁判を除いて，その他の事項につき他の法律に特別の定めがあるときは，その定めに従う。
　一　合議体で審判又は審理及び裁判をする旨の決定を合議体でした事件
　二　他の法律において合議体で審判又は審理及び裁判をすべきものと定められた事件
③ 前項の合議体の裁判官の員数は，三人とし，そのうち一人を裁判長とする。
裁判所法32条　各簡易裁判所に相応な員数の簡易裁判所判事を置く。
裁判所法33条　① 簡易裁判所は，次の事項について第一審の裁判権を有する。
　一　訴訟の目的の価額が百四十万円を超えない請求（行政事件訴訟に係る請求を除く。）
　二　罰金以下の刑に当たる罪，選択刑として罰金が定められている罪又は刑法第百八十六条，第二百五十二条若しくは第二百五十六条の罪に係る訴訟
② 簡易裁判所は，禁錮以上の刑を科することができない。（……省略……）
③ 簡易裁判所は，前項の制限を超える刑を科するのを相当と認めるときは，訴訟法の定めるところにより事件を地方裁判所に移さなければならない。
裁判所法35条　簡易裁判所は，一人の裁判官でその事件を取り扱う。

　高等裁判所　　全国に本庁8か所，支部6か所が設置されている高等裁判所は，長官および判事で構成され，主として控訴，抗告および上告についての裁判権を有する（裁15・16）。裁判は，原則として3人の裁判官の合議体で行われる（裁18）。
　なお，2005（平成17）年には，東京高等裁判所の特別の支部として，知的財産に関する事件を専門的に取扱う知的財産高等裁判所が設置された（知財高裁2）。
　地方裁判所　　全国の各都道府県に本庁50か所，支部203か所が設置されている地方裁判所は，判事および判事補により構成され，通常の訴訟事件の第一審裁判所となるほか，簡易裁判所の判決に対する控訴等についての裁判権を有する（裁23・24）。裁判は，事件の性質に応じて，1人の裁判官により，または3人の裁判官の合議体で行われる（裁26）。
　家庭裁判所　　地方裁判所の所在地50か所のほか，203か所の支部，77か所の出張所が設置されている家庭裁判所は，判事および判事補により構成され，審級（裁判所のランク）は地方裁判所と同格であるが，家庭・少年事件を専門に扱う（裁31の2・31の3）。裁判は，原則として1人の裁判官で行われるが，他の法律で定められた場

合などには3人の裁判官の合議体で行われる（裁31の4）。

簡易裁判所　全国438か所に設置されている簡易裁判所は、訴額が140万円を超えない民事事件、罰金以下の刑に当たる罪または選択刑として罰金が定められている罪などの軽微な刑事事件を扱う第一審裁判所となる（裁33①）。ただし、刑事事件では禁錮以上の刑を科することができないので、それを超える刑を科するのを相当と認めるときは、事件を地方裁判所に移さなければならない（裁33②・③）。相応な員数の簡易裁判所判事が置かれ、裁判は1人の裁判官で行う（裁32・35）。

4　裁判の公開

憲法82条　①　裁判の対審及び判決は、公開法廷でこれを行ふ。
　②　裁判所が、裁判官の全員一致で、公の秩序又は善良の風俗を害する虞があると決した場合には、対審は、公開しないでこれを行ふことができる。但し、政治犯罪、出版に関する犯罪又はこの憲法第三章で保障する国民の権利が問題となつてゐる事件の対審は、常にこれを公開しなければならない。

裁判所法75条　①　合議体でする裁判の評議は、これを公行しない。但し、司法修習生の傍聴を許すことができる。
　②　評議は、裁判長が、これを開き、且つこれを整理する。その評議の経過並びに各裁判官の意見及びその多少の数については、この法律に特別の定がない限り、秘密を守らなければならない。

人事訴訟法22条1項　人事訴訟における当事者本人若しくは法定代理人（以下この項及び次項において「当事者等」という。）又は証人が当該人事訴訟の目的である身分関係の形成又は存否の確認の基礎となる事項であつて自己の私生活上の重大な秘密に係るものについて尋問を受ける場合においては、裁判所は、裁判官の全員一致により、その当事者等又は証人が公開の法廷で当該事項について陳述をすることにより社会生活を営むのに著しい支障を生ずることが明らかであることから当該事項について十分な陳述をすることができず、かつ、当該陳述を欠くことにより他の証拠のみによっては当該身分関係の形成又は存否の確認のための適正な裁判をすることができないと認めるときは、決定で、当該事項の尋問を公開しないで行うことができる。

特許法105条の7第1項　特許権又は専用実施権の侵害に係る訴訟における当事者等が、その侵害の有無についての判断の基礎となる事項であつて当事者の保有する営業秘密に該当するものについて、当事者本人若しくは法定代理人又は証人として尋問を受け

> る場合においては，裁判所は，裁判官の全員一致により，その当事者等が公開の法廷で当該事項について陳述をすることにより当該営業秘密に基づく当事者の事業活動に著しい支障を生ずることが明らかであることから当該事項について十分な陳述をすることができず，かつ，当該陳述を欠くことにより他の証拠のみによっては当該事項を判断の基礎とすべき特許権又は専用実施権の侵害の有無についての適正な裁判をすることができないと認めるときは，決定で，当該事項の尋問を公開しないで行うことができる。

　国民の監視を通じて裁判の公正を確保するため，憲法82条1項は，「裁判の対審及び判決は，公開法廷でこれを行ふ」と定める。「対審」とは，当事者を対立関与させて行う訴訟審理を指し，民事訴訟では口頭弁論手続，刑事訴訟では公判手続がこれに当たる。裁判の「公開」とは，誰でも自由に裁判を傍聴できることを意味するが，裁判官が合議体でする評議は公開されない(裁75)。なお，かつては傍聴人が法廷内でメモを取ることは許されていなかったが，「法廷メモ採取事件」最高裁判決(最大判平1・3・8民集43・2・89)を機に，これが原則として認められるようになった(第6章 4 5参照)。

　公開裁判の例外として，裁判官の全員一致で，公の秩序又は善良の風俗を害するおそれがあると決した場合には，対審は公開しないことができるが，判決は必ず公開しなければならない(憲82②)。このことと関連して，2003(平成15)年に制定された人事訴訟法に，私生活上の重大な秘密にかかわる陳述が回避されないよう「当事者尋問等の公開停止」制度が設けられたり(人訴22①)，2004(平成16)年の特許法等の改正でも，営業秘密にかかわる陳述が回避されないよう，同様の制度が設けられた(特許105の7①)ことが注目される。いずれも，憲法82条2項にいう「公の秩序」を害する場合に対応する制度とみられている。

　なお，政治犯罪，出版に関する犯罪，憲法第3章で保障された国民の権利が問題となっている事件については，特に厳格に公開が求められている(憲82②ただし書)。

5 裁判員制度

> 裁判所法3条3項　この法律の規定は，刑事について，別に法律で陪審の制度を設ける

ことを妨げない。

裁判員の参加する刑事裁判に関する法律1条　この法律は，国民の中から選任された裁判員が裁判官と共に刑事訴訟手続に関与することが司法に対する国民の理解の増進とその信頼の向上に資することにかんがみ，裁判員の参加する刑事裁判に関し，裁判所法（昭和二十二年法律第五十九号）及び刑事訴訟法（昭和二十三年法律第百三十一号）の特則その他の必要な事項を定めるものとする。

裁判員の参加する刑事裁判に関する法律2条　①　地方裁判所は，次に掲げる事件については，次条の決定があった場合を除き，この法律の定めるところにより裁判員の参加する合議体が構成された後は，裁判所法第二十六条の規定にかかわらず，裁判員の参加する合議体でこれを取り扱う。
　一　死刑又は無期の懲役若しくは禁錮に当たる罪に係る事件
　二　裁判所法第二十六条第二項第二号に掲げる事件であって，故意の犯罪行為により被害者を死亡させた罪に係るもの（前号に該当するものを除く。）
②　前項の合議体の裁判官の員数は三人，裁判員の員数は六人とし，裁判官のうち一人を裁判長とする。ただし，次項の決定があったときは，裁判官の員数は一人，裁判員の員数は四人とし，裁判官を裁判長とする。
③～⑦　（省略）

裁判員の参加する刑事裁判に関する法律13条　裁判員は，衆議院議員の選挙権を有する者の中から，この節の定めるところにより，選任するものとする。

裁判員の参加する刑事裁判に関する法律6条　第二条第一項の合議体で事件を取り扱う場合において，刑事訴訟法第三百三十三条の規定による刑の言渡しの判決，同法第三百三十四条の規定による刑の免除の判決若しくは同法第三百三十六条の規定による無罪の判決又は少年法（昭和二十三年法律第百六十八号）第五十五条の規定による家庭裁判所への移送の決定に係る裁判所の判断（次項第一号及び第二号に掲げるものを除く。）のうち次に掲げるもの（以下「裁判員の関与する判断」という。）は，第二条第一項の合議体の構成員である裁判官（以下「構成裁判官」という。）及び裁判員の合議による。
　一　事実の認定
　二　法令の適用
　三　刑の量定
②　前項に規定する場合において，次に掲げる裁判所の判断は，構成裁判官の合議による。
　一　法令の解釈に係る判断

二　訴訟手続に関する判断（少年法第五十五条の決定を除く。）
　三　その他裁判員の関与する判断以外の判断
③　裁判員の関与する判断をするための審理は構成裁判官及び裁判員で行い、それ以外の審理は構成裁判官のみで行う。
裁判員の参加する刑事裁判に関する法律67条1項　前条第一項の評議における裁判員の関与する判断は、裁判所法第七十七条の規定にかかわらず、構成裁判官及び裁判員の双方の意見を含む合議体の員数の過半数の意見による。

　司法制度改革の一環として「国民的基盤の確立（国民の司法参加）」を実現するため、2004（平成16）年に裁判員の参加する刑事裁判に関する法律（以下「裁判員法」という。）が成立し、2009年（平成21）年5月21日に施行された。いわゆる裁判員制度である。
　「国民の中から選任された裁判員が裁判官と共に刑事訴訟手続に関与することが司法に対する国民の理解の増進とその信頼の向上に資する」（裁判員1）という考え方に基づく裁判員裁判は、法定刑に死刑または無期刑を含む事件等について、衆議院議員の選挙権を有する者のなかから無作為に抽出された候補者を母体に選任された裁判員が、裁判官とともに、刑事裁判を行うものである（裁判員2①・13）。裁判は、原則として、裁判官3人と裁判員6人の合議体により、行われる（裁判員2②）。裁判員は、裁判官とともに、事実の認定、法令の適用、刑の量定を行うが、法令の解釈に係る判断、訴訟手続に関する判断、その他裁判員の関与する判断以外の判断は、裁判官の合議による（裁判員6①・②）。評決は、裁判官及び裁判員の双方の意見を含む合議体の員数の過半数の意見で行われる（裁判員67①）。
　すでに施行され、これまでのところ特に大きな問題が取沙汰されることもなく、むしろ一般には肯定的に受け入れられつつあるようにみえる裁判員制度だが、じつはかなり深刻な憲法適合性の問題を抱えている。憲法32条・37条1項・76条3項にいう「裁判所」を「職業裁判官のみで構成される裁判所」の意に解するならば、一般国民が多数を占める合議体が裁判を行うのは、違憲の疑いを拭えないからである。たしかに裁判所法3条3項は「別に法律で陪審の制度を設けることを妨げない」としているが、陪審制度以上に一般国民の関与を認める裁判員制度の憲法適合性が、裁判員法制

定過程においてほとんど議論されなかったことは，大いに問題とされなければならないであろう。

4 / 違憲審査制

I 違憲審査権

> 憲法98条 ① この憲法は，国の最高法規であつて，その条規に反する法律，命令，詔勅及び国務に関するその他の行為の全部又は一部は，その効力を有しない。
> ② 日本国が締結した条約及び確立された国際法規は，これを誠実に遵守することを必要とする。
> 憲法81条 最高裁判所は，一切の法律，命令，規則又は処分が憲法に適合するかしないかを決定する権限を有する終審裁判所である。
> 刑事訴訟法405条 高等裁判所がした第一審又は第二審の判決に対しては，左の事由があることを理由として上告の申立をすることができる。
> 　一 憲法の違反があること又は憲法の解釈に誤があること。
> 　二三 （省略）
> 民事訴訟法312条 ① 上告は，判決に憲法の解釈の誤りがあることその他憲法の違反があることを理由とするときに，することができる。
> ②③ （省略）

違憲審査権　憲法の最高法規性（憲98①）を担保するためには，憲法に違反する下位規範や国家行為が現れた場合に，これを排除するしくみが必要である。そのため，憲法81条は，終審裁判所である最高裁判所に，「一切の法律，命令，規則又は処分が憲法に適合するかしないかを決定する権限」を付与している。この権限を違憲審査権という。

違憲審査制の類型　違憲審査制は，憲法の最高法規性を担保するための憲法保障制度の一つであると同時に，違憲の国家行為によって侵害された人権を救済する人権保障制度としての機能も果たすことになる。諸国に設けられている違憲審査制には，大きく分けて，(1)抽象的違憲審査制，(2)付随的違憲審査制の二種がある。

(1) 抽象的違憲審査制　通常裁判所とは別に設置された憲法裁判所が，通常裁判所に提起された具体的な訴訟事件において扱われている法令に違憲の疑いが生じた場合はもちろん，具体的な争訟のない場合でも，法令その他の国家行為の合憲性を抽象的に審査することのできる制度を，抽象的違憲審査制という。審査権が憲法裁判所という単一の機関に限定されるため，「集中型」と呼ばれる。ドイツ，オーストリア，イタリア，スペイン，韓国その他多くの国々で行われている。

(2) 付随的違憲審査制　通常裁判所が具体的な争訟を裁判する際に，その事件を解決するために必要な範囲内で，法令その他の国家行為の合憲性を審査することのできる制度を，付随的違憲審査制という。国のすべての裁判所に審査権が付与されるため，「非集中型」と呼ばれる。憲法の明文規定によってではなく，判例（1803 年のマーベリ対マディソン事件 Marbury v. Madison, 5 U.S. 137 (1803)) を通じてこの制度を確立したアメリカが典型とされる。

　日本国憲法の違憲審査制がどちらに属するかは，憲法規定上は明らかではないが，通説は付随的違憲審査制と解している。判例も同様であり，「警察予備隊違憲訴訟」において，最高裁（最大判昭 27・10・8 民集 6・9・783）は，「わが現行の制度の下においては，特定の者の具体的な法律関係につき紛争の存する場合においてのみ裁判所にその判断を求めることができるのであり，裁判所がかような具体的事件を離れて抽象的に法律命令等の合憲性を判断する権限を有するとの見解には，憲法上及び法令上何等の根拠も存しない」と判示している。

　違憲審査権の主体　憲法 81 条の規定から，最高裁判所が違憲審査権の主体であることは明白である一方，下級裁判所がこの権限を行使できるのかどうかを明示する憲法条文はない。しかし，付随的違憲審査制であることを前提に，通説・判例（最大判昭 25・2・1 刑集 4・2・73）はともに，下級裁判所も違憲審査権を行使できるものと解しており，刑事訴訟法 405 条や民事訴訟法 312 条 1 項も，下級審が違憲審査権を行使する場合を想定し，原審における「憲法解釈の誤り」を上告の理由としている。

　違憲審査の対象　憲法 81 条は，違憲審査の対象として，「法律，命令，規則又は処分」を列挙している。このなかには明記されていないが，地方公共団体の条例も「法律」に含まれると解される。「命令」は，政令（内閣が制定），省令（各省大臣が制

定），内閣府令（内閣総理大臣が制定），独立行政委員会が制定する規則などを指す。「規則」は，憲法上規定された議院規則（憲58②）および裁判所規則（憲77）を指す。「処分」には，行政処分だけでなく，裁判所の判決も含まれるとするのが，通説および判例（最大判昭23・7・8刑集2・8・801）の見解である。

列挙されていないもので，しばしば問題とされるのは，(1)条約，(2)統治行為，(3)立法不作為である。

(1) 条約　　条約と憲法の効力関係をめぐっては，条約優位説と憲法優位説が対立しているが，学説の多くは憲法優位説に立ち，条約も違憲審査の対象となるものと解している。ただ，違憲審査は可能であるとしても，憲法98条2項には「日本国が締結した条約及び確立された国際法規は，これを誠実に遵守することを必要とする」と謳われていることもあり，審査の結果違憲とされた条約は，対外的・国内的にどのように扱われるのかという難問に直面することになる。すでに触れたように，「砂川事件」の最高裁判決（最大判昭34・12・16刑集13・13・3225）は，条約が違憲審査の対象となりうることを示唆しながらも，統治行為論を援用して，条約の違憲審査を回避している（本章1 2参照）。

(2) 統治行為　　本章1 2で述べた。

(3) 立法不作為　　「在宅投票制廃止事件」（第9章3 2参照），「女性の再婚禁止期間違憲訴訟」（第5章3 1参照）など，国会の立法不作為が争われた多くの事例において，「容易に想定し難いような例外的な場合でない限り，国家賠償法1条1項の適用上，違法の評価を受けるものでない」という前提の下，「例外的な場合」には該当しないとの理由で国家賠償請求がしりぞけられているが，第11章5 1で触れた「在外選挙権制限違憲訴訟」の最高裁判決（最大判平17・9・14民集59・7・2087）は，「10年以上の長きにわたって何らの立法措置も執られなかった」のは「例外的な場合」に当たるので，違法な立法不作為を理由とする国家賠償請求はこれを認容すべきである」と判示し，立法不作為が違憲審査の対象となることを明らかにしている。

2　憲法判断の方法

制度上は同じく付随的違憲審査制を採用していても，違憲審査権行使の態様は，裁

第13章 裁判所 373

判所（裁判官）が，司法消極主義（judicial passivism 違憲審査権を行使する際に，立法府・行政府という政治部門の判断を最大限尊重し，これに介入することをなるべく控えようとする態度）をとるか，司法積極主義（judicial activism 憲法問題について政治部門の判断に介入することをためらわない態度）をとるかによって，大きく異なる。法令違憲の判例がきわめて少ない日本国憲法下の違憲審査制は，一般に，司法消極主義的に運用されてきたとみられている。その是非はさておき，このような違憲審査制の下で憲法判断を行う際に，裁判官が念頭に置くべきとされる準則や，違憲判断の手法については，次のようなものが挙げられる。

憲法判断回避のルール　裁判所が憲法判断をしなくても，法令の解釈等によって当該事件を解決できるときは，憲法上の争点に判断を加えるべきではないという考え方を，憲法判断回避のルールという。裁判所の職務は，あくまでも紛争を解決することにあるから，たとえ当事者が憲法判断を求めても，紛争解決に直接かかわりがなければ，裁判所がそれに逐一答えるべきではない。

合憲性推定の原則　事件の解決に憲法判断が不可欠となった場合でも，憲法適合性が疑わしいというだけでは憲法違反とせず，憲法の定める手続に従って民主主義的な立法府が制定した法律には一応の合理性があるものと推定し，立法府の裁量を尊重すべきだとする考え方を，合憲性推定の原則という。

合憲解釈のアプローチ　合憲性が問われている法令について，複数の解釈がある場合に，違憲ではないとの理解が可能な解釈があれば，その解釈による解決によるべきだとする考え方を，合憲解釈のアプローチという。具体的な方法としては，(1)合憲限定解釈，(2)適用違憲などがある。

(1)　合憲限定解釈　法令の文言を広義に解釈すると違憲となり，狭義に解釈すると合憲となる場合に，違憲の疑いを除去するような方向でその意味内容に絞りをかけることで，法令自体を違憲とすることを回避する手法を，合憲限定解釈という。「泉佐野市民会館事件」で，最高裁（最三判平7・3・7民集49・3・687）が，条例にある「公の秩序をみだすおそれがある場合」という文言を，「人の生命，身体又は財産が侵害され，公共の安全が損なわれる危険を回避し，防止することの必要性が優越する場合をいうものと限定して解すべき」とした事例（第6章5Ⅰ参照）や，「都教組事件」で，

最高裁（最大判昭44・4・2刑集23・5・305）が，刑事罰の対象となる公務員の争議行為等は違法性の強いものに限られるという限定を加えた事例（第10章5 2参照）などがこれに当たる。

(2) 適用違憲　法令自体は合憲であるが，当該事件の当事者に適用される限度において違憲とする手法を，適用違憲という。この手法を用いることで，立法府の裁量を尊重しつつ，当該事件で現実に生じている権利侵害を救済することができる。

3　違憲判決の効力

裁判所の確定判決により違憲とされた法令の一般的効力がどうなるかについては，法令上，明文の規定がないが，付随的審査制の趣旨に照らし，当該事件に対してのみ法令の適用が排除されるにとどまり，法令自体が一般的に無効になるのではない，とする「個別的効力説」が通説となっている。

なお，一連の議員定数不均衡訴訟に典型的にみられるように，当該法令が違憲であることを宣言しつつ，事情判決の法理により，当該法令に基づいてすでに行われた行為自体は無効としない手法が用いられることがある。これにより，違憲判決によって公(おおやけ)の利益に著しい障害が生ずるのを防ぐことができる（第5章3 4参照）。

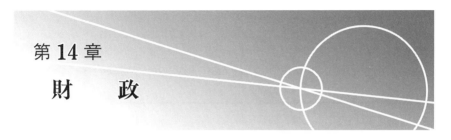

第14章 財 政

1 財政の基本原則

1 財政民主主義

> 憲法83条 国の財政を処理する権限は、国会の議決に基いて、これを行使しなければならない。

　国の財政は、国民の負担を前提とし、国民生活に大きな影響を及ぼすものであるから、民主主義国家の財政は、当然のことながら、主権者国民の意思に基づいて行われなければならない。この考え方を財政民主主義という。憲法の「第七章　財政」の冒頭に置かれた83条は、財政民主主義の原則を表現したものであり、続く84条から91条（89条のみは趣旨が異なる。）にかけて、この原則を具体化するための手続等が定められている。

　なお、皇室財産の国有と皇室費用の国会議決（憲88）については、第2章3 1を参照されたい。

2 租税法律主義

> 憲法30条 国民は、法律の定めるところにより、納税の義務を負ふ。
> 憲法84条 あらたに租税を課し、又は現行の租税を変更するには、法律又は法律の定める条件によることを必要とする。
> 地方税法2条 地方団体は、この法律の定めるところによつて、地方税を賦課徴収する

ことができる。

> 地方税法3条　① 地方団体は，その地方税の税目，課税客体，課税標準，税率その他賦課徴収について定めをするには，当該地方団体の条例によらなければならない。
> ② 地方団体の長は，前項の条例の実施のための手続その他その施行について必要な事項を規則で定めることができる。

公権力は，個人に対して直接間接に租税を課し，個人は国民の義務として租税を納めなければならない（憲30）。ここに財政民主主義を貫徹させるためには，租税の賦課徴収に関する重要事項の決定に，国会しか制定できない「法律」という法形式を要求することによって，税制への民意の反映を確保する必要がある。この考え方を租税法律主義という。

憲法84条は，「あらたに租税を課し，又は現行の租税を変更するには，法律又は法律の定める条件によることを必要とする」と定める。ここにいう「租税」とは，国または地方公共団体が，公共サービスの経費に充てる収入を得るために，国民から一方的かつ強制的に徴収する金銭を指す。特別な行政サービスに対する反対給付である手数料や事業の料金，収入を得ることを目的としていない罰金[1]・科料[2]・過料[3]・交通反則金[4]などは，「租税」には含まれない。

課税要件法定主義　憲法84条が直接言及している原則は，課税の要件が法律という形式で定められなければならないという原則，すなわち「課税要件法定主義」である。しかし，法定手続の保障（憲31）の場合（第8章１２参照）と同じように，単に

---

1) 「罰金」は，主刑の一つで，財産刑の一種である。現行法上，10,000円以上とされる（刑15）。
2) 「科料」は，主刑の一つで，財産刑の一種である。「過料」と区別するため，「とがりょう」と読まれることもある。現行法上，1,000円以上10,000円未満とされる（刑17）。
3) 「過料」は，金銭罰の一種で，刑罰である「罰金」「科料」とは区別される。「過料」は，その性質から，①秩序罰（民事上，訴訟上または行政上の秩序維持のため，法令上の義務違反者に科される制裁）としての過料，②執行罰（不作為義務または非代替的作為義務の履行を強制するために科す金銭罰）としての過料，③懲戒罰（公務員など特定の身分関係における紀律維持のため，一定の義務違反に対して科される制裁）としての過料に大別される。
4) 「交通反則金」は，道路交通法違反の罪のうち比較的軽微なものに対する制裁である。警視総監または道府県警察本部長が通告した反則金を違反者に納付させ，反則金を納付した者については刑事訴追が免除される。

課税要件が「法定」されるだけではその意義を全うできないとの観点から，それに加えて「課税要件明確主義」，「遡及法律の禁止」，「命令への概括的委任の禁止」といった諸原則を含むものと解されなければならない。

　課税要件明確主義　納税義務者，課税物件，課税標準，税率などの課税要件や，租税の賦課徴収の手続は，単に法定されているだけでなく，その内容が明確に定められていなければならない。この原則を「課税要件明確主義」という。判例にも，「憲法84条にいう『法律』には地方税についての条例を含むものと解すべき」であり，「租税法律（条例）主義は，……課税要件のすべてと租税の賦課徴収手続は，法律（条例）によつて規定されなければならないという課税要件法定（条例）主義と，その法律（条例）における課税要件の定めはできるだけ一義的に明確でなければならないという課税要件明確主義とを内包する」としたうえで，市の国民健康保険税条例が税率を定率ないし定額によって定めず，課税権者に課税総額の確定を委任していることが「課税要件条例主義にも課税要件明確主義にも違反するというべきであつて，憲法92条，84条に違反し，無効といわざるをえない」と判示したものがある（仙台高判昭57・7・23行集33・7・1616）。

　遡及法律の禁止　租税の賦課徴収は刑罰ではないが，現象面だけを捉えれば，個人の財産に大きな不利益を強いる処分であるから，刑事手続において遡及処罰が禁止される（第8章３6参照）のと同じく，課税要件を定めた法律は，これを過去に遡って適用することは許されないと解される。

　命令への概括的委任の禁止　行政府が法律の根拠なしに命令のみで課税に関する事項を定めることは許されないが，憲法84条は「法律の定める条件」による課税を認めていることから，課税の要件や手続の細目についての定めを命令に委任することは許される。ただし，この場合の委任は，具体的・個別的であることを要し，概括的な委任は認められない。ここにいう「命令」は，主として政令および省令を指すが，通達を機縁とする課税についても，判例は，通達の内容が法の正しい解釈に合致するものであれば，法の根拠に基づく処分と解して差支えないとしている（最二判昭33・3・28民集12・4・624）。

　なお，憲法が地方自治を保障していることから，地方公共団体には財政自主権の一

つとして独自の課税権が認められていると解される。このため，地方税法は，明文を以て地方公共団体に課税権を付与し（地税2），「地方税の税目，課税客体，課税標準，税率その他賦課徴収」は条例で定めるものとしている（地税3①）。

3 国費の支出・債務の負担

> 憲法85条　国費を支出し，又は国が債務を負担するには，国会の議決に基くことを必要とする。
> 憲法86条　内閣は，毎会計年度の予算を作成し，国会に提出して，その審議を受け議決を経なければならない。
> 財政法2条1項　収入とは，国の各般の需要を充たすための支払の財源となるべき現金の収納をいい，支出とは，国の各般の需要を充たすための現金の支払をいう。
> 財政法15条1項　法律に基くもの又は歳出予算の金額（……省略……）若しくは継続費の総額の範囲内におけるものの外，国が債務を負担する行為をなすには，予め予算を以て，国会の議決を経なければならない。

　国費の支出も国の債務負担も，それを賄うための国民の租税負担と密接にかかわるものであるため，憲法はここにも財政民主主義の原則を及ぼし，これらが国会の議決に基づかなければならない旨を定めている（憲85）。

　「国費の支出」とは，国の各般の需要を充たすための現金の支払い（財2①）を意味し，それについての「国会の議決」は「予算」の形式（憲86）で行われる。

　「国が債務を負担する」とは，国が経費を調達するために金銭給付を内容とする債務を負うことを意味し，具体的には，公債（国債）の発行，政府支出の払込債務の負担，土地建物賃貸契約などがこれに該当する。債務負担行為の形式については，憲法に明文の定めはないが，財政法15条1項は法律と予算の二つの形式を認めている。

---

5)　「訓令」および「通達」は，国家行政組織法に基づき，上級行政機関が所管の諸機関やその職員に対し，法令の解釈や運用の方針等を示達する形式の一種である。
　　国家行政組織法14条2項「各省大臣，各委員会及び各庁の長官は，その機関の所掌事務について，命令又は示達するため，所管の諸機関及び職員に対し，訓令又は通達を発することができる。」

2 予算

1 予算の法的性格

> 憲法86条　内閣は，毎会計年度の予算を作成し，国会に提出して，その審議を受け議決を経なければならない。
> 財政法11条　国の会計年度は，毎年四月一日に始まり，翌年三月三十一日に終るものとする。

「予算」とは，一定期間（現行では4月1日から翌年3月31日までの一会計年度）における国の財政行為の準則をいう（財11）。諸国において，一般に，予算の原案を作成するのは政府であり，議会はそれを審議・承認することを通じて国の財政を監督する役割を担う。日本国憲法においても，予算（案）は内閣により作成され，国会に提出された後，国会の審議・議決を経てはじめて成立する（国会での予算議決手続については第11章3　2を参照されたい）。

予算の法的性格については，国によって考え方や扱いが異なるが，日本国憲法下の予算のそれをめぐっては，「予算国法形式説」と「予算法律説」の対立がみられる。

予算は法的性格をもつものであるが，法律とは異なる国法の一形式であるとみる説を，「予算国法形式説」といい，通説的位置を占めている。法律との違いについては，手続の面では，①内閣のみに提出権があること（憲86），②衆議院に先議権があること（憲60①），③予算の議決について両院の意思が一致しないときは，衆議院での再議決を要せず，衆議院の議決がそのまま国会の議決となること（憲60②），④天皇による公布の対象とならないこと（憲7一），内容の面では，①効力が一会計年度（1年）に限られること，②主として計数を以て示されること，③国家機関の行為のみを規律し，一般国民を拘束しないこと等が挙げられる。

これに対し，予算を法律とみる「予算法律説」は，予算国法形式説では予算と法律の不一致を生ずる可能性があるなどと批判するが，上述のように，予算は法律とはそ

の議決形式・成立要件を異にするのであるから，予算が成立していても法律が成立しない場合や，逆に法律が成立していても予算が成立しない場合は，当然，生じうる（予算と法律の不一致）。予算と法律との間には，効力上の優劣はなく，両者はいわば相互補完的な関係にあるので，予算と法律の不一致を回避できるかどうかは，結局のところ，政治部門である国会と内閣の努力にかかっているというほかない。

2 予算の内容

財政法16条　予算は，予算総則，歳入歳出予算，継続費，繰越明許費及び国庫債務負担行為とする。

財政法22条　予算総則には，歳入歳出予算，継続費，繰越明許費及び国庫債務負担行為に関する総括的規定を設ける外，左の事項に関する規定を設けるものとする。
一　第四条第一項但書の規定による公債又は借入金の限度額
二　第四条第三項の規定による公共事業費の範囲
三　第五条但書の規定による日本銀行の公債の引受及び借入金の借入の限度額
四　第七条第三項の規定による財務省証券の発行及び一時借入金の借入の最高額
五　第十五条第二項の規定による国庫債務負担行為の限度額
六　前各号に掲げるものの外，予算の執行に関し必要な事項
七　その他政令で定める事項〔本号は平10法150により施行停止〕

財政法23条　歳入歳出予算は，その収入又は支出に関係のある部局等の組織の別に区分し，その部局等内においては，更に歳入にあつては，その性質に従つて部に大別し，且つ，各部中においてはこれを款項に区分し，歳出にあつては，その目的に従つてこれを項に区分しなければならない。

財政法14条の2　①　国は，工事，製造その他の事業で，その完成に数年度を要するものについて，特に必要がある場合においては，経費の総額及び年割額を定め，予め国会の議決を経て，その議決するところに従い，数年度にわたつて支出することができる。
②　前項の規定により国が支出することができる年限は，当該会計年度以降五箇年度以内とする。但し，予算を以て，国会の議決を経て更にその年限を延長することができる。
③　前二項の規定により支出することができる経費は，これを継続費という。
④　（省略）

財政法14条の3 ① 歳出予算の経費のうち，その性質上又は予算成立後の事由に基き年度内にその支出を終らない見込のあるものについては，予め国会の議決を経て，翌年度に繰り越して使用することができる。
② 前項の規定により翌年度に繰り越して使用することができる経費は，これを繰越明許費という。

財政法15条 ① 法律に基くもの又は歳出予算の金額（……省略……）若しくは継続費の総額の範囲内におけるものの外，国が債務を負担する行為をなすには，予め予算を以て，国会の議決を経なければならない。
② 前項に規定するものの外，災害復旧その他緊急の必要がある場合においては，国は毎会計年度，国会の議決を経た金額の範囲内において，債務を負担する行為をなすことができる。
③ 前二項の規定により国が債務を負担する行為に因り支出すべき年限は，当該会計年度以降五箇年度以内とする。（……省略……）
④ 第二項の規定により国が債務を負担した行為については，次の常会において国会に報告しなければならない。
⑤ 第一項又は第二項の規定により国が債務を負担する行為は，これを国庫債務負担行為という。

憲法87条 ① 予見し難い予算の不足に充てるため，国会の議決に基いて予備費を設け，内閣の責任でこれを支出することができる。
② すべて予備費の支出については，内閣は，事後に国会の承諾を得なければならない。

財政法24条 予見し難い予算の不足に充てるため，内閣は，予備費として相当と認める金額を，歳入歳出予算に計上することができる。

財政法30条 ① 内閣は，必要に応じて，一会計年度のうちの一定期間に係る暫定予算を作成し，これを国会に提出することができる。
② 暫定予算は，当該年度の予算が成立したときは，失効するものとし，暫定予算に基く支出又はこれに基く債務の負担があるときは，これを当該年度の予算に基いてなしたものとみなす。

大日本帝国憲法71条 帝国議会ニ於テ予算ヲ議定セス又ハ予算成立ニ至ラサルトキハ政府ハ前年度ノ予算ヲ施行スヘシ

財政法29条 内閣は，次に掲げる場合に限り，予算作成の手続に準じ，補正予算を作成し，これを国会に提出することができる。
　一　法律上又は契約上国の義務に属する経費の不足を補うほか，予算作成後に生じた事由に基づき特に緊要となつた経費の支出（当該年度において国庫内の移換えにと

どまるものを含む。）又は債務の負担を行なうため必要な予算の追加を行なう場合
　二　予算作成後に生じた事由に基づいて，予算に追加以外の変更を加える場合
財政法13条　①　国の会計を分つて一般会計及び特別会計とする。
②　国が特定の事業を行う場合，特定の資金を保有してその運用を行う場合その他特定の歳入を以て特定の歳出に充て一般の歳入歳出と区分して経理する必要がある場合に限り，法律を以て，特別会計を設置するものとする。

予算の内容　　内閣が作成する予算の内容は，主に財政法によって規定されている。予算は，予算総則，歳入歳出予算，継続費，繰越明許費および国庫債務負担行為からなる（財16）。

(1)　**予算総則**　　予算総則には，「歳入歳出予算，継続費，繰越明許費及び国庫債務負担行為に関する総括的規定」のほか，公共事業費の範囲，借入金の限度額，その他予算の執行に必要な事項，政令で定める事項などが置かれる（財22）。

(2)　**歳入歳出予算**　　歳入予算は，部局等の組織の別に区分され，この区分はさらに，その性質に応じて「部」，「款」，「項」に区分される。歳出予算は「項」に区分される。（財23）。

(3)　**継続費**　　完成に数年度を要する事業のために，数年度にわたって支出することが国会の1回の議決で承認されるものを，継続費という（財14の2）。年限は原則として5か年度であるが，予算を以て，国会の議決を経てその年限を延長することができる（同②）。

(4)　**繰越明許費**　　その性質上または予算成立後の事由に基づき，年度内にその支出を終わらない見込みのあるものについて，翌年度に繰り越して使用することをあらかじめ国会の議決で認められた経費を，繰越明許費という（財14の3）。

(5)　**国庫債務負担行為**　　財政法15条にいう「国庫債務負担行為」とは，法律に基づくものまたは歳出予算の金額もしくは継続費の総額の範囲内におけるもの以外で，国が債務を負担する行為を意味する。国会の特定的議決によるもの（同①）と，災害復旧その他緊急の必要がある場合のように，非特定的議決によるもの（同②）とがある。

予備費　　予見し難い予算の不足に充てるための予備費の制度は，憲法87条の文

言上は，予算の枠外に恒久的な基金を設けることができるように解することも可能であるが，財政法はこれを「歳入歳出予算に計上することができる」ものとして規定している（財24①）。

　暫定予算と「予算の空白」　　明治憲法71条は，会計年度開始までに予算が成立しなかった場合に「前年度ノ予算ヲ施行」する旨を明記していたが，日本国憲法には，このような事態に備える規定がない。そこで財政法30条は，とりあえず暫定予算を成立させて対処する方法を規定した。暫定予算は，当該年度の予算（本予算）が成立したときに失効するが，暫定予算に基づいてなされた支出等は，本予算に基づいてなされたものとみなされる（財30②）。

　しかし，暫定予算も予算である以上，国会の議決がなければ成立しないので，暫定予算すらも成立せずに「予算の空白」が生じる可能性は，制度上，避けられない。その意味では，少なくとも帝国議会の協賛を経ている前年度の予算を施行するという明治憲法の規定は，むしろ理にかなった対処法であったといえよう。

　補正予算　　財政法29条は，予算作成後に予算の追加や変更が必要となった場合に，補正予算を組むことを認めているが，これについては，予備費の支出ほどの緊急性があるわけではないので，「予算作成の手続に準じ」て，新たに国会での審議および議決が必要とされる。

　特別会計　　以上に述べてきた予算は一般会計の予算であるが，国の会計には，もう一種類，特別会計と呼ばれるものがある（財13①）。特別会計は，国が特定の事業を行う場合，特定の資金を保有してその運用を行う場合など，一般の歳入歳出と区分して経理する必要がある場合に，法律で設けることのできる会計である（財13②）。

3　国会の予算修正権

大日本帝国憲法67条　　憲法上ノ大権ニ基ツケル既定ノ歳出及法律ノ結果ニ由リ又ハ法律上政府ノ義務ニ属スル歳出ハ政府ノ同意ナクシテ帝国議会之ヲ廃除シ又ハ削減スルコトヲ得ス

財政法19条　　内閣は，国会，裁判所及び会計検査院の歳出見積を減額した場合においては，国会，裁判所又は会計検査院の送付に係る歳出見積について，その詳細を歳入

> 歳出予算に附記するとともに，国会が，国会，裁判所又は会計検査院に係る歳出額を修正する場合における必要な財源についても明記しなければならない。
> 国会法57条の3　各議院又は各議院の委員会は，予算総額の増額修正，委員会の提出若しくは議員の発議にかかる予算を伴う法律案又は法律案に対する修正で，予算の増額を伴うもの若しくは予算を伴うこととなるものについては，内閣に対して，意見を述べる機会を与えなければならない。

　予算手続に関しては，内閣が提出した予算（案）を国会がどこまで修正できるのかが問題となる。

　明治憲法下では，帝国議会は予算の増額修正はできないものと解されていた。また，減額修正についても，天皇大権に基づく既定の歳出，法律の結果による歳出，または法律上政府の義務に属する歳出は，政府の同意なくして廃除削減できない旨が，憲法上明記されていた（明憲67）。

　日本国憲法下では，まず減額修正については，国会の予算修正権に関する明文規定がないことや，財政国会中心主義（第11章 3 4 参照）の原則に照らし，一般的には，制限がないものと解されているが，増額修正については争いがある。法律上は，財政法19条や国会法57条の3のように，増額修正を想定した規定が存在しており，政府見解も「国会の予算修正については，それがどの範囲で行いうるかは，内閣の予算提案権と国会の審議権の調整の問題であり，憲法の規定からみて，国会の予算修正は内閣の予算提案権を損わない範囲内において可能と考えられる」[6]との立場をとっている。

3　決算／財政状況の報告

I　決算の意義と手続

> 憲法90条　①　国の収入支出の決算は，すべて毎年会計検査院がこれを検査し，内閣は，次の年度に，その検査報告とともに，これを国会に提出しなければならない。

---

6)　浅野一郎・杉原泰雄（監修）『憲法答弁集　1947〜1999』（信山社，2003年）472頁。

第 14 章 財 政

> ② 会計検査院の組織及び権限は，法律でこれを定める。
> 会計検査院法 1 条　会計検査院は，内閣に対し独立の地位を有する。
> 会計検査院法 2 条　会計検査院は，三人の検査官を以(もっ)て構成する検査官会議と事務総局を以(もっ)てこれを組織する。
> 会計検査院法 4 条 1 項　検査官は，両議院の同意を経(へ)て，内閣がこれを任命する。

　一会計年度における予算執行の結果，すなわち歳入歳出の実績を示す確定的計数を，「決算」という。

　決算は，毎年会計検査院がこれを検査し，内閣は，次の年度に，その検査報告とともにこれを国会に提出しなければならない（憲 90）。会計検査院は，両議院の同意を経て内閣により任命される（会検 4 ①）3 人の検査官で構成される検査官会議と事務総局をもって組織される（会検 2）が，内閣に対しては独立の地位を有する（会検 1）憲法上の国家機関である。

　提出された決算の取扱いについての法律上の規定は存在しないが，各院の決算委員会で別々に審議され，本会議において承認・不承認の議決を行うのが慣行である。かりに不承認になったとしても，当該会計年度の歳入歳出が法的に無効とされるわけではなく，内閣に対する批判としての政治的な意味をもつにとどまる。

2　財政状況の報告

> 憲法 91 条　内閣は，国会及び国民に対し，定期に，少くとも毎年一回，国の財政状況について報告しなければならない。
> 財政法 46 条　① 内閣は，予算が成立したときは，直ちに予算，前前年度の歳入歳出決算並びに公債，借入金及び国有財産の現在高その他財政に関する一般の事項について，印刷物，講演その他適当な方法で国民に報告しなければならない。
> ② 前項に規定するものの外(ほか)，内閣は，少くとも毎四半期ごとに，予算使用の状況，国庫の状況その他財政の状況について，国会及び国民に報告しなければならない。

　主権者国民と，その代表者である国会議員が，ともに，国の財政状況について正確な情報をもつことを可能にするため，憲法 91 条は，内閣に財政状況の報告を義務づけている。財政法 46 条により，内閣は，予算成立後ただちに予算，前前年度の歳入

歳出決算，公債・借入金・国有財産現在高等を報告しなければならないほか，少なくとも毎四半期ごとに，財政状況を報告しなければならないとされている。

4 ／ 公金支出等の禁止

> 憲法89条　公金その他の公(おおやけ)の財産は，宗教上の組織若しくは団体の使用，便益若しくは維持のため，又は公(おおやけ)の支配に属しない慈善，教育若しくは博愛の事業に対し，これを支出し，又はその利用に供(きょう)してはならない。

憲法89条に定める公金支出等の禁止は，これまで述べてきた財政民主主義とは異なる目的で設けられたものである。「宗教上の組織若しくは団体の使用，便益若しくは維持のため」の「公金その他の公(おおやけ)の財産」の支出・利用の禁止が，政教分離原則（憲20）を財政面から規定したものであることについては，学説上，異論のないところであるが，慈善・教育・博愛の事業に対する公金等の支出・利用禁止の目的が何であるかについては，見解が分かれている。

1　宗教団体に対する公金等の支出

> 文化財保護法35条　①　重要文化財の管理又は修理につき多額の経費を要し，重要文化財の所有者又は管理団体がその負担に堪(た)えない場合その他特別の事情がある場合には，政府は，その経費の一部に充(あ)てさせるため，重要文化財の所有者又は管理団体に対し補助金を交付することができる。
> ②　前項の補助金を交付する場合には，文化庁長官は，その補助の条件として管理又は修理に関し必要な事項を指示することができる。
> ③　文化庁長官は，必要があると認めるときは，第一項の補助金を交付する重要文化財の管理又は修理について指揮監督することができる。

憲法89条前段については，「宗教上の組織若しくは団体」が具体的にどのような組織・団体を指しているのかが問題となる。これに関し，「箕面(みのお)忠魂碑訴訟」の最高裁判決（最三判平5・2・16民集47・3・1687）は，「憲法20条1項後段にいう『宗教団体』，

憲法89条にいう『宗教上の組織若しくは団体』とは，宗教と何らかのかかわり合いのある行為を行っている組織ないし団体のすべてを意味するものではなく，国家が当該組織ないし団体に対し特権を付与したり，また，当該組織ないし団体の使用，便益若しくは維持のため，公金その他の公の財産を支出し又はその利用に供したりすることが，特定の宗教に対する援助，助長，促進又は圧迫，干渉等になり，憲法上の政教分離原則に反すると解されるものをいうのであり，換言すると，特定の宗教の信仰，礼拝又は普及等の宗教的活動を行うことを本来の目的とする組織ないし団体を指すものと解するのが相当である」と判示している（第6章2 6参照）。

文化財保護法35条は，重要文化財の管理または修理のため，重要文化財の所有者または管理団体に対して補助金を交付できる旨定めており，その交付先には寺社等の宗教団体も含まれるが，これについては，補助金の交付を「宗教上の」組織・団体ではなく，「文化上の」組織・団体に対する公金の支出とみなし，憲法89条には違反しないと解するのが一般的である。また，宗教法人に対する法律上の非課税措置についても，それが憲法20条1項の禁ずる特権の付与に当たらないのと同じ理由で，89条にも違反しないと解されよう（第6章2 5参照）。

2　慈善・教育・博愛事業に対する公金等の支出

> 私立学校法59条　国又は地方公共団体は，教育の振興上必要があると認める場合には，別に法律で定めるところにより，学校法人に対し，私立学校教育に関し必要な助成をすることができる。
> 私立学校振興助成法12条　所轄庁は，この法律の規定により助成を受ける学校法人に対して，次の各号に掲げる権限を有する。
> 　一　助成に関し必要があると認める場合において，当該学校法人からその業務若しくは会計の状況に関し報告を徴し，又は当該職員に当該学校法人の関係者に対し質問させ，若しくはその帳簿，書類その他の物件を検査させること。
> 　二　当該学校法人が，学則に定めた収容定員を著しく超えて入学又は入園させた場合において，その是正を命ずること。
> 　三　当該学校法人の予算が助成の目的に照らして不適当であると認める場合において，その予算について必要な変更をすべき旨を勧告すること。

> 四　当該学校法人の役員が法令の規定，法令の規定に基づく所轄庁の処分又は寄附行為に違反した場合において，当該役員の解職をすべき旨を勧告すること。
>
> 憲法 26 条　① すべて国民は，法律の定めるところにより，その能力に応じて，ひとしく教育を受ける権利を有する。
>
> ② すべて国民は，法律の定めるところにより，その保護する子女に普通教育を受けさせる義務を負ふ。義務教育は，これを無償とする。

「公の支配に属しない慈善，教育若しくは博愛の事業」への公金等の支出・利用を禁止する憲法 89 条後段の立法趣旨についての学説は，①公費濫用防止説（慈善・教育・博愛の美名の下に公費が濫用されないようにすることが目的），②自主性確保説（私的事業への公権力の介入を排除することが目的），③中立性確保説（宗教的信条等が教育等の事業に浸透するのを防いで政教分離を補完することが目的）の三説に大別されるが，辻村みよ子教授が指摘するように，これらは「相互に排他的な内容をもつわけではなく，……三つの説を総合的に捉えることも可能と思われる」。問題は，このような多様な目的を達成する手段として，公金等の支出・利用の「禁止」という強い規制が一律に定められているため，憲法 89 条を字義どおり読むと，教育事業に対する国の支援がことごとく違憲となってしまうことにある。その最たるものが私学助成である。

私立学校法 59 条は，国または地方公共団体が学校法人に対して私立学校教育に関し助成をすることができる旨定め，私立学校振興助成法により，私立学校に対する助成が行われている。私学助成の憲法適合性を左右するのは，憲法 89 条にある「公の支配に属しない」という文言の解釈である。これを文字どおり「国が設置する国立学校または地方公共団体が設置する公立学校」以外の学校という意味に解すれば，現行の私学助成という制度そのものが一律に違憲となってしまう。しかし，それではあまりに不合理だということで，多くの学説は，国または地方公共団体がなんらかの「支配」を及ぼしていない事業に対する公金等の支出・利用を禁止しているものと解して，

---

7) ここにいう「寄附行為」とは，私立学校法に基づいて学校法人を設立しようとする者が，目的，学校の名称，所在地，役員に関する規定等を記した根本規則を指している（私学 30 ①）。

8) 野中俊彦・中村睦男・高橋和之・高見勝利『憲法 II（第 4 版）』（有斐閣，2006 年）330-331 頁〔中村執筆〕。

9) 辻村みよ子『憲法（第 3 版）』（日本評論社，2008 年）499 頁。

私学助成の合憲性を導く理由を模索している。

　それでもなお，「支配」の意義を厳格に解する立場からは，助成を受ける私立学校に対する所轄庁の監督（私学助成12）程度の影響力では「公の支配」とはいえず，私学助成は違憲の疑いが濃いとみられている。一方，その事業が法令によって規制されていることを以て「支配」とみるゆるやかな解釈をすれば，学校教育法等の法律により規制されている私立学校も「公の支配」に属することとなり，私学助成が合憲と解されるのはもちろん，法令になんらかの根拠をもつあらゆる事業に対する助成が合憲ということになり，憲法89条が有名無実なものになりかねない。そこで今日においては，「本条〔89条〕の適用に当たっては，憲法14条（平等）・25条（生存権）・26条（教育義務）等をあわせて，体系的・綜合的に解釈してゆくべき」であるとし，教育を受ける権利の実現にとって私立学校は重要であるとの命題に引きずられる形で，私立学校振興助成法12条程度の監督であっても「公の支配」の要件を満たすと説明し，私学助成の合憲を結論づけるのが一般的になっている。

　このように，「はじめに合憲の結論ありき」のような奇妙な憲法解釈をせざるをえないところに，憲法89条の抱える立法論上の問題が端的に表れているといえよう。

10）　小林直樹『〔新版〕憲法講義（下）』（東京大学出版会，1981年）401頁。

第15章 地方自治

1 地方自治の本旨

I 地方自治の本旨

> 憲法92条　地方公共団体の組織及び運営に関する事項は，地方自治の本旨に基いて，法律でこれを定める。
> 憲法93条2項　地方公共団体の長，その議会の議員及び法律の定めるその他の吏員は，その地方公共団体の住民が，直接これを選挙する。
> 憲法94条　地方公共団体は，その財産を管理し，事務を処理し，及び行政を執行する権能を有し，法律の範囲内で条例を制定することができる。

　明治憲法には，地方自治に関する明文規定は存在せず，府県制，市制・町村制，郡制などの法律によって，中央集権的かつ官治的色彩の濃厚な地方制度が構築されていた。これに対し，日本国憲法は「第八章　地方自治」を設けて地方自治を保障し，その下で，地方自治法により，民主主義的な基盤をもつ自治的組織としての地方公共団体が設置されることとなった。

　憲法92条は，「地方公共団体の組織及び運営に関する事項は，地方自治の本旨に基いて，法律でこれを定める」と規定している。ここにいう「地方自治の本旨」という言葉は，一般に，「住民自治」と「団体自治」を意味するものと解されている。「住民自治」とは，地方の政治・行政を，その地方の住民またはその代表者が自主的・自律的に処理することを，「団体自治」とは，国から独立した法人格をもつ自律的な団体

(地方公共団体) に地方の政治・行政が委ねられることをいう。住民自治の趣旨は，首長・地方議会議員の直接公選制（憲93②）に，団体自治の趣旨は，地方公共団体の条例制定権（憲94）に，それぞれ端的に表れている。

なお，地方公共団体に与えられた自治権（憲94）の法的性格については，①国家が存在する以前から地方公共団体がもっていた固有の基本権であるとする説（固有権説），②法律によって与えられたものであるとする説（承認説・伝来説），③憲法により地方自治という制度を保障したものであるとする説（制度的保障説）などがみられるが，制度的保障説が通説的位置を占めている。

2 憲法上の地方公共団体

> 憲法93条　① 地方公共団体には，法律の定めるところにより，その議事機関として議会を設置する。
> ② 地方公共団体の長，その議会の議員及び法律の定めるその他の吏員は，その地方公共団体の住民が，直接これを選挙する。
> 憲法94条　地方公共団体は，その財産を管理し，事務を処理し，及び行政を執行する権能を有し，法律の範囲内で条例を制定することができる。
> 地方自治法１条の３　① 地方公共団体は，普通地方公共団体及び特別地方公共団体とする。
> ② 普通地方公共団体は，都道府県及び市町村とする。
> ③ 特別地方公共団体は，特別区，地方公共団体の組合及び財産区とする。
> 地方自治法281条１項　都の区は，これを特別区という。
> 地方自治法281条の２第２項　特別区は，基礎的な地方公共団体として，前項において特別区の存する区域を通じて都が一体的に処理するものとされているものを除き，一般的に，第二条第三項において市町村が処理するものとされている事務を処理するものとする。

---

1) 憲法93条2項は，「法律の定めるその他の吏員」も直接選挙される旨を定めている。ここにいう「吏員」は，一般職の地方公務員で，地方公共団体の長の補助機関である者を指しているが，この規定は，直接公選されるような「吏員」を設けなければならないとする趣旨ではないと解されている。かつては教育委員会の委員が住民により直接選挙されたことがあったが，1956（昭和31）年に廃止されている。

憲法93条は，地方公共団体に置くべき自治的組織として，議会（都道府県議会，市町村議会）および首長（都道府県知事，市町村長）を定め，いずれも住民の直接公選によることとしている。これを受けて，地方自治法は，地方公共団体が普通地方公共団体および特別地方公共団体からなるとし，普通地方公共団体として都道府県および市町村を，特別地方公共団体として特別区，地方公共団体の組合[2]および財産区[3]を挙げている（自治1の3）。なお，2011（平成23年）年8月1日の法改正以前には，特別地方公共団体として「地方開発事業団」も規定されていたが，設立の事例がほとんどなかったため，同改正により地方自治法から削除された[4]。

これらのうち，普通地方公共団体（都道府県・市町村）については，首長および議会がいずれも直接公選されるため，憲法上の地方公共団体に該当するものであることは疑いがない。また，特別地方公共団体のうち，地方公共団体の組合，財産区および地方開発事業団が，憲法93条および94条にいう地方公共団体に当たらないことも明らかである。しかし，特別地方公共団体のうち特別区（東京都23区）については，憲法上の地方公共団体といえるかどうかについて，争いがある。

1947（昭和22）年に地方自治法が制定された当初，特別区の区長の選任は住民の直接選挙で行われていたが，1952（昭和27）年の同法改正により，「特別区の区長は，特別区の議会の議員の選挙権を有する者で年齢満二十五年以上のものの中から，特別区の議会が都知事の同意を得てこれを選任する」（旧自治281条の2①）とされ，間接選挙で選任されることとなった。これが憲法93条2項に違反するのではないかが争点となった「特別区区長公選制廃止事件」で，最高裁（最大判昭38・3・27刑集17・2・121）は，「地方公共団体といい得るためには，単に法律で地方公共団体として取り扱われ

---

2) 「地方公共団体の組合」は，地方公共団体の事務の効率化や広域行政の処理のための共同処理方式の一つで，具体的には，一部事務組合，広域連合，全部事務組合および役場事務組合を指す（自治284①）。
3) 「財産区」とは，「市町村及び特別区の一部で財産を有し若しくは公の施設を設けているもの」（自治294①）をいう。その有する財産や公の施設の管理または処分の権限のみをもつ。
4) 「地方開発事業団」とは，普通地方公共団体が，一定の地域の総合的な開発計画に基づく住宅，道路，上下水道，公園緑地等の建設や工業用地造成などの事業のうち，当該普通地方公共団体の事務に属するものを総合的に実施するため，他の普通地方公共団体と共同して，これらの事業の実施を委託するために設けられる特別地方公共団体である。

ているということだけでは足らず，事実上住民が経済的文化的に密接な共同生活を営み，共同体意識をもっているという社会的基盤が存在し，沿革的にみても，また現実の行政の上においても，相当程度の自主立法権，自主行政権，自主財政権等地方自治の基本的権能を附与された地域団体であることを必要とするものというべきである」としたうえで，特別区が「地方自治法をはじめその他の法律によつてその自治権に重大な制約が加えられているのは，……特別区が，東京都という市の性格をも併有した独立地方公共団体の一部を形成していることに基因するものというべきである」から，「特別区は，その長の公選制が法律によって認められていたとはいえ，憲法制定当時においてもまた昭和 27 年 8 月地方自治法改正当時においても，憲法 93 条 2 項の地方公共団体と認めることはできない」と判示した。

　学説も，特別区は憲法上の地方公共団体に当たらないとするものが通説的位置を占めてきたが，その後，区長公選制は 1974（昭和 49）年に復活して現在に至っており，現行法上は，特別区も「市町村が処理するものとされている事務を処理する」「基礎的な地方公共団体」として位置づけられている（自治 281 の 2 ②）。

2 　地方公共団体の組織

I　議　　会

```
憲法 93 条　①　地方公共団体には，法律の定めるところにより，その議事機関として
　議会を設置する。
　②　地方公共団体の長，その議会の議員及び法律の定めるその他の吏員は，その地方公
　　共団体の住民が，直接これを選挙する。
地方自治法 89 条　普通地方公共団体に議会を置く。
地方自治法 90 条 1 項　都道府県の議会の議員の定数は，条例で定める。
地方自治法 91 条 1 項　市町村の議会の議員の定数は，条例で定める。
公職選挙法 10 条 1 項　日本国民は，左の各号の区分に従い，それぞれ当該議員又は長
　の被選挙権を有する。
　一　衆議院議員については年齢満二十五年以上の者
```

二　参議院議員については年齢満三十年以上の者
三　都道府県の議会の議員についてはその選挙権を有する者で年齢満二十五年以上のもの
四　都道府県知事については年齢満三十年以上の者
五　市町村の議会の議員についてはその選挙権を有する者で年齢満二十五年以上のもの
六　市町村長については年齢満二十五年以上の者

地方自治法93条1項　普通地方公共団体の議会の議員の任期は，四年とする。

地方自治法94条　町村は，条例で，第八十九条の規定にかかわらず，議会を置かず，選挙権を有する者の総会を設けることができる。

地方自治法96条　①　普通地方公共団体の議会は，次に掲げる事件を議決しなければならない。
一　条例を設け又は改廃すること。
二　予算を定めること。
三　決算を認定すること。
四　法律又はこれに基づく政令に規定するものを除くほか，地方税の賦課徴収又は分担金，使用料，加入金若しくは手数料の徴収に関すること。
五　その種類及び金額について政令で定める基準に従い条例で定める契約を締結すること。
六　条例で定める場合を除くほか，財産を交換し，出資の目的とし，若しくは支払手段として使用し，又は適正な対価なくしてこれを譲渡し，若しくは貸し付けること。
七　不動産を信託すること。
八　前二号に定めるものを除くほか，その種類及び金額について政令で定める基準に従い条例で定める財産の取得又は処分をすること。
九　負担付きの寄附又は贈与を受けること。
十　法律若しくはこれに基づく政令又は条例に特別の定めがある場合を除くほか，権利を放棄すること。
十一　条例で定める重要な公の施設につき条例で定める長期かつ独占的な利用をさせること。
十二　普通地方公共団体がその当事者である審査請求その他の不服申立て，訴えの提起（……省略……），和解（……省略……），あっせん，調停及び仲裁に関すること。
十三　法律上その義務に属する損害賠償の額を定めること。
十四　普通地方公共団体の区域内の公共的団体等の活動の総合調整に関すること。

十五　その他法律又はこれに基づく政令（これらに基づく条例を含む。）により議会の権限に属する事項

② 前項に定めるものを除くほか，普通地方公共団体は，条例で普通地方公共団体に関する事件（法定受託事務に係るものにあつては，国の安全に関することその他の事由により議会の議決すべきものとすることが適当でないものとして政令で定めるものを除く。）につき議会の議決すべきものを定めることができる。

地方自治法 98 条　① 普通地方公共団体の議会は，当該普通地方公共団体の事務（……省略……）に関する書類及び計算書を検閲し，当該普通地方公共団体の長，教育委員会，選挙管理委員会，人事委員会若しくは公平委員会，公安委員会，労働委員会，農業委員会又は監査委員その他法律に基づく委員会又は委員の報告を請求して，当該事務の管理，議決の執行及び出納を検査することができる。

② 議会は，監査委員に対し，当該普通地方公共団体の事務（……省略……）に関する監査を求め，監査の結果に関する報告を請求することができる。（……省略……）

地方自治法 121 条　① 普通地方公共団体の長，教育委員会の委員長，選挙管理委員会の委員長，人事委員会の委員長又は公平委員会の委員長，公安委員会の委員長，労働委員会の委員，農業委員会の会長及び監査委員その他法律に基づく委員会の代表者又は委員並びにその委任又は嘱託を受けた者は，議会の審議に必要な説明のため議長から出席を求められたときは，議場に出席しなければならない。ただし，出席すべき日時に議場に出席できないことについて正当な理由がある場合において，その旨を議長に届け出たときは，この限りでない。

② 第百二条の二第一項の議会の議長は，前項本文の規定により議場への出席を求めるに当たつては，普通地方公共団体の執行機関の事務に支障を及ぼすことのないよう配慮しなければならない。

都道府県および市町村に置かれる議会の議員の被選挙権は満25歳以上（公選10①三・五）であり，任期は4年（自治93①）である。議員定数は，いずれも，条例によって定められる（自治90・91）。

都道府県議会および市町村議会が議決しなければならない事件は，条例，予算，決算，地方税の賦課徴収など「立法」に関するものだけでなく，不動産の信託，財産の取得・処分，区域内の公共的団体等の活動の総合調整などにも広く及んでいる（自治96）。地方議会はさらに，当該地方公共団体の事務の管理，議決の執行および出納の検査，監査委員に対する監査請求といった行政監督の権限をも行使し（自治98），首長

は，説明のため議長から出席を求められたときは，議場に出席しなければならない（自治121）。憲法93条1項が地方議会を「議決機関」ではなく「議事機関」と表現しているのも，地方議会が「立法」的権限だけでなく「行政」的権限をも行使する含みがあるためであるとみられている。

　なお，地方自治法94条は，憲法93条1項の例外として，「町村は，条例で，……議会を置かず，選挙権を有する者の総会を設けることができる」と定めている。極端に人口の少ない地域を想定したこの直接民主制的な制度の規定は，住民自治の原則に基づくものであるので，憲法93条1項には違反しないと解されている。もっとも，現行地方自治法下では，1947（昭和22）年に東京都八丈小島の宇津木村に5か月間だけ住民総会が設けられた例があるのみで，現在，町村総会を置く町村は存在しない。まして平成の大合併を通じて自治体の広域化がすすんだ今日では，町村総会設置の可能性は限りなくゼロに近いといってよいであろう。しかしその一方で，2006（平成18）年6月には，長野県木曽郡王滝村で，議会に代えて村民総会を設置する条例案が村議会に提出され，否決される例もみられたことから，過疎地域の財政再建の一方策としての新たな利用価値をこの制度に見出す向きもないわけではない。

2　長

> 憲法93条2項　地方公共団体の長，その議会の議員及び法律の定めるその他の吏員は，その地方公共団体の住民が，直接これを選挙する。
> 地方自治法139条　①　都道府県に知事を置く。
> ②　市町村に市町村長を置く。
> 公職選挙法10条1項　日本国民は，左の各号の区分に従い，それぞれ当該議員又は長の被選挙権を有する。
> 　一　衆議院議員については年齢満二十五年以上の者
> 　二　参議院議員については年齢満三十年以上の者
> 　三　都道府県の議会の議員についてはその選挙権を有する者で年齢満二十五年以上のもの
> 　四　都道府県知事については年齢満三十年以上の者
> 　五　市町村の議会の議員についてはその選挙権を有する者で年齢満二十五年以上のも

第15章　地方自治

>　の
>　六　市町村長については年齢満二十五年以上の者
>
> 地方自治法140条1項　普通地方公共団体の長の任期は，四年とする。
>
> 地方自治法15条　①　普通地方公共団体の長は，法令に違反しない限りにおいて，その権限に属する事務に関し，規則を制定することができる。
> ②　普通地方公共団体の長は，法令に特別の定めがあるものを除くほか，普通地方公共団体の規則中に，規則に違反した者に対し，五万円以下の過料を科する旨の規定を設けることができる。
>
> 地方自治法147条　普通地方公共団体の長は，当該普通地方公共団体を統轄し，これを代表する。
>
> 地方自治法148条　普通地方公共団体の長は，当該普通地方公共団体の事務を管理し及びこれを執行する。
>
> 地方自治法149条　普通地方公共団体の長は，概ね左に掲げる事務を担任する。
>　一　普通地方公共団体の議会の議決を経べき事件につきその議案を提出すること。
>　二　予算を調製し，及びこれを執行すること。
>　三　地方税を賦課徴収し，分担金，使用料，加入金又は手数料を徴収し，及び過料を科すること。
>　四　決算を普通地方公共団体の議会の認定に付すること。
>　五　会計を監督すること。
>　六　財産を取得し，管理し，及び処分すること。
>　七　公の施設を設置し，管理し，及び廃止すること。
>　八　証書及び公文書類を保管すること。
>　九　前各号に定めるものを除く外，当該普通地方公共団体の事務を執行すること。

　都道府県の長は知事，市町村の長は市町村長である（自治139）。被選挙権は，都道府県知事は満30歳以上（公選10①三），市町村長は満25歳以上（同六）である。任期はともに4年（自治140①）であり，再選制限はない。

　長の主な権限は，「当該地方公共団体を統轄し，これを代表する」（自治147）こと，ならびに「当該普通地方公共団体の事務を管理し及びこれを執行する」（自治148）ことであり，担任する具体的な事務は，議会への議案の提出，予算の調製・執行，地方税の賦課徴収，会計の監督などである（自治149）。また，長は，法令に違反しない限りにおいて，その権限に属する事務に関し，規則を制定することができ，その規則に

は罰則を設けることもできる（自治15）。

3 長と議会の関係

> 地方自治法178条 ① 普通地方公共団体の議会において，当該普通地方公共団体の長の不信任の議決をしたときは，直ちに議長からその旨を当該普通地方公共団体の長に通知しなければならない。この場合においては，普通地方公共団体の長は，その通知を受けた日から十日以内に議会を解散することができる。
> ② 議会において当該普通地方公共団体の長の不信任の議決をした場合において，前項の期間内に議会を解散しないとき，又はその解散後初めて招集された議会において再び不信任の議決があり，議長から当該普通地方公共団体の長に対しその旨の通知があつたときは，普通地方公共団体の長は，同項の期間が経過した日又は議長から通知があつた日においてその職を失う。
> ③ 前二項の規定による不信任の議決については，議員数の三分の二以上の者が出席し，第一項の場合においてはその四分の三以上の者の，前項の場合においてはその過半数の者の同意がなければならない。

第12章 2 I で触れたように，諸国の行政権と立法権の関係は，大統領制と議院内閣制に大別されるが，地方自治法に定める地方公共団体の長と議会の関係は，大統領制と議院内閣制の両方の制度的特徴を併せもっている。長も議員も住民により直接選挙されるという選任方法は大統領制的であるが，長と議会との間には，議会による長の不信任，長による議会解散という，議院内閣制的なしくみが規定されているのである。すなわち，地方自治法178条によれば，議員数の3分の2以上が出席し，その4分の3以上の多数で議会が長の不信任を議決したときは，長は，その通知を受けた日から10日以内に議会を解散することができ，10日以内に議会を解散しない場合，または，解散後初めて招集された議会において，議員数の3分の2以上が出席し，その過半数で再び長の不信任を議決した場合には，長は失職し，長の選挙が行われることになる。

アメリカ型の大統領制の場合，選挙された首長が無能あるいは専横であることがわかったり，首長と議会の対立が深刻化した場合でも，本人が辞職する等の事故のない限り，そうした行き詰まりを解消する方法はなく，有権者国民は任期満了を待つほか

ないが，日本国憲法下の地方自治法は，長と議会の関係に議院内閣制的なしくみを導入することによって，選挙を通じた住民の意思による解決を可能にしている。

4　住民の直接的な政治参加

地方自治法 10 条　① 市町村の区域内に住所を有する者は，当該市町村及びこれを包括する都道府県の住民とする。
② 住民は，法律の定めるところにより，その属する普通地方公共団体の役務（えきむ）の提供をひとしく受ける権利を有し，その負担を分任する義務を負う。

地方自治法 11 条　日本国民たる普通地方公共団体の住民は，この法律の定めるところにより，その属する普通地方公共団体の選挙に参与する権利を有する。

地方自治法 74 条　① 普通地方公共団体の議会の議員及び長の選挙権を有する者（以下本編において「選挙権を有する者」という。）は，政令の定めるところにより，その総数の五十分の一以上の者の連署をもって，その代表者から，普通地方公共団体の長に対し，条例（地方税の賦課徴収並びに分担金，使用料及び手数料の徴収に関するものを除く。）の制定又は改廃の請求をすることができる。
② 前項の請求があつたときは，当該普通地方公共団体の長は，直ちに請求の要旨を公表しなければならない。
③ 普通地方公共団体の長は，第一項の請求を受理した日から二十日以内に議会を招集し，意見を附けてこれを議会に付議し，その結果を同項の代表者に通知するとともに，これを公表しなければならない。
④〜⑧　（省略）

地方自治法 76 条　① 選挙権を有する者は，政令の定めるところにより，その総数の三分の一（その総数が四十万を超え八十万以下の場合にあつてはその四十万を超える数に六分の一を乗じて得た数と四十万に三分の一を乗じて得た数とを合算して得た数，その総数が八十万を超える場合にあつてはその八十万を超える数に八分の一を乗じて得た数と四十万に六分の一を乗じて得た数と四十万に三分の一を乗じて得た数とを合算して得た数）以上の者の連署をもって，その代表者から，普通地方公共団体の選挙管理委員会に対し，当該普通地方公共団体の議会の解散の請求をすることができる。
② 前項の請求があつたときは，委員会は，直ちに請求の要旨を公表しなければならない。
③ 第一項の請求があつたとき，委員会は，これを選挙人の投票に付さなければならない。

④ （省略）

地方自治法78条　普通地方公共団体の議会は，第七十六条第三項の規定による解散の投票において過半数の同意があつたときは，解散するものとする。

地方自治法80条　①　選挙権を有する者は，政令の定めるところにより，所属の選挙区におけるその総数の三分の一（その総数が四十万を超え八十万以下の場合にあつてはその四十万を超える数に六分の一を乗じて得た数と四十万に三分の一を乗じて得た数とを合算して得た数，その総数が八十万を超える場合にあつてはその八十万を超える数に八分の一を乗じて得た数と四十万に六分の一を乗じて得た数と四十万に三分の一を乗じて得た数とを合算して得た数）以上の者の連署をもつて，その代表者から，普通地方公共団体の選挙管理委員会に対し，当該選挙区に属する普通地方公共団体の議会の議員の解職の請求をすることができる。この場合において選挙区がないときは，選挙権を有する者の総数の三分の一（その総数が四十万を超え八十万以下の場合にあつてはその四十万を超える数に六分の一を乗じて得た数と四十万に三分の一を乗じて得た数とを合算して得た数，その総数が八十万を超える場合にあつてはその八十万を超える数に八分の一を乗じて得た数と四十万に六分の一を乗じて得た数と四十万に三分の一を乗じて得た数とを合算して得た数）以上の者の連署をもつて，議員の解職の請求をすることができる。

②　前項の請求があつたときは，委員会は，直ちに請求の要旨を関係区域内に公表しなければならない。

③　第一項の請求があつたときは，委員会は，これを当該選挙区の選挙人の投票に付さなければならない。この場合において選挙区がないときは，すべての選挙人の投票に付さなければならない。

④ （省略）

地方自治法81条　①　選挙権を有する者は，政令の定めるところにより，その総数の三分の一（その総数が四十万を超え八十万以下の場合にあつてはその四十万を超える数に六分の一を乗じて得た数と四十万に三分の一を乗じて得た数とを合算して得た数，その総数が八十万を超える場合にあつてはその八十万を超える数に八分の一を乗じて得た数と四十万に六分の一を乗じて得た数と四十万に三分の一を乗じて得た数とを合算して得た数）以上の者の連署をもつて，その代表者から，普通地方公共団体の選挙管理委員会に対し，当該普通地方公共団体の長の解職の請求をすることができる。

②　（……省略……）第七十六条第二項及び第三項の規定は前項の請求について準用する。

地方自治法83条　普通地方公共団体の議会の議員又は長は，第八十条第三項又は第八

十一条第二項の規定による解職の投票において，過半数の同意があつたときは，その職を失う。

憲法 95 条 一の地方公共団体(ひとつ)のみに適用される特別法は，法律の定めるところにより，その地方公共団体の住民の投票においてその過半数の同意を得なければ，国会は，これを制定することができない。

市町村の合併の特例に関する法律 4 条 ① 選挙権を有する者（……省略……）は，政令で定めるところにより，その総数の五十分の一以上の者の連署をもって，その代表者から，市町村の長に対し，当該市町村が行うべき市町村の合併の相手方となる市町村（以下この条において「合併対象市町村」という。）の名称を示し，合併協議会を置くよう請求することができる。

② 前項の規定による請求があったときは，当該請求があった市町村（以下この条において「合併請求市町村」という。）の長は，直ちに，請求の要旨を公表するとともに，合併対象市町村の長に対し，これを通知し，当該請求に基づく合併協議会に係る地方自治法第二百五十二条の二第一項の協議（以下この条において「合併協議会設置協議」という。）について議会に付議するか否かの意見を求めなければならない。この場合において，合併請求市町村の長は，当該意見を求めた旨を合併請求市町村を包括する都道府県の知事に報告しなければならない。

③ 合併対象市町村の長は，前項の意見を求められた日から九十日以内に，合併請求市町村の長に対し，合併協議会設置協議について議会に付議するか否かを回答しなければならない。

④ 合併請求市町村の長は，すべての合併対象市町村の長から前項の規定による回答を受理したときは，直ちに，その結果を合併対象市町村の長及び第一項の代表者に通知するとともに，これを公表し，かつ，合併請求市町村を包括する都道府県の知事に報告しなければならない。

⑤ 前項のすべての回答が合併協議会設置協議について議会に付議する旨のものであった場合には，合併請求市町村の長にあっては同項の規定による合併対象市町村の長への通知を発した日から六十日以内に，合併対象市町村の長にあっては同項の規定による通知を受けた日から六十日以内に，それぞれ議会を招集し，合併協議会設置協議について議会に付議しなければならない。この場合において，合併請求市町村の長は，その意見を付けなければならない。

⑥～⑧ （省略）

⑨ 第五項の規定による議会の審議により，合併協議会設置協議について，合併請求市町村の議会がこれを否決し，かつ，すべての合併対象市町村の議会がこれを可決した

場合には，合併請求市町村の長は，合併請求市町村の議会が否決した日又はすべての合併対象市町村の長から第七項の規定による通知を受けた日のうちいずれか遅い日（以下この条において「基準日」という。）以後直ちに，基準日を合併対象市町村の長及び第一項の代表者に通知するとともに，これを公表し，かつ，合併請求市町村を包括する都道府県の知事に報告しなければならない。
⑩　前項に規定する場合には，合併請求市町村の長は，基準日から十日以内に限り，選挙管理委員会に対し，合併協議会設置協議について選挙人の投票に付するよう請求することができる。この場合において，合併請求市町村の長は，当該請求を行った日から三日以内に，その旨を合併対象市町村の長及び第一項の代表者に通知するとともに，これを公表し，かつ，合併請求市町村を包括する都道府県の知事に報告しなければならない。
⑪　第九項に規定する場合において，基準日から十三日以内に前項後段の規定による公表がなかったときは，選挙権を有する者は，政令で定めるところにより，その総数の六分の一以上の者の連署をもって，その代表者から，合併請求市町村の選挙管理委員会に対し，合併協議会設置協議について選挙人の投票に付するよう請求することができる。
⑫⑬　（省略）
⑭　第十項前段又は第十一項の規定による請求があったときは，合併請求市町村の選挙管理委員会は，政令で定めるところにより，合併協議会設置協議について選挙人の投票に付さなければならない。
⑮⑯　（省略）
⑰　第十四項の規定による投票において，合併協議会設置協議について有効投票の総数の過半数の賛成があったときは，合併協議会設置協議について合併請求市町村の議会が可決したものとみなす。
⑱　合併請求市町村及びすべての合併対象市町村の議会が合併協議会設置協議について可決した（前項の規定により可決したものとみなされた場合を含む。）場合には，合併請求市町村及びすべての合併対象市町村は，合併協議会設置協議により規約を定め，合併協議会を置くものとする。
⑲⑳　（省略）

　市町村の区域内に住所を有する者は，当該市町村およびこれを包括する都道府県の「住民」とされ，「住民」は，その属する普通地方公共団体の役務の提供をひとしく受ける権利を有し，その負担を分任する義務を負う（自治10）が，地方公共団体の選挙

に参与する権利をもっているのは,「日本国民たる普通地方公共団体の住民」のみである（自治11）。憲法および地方自治法は,「日本国民たる住民」に対しては,選挙権の行使という代表民主制的な政治参加の方法のほかに,国政レベルではみられない,より直接的な政治参加のしくみを用意している。

　条例の制定改廃の請求　　普通地方公共団体の議会の議員および長の選挙権を有する者（満18歳以上の日本国民たる住民）は,その総数の50分の1以上の連署をもって,長に対し,条例の制定または改廃の請求をすることができる（自治74①）。長は,この請求を受理した日から20日以内に議会を招集し,意見を附してこれを議会に付議し,その結果を公表しなければならない（同③）。

　解散および解職の請求　　普通地方公共団体の議会の議員および長の選挙権を有する者（満18歳以上の日本国民たる住民）は,原則としてその総数の3分の1以上の者の連署をもって,選挙管理委員会に対し,議会の解散,議員の解職,長の解職を請求することができる（自治76①・80①・81①）。これらの請求があったとき,選挙管理委員会は,これを住民投票に付さなければならず（自治76③・80③・81②）,住民投票で過半数の同意があったときは,議会は解散し（自治78）,議員・長は失職する（自治83）。

　地方（自治）特別法の住民投票　　特定の地方公共団体のみに適用される法規を国の「法律」として制定・施行することは,当該地方公共団体のみに不利益を与えたり,地方公共団体に対する国の不当な干渉に当たる場合がありうる。そこで憲法95条は,いわゆる地方（自治）特別法について,当該地方公共団体の住民投票において過半数の同意を得るべきことを定めている。もっとも,憲法95条の住民投票の手続を経て制定された特別法は,1949（昭和24）年の広島平和記念都市建設法および長崎国際文化都市建設法をはじめ,1950（昭和25）年に9件,1951（昭和26）年に4件制定されたのみで,それ以降は制定されていない。

　その他の法律に基づく住民投票　　市町村の合併の特例に関する法律4条によれば,有権者たる住民が,その総数の50分の1以上の連署をもって,当該市町村が行うべき市町村の合併の相手方となる市町村の名称を示し,合併協議会を置くよう請求することができるが,議会がこれを否決した場合でも,長の請求または市町村住民の直接請求によって住民投票を実施し,有効投票の総数の過半数が賛成すれば,合併協議会

を設置することができる。つまり、住民投票の結果が議会を拘束する。

条例に基づく住民投票 近年、地方公共団体が独自に住民投票条例を制定し、原子力発電所、産業廃棄物処理施設、在日米軍基地などの問題をめぐって、住民の直接の意思を問う住民投票が行われる例が増えてきている。上に述べた合併協議会に関する住民投票は、法律上の住民投票として、その結果が法的拘束力をもつが、条例のみに基づく住民投票は諮問的性格のものであり、その結果にも法的拘束力はない。投票資格も、公職選挙法等の法律と無関係に設定することができるため、未成年者や外国人にも投票を認めている例がある。

3 ／ 条例制定権

1 国の事務と地方公共団体の事務

> 憲法94条　地方公共団体は、その財産を管理し、事務を処理し、及び行政を執行する権能を有し、法律の範囲内で条例を制定することができる。
> 地方自治法1条の2　① 地方公共団体は、住民の福祉の増進を図ることを基本として、地域における行政を自主的かつ総合的に実施する役割を広く担うものとする。
> ② 国は、前項の規定の趣旨を達成するため、国においては国際社会における国家としての存立にかかわる事務、全国的に統一して定めることが望ましい国民の諸活動若しくは地方自治に関する基本的な準則に関する事務又は全国的な規模で若しくは全国的な視点に立って行わなければならない施策及び事業の実施その他の国が本来果たすべき役割を重点的に担い、住民に身近な行政はできる限り地方公共団体にゆだねることを基本として、地方公共団体との間で適切に役割を分担するとともに、地方公共団体に関する制度の策定及び施策の実施に当たつて、地方公共団体の自主性及び自立性が十分に発揮されるようにしなければならない。
> 地方自治法2条　① 地方公共団体は、法人とする。
> ② 普通地方公共団体は、地域における事務及びその他の事務で法律又はこれに基づく政令により処理することとされるものを処理する。
> ③〜⑦（省略）
> ⑧ この法律において「自治事務」とは、地方公共団体が処理する事務のうち、法定受

託事務以外のものをいう。
⑨　この法律において「法定受託事務」とは，次に掲げる事務をいう。
　一　法律又はこれに基づく政令により都道府県，市町村又は特別区が処理することとされる事務のうち，国が本来果たすべき役割に係るものであって，国においてその適正な処理を特に確保する必要があるものとして法律又はこれに基づく政令に特に定めるもの（以下「第一号法定受託事務」という。）
　二　法律又はこれに基づく政令により市町村又は特別区が処理することとされる事務のうち，都道府県が本来果たすべき役割に係るものであって，都道府県においてその適正な処理を特に確保する必要があるものとして法律又はこれに基づく政令に特に定めるもの（以下「第二号法定受託事務」という。）
⑩〜⑰　（省略）

国の事務　地方自治法1条の2第2項は，国と地方の役割分担に関し，「国が本来果たすべき役割を重点的に担い，住民に身近な行政はできる限り地方公共団体にゆだねることを基本として，地方公共団体との間で適切に役割を分担する」という方針を示したうえで，国の事務として，①「国際社会における国家としての存立にかかわる事務」（外交，防衛，通貨，私法秩序の形成，刑事犯の創設，司法など），②「全国的に統一して定めることが望ましい国民の諸活動若しくは地方自治に関する基本的な準則に関する事務」（公正取引の確保，生活保護基準，労働基準，地方自治の基本的制度設計など），③「全国的な規模で若しくは全国的な視点に立って行わなければならない施策及び事業の実施」（公的年金制度，宇宙開発，基幹的交通基盤など）を挙げている（自治1の2②）。

地方公共団体の事務　一方，憲法94条は，「事務を処理」するという非権力的作用と，「行政を執行」するという権力的作用とを，併せて地方公共団体の権能としている。

地方公共団体の事務には，従来，固有事務（公共事務），団体委任事務（委任事務），行政事務という三種の事務に加え，法律またはこれに基づく政令によって地方公共団体の長その他の執行機関に委任される「機関委任事務」が存在していた。機関委任事務は，市町村の事務の4〜5割，都道府県の事務の7〜8割を占めていたといわれ，

その執行に当たっては国の包括的な指揮監督を受けるとともに、地方議会の条例制定権等が制約されていたため、国による地方支配を象徴するものとみられていた。

1999（平成11）年の地方自治法改正により、「普通地方公共団体は、地域における事務及びその他の事務で法律又はこれに基づく政令により処理することとされるものを処理する」（自治2②）とされ、地方公共団体の事務は、「自治事務」と「法定受託事務」に区分された。自治事務は、「地方公共団体が処理する事務のうち、法定受託事務以外のもの」（自治2⑧）とされる。法定受託事務は、「法律又はこれに基づく政令により都道府県、市町村又は特別区が処理することとされる事務のうち、国が本来果たすべき役割に係るものであつて、国においてその適正な処理を特に確保する必要があるものとして法律又はこれに基づく政令に特に定めるもの」（第一号法定受託事務）、「法律又はこれに基づく政令により市町村又は特別区が処理することとされる事務のうち、都道府県が本来果たすべき役割に係るものであつて、都道府県においてその適正な処理を特に確保する必要があるものとして法律又はこれに基づく政令に特に定めるもの」（第二号法定受託事務）の二種が定められている（自治2⑨）。法定受託事務は、国の密接な「関与」の下に置かれる点は、従来の機関委任事務に類似するが、自治事務と同じく、あくまでも地方公共団体の事務であり、国の包括的な指揮監督を受けるものではないところが機関委任事務と異なる。

2 条例制定権

憲法94条 地方公共団体は、その財産を管理し、事務を処理し、及び行政を執行する権能を有し、法律の範囲内で条例を制定することができる。
地方自治法1条の2第1項 地方公共団体は、住民の福祉の増進を図ることを基本として、地域における行政を自主的かつ総合的に実施する役割を広く担うものとする。
地方自治法2条2項 普通地方公共団体は、地域における事務及びその他の事務で法律又はこれに基づく政令により処理することとされるものを処理する。
地方自治法14条1項 普通地方公共団体は、法令に違反しない限りにおいて第二条第二項の事務に関し、条例を制定することができる。
地方自治法112条 ① 普通地方公共団体の議会の議員は、議会の議決すべき事件につき、議会に議案を提出することができる。但し、予算については、この限りでない。

② 前項の規定により議案を提出するに当たっては，議員の定数の十二分の一以上の者の賛成がなければならない。
③ （省略）
地方自治法113条　普通地方公共団体の議会は，議員の定数の半数以上の議員が出席しなければ，会議を開くことができない。（……省略……）
地方自治法116条　① この法律に特別の定めがある場合を除く外，普通地方公共団体の議会の議事は，出席議員の過半数でこれを決し，可否同数のときは，議長の決するところによる。
② 前項の場合においては，議長は，議員として議決に加わる権利を有しない。
地方自治法176条　① 普通地方公共団体の議会の議決について異議があるときは，当該普通地方公共団体の長は，この法律に特別の定めがあるものを除くほか，その議決の日（条例の制定若しくは改廃又は予算に関する議決については，その送付を受けた日）から十日以内に理由を示してこれを再議に付することができる。
② 前項の規定による議会の議決が再議に付された議決と同じ議決であるときは，その議決は，確定する。
③ 前項の規定による議決のうち条例の制定若しくは改廃又は予算に関するものについては，出席議員の三分の二以上の者の同意がなければならない。
④～⑧ （省略）
憲法29条2項　財産権の内容は，公共の福祉に適合するやうに，法律でこれを定める。
憲法31条　何人も，法律の定める手続によらなければ，その生命若しくは自由を奪はれ，又はその他の刑罰を科せられない。
憲法84条　あらたに租税を課し，又は現行の租税を変更するには，法律又は法律の定める条件によることを必要とする。
地方税法3条　① 地方団体は，その地方税の税目，課税客体，課税標準，税率その他賦課徴収について定をするには，当該地方団体の条例によらなければならない。
② 地方団体の長は，前項の条例の実施のための手続その他その施行について必要な事項を規則で定めることができる。

「条例」の意味と制定権者　憲法94条にいう「条例」の意味については，①地方議会の制定する条例のみを指すとする狭義説，②地方議会の制定する条例および長の制定する規則を指すとする広義説，③地方議会の制定する条例および長の制定する規則に加えて，各種委員会の制定する規則・規程も含まれるとする最広義説に見解が分

かれているが，③が多数説とみられている。また，条例の制定権については，普通地方公共団体である都道府県および市町村に加え，特別地方公共団体である特別区もその主体であると考えられ，実際にも，千代田区や新宿区などが罰則を伴う「路上喫煙禁止条例」を制定したことが話題になったりもした。

「法律の範囲内で」の意味　憲法94条は，地方公共団体が「法律の範囲内で」条例を制定することができるとしている。「法律の範囲内で」とは，具体的には，(1)条例制定の手続（誰がどのようにして条例を制定するか）が法律で定められること，(2)条例の所管事項（条例で何を定めることができるか）が法律に制約されること，(3)条例の形式的効力が法律および命令に劣ること（条例は国の法律および命令に違反してはならないこと）を意味している。

なお，法律に違反しない範囲であれば，必ずしも個別の法律の根拠がなくても，条例によって住民の権利・自由を制約することは可能であると解されている。

(1)　条例制定の手続　地方議会の議員は，議員定数の12分の1以上の賛成で，条例案を議会に提出することができる（自治112）。また，本章2 4で触れたように，当該地方公共団体の選挙権を有する住民は，その総数の50分の1以上の連署を以て，条例の制定・改廃の請求をすることができる（自治74①）。条例は，議員の半数以上の出席する議会において（自治113），出席議員の過半数の賛成があれば成立する（自治116①）。ただし，長は，条例の制定・改廃の議決に異議のあるときは，これを公布せず，10日以内に理由を示してこれを議会の再議に付することができる。この場合，議会であらためて出席議員の3分の2以上の賛成で再可決しなければ，その条例案は廃案となる（自治176①～③）。

(2)　条例の所管事項　「住民の福祉の増進を図ることを基本として，地域における行政を自主的かつ総合的に実施する役割を広く担う」（自治1の2①）とされる地方公共団体の定める条例は，原則として，「地域における事務」（自治14①）を対象とするものでなければならず，本章3 1で触れた国の事務に関する事項を条例で定めることはできない。

(3)　法令と条例の関係　地方自治法14条1項にいう「法令に違反しない限りにおいて」という制約に関連して，法令がすでに規制している事項について，条例によ

りその規制をさらに強化することができるかどうかという問題がある。

　従来の学説では，国の法律が先占している（すでに規制している）事項については，法律の委任がない限り条例を制定することはできないとされ（いわゆる「法律の先占論」），「上乗せ条例」（法律よりも厳格な基準を定める条例），「横出し条例」（法律の定めのない事項につき法律と同程度の基準を定める条例），「異目的条例」（法律が規制する事項と同一の事項につき，法律とは異なる目的で規制する条例）などはすべて違法であるとみられていた。しかし，この考え方に対しては，地方自治を過剰に制約するものであるとする批判が強くなり，法令と条例が明らかに矛盾する場合を除いては，地域の自主性や特異性をできる限り尊重する方向で，両者の関係を解釈すべきであるとする見解が有力となってきている。

　第6章 4 2で触れた「徳島市公安条例事件」の最高裁判決（最大判昭50・9・10刑集29・8・489）は，国の法令（道路交通法）に定める要件を条例（公安条例）でより厳格に定めることが認められるかどうかにつき，次のように判示している。「条例が国の法令に違反するかどうかは，両者の対象事項と規定文言を対比するのみでなく，それぞれの趣旨，目的，内容及び効果を比較し，両者の間に矛盾抵触があるかどうかによってこれを決しなければならない。例えば，ある事項について国の法令中にこれを規律する明文の規定がない場合でも，当該法令全体からみて，右規定の欠如が特に当該事項についていかなる規制をも施すことなく放置すべきものとする趣旨であると解されるときは，これについて規律を設ける条例の規定は国の法令に違反することとなりうるし，逆に，特定事項についてこれを規律する国の法令と条例とが併存する場合でも，後者が前者とは別の目的に基づく規律を意図するものであり，その適用によって前者の規定の意図する目的と効果をなんら阻害することがないときや，両者が同一の目的に出たものであつても，国の法令が必ずしもその規定によつて全国的に一律に同一内容の規制を施す趣旨ではなく，それぞれの普通地方公共団体において，その地方の実情に応じて，別段の規制を施すことを容認する趣旨であると解されるときは，国の法令と条例との間にはなんらの矛盾抵触はなく，条例が国の法令に違反する問題は生じえない」。

　憲法上の法律の留保事項　憲法は，一定の事項に関する規律をもっぱら法律の形

式で定めるべきことを明記しているが，財産権（憲29②），刑罰（憲31）および租税（憲84）については，実際には，条例による規律も行われているため，その合憲性が問題となる。

(1) **財産権法定主義と条例**　憲法29条2項は，財産権に対する規制は法律によらなければならない旨を定めているが，実際には，条例による規制も広範に行われている。第7章3 3で触れた「奈良県ため池条例事件」で，最高裁（最大判昭38・6・26刑集17・5・521）は，「ため池の破損，決かいの原因となるため池の堤とうの使用行為は，憲法でも，民法でも適法な財産権の行使として保障されていないものであつて，憲法，民法の保障する財産権の行使の埒外にあるものというべく，従つて，これらの行為を条例をもつて禁止，処罰しても憲法および法律に牴触またはこれを逸脱するものとはいえないし，また右条項に規定するような事項を，既に規定していると認むべき法令は存在していないのであるから，これを条例で定めたからといつて，違憲または違法の点は認められない」として，条例による財産権規制を認めている。

(2) **罪刑法定主義と条例**　憲法31条は，いわゆる罪刑法定主義を定めているが，地方自治法14条3項は，「普通地方公共団体は，……その条例中に，条例に違反した者に対し，二年以下の懲役若しくは禁錮，百万円以下の罰金，拘留，科料若しくは没収の刑又は五万円以下の過料を科する旨の規定を設けることができる」（各刑罰の意義については，第8章1 I註7および第14章1 2註1～3を参照されたい。）として，刑罰の定めを条例に授権（委任）している。同条項の合憲性が争点となった「大阪市売春取締条例事件」で，最高裁（最大判昭37・5・30刑集16・5・577）は，「憲法31条はかならずしも刑罰が法律そのもので定められなければならないとするものでなく，法律の授権によつてそれ以下の法令によつて定めることもできる」としたうえで，「条例は，……公選の議員をもつて組織する地方公共団体の議会の議決を経て制定される法律に類するものであるから，条例によつて刑罰を定める場合には，法律の授権が相当な程度に具体的であり，限定されておればたりると解するのが正当である」と判示している。

(3) **租税法律主義と条例**　憲法84条に定める租税法律主義との関係では，条例による租税の賦課徴収を前提とした地方税法3条の合憲性が，理論上，問題となりうるが，現時点で，同条の合憲性が争われた判例は存在しない。

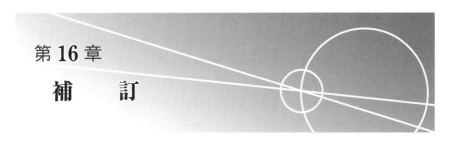

第16章 補訂

第2章 天皇

(p.33) 補訂1 平成天皇の譲位

2017（平成29）年6月16日に「天皇の退位等に関する皇室典範特例法」が公布され，平成天皇の場合に限り，「皇室典範（昭和22年法律第3号）第4条の規定の特例として，天皇陛下の退位及び皇嗣の即位を実現する」（同法1条）こととなった。退位の日程については，2017（平成29）年12月1日に開催された皇室会議で，「2019年4月30日に天皇陛下が退位し，5月1日に皇太子徳仁親王殿下が即位し，新元号への改元を行う」とすることで意見がまとまり，12月8日にその旨が閣議決定された。この退位は，あくまで特例なので，崩因主義をはじめ皇室典範所定の諸原則自体が変更されたわけではない。

第3章 戦争の放棄

(p.59) 補訂2 「傍論」とは？

裁判所の判決文は，まず主文（たとえば損害賠償請求訴訟であれば，賠償を認めるか，認めないかという結論部分を簡潔に示すもの）が最初に来て，その後，判決理由が述べられるという形式をとる。判決理由のうち，主文の結論を導くのに直接関係のある核心部分は，レイシオ・デシデンダイ（ratio decidendi）といわれ，その部分が，いわゆる判例として，その後の裁判に対しても事実上の拘束力をもつ。しかし，ときに裁判官は，主文の結論を導くのに直接関係のない事柄について，付随的に意見を述べることがある。その意見表明の部分は傍論（オビタ・ディクタム obiter dictum）といわれ，判例としての拘束力をもたない。

(p. 72) 補訂3　集団的自衛権をめぐる政府解釈の変更

　2014（平成26）年7月1日，第二次安倍内閣は，「国の存立を全うし，国民を守るための切れ目のない安全保障法制の整備について」と題する閣議決定により，集団的自衛権の限定的行使を容認する方向で，政府解釈の変更を行った。すなわち，「いかなる事態においても国民の命と平和な暮らしを断固として守り抜くとともに，国際協調主義に基づく『積極的平和主義』の下，国際社会の平和と安定にこれまで以上に積極的に貢献するためには，切れ目のない対応を可能とする国内法制を整備しなければならない」ところ，「我が国を取り巻く安全保障環境が根本的に変容し，変化し続けている状況を踏まえれば，今後他国に対して発生する武力攻撃であったとしても，その目的，規模，態様等によっては，我が国の存立を脅かすことも現実に起こり得る」との認識に立ち，「現在の安全保障環境に照らして慎重に検討した結果，我が国に対する武力攻撃が発生した場合のみならず，我が国と密接な関係にある他国に対する武力攻撃が発生し，これにより我が国の存立が脅かされ，国民の生命，自由及び幸福追求の権利が根底から覆される明白な危険がある場合において，これを排除し，我が国の存立を全うし，国民を守るために他に適当な手段がないときに，必要最小限度の実力を行使することは，従来の政府見解の基本的な論理に基づく自衛のための措置として，憲法上許容されると考えるべきであると判断するに至った」としたのである。

　上記に示された，武力行使が容認されるための3つの要件——①我が国と密接な関係にある他国に対する武力攻撃が発生し，これにより我が国の存立が脅かされ，国民の生命，自由及び幸福追求の権利が根底から覆される明白な危険があること，②危険を排除し，我が国の存立を全うし，国民を守るために他に適当な手段がないこと，③必要最小限度の実力行使にとどまること——は，「武力行使の新3要件」と呼ばれている。

(p. 76) 補訂4　平和安全法制

　2014（平成26）年7月1日の閣議決定を受け，集団的自衛権の限定的行使の容認を前提とした安全保障法制の整備がすすめられ，翌2015（平成27）年9月19日に，二つの法律——「我が国及び国際社会の平和及び安全の確保に資するための自衛隊法等の一部を改正する法律」（以下「平和安全法制整備法」という。）および「国際平和共同

対処事態に際して我が国が実施する諸外国の軍隊等に対する協力支援活動等に関する法律（以下「国際平和支援法」という。）――が成立した。政府はこれらを「平和安全法制」と呼んでいる。

　このうち平和安全法制整備法は、既存の10本の安全保障関連法を改正するものである[1]。集団的自衛権の限定的行使を可能にする「武力行使の新3要件」は、武力攻撃事態等及び存立危機事態における我が国の平和及び独立並びに国及び国民の安全の確保に関する法律において、存立危機事態への対処という形で規定された。すなわち、第1要件である存立危機事態を「我が国と密接な関係にある他国に対する武力攻撃が発生し、これにより我が国の存立が脅かされ、国民の生命、自由及び幸福追求の権利が根底から覆される明白な危険がある事態」（2条1項4号）と定義し、第2要件を「我が国の存立を全うし、国民を守るために他に適当な手段がなく、事態に対処するため武力の行使が必要であると認められる」（9条2項1号ロ）場合と表現し、第3要件として「武力の行使は、事態に応じ合理的に必要と判断される限度においてなされなければならない」（3条3項4号）という制約を定めている。

　一方、国際平和支援法は、「国際社会の平和及び安全を脅かす事態であって、その脅威を除去するために国際社会が国際連合憲章の目的に従い共同して対処する活動を行い、かつ、我が国が国際社会の一員としてこれに主体的かつ積極的に寄与する必要があるもの（以下「国際平和共同対処事態」という。）に際し、当該活動を行う諸外国

---

[1] ①自衛隊法、②国際連合平和維持活動等に対する協力に関する法律、③重要影響事態に際して我が国の平和及び安全を確保するための措置に関する法律（旧「周辺事態に際して我が国の平和及び安全を確保するための措置に関する法律」を題名変更）、④重要影響事態等に際して実施する船舶検査活動に関する法律（旧「周辺事態に際して実施する船舶検査活動に関する法律」を題名変更）、⑤武力攻撃事態等及び存立危機事態における我が国の平和及び独立並びに国及び国民の安全の確保に関する法律（旧「武力攻撃事態等における我が国の平和と独立並びに国及び国民の安全の確保に関する法律」を題名変更）、⑥武力攻撃事態等及び存立危機事態におけるアメリカ合衆国等の軍隊の行動に伴い我が国が実施する措置に関する法律（旧「武力攻撃事態等におけるアメリカ合衆国の軍隊の行動に伴い我が国が実施する措置に関する法律」を題名変更）、⑦武力攻撃事態等における特定公共施設等の利用に関する法律、⑧武力攻撃事態及び存立危機事態における外国軍用品等の海上輸送の規制に関する法律（旧「武力攻撃事態における外国軍用品等の海上輸送の規制に関する法律」を題名変更）、⑨武力攻撃事態及び存立危機事態における捕虜等の取扱いに関する法律（旧「武力攻撃事態における捕虜等の取扱いに関する法律」を題名変更）、⑩国家安全保障会議設置法。

の軍隊等に対する協力支援活動等を行うことにより，国際社会の平和及び安全の確保に資すること」（1条）を目的とする新たな恒久法である。同法の成立により，ケースごとに特別措置法等を制定しなくても，軍事行動をしている米軍や多国籍軍に対し，自衛隊が，現に戦闘行為が行われている現場以外のところで協力支援活動（＝後方支援）や捜索救助活動を行うことができるようになった（2条3項）。

第4章　個人の尊重と幸福追求権

(p.90) 補訂5　住基ネット訴訟（最一判平 20・3・6 民集 62・3・665）

　行政機関が住民基本台帳ネットワークシステムにより個人情報を収集，管理または利用する行為が人格権侵害に当たるとする訴えに対し，最高裁は，そのような行為は個人に関する情報をみだりに第三者に開示または公表するものということはできず，当該個人がこれに同意していないとしても，憲法13条により保障された上記の自由を侵害するものではないとした。

> **判例**
>
> 住基ネット訴訟（最一判平 20・3・6 民集 62・3・665）
>
> 　Xらは，行政機関が住民基本台帳ネットワークシステム（以下「住基ネット」という。）によりXらの個人情報を収集，管理または利用（以下，併せて「管理，利用等」という。）することは，憲法13条の保障するプライバシー権その他の人格権を違法に侵害するものであるなどと主張して，住民基本台帳を保管するY市に対し，人格権に基づく妨害排除請求として，住民基本台帳からのXらの住民票コードの削除を求めた。
>
> 　一審（大阪地判平16・2・27判時1857・92）はXらの請求を棄却したが，二審（大阪高判平18・11・30判時1857・92）は，「自己の私的事柄に関する情報の取扱いについて自ら決定する利益（自己情報コントロール権）は，人格権の一内容であるプライバシーの権利として，憲法13条によって保障されて」おり，本人確認情報もその対象となるとしたうえで，「個々の住民の多くのプライバシー情報が住民票コードを付されて集積され，それがデータマッチングされ，本人の予期しないときに予期しない範囲で行政機関に保有され，利用される具体的な危険が生じている」ことから，「住基ネットは，その行政目的実現手段として合理性を有しない」のであり，Xらの自己情報コントロール権を侵害するとして，住民票コードの削除請求を認容した

ため，Y市が上告した。

　最高裁は，次のように述べて，原判決中の上告人敗訴部分を破棄した。

　「憲法13条は，国民の私生活上の自由が公権力の行使に対しても保護されるべきことを規定しているものであり，個人の私生活上の自由の一つとして，何人も，個人に関する情報をみだりに第三者に開示又は公表されない自由を有するものと解される。」

　「住基ネットによって管理，利用等される本人確認情報は，……いずれも，個人の内面に関わるような秘匿性の高い情報とはいえない。……住民票コードは，住基ネットによる本人確認情報の管理，利用等を目的として，都道府県知事が無作為に指定した数列の中から市町村長が一を選んで各人に割り当てたものであるから，……その秘匿性の程度は本人確認情報と異なるものではない。」

　「住基ネットによる本人確認情報の管理，利用等は，法令等の根拠に基づき，住民サービスの向上及び行政事務の効率化という正当な行政目的の範囲内で行われているものということができる。……住基ネットにシステム技術上又は法制度上の不備があり，そのために本人確認情報が法令等の根拠に基づかずに又は正当な行政目的の範囲を逸脱して第三者に開示又は公表される具体的な危険が生じているということもできない。」

　「そうすると，行政機関が住基ネットにより住民である被上告人らの本人確認情報を管理，利用等する行為は，個人に関する情報をみだりに第三者に開示又は公表するものということはできず，当該個人がこれに同意していないとしても，憲法13条により保障された上記の自由を侵害するものではないと解するのが相当である。」

(p.92) 補訂6　少年法61条推知報道禁止事件（最二判平15・3・14民集57・3・229）

　係属中の少年事件の裁判の様子等を仮名を用いて雑誌に掲載する行為は，少年法61条が禁止する推知報道に当たり，名誉を毀損されプライバシーを侵害されたとする訴えに対し，最高裁は，推知報道に当たるかどうかは，その記事等により，不特定多数の一般人がその者を当該事件の本人であると推知することができるかどうかを基準にして判断すべきであるが，本件記事はそれに該当しないとした。また，名誉毀損やプライバシー侵害の不法行為が成立するか否かは，被侵害利益ごとに違法性阻却事由の有無等を審理し，個別具体的に判断すべきであるとした。

判例

少年法 61 条推知報道禁止事件（最二判平 15・3・14 民集 57・3・229）

出版社Yは、殺人、強盗殺人、死体遺棄等により起訴された少年X（当時18歳）の裁判の係属中に、仮名を用いて法廷での様子、犯行態様、経歴、交友関係等を雑誌に掲載した。そこでXは、Yの掲載した記事が少年法61条が禁止する推知報道に当たり、名誉を毀損され、プライバシーを侵害されたとして、Yに対し、不法行為に基づく損害賠償を求めた。

一審（名古屋地判平 11・6・30 判時 1688・151）は、本人と推知できる記事を掲載されない利益よりも明らかに社会的利益の擁護が強く優先されるとは認められないとして、請求の一部を認容し、二審（名古屋高判平 12・6・29 判時 1736・35）も控訴を棄却したため、Yが上告した。

最高裁は、次のように述べて、原判決中の上告人敗訴部分を破棄し、原審に差し戻した。

「少年法61条に違反する推知報道かどうかは、その記事等により、不特定多数の一般人がその者を当該事件の本人であると推知することができるかどうかを基準にして判断すべきところ、本件記事は、被上告人について、当時の実名と類似する仮名が用いられ、その経歴等が記載されているものの、被上告人と特定するに足りる事項の記載はないから、被上告人と面識等のない不特定多数の一般人が、本件記事により、被上告人が当該事件の本人であることを推知することができるとはいえない。したがって、本件記事は、少年法61条の規定に違反するものではない。」

「本件記事が被上告人の名誉を毀損し、プライバシーを侵害する内容を含むものとしても、本件記事の掲載によって上告人に不法行為が成立するか否かは、被侵害利益ごとに違法性阻却事由の有無等を審理し、個別具体的に判断すべきものである」。しかし、「原審は、これと異なり、本件記事が少年法61条に違反するものであることを前提とし、同条によって保護されるべき少年の権利ないし法的利益よりも、明らかに社会的利益を擁護する要請が強く優先されるべきであるなどの特段の事情が存する場合に限って違法性が阻却されると解すべきであるが、本件についてはこの特段の事情を認めることはできないとして、……個別具体的な事情を何ら審理判断することなく、上告人の不法行為責任を肯定した。この原審の判断には、審理不尽の結果、判決に影響を及ぼすことが明らかな法令の違反がある。」

第5章　法の下の平等

(p.117)　補訂7　100日を超える再婚禁止期間違憲判決（最大判平27・12・16裁時1642・1）

　女性のみに6か月の再婚禁止期間を定めている民法733条1項は憲法14条1項・24条2項に違反するとし，同規定を改廃する立法措置をとらなかったこと（立法不作為の違法）を理由に，国に対し国家賠償法1条1項に基づく損害賠償を求めた事案で，最高裁は，医療や科学技術が発達した今日の状況等に照らし，本件規定のうち100日超過部分は合理性を欠いた過剰な制約を課すもので違憲であるとの判断を示しつつ，本件規定を改廃しなかった立法不作為は，国家賠償法1条1項の適用上違法の評価を受けるものではないとした。

> 判例
>
> 再婚禁止期間違憲訴訟（最大判平27・12・16裁時1642・1）
>
> 　原告Xは，女性について6か月の再婚禁止期間を定める民法733条1項は，憲法14条1項および憲法24条2項に違反すると主張し，前記規定を改廃する立法措置をとらなかった立法不作為の違法を理由に，被告Y（国）に対し，国家賠償法1条1項に基づく損害賠償を求めた。一審・二審ともXの請求が棄却されたため，Xが上告した。
>
> 　最高裁は，次のように述べて，6か月の再婚禁止期間を定める民法733条1項の規定のうち100日を超える部分が憲法に違反するとしつつも，国家賠償法に基づく損害賠償を認めず，上告を棄却した。
>
> 　「憲法14条1項は，……事柄の性質に応じた合理的な根拠に基づくものでない限り，法的な差別的取扱いを禁止する趣旨のものである……。そして，本件規定〔民法733条1項〕は，女性についてのみ前婚の解消又は取消しの日から6箇月の再婚禁止期間を定めており，これによって，再婚をする際の要件に関し男性と女性とを区別しているから，このような区別をすることが事柄の性質に応じた合理的な根拠に基づくものと認められない場合には，本件規定は憲法14条1項に違反することになると解するのが相当である。」
>
> 　「本件規定の立法目的は，女性の再婚後に生まれた子につき父性の推定の重複を回避し，もって父子関係をめぐる紛争の発生を未然に防ぐことにあると解するのが相当であり……父子関係が早期に明確となることの重要性に鑑みると，この

ような立法目的には合理性を認めることができる。」

「民法772条2項は、『婚姻の成立の日から二百日を経過した後又は婚姻の解消若しくは取消しの日から三百日以内に生まれた子は、婚姻中に懐胎したものと推定する。』と規定して、出産の時期から逆算して懐胎の時期を推定し、その結果婚姻中に懐胎したものと推定される子について、同条1項が『妻が婚姻中に懐胎した子は、夫の子と推定する。』と規定している。そうすると、女性の再婚後に生まれる子については、計算上100日の再婚禁止期間を設けることによって、父性の推定の重複が回避されることになる。夫婦間の子が嫡出子となることは婚姻による重要な効果であるところ、嫡出子について出産の時期を起点とする明確で画一的な基準から父性を推定し、父子関係を早期に定めて子の身分関係の法的安定を図る仕組みが設けられた趣旨に鑑みれば、父性の推定の重複を避けるため上記の100日について一律に女性の再婚を制約することは、婚姻及び家族に関する事項について国会に認められる合理的な立法裁量の範囲を超えるものではなく、上記立法目的との関連において合理性を有するものということができる。」

「よって、本件規定のうち100日の再婚禁止期間を設ける部分は、憲法14条1項にも、憲法24条2項にも違反するものではない。」

「これに対し、本件規定のうち100日超過部分については、民法772条の定める父性の推定の重複を回避するために必要な期間ということはできない。」

「医療や科学技術が発達した今日においては、上記のような各観点から、再婚禁止期間を厳密に父性の推定が重複することを回避するための期間に限定せず、一定の期間の幅を設けることを正当化することは困難になったといわざるを得ない。」

「我が国においては、社会状況及び経済状況の変化に伴い婚姻及び家族の実態が変化し、特に平成期に入った後においては、晩婚化が進む一方で、離婚件数及び再婚件数が増加するなど、再婚をすることについての制約をできる限り少なくするという要請が高まっている事情も認めることができる。」

「婚姻をするについての自由が憲法24条1項の規定の趣旨に照らし十分尊重されるべきものであることや妻が婚姻前から懐胎していた子を産むことは再婚の場合に限られないことをも考慮すれば、再婚の場合に限って、前夫の子が生まれる可能性をできるだけ少なくして家庭の不和を避けるという観点や、婚姻後に生まれる子の父子関係が争われる事態を減らすことによって、父性の判定を誤り血統に混乱が生ずることを避けるという観点から、厳密に父性の推定が重複することを回避するための期間を超えて婚姻を禁止する期間を設けることを正当化することは困難である。他にこれを正当化し得

る根拠を見いだすこともできないことからすれば，本件規定のうち100日超過部分は合理性を欠いた過剰な制約を課すものとなっているというべきである。」

「以上を総合すると，本件規定のうち100日超過部分は，遅くとも上告人が前婚を解消した日から100日を経過した時点までには，婚姻及び家族に関する事項について国会に認められる合理的な立法裁量の範囲を超えるものとして，その立法目的との関連において合理性を欠くものになっていたと解される。」

「本件規定は，……昭和22年民法改正当時においては100日超過部分を含め一定の合理性を有していたと考えられるものであるが，その後の我が国における医療や科学技術の発達及び社会状況の変化等に伴い，再婚後に前夫の子が生まれる可能性をできるだけ少なくして家庭の不和を避けるという観点や，父性の判定に誤りが生ずる事態を減らすという観点からは，本件規定のうち100日超過部分についてその合理性を説明することが困難になったものということができる。」

「平成7年には，当裁判所第三小法廷が，再婚禁止期間を廃止し又は短縮しない国会の立法不作為が国家賠償法1条1項の適用上違法の評価を受けるかが争われた事案において，国会が民法733条を改廃しなかったことにつき直ちにその立法不作為が違法となる例外的な場合に当たると解する余地のないことは明らかであるとの判断を示していた（平成7年判決）。これを受けた国会議員としては，平成7年判決が同条を違憲とは判示していないことから，本件規定を改廃するか否かについては，平成7年の時点においても，基本的に立法政策に委ねるのが相当であるとする司法判断が示されたと受け止めたとしてもやむを得ないということができる。」

「平成7年判決がされた後も，本件規定のうち100日超過部分については違憲の問題が生ずるとの司法判断がされてこなかった状況の下において，我が国における医療や科学技術の発達及び社会状況の変化等に伴い，平成20年当時において，本件規定のうち100日超過部分が憲法14条1項及び24条2項に違反するものとなっていたことが，国会にとって明白であったということは困難である。」

「以上によれば，上記当時においては本件規定のうち100日超過部分が憲法に違反するものとなってはいたものの，これを国家賠償法1条1項の適用の観点からみた場合には，憲法上保障され又は保護されている権利利益を合理的な理由なく制約するものとして憲法の規定に違反することが明白であるにもかかわらず国会が正当な理由なく長期にわたって改廃等の立法措置を怠っていたと評価することはできない。したがって，本件立法不作為は，国家賠償法1条1項の適用上違法の評価を受けるものではないというべきである。」

(p. 121) 補訂8 非嫡出子法定相続分差別違憲決定（最大決平25・9・4民集67・6・1320）と民法改正

　非嫡出子の法定相続分を嫡出子の2分の1としていた民法900条4号ただし書き前段は憲法14条1項に違反し無効であるとの主張に対し，最高裁は，父母が婚姻関係になかったという，子にとって自ら選択ないし修正する余地のない事柄を理由としてその子に不利益を及ぼすことは許されないとして，本件規定は，遅くとも平成13年7月当時において憲法14条1項に違反していたとしたが，この違憲判断は，本件規定を前提として確定的なものとなった法律関係に影響を及ぼすものではないとした。

　この決定を受け，本件規定は2013（平成25）年12月の民法改正により削除された（平25法94）。

判例

非嫡出子相続分差別事件（最大決平25・9・4民集67・6・1320）

　平成13年7月に死亡したAの遺産につき，Aの嫡出子であるXらが，Aの嫡出でない子であるYらに対し，遺産の分割の審判を申し立てた際に，Yらが，非嫡出子の法定相続分を嫡出子の2分の1としていた民法900条4号ただし書き前段の規定は憲法14条1項に違反し無効であると主張した。

　一審（東京家審判平24・3・26金融・商事判例1425・30）は最高裁判例（最大決平7・7・5民集49・7・1789）を援用して当該規定を合憲とし，抗告審（東京高決平24・6・22金融・商事判例1425・29）もYらの主張を退けたため，Yはこれを不服として最高裁に特別抗告を行った。

　最高裁は，裁判官の全員一致で，次のように述べて当該規定を違憲とし，原決定を破棄して本件を東京高等裁判所に差し戻した。

　「憲法14条1項は，法の下の平等を定めており，この規定が，事柄の性質に応じた合理的な根拠に基づくものでない限り，法的な差別的取扱いを禁止する趣旨のものであると解すべきことは，当裁判所の判例とするところである。」

　「相続制度を定めるに当たっては，それぞれの国の伝統，社会事情，国民感情なども考慮されなければならない。さらに，現在の相続制度は，家族というものをどのように考えるかということと密接に関係しているのであって，その国における婚姻ないし親子関係に対する規律，国民の意識等を離れてこれを定めることはできない。これらを総合的に考慮した上で，相続制度をどのように定めるかは，立法府の合理的な裁量判断に委ねられているものというべきである。この事件で

問われているのは、このようにして定められた相続制度全体のうち、本件規定により嫡出子と嫡出でない子との間で生ずる法定相続分に関する区別が、合理的理由のない差別的取扱いに当たるか否かということであり、立法府に与えられた上記のような裁量権を考慮しても、そのような区別をすることに合理的な根拠が認められない場合には、当該区別は、憲法14条1項に違反するものと解するのが相当である。」

平成7年の大法廷決定は、「本件規定を含む法定相続分の定めが、法定相続分のとおりに相続が行われなければならないことを定めたものではなく、遺言による相続分の指定等がない場合などにおいて補充的に機能する規定であることをも考慮事情とした上、前記2と同旨の判断基準の下で、嫡出でない子の法定相続分を嫡出子のそれの2分の1と定めた本件規定につき、『民法が法律婚主義を採用している以上、法定相続分は婚姻関係にある配偶者とその子を優遇してこれを定めるが、他方、非嫡出子にも一定の法定相続分を認めてその保護を図ったものである』とし、その定めが立法府に与えられた合理的な裁量判断の限界を超えたものということはできないのであって、憲法14条1項に反するものとはいえないと判断した。」

「しかし、法律婚主義の下においても、嫡出子と嫡出でない子の法定相続分をどのように定めるかということについては、前記2で説示した事柄を総合的に考慮して決せられるべきものであり、また、これらの事柄は時代と共に変遷するものでもあるから、その定めの合理性については、個人の尊厳と法の下の平等を定める憲法に照らして不断に検討され、吟味されなければならない。」

「昭和22年民法改正時から現在に至るまでの間の社会の動向、我が国における家族形態の多様化やこれに伴う国民の意識の変化、諸外国の立法のすう勢及び我が国が批准した条約の内容とこれに基づき設置された委員会からの指摘、嫡出子と嫡出でない子の区別に関わる法制等の変化、更にはこれまでの当審判例における度重なる問題の指摘等を総合的に考察すれば、家族という共同体の中における個人の尊重がより明確に認識されてきたことは明らかであるといえる。そして、法律婚という制度自体は我が国に定着しているとしても、上記のような認識の変化に伴い、上記制度の下で父母が婚姻関係になかったという、子にとっては自ら選択ないし修正する余地のない事柄を理由としてその子に不利益を及ぼすことは許されず、子を個人として尊重し、その権利を保障すべきであるという考えが確立されてきているものということができる。」

「以上を総合すれば、遅くともAの相続が開始した平成13年7月当時においては、立法府の裁量権を考慮しても、嫡出子と嫡出でない子の法定相続分を区別する合理的な根拠は失われていたという

べきである。」

「したがって、本件規定は、遅くとも平成13年7月当時において、憲法14条1項に違反していたものというべきである。」

ただし、「本決定は、本件規定が遅くとも平成13年7月当時において憲法14条1項に違反していたと判断するもの」であって、平成7年大法廷決定など、それより前の合憲判断を変更するものではない。また平成13年7月以降であっても、「本決定の違憲判断が、先例としての事実上の拘束性という形で既に行われた遺産の分割等の効力にも影響し、いわば解決済みの事案にも効果が及ぶとすることは、著しく法的安定性を害することになる」ので、「既に関係者間において

裁判、合意等により確定的なものとなったといえる法律関係までをも現時点で覆すことは相当ではないが、関係者間の法律関係がそのような段階に至っていない事案であれば、本決定により違憲無効とされた本件規定の適用を排除した上で法律関係を確定的なものとするのが相当であるといえる。」

「したがって、本決定の違憲判断は、Aの相続の開始時から本決定までの間に開始された他の相続につき、本件規定を前提としてされた遺産の分割の審判その他の裁判、遺産の分割の協議その他の合意等により確定的なものとなった法律関係に影響を及ぼすものではないと解するのが相当である。」

(p.131) 補訂9 衆院選「一票の較差」違憲判決（最大判平23・3・23民集65・2・755）と「0増5減」の法改正

2009（平成21）年の衆院選をめぐる選挙無効請求訴訟で、ついに最高裁は「1人別枠方式」に違憲の判断を下すこととなった。

最高裁は、区割基準のうち「1人別枠方式」に係る部分と、それに基づく選挙区割りは、「投票価値の平等と相容れない作用を及ぼすものとして、それ自体、憲法の投票価値の平等の要求に反する状態に至っていた」とした。その一方で、「合理的期間内における是正がなされなかったとはいえない」ことを理由に、区割基準規定と区割規定は憲法違反とせず、選挙も無効とはしなかった。

しかし、最大2.304倍の較差が「違憲状態」であったことを明確に認めただけでなく、「できるだけ速やかに本件区割基準中の1人別枠方式を廃止し、……投票価値の平等の要請にかなう立法的措置を講ずる必要がある」と国会に対する勧告をも発したこの判決を受けて、1人別枠方式にかかる規定は2012（平成24）年12月に削除され、いわゆる「0増5減」の区割り変更が行われた。

第16章 補訂

判例

1 人別枠方式訴訟（最大判平23・3・23民集65・2・755）

2009（平成21）年8月30日に施行された衆議院議員総選挙に関し、東京都内の複数の選挙区の選挙人らが選挙無効訴訟を提起し、小選挙区選出議員の選挙区割り等が憲法14条1項等に違反し、これに基づいて施行された選挙も無効であると主張した。

一審（東京高判平22・2・24判例地方自治342・30）は、本件選挙当時の本件区割規定を憲法に違反するものと断定することはできないことを理由に、原告らの請求を棄却したため、原告らは最高裁に上告した。

最高裁は、次のように述べて、上告を棄却した。

「憲法は、選挙権の内容の平等、換言すれば投票価値の平等を要求しているものと解される。しかしながら、投票価値の平等は、選挙制度の仕組みを決定する絶対の基準ではなく、国会が正当に考慮することのできる他の政策的目的ないし理由との関連において調和的に実現されるべきものであり、国会が具体的に定めたところがその裁量権の行使として合理性を有するものである限り、それによって投票価値の平等が一定の限度で譲歩を求められることになっても、やむを得ないものと解される。」

「そして、憲法は、衆議院議員の選挙につき全国を多数の選挙区に分けて実施する制度が採用される場合には、選挙制度の仕組みのうち定数配分及び選挙区割りを決定するについて、議員1人当たりの選挙人数又は人口ができる限り平等に保たれることを最も重要かつ基本的な基準とすることを求めているというべきであるが、それ以外の要素も合理性を有する限り国会において考慮することを許容しているものといえる。」

「他方、同条2項においては、前記のとおり1人別枠方式が採用されており、この方式については、……相対的に人口の少ない県に定数を多めに配分し、人口の少ない県に居住する国民の意思をも十分に国政に反映させることができるようにすることを目的とする旨の説明がされている。しかし、この選挙制度によって選出される議員は、いずれの地域の選挙区から選出されたかを問わず、全国民を代表して国政に関与することが要請されているのであり、相対的に人口の少ない地域に対する配慮はそのような活動の中で全国的な視野から法律の制定等に当たって考慮されるべき事柄であって、地域性に係る問題のために、殊更にある地域（都道府県）の選挙人と他の地域（都道府県）の選挙人との間に投票価値の不平等を生じさせるだけの合理性があるとはいい難い。しかも、本件選挙時には、1人別枠方式の下でされた各都道府県への定数配分の段階で、既に各都道府県間の投票価値にほぼ2倍の最大較差が生ずる

など，1人別枠方式が……選挙区間の投票価値の較差を生じさせる主要な要因となっていたことは明らかである。1人別枠方式の意義については，人口の少ない地方における定数の急激な減少への配慮という立法時の説明にも一部うかがわれるところであるが，既に述べたような我が国の選挙制度の歴史，とりわけ人口の変動に伴う定数の削減が著しく困難であったという経緯に照らすと，新しい選挙制度を導入するに当たり，直ちに人口比例のみに基づいて各都道府県への定数の配分を行った場合には，人口の少ない県における定数が急激かつ大幅に削減されることになるため，国政における安定性，連続性の確保を図る必要があると考えられたこと，何よりもこの点への配慮なくしては選挙制度の改革の実現自体が困難であったと認められる状況の下で採られた方策であるということにあるものと解される。」

「そうであるとすれば，1人別枠方式は，おのずからその合理性に時間的な限界があるものというべきであり，新しい選挙制度が定着し，安定した運用がされるようになった段階においては，その合理性は失われるものというほかはない。」

「本件選挙時においては，本件選挙制度導入後の最初の総選挙が平成8年に実施されてから既に10年以上を経過しており，その間に，区画審設置法所定の手続に従い，同12年の国勢調査の結果を踏まえて同14年の選挙区の改定が行わ

れ，更に同17年の国勢調査の結果を踏まえて見直しの検討がされたが選挙区の改定を行わないこととされており，既に上記改定後の選挙区の下で2回の総選挙が実施されていたなどの事情があったものである。これらの事情に鑑みると，本件選挙制度は定着し，安定した運用がされるようになっていたと評価することができるのであって，もはや1人別枠方式の上記のような合理性は失われていたものというべきである。加えて，本件選挙区割りの下で生じていた選挙区間の投票価値の較差は，……その当時，最大で2.304倍に達し，較差2倍以上の選挙区の数も増加してきており，1人別枠方式がこのような選挙区間の投票価値の較差を生じさせる主要な要因となっていたのであって，その不合理性が投票価値の較差としても現れてきていたものということができる。そうすると，本件区割基準のうち1人別枠方式に係る部分は，遅くとも本件選挙時においては，その立法時の合理性が失われたにもかかわらず，投票価値の平等と相容れない作用を及ぼすものとして，それ自体，憲法の投票価値の平等の要求に反する状態に至っていたものといわなければならない。そして，本件選挙区割りについては，本件選挙時において上記の状態にあった1人別枠方式を含む本件区割基準に基づいて定められたものである以上，これもまた，本件選挙時において，憲法の投票価値の平等の要求に反する状態に至っていたものと

第 16 章 補訂

> 「しかしながら、前掲平成19年6月13日大法廷判決において、平成17年の総選挙の時点における1人別枠方式を含む本件区割基準及び本件選挙区割りについて、前記のようにいずれも憲法の投票価値の平等の要求に反するに至っていない旨の判断が示されていたことなどを考慮すると、本件選挙までの間に本件区割基準中の1人別枠方式の廃止及びこれを前提とする本件区割規定の是正がされなかったことをもって、憲法上要求される合理的期間内に是正がされなかったものということはできない。」
>
> 「本件選挙時において、本件区割基準規定の定める本件区割基準のうち1人別枠方式に係る部分は、憲法の投票価値の平等の要求に反するに至っており、同基準に従って改定された本件区割規定の定める本件選挙区割りも、憲法の投票価値の平等の要求に反するに至っていたものではあるが、いずれも憲法上要求される合理的期間内における是正がされなかったとはいえ、本件区割基準規定及び本件区割規定が憲法14条1項等の憲法の規定に違反するものということはできない。」
>
> 「事柄の性質上必要とされる是正のための合理的期間内に、できるだけ速やかに本件区割基準中の1人別枠方式を廃止し、区画審設置法3条1項の趣旨に沿って本件区割規定を改正するなど、投票価値の平等の要請にかなう立法的措置を講ずる必要があるところである。」

なお、「0増5減」の法改正が成立した2012（平成24）年11月16日と同日に解散された衆議院の総選挙（12月16日）は、（違憲状態とされた）2009（平成21）年総選挙と同一の選挙区割りのまま施行された。その結果、最大較差は2009（平成21）年当時の2.304倍から2.425倍に拡大していたため、全国各地の有権者が、小選挙区の区割りが違憲であるとして選挙無効訴訟を提起した。

そのうち、東京および神奈川の計7選挙区の有権者が提起した訴訟の上告審判決（最大判平25・11・20民集67・8・1503）で、最高裁は、本件選挙については、「国会における是正の実現に向けた取組が平成23年大法廷判決の趣旨を踏まえた立法裁量権の行使として相当なものでなかったということはできず、本件において憲法上要求される合理的期間を徒過したものと断ずることはできない」から、「本件区割規定が憲法14条1項等の憲法の規定に違反するものということはできない」と判示した。

このように、何十年もの長きにわたって繰り返し提起されてきた「一票の較差」裁判を通じて、衆議院選挙における較差が2倍を超えると違憲状態となるという法理は

確立された。しかし，その一方で，国会は，行政区画など投票価値の平等以外の要素を考慮することができ，この点を勘案してもなお不合理があり，かつ，是正に必要な合理的期間が経過している場合にのみ，立法裁量が違憲とされるという，昭和51年判決以来の判断枠組み自体は一貫して踏襲されてきたとみることができよう。

(p.133) 補訂10 参議院議員定数不均衡「違憲状態」判決（最大判平24・10・17民集66・10・3357）

2010（平成22）年7月11日に実施された参議院議員通常選挙について，東京都選挙区の選挙人らが，公職選挙法に定める参議院選挙区選出議員の定数配分が憲法15条1項・14条1項・44条ただし書きに違反し，本件選挙は無効であると主張し，選挙無効確認訴訟を提起したが，一審（東京高判平22・11・17判時2098・24判タ1339・71）は，当時の最大較差1対5.00は「違憲の問題が生ずる程度の著しい不平等状態であるとまではいえない」としたため，原告が上告した。

最高裁は，「本件選挙当時，前記の較差が示す選挙区間における投票価値の不均衡は，投票価値の平等の重要性に照らしてもはや看過し得ない程度に達しており，これを正当化すべき特別の理由も見いだせない以上，違憲の問題が生ずる程度の著しい不平等状態に至っていたというほかはない」として，1対5.00の較差を違憲状態と判断しつつも，「本件選挙までの間に本件定数配分規定を改正しなかったことが国会の裁量権の限界を超えるものとはいえず，本件定数配分規定が憲法に違反するに至っていたということはできない」と述べた。

第6章 精神的自由権

(p.157) 補訂11 「砂川・空知太神社訴訟」の差戻し審判決

「砂川・空知太神社訴訟」で，最高裁は，違憲の判断をしながらも，鳥居等を撤去することは氏子集団の信教の自由を侵害することになることに配慮し，「このような違憲状態の解消には，神社施設を撤去し土地を明け渡す以外にも適切な手段があり得る」から，さらに審理を尽くすべきであるとして，本件を原審（控訴審）に差し戻した。

差戻し控訴審（札幌高判平22・12・6宗務時報113・99）の審理中に，市と神社の氏子集団が協議し，宗教的色彩の払拭や，市有地の一部を適正な賃料で氏子集団に貸与する

ことなどの方針を策定し、口頭弁論において市側がこれを表明した。これを受けて、差戻し控訴審は、そのような措置がなされれば「砂川市が本件神社物件の撤去を求めないことは違法ではない」と判示した。原告はこれを不服として最高裁に再上告したが、その上告審（最一判平24・2・16民集66・2・673）は、上述のような手段は、無償提供行為の違憲性を解消するための手段として合理的かつ現実的なものであり、同市が神社物件の撤去および市有地の明渡しの請求の方法を採らずに上記手段を実施することは、憲法89条・20条1項後段に違反しないとして、上告を棄却した。

(p.170) 補訂12 現行刑法175条（平23法74による改正後）

刑法175条 ① わいせつな文書、図画、電磁的記録に係る記録媒体その他の物を頒布（はんぷ）し、又は公然と陳列した者は、二年以下の懲役若しくは二百五十万円以下の罰金若しくは科料に処し、又は懲役及び罰金を併科（も）する。電気通信の送信によりわいせつな電磁的記録その他の記録を頒布（はんぷ）した者も、同様とする。
② 有償で頒布（はんぷ）する目的で、前項の物を所持し、又は同項の電磁的記録を保管した者も、同項と同様とする。

第7章 経済的自由権

(p.224) 補訂13 国籍法3条1項違憲判決（最大判平20・6・4民集62・6・1367）

　出生後に父から認知されたXが、法務大臣に国籍取得届を提出したところ、2008（平成20）年改正以前の国籍法3条1項[2)]が父母の婚姻により嫡出子の身分を取得したこと（準正要件）を国籍取得要件としていたことから、嫡出子でないことを理由に、国籍取得の要件を備えているとは認められないとの通知を受けたため、国籍法3条1項が憲法14条1項等に違反すること等を主張して、国に対し日本国籍を有することの確認を求めて提訴した。

　一審（東京地判平17・4・13判時1890・27判タ1175・106）は、国籍法3条1項は、「準正

---

2) 国籍法（旧）3条1項　父母の婚姻及びその認知により嫡出子たる身分を取得した子で二十歳未満のもの（日本国民であつた者を除く。）は、認知をした父又は母が現に日本国民であるとき、又はその死亡の時に日本国民であつたときは、法務大臣に届け出ることによつて、日本の国籍を取得することができる。

子」と、「父母が法律上の婚姻関係を成立させてはいないが内縁関係にある非嫡出子」との間で合理的な理由のない区別を生じさせている点において憲法14条1項に違反するとして、請求を認容したが、二審（東京高判平18・2・28家庭裁判月報58・6・47）は、国籍法3条1項の拡張ないし類推適用は許されず、Xの日本国籍取得は認められないとしたため、Xが上告した。

　最高裁は、「本件区別については、これを生じさせた立法目的自体に合理的な根拠は認められるものの、立法目的との間における合理的関連性は、我が国の内外における社会的環境の変化等によって失われており、今日において、国籍法3条1項の規定は、日本国籍の取得につき合理性を欠いた過剰な要件を課するものとなっているというべきである。しかも、本件区別については、……日本国民である父から出生後に認知されたにとどまる非嫡出子に対して、日本国籍の取得において著しく不利益な差別的取扱いを生じさせているといわざるを得ず、国籍取得の要件を定めるに当たって立法府に与えられた裁量権を考慮しても、この結果について、上記の立法目的との間において合理的関連性があるものということはもはやできない」とし、「本件区別は合理的な理由のない差別となっていたといわざるを得ず、国籍法3条1項の規定が本件区別を生じさせていることは、憲法14条1項に違反するものであったというべきである」と判示した。

　この違憲判決を受け、国籍法3条1項の「父母の婚姻及びその認知により嫡出子たる身分を取得した子」を「父又は母が認知した子」とする改正（平20法88）が行われた。

第8章　身体的自由権

(p. 246) 補訂14　刑事免責制度の導入

　2016（平成28）年に刑事訴訟法が改正され、日本でも刑事免責の制度が導入された。すなわち、事案の解明に必要な証言が得られなくなる事態に対処するため、検察官の請求に基づき、裁判所の免責決定を経て、証人の自己負罪拒否特権を失わせ、証言を強制することができるようになった。

　具体的には、検察官が「証人が刑事訴追を受け、又は有罪判決を受けるおそれのあ

る事項についての尋問を予定している場合」や,「証人が刑事訴追を受け,又は有罪判決を受けるおそれのある事項について証言を拒んだと認める場合」に,検察官の請求に基づいて裁判所が認めれば,「尋問に応じてした供述及びこれに基づいて得られた証拠は,……証人の刑事事件において,これらを証人に不利益な証拠とすることができない」ことを条件として,証人の自己負罪拒否特権を消滅させ,証人を「自己が刑事訴追を受け,又は有罪判決を受けるおそれのある証言を拒むことができない」状態にして証言を求めることができるようになったのである(刑訴157の2・157の3)。

第9章 受 益 権

(p.253) 補訂15 現行民法834条(平23法61による改正後)

民法834条 父又は母による虐待又は悪意の遺棄があるときその他父又は母による親権の行使が著しく困難又は不適当であることにより子の利益を著しく害するときは,家庭裁判所は,子,その親族,未成年後見人,未成年後見監督人又は検察官の請求により,その父又は母について,親権喪失の審判をすることができる。ただし,二年以内にその原因が消滅する見込みがあるときは,この限りでない。

(p.253) 補訂16 家事事件手続法の制定

家事事件の手続は,1947(昭和22)年に制定された家事審判法によって長らく規定されてきたが,その間に日本の家族をめぐる状況等が大きく変化し,当事者が家事事件の手続に主体的に関与する機会を確保することがますます重要になってきたため,それまでの手続の全面的な見直しが行われ,2011(平成23)年5月25日に,家事審判法に代わるものとして新たに家事事件手続法が制定・公布され,2013(平成25)年1月1日に施行された。

家事事件手続法により,それまで明文規定のなかった申立書の写しの送付手続に関して申立書の写しを相手方に送付すること(69①)や,当事者からの記録の閲覧・謄写等の請求を許可すること(47③)や,当事者の陳述を聴くこと(68①)が家庭裁判所に義務づけられ,審判の結果により直接の影響を受ける者の家事審判手続への参加が認められる(42②)など,当事者等の手続保障を図るためのさまざまな制度の充実が図られた。

参考文献一覧

芦部信喜（高橋和之補訂）『憲法〔第四版〕』（岩波書店，2007年）
芦部信喜『憲法学Ⅰ憲法総論』（有斐閣，1992年）
芦部信喜『憲法学Ⅱ人権総論』（有斐閣，1994年）
芦部信喜『憲法学Ⅲ人権各論(1)〔増補版〕』（有斐閣，2000年）
阿部照哉『憲法〔改訂〕』（青林書院，1991年）
伊藤正己『憲法〔第三版〕』（弘文堂，1995年）
浦部法穂『入門憲法ゼミナール〔改訂版〕』（1999年）
大石眞『憲法講義Ⅰ〔第2版〕』（有斐閣，2009年）
大石眞『憲法講義Ⅱ』（有斐閣，2007年）
栗城壽夫・戸波江二（編）『憲法〔補訂版〕』（青林書院，1997年）
小嶋和司・大石眞『憲法概観〔第4版〕』（有斐閣，1993年）
小嶋和司『憲法概説』（良書普及会，1987年）
小林昭三（監修）憲法政治学研究会（編）『日本国憲法講義』（成文堂，2009年）
小林昭三（監修）憲法政治学研究会（編）『人権の条件』（嵯峨野書院，2007年）
小林昭三『日本国憲法の条件』（成文堂，1986年）
小林昭三・土居靖美（編著）『日本国憲法論』（嵯峨野書院，2000年）
小林直樹『憲法講義　上〔新版〕』（東京大学出版会，1980年）
小林直樹『憲法講義　下〔新版〕』（東京大学出版会，1981年）
清宮四郎『憲法Ⅰ〔第三版〕』（有斐閣，1979年）
阪本昌成『憲法理論Ⅰ〔第三版〕』（成文堂，1999年）
阪本昌成『憲法理論Ⅱ』（成文堂，1993年）
阪本昌成『憲法理論Ⅲ』（成文堂，1995年）
佐々木惣一『改訂　日本国憲法論』（有斐閣，1952年）
佐藤功『日本国憲法概説〔全訂第五版〕』（学陽書房，1996年）
佐藤功『ポケット註釈全書　憲法（上）〔新版〕』（有斐閣，1983年）
佐藤功『ポケット註釈全書　憲法（下）〔新版〕』（有斐閣，1984年）
佐藤幸治『憲法〔第三版〕』（青林書院，1995年）

渋谷秀樹『憲法』（有斐閣，2007年）

渋谷秀樹・赤坂正浩『憲法1人権〔第3版〕』（有斐閣アルマ，2007年）

渋谷秀樹・赤坂正浩『憲法2統治〔第3版〕』（有斐閣アルマ，2007年）

初宿正典『憲法2基本権〔第3版〕』（成文堂，2010年）

辻村みよ子『憲法〔第3版〕』（日本評論社，2008年）

戸波江二『憲法〔新版〕』（ぎょうせい，1998年）

西修（編著）『エレメンタリ憲法〔新訂版〕』（成文堂，2008年）

田上穣治『新版　日本国憲法原論』（青林書院，1985年）

野中俊彦・中村睦男・高橋和之・高見勝利『憲法Ⅰ〔第4版〕』（有斐閣，2006年）

野中俊彦・中村睦男・高橋和之・高見勝利『憲法Ⅱ〔第4版〕』（有斐閣，2006年）

橋本公亘『日本国憲法〔改訂版〕』（有斐閣，1988年）

長谷部恭男『憲法〔第4版〕』（新世社，2008年）

長谷部恭男（編著）『リーディングズ現代の憲法』（日本評論社，1995年）

樋口陽一『憲法〔第三版〕』（創文社，2007年）

樋口陽一・佐藤幸治・中村睦男・浦部法穂『憲法Ⅰ〔前文・第1条〜第20条〕』（青林書院，1994年）

樋口陽一・佐藤幸治・中村睦男・浦部法穂『憲法Ⅱ〔第21条〜第40条〕』（青林書院，1997年）

樋口陽一・佐藤幸治・中村睦男・浦部法穂『憲法Ⅲ〔第41条〜第75条〕』（青林書院，1998年）

樋口陽一・佐藤幸治・中村睦男・浦部法穂『憲法Ⅳ〔第76条〜第103条〕』（青林書院，2004年）

法学協会『註解日本国憲法　上巻』（有斐閣，1953年）

法学協会『註解日本国憲法　下巻』（有斐閣，1954年）

松井茂記『日本国憲法〔第3版〕』（有斐閣，2007年）

美濃部達吉（宮沢俊義補訂）『日本国憲法原論』（有斐閣，1952年）

宮沢俊義（芦部信喜補訂）『全訂　日本国憲法』（日本評論社，1978年）

宮沢俊義『憲法Ⅱ〔新版〕』（有斐閣，1971年）

第七一条 帝国議会ニ於テ予算ヲ議定セス又ハ予算成立ニ至ラサルトキハ政府ハ前年度ノ予算ヲ施行スヘシ
② 前項ノ場合ニ於テハ次ノ会期ニ於テ帝国議会ニ提出シ其ノ承諾ヲ求ムルヲ要ス

第七二条 ① 国家ノ歳出歳入ノ決算ハ会計検査院之ヲ検査確定シ政府ハ其ノ検査報告ト倶ニ之ヲ帝国議会ニ提出スヘシ
② 会計検査院ノ組織及職権ハ法律ヲ以テ之ヲ定ム

第七章 補　則

第七三条 将来此ノ憲法ノ条項ヲ改正スルノ必要アルトキハ勅命ヲ以テ議案ヲ帝国議会ノ議ニ付スヘシ
② 此ノ場合ニ於テ両議院ハ各〻其ノ総員三分ノ二以上出席スルニ非サレハ議事ヲ開クコトヲ得ス其ノ出席議員三分ノ二以上ノ多数ヲ得ルニ非サレハ改正ノ議決ヲ為スコトヲ得ス

第七四条 ① 皇室典範ノ改正ハ帝国議会ノ議ヲ経ルヲ要セス
② 皇室典範ヲ以テ此ノ憲法ノ条規ヲ変更スルコトヲ得ス

第七五条 憲法及皇室典範ハ摂政ヲ置クノ間之ヲ変更スルコトヲ得ス

第七六条 ① 法律規則命令又ハ何等ノ名称ヲ用ヰタルニ拘ラス此ノ憲法ニ矛盾セサル現行ノ法令ハ総テ遵由ノ効力ヲ有ス
② 歳出上政府ノ義務ニ係ル現在ノ契約又ハ命令ハ総テ第六十七条ノ例ニ依ル

於テ内外ノ情形ニ因リ政府ハ帝国議会ヲ召集スルコト能ハサルトキハ勅令ニ依リ財政上必要ノ処分ヲ為スコトヲ得

第四章　国務大臣及枢密顧問

第五二条　両議院ノ議員ハ議院ニ於テ発言シタル意見及表決ニ付院外ニ於テ責ヲ負フコトナシ但シ議員自ラ其ノ言論ヲ演説刊行筆記又ハ其ノ他ノ方法ヲ以テ公布シタルトキハ一般ノ法律ニ依リ処分セラルヘシ

第五三条　両議院ノ議員ハ現行犯罪又ハ内乱外患ニ関ル罪ヲ除ク外会期中其ノ院ノ許諾ナクシテ逮捕セラル、コトナシ

第五四条　国務大臣及政府委員ハ何時タリトモ各議院ニ出席シ及発言スルコトヲ得

第五五条　① 国務各大臣ハ天皇ヲ輔弼シ其ノ責ニ任ス
② 凡テ法律勅令其ノ他国務ニ関ル詔勅ハ国務大臣ノ副署ヲ要ス

第五六条　枢密顧問ハ枢密院官制ノ定ムル所ニ依リ天皇ノ諮詢ニ応ヘ重要ノ国務ヲ審議ス

第五章　司法

第五七条　① 司法権ハ天皇ノ名ニ於テ法律ニ依リ裁判所之ヲ行フ
② 裁判所ノ構成ハ法律ヲ以テ之ヲ定ム

第五八条　① 裁判官ハ法律ニ定メタル資格ヲ具フル者ヲ以テ之ニ任ス
② 裁判官ハ刑法ノ宣告又ハ懲戒ノ処分ニ由ルノ外其ノ職ヲ免セラル、コトナシ
③ 懲戒ノ条規ハ法律ヲ以テ之ヲ定ム

第五九条　裁判ノ対審判決ハ之ヲ公開ス但シ安寧秩序又ハ風俗ヲ害スルノ虞アルトキハ法律ニ依リ又ハ裁判所ノ決議ヲ以テ対審ノ公開ヲ停ムルコトヲ得

第六〇条　特別裁判所ノ管轄ニ属スヘキモノハ別ニ法律ヲ以テ之ヲ定ム

第六一条　行政官庁ノ違法処分ニ由リ権利ヲ傷害セラレタリトスルノ訴訟ニシテ別ニ法律ヲ以テ定メタル行政裁判所ノ裁判ニ属スヘキモノハ司法裁判所ニ於テ受理スルノ限ニ在ラス

第六章　会計

第六二条　① 新ニ租税ヲ課シ及税率ヲ変更スルハ法律ヲ以テ之ヲ定ムヘシ
② 但シ報償ニ属スル行政上ノ手数料及其ノ他ノ収納金ハ前項ノ限ニ在ラス
③ 国債ヲ起シ及予算ニ定メタルモノヲ除ク外国庫ノ負担トナルヘキ契約ヲ為スハ帝国議会ノ協賛ヲ経ヘシ

第六三条　現行ノ租税ハ更ニ法律ヲ以テ之ヲ改メサル限ハ旧ニ依リ之ヲ徴収ス

第六四条　① 国家ノ歳出歳入ハ毎年予算ヲ以テ帝国議会ノ協賛ヲ経ヘシ
② 予算ノ款項ニ超過シ又ハ予算ノ外ニ生シタル支出アルトキハ後日帝国議会ノ承諾ヲ求ムルヲ要ス

第六五条　予算ハ前ニ衆議院ニ提出スヘシ

第六六条　皇室経費ハ現在ノ定額ニ依リ毎年国庫ヨリ之ヲ支出シ将来増額ヲ要スル場合ヲ除ク外帝国議会ノ協賛ヲ要セス

第六七条　憲法上ノ大権ニ基ツケル既定ノ歳出及法律ノ結果ニ由リ又ハ法律上政府ノ義務ニ属スル歳出ハ政府ノ同意ナクシテ帝国議会之ヲ廃除シ又ハ削減スルコトヲ得ス

第六八条　特別ノ須要ニ因リ政府ハ予メ年限ヲ定メ継続費トシテ帝国議会ノ協賛ヲ求ムルコトヲ得

第六九条　避クヘカラサル予算ノ不足ヲ補フ為ニ又ハ予算ノ外ニ生シタル必要ノ費用ニ充ツル為ニ予備費ヲ設クヘシ

第七〇条　① 公共ノ安全ヲ保持スル為緊急ノ需用アル場合ニ

第二三条　日本臣民ハ法律ニ依ルニ非スシテ逮捕監禁審問処罰ヲ受クルコトナシ

第二四条　日本臣民ハ法律ニ定メタル裁判官ノ裁判ヲ受クルノ権ヲ奪ハル、コトナシ

第二五条　日本臣民ハ法律ニ定メタル場合ヲ除ク外其ノ許諾ナクシテ住所ニ侵入セラレ及捜索セラル、コトナシ

第二六条　日本臣民ハ法律ニ定メタル場合ヲ除ク外信書ノ秘密ヲ侵サル、コトナシ

第二七条　①日本臣民ハ其ノ所有権ヲ侵サル、コトナシ
②公益ノ為必要ナル処分ハ法律ノ定ムル所ニ依ル

第二八条　日本臣民ハ安寧秩序ヲ妨ケス及臣民タルノ義務ニ背カサル限ニ於テ信教ノ自由ヲ有ス

第二九条　日本臣民ハ法律ノ範囲内ニ於テ言論著作印行集会及結社ノ自由ヲ有ス

第三〇条　日本臣民ハ相当ノ敬礼ヲ守リ別ニ定ムル所ノ規程ニ従ヒ請願ヲ為スコトヲ得

第三一条　本章ニ掲ケタル条規ハ戦時又ハ国家事変ノ場合ニ於テ天皇大権ノ施行ヲ妨クルコトナシ

第三二条　本章ニ掲ケタル条規ハ陸海軍ノ法令又ハ紀律ニ牴触セサルモノニ限リ軍人ニ準行ス

第三章　帝国議会

第三三条　帝国議会ハ貴族院衆議院ノ両院ヲ以テ成立ス

第三四条　貴族院ハ貴族院令ノ定ムル所ニ依リ皇族華族及勅任セラレタル議員ヲ以テ組織ス

第三五条　衆議院ハ選挙法ノ定ムル所ニ依リ公選セラレタル議員ヲ以テ組織ス

第三六条　何人モ同時ニ両議院ノ議員タルコトヲ得ス

第三七条　凡テ法律ハ帝国議会ノ協賛ヲ経ルヲ要ス

第三八条　両議院ハ政府ノ提出スル法律案ヲ議決シ及各々法律案ヲ提出スルコトヲ得

第三九条　両議院ノ一ニ於テ否決シタル法律案ハ同会期中ニ於テ再ヒ提出スルコトヲ得ス

第四〇条　両議院ハ法律又ハ其ノ他ノ事件ニ付各々其ノ意見ヲ政府ニ建議スルコトヲ得但シ其ノ採納ヲ得サルモノハ同会期中ニ於テ再ヒ建議スルコトヲ得ス

第四一条　帝国議会ハ毎年之ヲ召集ス

第四二条　帝国議会ハ三箇月ヲ以テ会期トス必要アル場合ニ於テハ勅命ヲ以テ之ヲ延長スルコトアルヘシ

第四三条　①臨時緊急ノ必要アル場合ニ於テ常会ノ外臨時会ヲ召集スヘシ
②臨時会ノ会期ヲ定ムルハ勅命ニ依ル

第四四条　①帝国議会ノ開会閉会会期ノ延長及停会ハ両院同時ニ之ヲ行フヘシ
②衆議院解散ヲ命セラレタルトキハ貴族院ハ同時ニ停会セラルヘシ

第四五条　衆議院解散ヲ命セラレタルトキハ勅命ヲ以テ新ニ議員ヲ選挙セシメ解散ノ日ヨリ五箇月以内ニ之ヲ召集スヘシ

第四六条　両議院ハ各々其ノ総議員三分ノ一以上出席スルニ非サレハ議事ヲ開キ議決ヲ為スコトヲ得ス

第四七条　両議院ノ議事ハ過半数ヲ以テ決ス可否同数ナルトキハ議長ノ決スル所ニ依ル

第四八条　両議院ノ会議ハ公開ス但シ政府ノ要求又ハ其ノ院ノ決議ニ依リ秘密会ト為スコトヲ得

第四九条　両議院ハ各々天皇ニ上奏スルコトヲ得

第五〇条　両議院ハ臣民ヨリ呈出スル請願書ヲ受クルコトヲ得

第五一条　両議院ハ此ノ憲法及議院法ニ掲クルモノ、外内部ノ整理ニ必要ナル諸規則ヲ定ムルコトヲ得

付録　435

朕カ現在及将来ノ臣民ハ此ノ憲法ニ対シ永遠ニ従順ノ義務ヲ負フヘシ

御名　御璽

明治二十二年二月十一日

内閣総理大臣　伯爵　黒田清隆
枢密院議長　伯爵　伊藤博文
外務大臣　伯爵　大隈重信
海軍大臣　伯爵　西郷従道
農商務大臣　伯爵　井上馨
司法大臣　伯爵　山田顕義
大蔵大臣　伯爵　松方正義
兼内務大臣　伯爵　大山巌
陸軍大臣　伯爵　森有礼
文部大臣　子爵　榎本武揚
通信大臣　子爵

大日本帝国憲法

第一章　天皇

第一条　大日本帝国ハ万世一系ノ天皇之ヲ統治ス
第二条　皇位ハ皇室典範ノ定ムル所ニ依リ皇男子孫之ヲ継承ス
第三条　天皇ハ神聖ニシテ侵スヘカラス
第四条　天皇ハ国ノ元首ニシテ統治権ヲ総攬シ此ノ憲法ノ条規ニ依リ之ヲ行フ
第五条　天皇ハ帝国議会ノ協賛ヲ以テ立法権ヲ行フ
第六条　天皇ハ法律ヲ裁可シ其ノ公布及執行ヲ命ス
第七条　天皇ハ帝国議会ヲ召集シ其ノ開会閉会停会及衆議院ノ解散ヲ命ス
第八条　① 天皇ハ公共ノ安全ヲ保持シ又ハ其ノ災厄ヲ避クル為緊急ノ必要ニ由リ帝国議会閉会ノ場合ニ於テ法律ニ代ヘキ勅令ヲ発ス
② 此ノ勅令ハ次ノ会期ニ於テ帝国議会ニ提出スヘシ若議会ニ於テ承諾セサルトキハ政府ハ将来ニ向テ其ノ効力ヲ失フコトヲ公布スヘシ
第九条　天皇ハ法律ヲ執行スル為ニ又ハ公共ノ安寧秩序ヲ保持シ及臣民ノ幸福ヲ増進スル為ニ必要ナル命令ヲ発シ又ハ発セシム但シ命令ヲ以テ法律ヲ変更スルコトヲ得ス
第十条　天皇ハ行政各部ノ官制及文武官ノ俸給ヲ定メ及文武官ヲ任免ス但シ此ノ憲法又ハ他ノ法律ニ特例ヲ掲ケタルモノハ各々其ノ条項ニ依ル
第十一条　天皇ハ陸海軍ヲ統帥ス
第十二条　天皇ハ陸海軍ノ編制及常備兵額ヲ定ム
第十三条　天皇ハ宣シ和ヲ講シ及諸般ノ条約ヲ締結ス
第十四条　① 天皇ハ戒厳ヲ宣告ス
② 戒厳ノ要件及効力ハ法律ヲ以テ之ヲ定ム
第十五条　天皇ハ爵位勲章及其ノ他ノ栄典ヲ授与ス
第十六条　天皇ハ大赦特赦減刑及復権ヲ命ス
第十七条　① 摂政ヲ置クハ皇室典範ノ定ムル所ニ依ル
② 摂政ハ天皇ノ名ニ於テ大権ヲ行フ

第二章　臣民権利義務

第十八条　日本臣民タルノ要件ハ法律ノ定ムル所ニ依ル
第十九条　日本臣民ハ法律命令ノ定ムル所ノ資格ニ応シ均ク文武官ニ任セラレ及其ノ他ノ公務ニ就クコトヲ得
第二十条　日本臣民ハ法律ノ定ムル所ニ従ヒ兵役ノ義務ヲ有ス
第二十一条　日本臣民ハ法律ノ定ムル所ニ従ヒ納税ノ義務ヲ有ス
第二十二条　日本臣民ハ法律ノ範囲内ニ於テ居住及移転ノ自由ヲ有ス

大日本帝国憲法（明治憲法）

告　文

皇朕レ謹ミ畏ミ

皇祖

皇宗ノ神霊ニ誥ケ白サク皇朕レ天壤無窮ノ宏謨ニ循ヒ惟神ノ宝祚ヲ承継シ旧図ヲ保持シテ敢テ失墜スルコト無シ顧ミルニ世局ノ進運ニ膺リ人文ノ発達ニ随ヒ宜ク

皇祖

皇宗ノ遺訓ヲ明徴ニシ典憲ヲ成立シ条章ヲ昭示シ内ハ以テ子孫ノ率由スル所ト為シ外ハ以テ臣民翼賛ノ道ヲ広メ永遠ニ遵行セシメ益々国家ノ丕基ヲ鞏固ニシ八洲民生ノ慶福ヲ増進スヘシ茲ニ皇室典範及憲法ヲ制定ス惟フニ此レ皆

皇祖

皇宗ノ後裔ニ貽シタマヘル統治ノ洪範ヲ紹述スルニ外ナラスシテ朕カ躬ニ逮テ時ト倶ニ挙行スルコトヲ得ルハ洵ニ

皇祖

皇宗及我カ

皇考ノ威霊ニ倚藉スルニ由ラサルハ無シ皇朕レ仰テ

皇祖

皇宗及

皇考ノ神祐ヲ禱リ併セテ朕カ現在及将来ニ臣民ニ率先シ此ノ憲章ヲ履行シテ愆ラサラムコトヲ誓フ庶幾クハ

神霊此レヲ鑒ミタマヘ

憲法発布勅語

朕国家ノ隆昌ト臣民ノ慶福トヲ以テ中心ノ欣栄トシ朕カ祖宗ニ承クルノ大権ニ依リ現在及将来ノ臣民ニ対シ此ノ不磨ノ大典ヲ宣布ス

惟フニ我カ祖我カ宗ハ我カ臣民祖先ノ協力輔翼ニ倚リ我カ帝国ヲ肇造シ以テ無窮ニ垂レタリ此レ我カ神聖ナル祖宗ノ威徳並ニ臣民ノ忠実勇武ニシテ国ヲ愛シ公ニ殉ヒ以テ此ノ光輝アル国史ノ成跡ヲ貽シタルナリ朕我カ臣民ハ即チ祖宗ノ忠良ナル臣民ノ子孫ナルヲ回想シ其ノ朕カ意ヲ奉体シ朕カ事ヲ奨順シ相与ニ和衷協同シ益々我カ帝国ノ光栄ヲ中外ニ宣揚シ祖宗ノ遺業ヲ永久ニ鞏固ナラシムルノ希望ヲ同クシ此ノ負担ヲ分ツニ堪フルコトヲ疑ハサルナリ

朕祖宗ノ遺烈ヲ承ケ万世一系ノ帝位ヲ践ミ朕カ親愛スル所ノ臣民ハ即チ朕カ祖宗ノ恵撫慈養シタマヒシ所ノ臣民ナルヲ念ヒ其ノ康福ヲ増進シ其ノ懿徳良能ヲ発達セシメムコトヲ願ヒ又其ノ翼賛ニ依リ与ニ倶ニ国家ノ運ヲ扶持セムコトヲ望ミ乃チ明治十四年十月十二日ノ詔命ヲ履践シ茲ニ大憲ヲ制定シ朕カ率由スル所ヲ示シ朕カ後嗣及臣民及臣民ノ子孫タル者ヲシテ永遠ニ循行スル所ヲ知ラシム

国家統治ノ大権ハ朕カ之ヲ祖宗ニ承ケテ之ヲ子孫ニ伝フルナリ朕及朕カ子孫ハ将来此ノ憲法ノ条章ニ循ヒ之ヲ行フコトヲ愆ラサルヘシ

朕ハ我カ臣民ノ権利及財産ノ安全ヲ貴重シ及之ヲ保護シ此ノ憲法及法律ノ範囲内ニ於テ其ノ享有ヲ完全ナラシムヘキコトヲ宣言ス

帝国議会ハ明治二十三年ヲ以テ之ヲ召集シ議会開会ノ時ヲ以テ此ノ憲法ヲシテ有効ナラシムルノ期トスヘシ

将来若此ノ憲法ノ或ル条章ヲ改定スルノ必要ナル時宜ヲ見ルニ至ラハ朕及朕カ継統ノ子孫ハ発議ノ権ヲ執リ之ヲ議会ニ付シ議会ハ此ノ憲法ニ定メタル要件ニ依リ之ヲ議決スルノ外朕カ子孫及臣民ハ敢テ之カ紛更ヲ試ミルコトヲ得サルヘシ

朕カ在廷ノ大臣ハ朕カ為ニ此ノ憲法ヲ施行スルノ責ニ任スヘク

第九章　改　正

第九六条 ① この憲法の改正は、各議院の総議員の三分の二以上の賛成で、国会が、これを発議し、国民に提案してその承認を経なければならない。この承認には、特別の国民投票又は国会の定める選挙の際行はれる投票において、その過半数の賛成を必要とする。

② 憲法改正について前項の承認を経たときは、天皇は、国民の名で、この憲法と一体を成すものとして、直ちにこれを公布する。

第一〇章　最　高　法　規

第九七条 この憲法が日本国民に保障する基本的人権は、人類の多年にわたる自由獲得の努力の成果であつて、これらの権利は、過去幾多の試錬に堪へ、現在及び将来の国民に対し、侵すことのできない永久の権利として信託されたものである。

第九八条 ① この憲法は、国の最高法規であつて、その条規に反する法律、命令、詔勅及び国務に関するその他の行為の全部又は一部は、その効力を有しない。

② 日本国が締結した条約及び確立された国際法規は、これを誠実に遵守することを必要とする。

第九九条 天皇又は摂政及び国務大臣、国会議員、裁判官その他の公務員は、この憲法を尊重し擁護する義務を負ふ。

第一一章　補　則

第一〇〇条 ① この憲法は、公布の日から起算して六箇月を経過した日から、これを施行する。

② この憲法を施行するために必要な法律の制定、参議院議員の選挙及び国会召集の手続並びにこの憲法を施行するために必要な準備手続は、前項の期日よりも前に、これを行ふことができる。

第一〇一条 この憲法施行の際、参議院がまだ成立してゐないときは、その成立するまでの間、衆議院は、国会としての権限を行ふ。

第一〇二条 この憲法による第一期の参議院議員のうち、その半数の者の任期は、これを三年とする。その議員は、法律の定めるところにより、これを定める。

第一〇三条 この憲法施行の際現に在職する国務大臣、衆議院議員及び裁判官並びにその他の公務員で、その地位に相応する地位がこの憲法で認められてゐる者は、法律で特別の定をした場合を除いては、この憲法施行のため、当然にはその地位を失ふことはない。但し、この憲法によつて、後任者が選挙又は任命されたときは、当然その地位を失ふ。

付　録　437

第八〇条　下級裁判所の裁判官は、最高裁判所の指名した者の名簿によつて、内閣でこれを任命する。その裁判官は、任期を十年とし、再任されることができる。但し、法律の定める年齢に達した時には退官する。

② 下級裁判所の裁判官は、すべて定期に相当額の報酬を受ける。この報酬は、在任中、これを減額することができない。

第八一条　最高裁判所は、一切の法律、命令、規則又は処分が憲法に適合するかしないかを決定する権限を有する終審裁判所である。

第八二条　① 裁判の対審及び判決は、公開法廷でこれを行ふ。

② 裁判所が、裁判官の全員一致で、公の秩序又は善良の風俗を害する虞があると決した場合には、対審は、公開しないでこれを行ふことができる。但し、政治犯罪、出版に関する犯罪又はこの憲法第三章で保障する国民の権利が問題となつてゐる事件の対審は、常にこれを公開しなければならない。

第七章　財　政

第八三条　国の財政を処理する権限は、国会の議決に基いて、これを行使しなければならない。

第八四条　あらたに租税を課し、又は現行の租税を変更するには、法律又は法律の定める条件によることを必要とする。

第八五条　国費を支出し、又は国が債務を負担するには、国会の議決に基くことを必要とする。

第八六条　内閣は、毎会計年度の予算を作成し、国会に提出して、その審議を受け議決を経なければならない。

第八七条　① 予見し難い予算の不足に充てるため、国会の議決に基いて予備費を設け、内閣の責任でこれを支出することができる。

② すべて予備費の支出については、内閣は、事後に国会の承諾を得なければならない。

第八八条　すべて皇室財産は、国に属する。すべて皇室の費用は、予算に計上して国会の議決を経なければならない。

第八九条　公金その他の公の財産は、宗教上の組織若しくは団体の使用、便益若しくは維持のため、又は公の支配に属しない慈善、教育若しくは博愛の事業に対し、これを支出し、又はその利用に供してはならない。

第九〇条　① 国の収入支出の決算は、すべて毎年会計検査院がこれを検査し、内閣は、次の年度に、その検査報告とともに、これを国会に提出しなければならない。

② 会計検査院の組織及び権限は、法律でこれを定める。

第九一条　内閣は、国会及び国民に対し、定期に、少なくとも毎年一回、国の財政状況について報告しなければならない。

第八章　地方自治

第九二条　地方公共団体の組織及び運営に関する事項は、地方自治の本旨に基いて、法律でこれを定める。

第九三条　① 地方公共団体には、法律の定めるところにより、その議事機関として議会を設置する。

② 地方公共団体の長、その議会の議員及び法律の定めるその他の吏員は、その地方公共団体の住民が、直接これを選挙する。

第九四条　地方公共団体は、その財産を管理し、事務を処理し、及び行政を執行する権能を有し、法律の範囲内で条例を制定することができる。

第九五条　一の地方公共団体のみに適用される特別法は、法律の定めるところにより、その地方公共団体の住民の投票においてその過半数の同意を得なければ、国会は、これを制定することができない。

第七一条　前二条の場合には、内閣は、あらたに内閣総理大臣が任命されるまで引き続きその職務を行ふ。

第七二条　内閣総理大臣は、内閣を代表して議案を国会に提出し、一般国務及び外交関係について国会に報告し、並びに行政各部を指揮監督する。

第七三条　内閣は、他の一般行政事務の外、左の事務を行ふ。
一　法律を誠実に執行し、国務を総理すること。
二　外交関係を処理すること。
三　条約を締結すること。但し、事前に、時宜によつては事後に、国会の承認を経ることを必要とする。
四　法律の定める基準に従ひ、官吏に関する事務を掌理すること。
五　予算を作成して国会に提出すること。
六　この憲法及び法律の規定を実施するために、政令を制定すること。但し、政令には、特にその法律の委任がある場合を除いては、罰則を設けることができない。
七　大赦、特赦、減刑、刑の執行の免除及び復権を決定すること。

第七四条　法律及び政令には、すべて主任の国務大臣が署名し、内閣総理大臣が連署することを必要とする。

第七五条　国務大臣は、その在任中、内閣総理大臣の同意がなければ、訴追されない。但し、これがため、訴追の権利は、害されない。

　　　第六章　司　法

第七六条　①　すべて司法権は、最高裁判所及び法律の定めるところにより設置する下級裁判所に属する。

②　特別裁判所は、これを設置することができない。行政機関は、終審として裁判を行ふことができない。

③　すべて裁判官は、その良心に従ひ独立してその職権を行ひ、この憲法及び法律にのみ拘束される。

第七七条　①　最高裁判所は、訴訟に関する手続、弁護士、裁判所の内部規律及び司法事務処理に関する事項について、規則を定める権限を有する。

②　検察官は、最高裁判所の定める規則に従はなければならない。

③　最高裁判所は、下級裁判所に関する規則を定める権限を、下級裁判所に委任することができる。

第七八条　裁判官は、裁判により、心身の故障のために職務を執ることができないと決定された場合を除いては、公の弾劾によらなければ罷免されない。裁判官の懲戒処分は、行政機関がこれを行ふことはできない。

第七九条　①　最高裁判所は、その長たる裁判官及び法律の定める員数のその他の裁判官でこれを構成し、その長たる裁判官以外の裁判官は、内閣でこれを任命する。

②　最高裁判所の裁判官の任命は、その任命後初めて行はれる衆議院議員総選挙の際国民の審査に付し、その後十年を経過した後初めて行はれる衆議院議員総選挙の際更に審査に付し、その後も同様とする。

③　前項の場合において、投票者の多数が裁判官の罷免を可とするときは、その裁判官は、罷免される。

④　審査に関する事項は、法律でこれを定める。

⑤　最高裁判所の裁判官は、法律の定める年齢に達した時に退官する。

⑥　最高裁判所の裁判官は、すべて定期に相当額の報酬を受ける。この報酬は、在任中、これを減額することができない。

第五九条　①　法律案は、この憲法に特別の定のある場合を除いては、両議院で可決したとき法律となる。

②　衆議院で可決し、参議院でこれと異なつた議決をした法律案は、衆議院で出席議員の三分の二以上の多数で再び可決したときは、法律となる。

③　前項の規定は、法律の定めるところにより、衆議院が、両議院の協議会を開くことを求めることを妨げない。

④　参議院が、衆議院の可決した法律案を受け取つた後、国会休会中の期間を除いて六十日以内に、議決しないときは、衆議院は、参議院がその法律案を否決したものとみなすことができる。

第六〇条　①　予算は、さきに衆議院に提出しなければならない。

②　予算について、参議院で衆議院と異なつた議決をした場合に、法律の定めるところにより、両議院の協議会を開いても意見が一致しないとき、又は参議院が、衆議院の可決した予算を受け取つた後、国会休会中の期間を除いて三十日以内に、議決しないときは、衆議院の議決を国会の議決とする。

第六一条　条約の締結に必要な国会の承認については、前条第二項の規定を準用する。

第六二条　両議院は、各〻国政に関する調査を行ひ、これに関して、証人の出頭及び証言並びに記録の提出を要求することができる。

第六三条　内閣総理大臣その他の国務大臣は、両議院の一に議席を有すると有しないとにかかはらず、何時でも議案について発言するため議院に出席することができる。又、答弁又は説明のため出席を求められたときは、出席しなければならない。

第六四条　①　国会は、罷免の訴追を受けた裁判官を裁判するため、両議院の議員で組織する弾劾裁判所を設ける。

②　弾劾に関する事項は、法律でこれを定める。

第五章　内　閣

第六五条　行政権は、内閣に属する。

第六六条　①　内閣は、法律の定めるところにより、その首長たる内閣総理大臣及びその他の国務大臣でこれを組織する。

②　内閣総理大臣その他の国務大臣は、文民でなければならない。

③　内閣は、行政権の行使について、国会に対し連帯して責任を負ふ。

第六七条　①　内閣総理大臣は、国会議員の中から国会の議決で、これを指名する。この指名は、他のすべての案件に先だつて、これを行ふ。

②　衆議院と参議院とが異なつた指名の議決をした場合に、法律の定めるところにより、両議院の協議会を開いても意見が一致しないとき、又は衆議院が指名の議決をした後、国会休会中の期間を除いて十日以内に、参議院が、指名の議決をしないときは、衆議院の議決を国会の議決とする。

第六八条　①　内閣総理大臣は、国務大臣を任命する。但し、その過半数は、国会議員の中から選ばれなければならない。

②　内閣総理大臣は、任意に国務大臣を罷免することができる。

第六九条　内閣は、衆議院で不信任の決議案を可決し、又は信任の決議案を否決したときは、十日以内に衆議院が解散されない限り、総辞職をしなければならない。

第七〇条　内閣総理大臣が欠けたとき、又は衆議院議員総選挙

付録　441

第四章　国会

第四一条　国会は、国権の最高機関であつて、国の唯一の立法機関である。

第四二条　国会は、衆議院及び参議院の両議院でこれを構成する。

第四三条　① 両議院は、全国民を代表する選挙された議員でこれを組織する。

② 両議院の議員の定数は、法律でこれを定める。

第四四条　両議院の議員及びその選挙人の資格は、法律でこれを定める。但し、人種、信条、性別、社会的身分、門地、教育、財産又は収入によつて差別してはならない。

第四五条　衆議院議員の任期は、四年とする。但し、衆議院解散の場合には、その期間満了前に終了する。

第四六条　参議院議員の任期は、六年とし、三年ごとに議員の半数を改選する。

第四七条　選挙区、投票の方法その他両議院の議員の選挙に関する事項は、法律でこれを定める。

第四八条　何人も、同時に両議院の議員たることはできない。

第四九条　両議院の議員は、法律の定めるところにより、国庫から相当額の歳費を受ける。

第五〇条　両議院の議員は、法律の定める場合を除いては、国会の会期中逮捕されず、会期前に逮捕された議員は、その議院の要求があれば、会期中これを釈放しなければならない。

第五一条　両議院の議員は、議院で行つた演説、討論又は表決について、院外で責任を問はれない。

第五二条　国会の常会は、毎年一回これを召集する。

第五三条　内閣は、国会の臨時会の召集を決定することができる。いづれかの議院の総議員の四分の一以上の要求があれば、内閣は、その召集を決定しなければならない。

第五四条　① 衆議院が解散されたときは、解散の日から四十日以内に、衆議院議員の総選挙を行ひ、その選挙の日から三十日以内に、国会を召集しなければならない。

② 衆議院が解散されたときは、参議院は、同時に閉会となる。但し、内閣は、国に緊急の必要があるときは、参議院の緊急集会を求めることができる。

③ 前項但書の緊急集会において採られた措置は、臨時のものであつて、次の国会開会の後十日以内に、衆議院の同意がない場合には、その効力を失ふ。

第五五条　両議院は、各々その議員の資格に関する争訟を裁判する。但し、議員の議席を失はせるには、出席議員の三分の二以上の多数による議決を必要とする。

第五六条　① 両議院は、各々その総議員の三分の一以上の出席がなければ、議事を開き議決することができない。

② 両議院の議事は、この憲法に特別の定のある場合を除いては、出席議員の過半数でこれを決し、可否同数のときは、議長の決するところによる。

第五七条　① 両議院の会議は、公開とする。但し、出席議員の三分の二以上の多数で議決したときは、秘密会を開くことができる。

② 両議院は、各々その会議の記録を保存し、秘密会の記録の中で特に秘密を要すると認められるもの以外は、これを公表し、且つ一般に頒布しなければならない。

③ 出席議員の五分の一以上の要求があれば、各議員の表決は、これを会議録に記載しなければならない。

第五八条　① 両議院は、各々その議長その他の役員を選任する。

② 両議院は、各々その会議その他の手続及び内部の規律に関

第二七条　①　すべて国民は、勤労の権利を有し、義務を負ふ。
②　賃金、就業時間、休息その他の勤労条件に関する基準は、法律でこれを定める。
③　児童は、これを酷使してはならない。

第二八条　勤労者の団結する権利及び団体交渉その他の団体行動をする権利は、これを保障する。

第二九条　①　財産権は、これを侵してはならない。
②　財産権の内容は、公共の福祉に適合するやうに、法律でこれを定める。
③　私有財産は、正当な補償の下に、これを公共のために用ひることができる。

第三〇条　国民は、法律の定めるところにより、納税の義務を負ふ。

第三一条　何人も、法律の定める手続によらなければ、その生命若しくは自由を奪はれ、又はその他の刑罰を科せられない。

第三二条　何人も、裁判所において裁判を受ける権利を奪はれない。

第三三条　何人も、現行犯として逮捕される場合を除いては、権限を有する司法官憲が発し、且つ理由となつてゐる犯罪を明示する令状によらなければ、逮捕されない。

第三四条　何人も、理由を直ちに告げられ、且、直ちに弁護人に依頼する権利を与へられなければ、抑留又は拘禁されない。又、何人も、正当な理由がなければ、拘禁されず、要求があれば、その理由は、直ちに本人及びその弁護人の出席する公開の法廷で示されなければならない。

第三五条　①　何人も、その住居、書類及び所持品について、侵入、捜索及び押収を受けることのない権利は、第三十三条の場合を除いては、正当な理由に基いて発せられ、且つ捜索する場所及び押収する物を明示する令状がなければ、侵されない。
②　捜索又は押収は、権限を有する司法官憲が発する各別の令状により、これを行ふ。

第三六条　公務員による拷問及び残虐な刑罰は、絶対にこれを禁ずる。

第三七条　①　すべて刑事事件においては、被告人は、公平な裁判所の迅速な公開裁判を受ける権利を有する。
②　刑事被告人は、すべての証人に対して審問する機会を充分に与へられ、又、公費で自己のために強制的手続により証人を求める権利を有する。
③　刑事被告人は、いかなる場合にも、資格を有する弁護人を依頼することができる。被告人が自らこれを依頼することができないときは、国でこれを附する。

第三八条　①　何人も、自己に不利益な供述を強要されない。
②　強制、拷問若しくは脅迫による自白又は不当に長く抑留若しくは拘禁された後の自白は、これを証拠とすることができない。
③　何人も、自己に不利益な唯一の証拠が本人の自白である場合には、有罪とされ、又は刑罰を科せられない。

第三九条　何人も、実行の時に適法であつた行為又は既に無罪とされた行為については、刑事上の責任を問はれない。又、同一の犯罪について、重ねて刑事上の責任を問はれない。

第四〇条　何人も、抑留又は拘禁された後、無罪の裁判を受けたときは、法律の定めるところにより、国にその補償を求めることができる。

子女に普通教育を受けさせる義務を負ふ。義務教育は、これを無償とする。

付録

とする。

第一四条 ① すべて国民は、法の下に平等であつて、人種、信条、性別、社会的身分又は門地により、政治的、経済的又は社会的関係において、差別されない。
② 華族その他の貴族の制度は、これを認めない。
③ 栄誉、勲章その他の栄典の授与は、いかなる特権も伴はない。栄典の授与は、現にこれを有し、又は将来これを受ける者の一代に限り、その効力を有する。

第一五条 ① 公務員を選定し、及びこれを罷免することは、国民固有の権利である。
② すべて公務員は、全体の奉仕者であつて、一部の奉仕者ではない。
③ 公務員の選挙については、成年者による普通選挙を保障する。
④ すべて選挙における投票の秘密は、これを侵してはならない。選挙人は、その選択に関し公的にも私的にも責任を問はれない。

第一六条 何人も、損害の救済、公務員の罷免、法律、命令又は規則の制定、廃止又は改正その他の事項に関し、平穏に請願する権利を有し、何人も、かかる請願をしたためにいかなる差別待遇も受けない。

第一七条 何人も、公務員の不法行為により、損害を受けたときは、法律の定めるところにより、国又は公共団体に、その賠償を求めることができる。

第一八条 何人も、いかなる奴隷的拘束も受けない。又、犯罪に因る処罰の場合を除いては、その意に反する苦役に服させられない。

第一九条 思想及び良心の自由は、これを侵してはならない。

第二〇条 ① 信教の自由は、何人に対してもこれを保障する。いかなる宗教団体も、国から特権を受け、又は政治上の権力を行使してはならない。
② 何人も、宗教上の行為、祝典、儀式又は行事に参加することを強制されない。
③ 国及びその機関は、宗教教育その他いかなる宗教的活動もしてはならない。

第二一条 ① 集会、結社及び言論、出版その他一切の表現の自由は、これを保障する。
② 検閲は、これをしてはならない。通信の秘密は、これを侵してはならない。

第二二条 ① 何人も、公共の福祉に反しない限り、居住、移転及び職業選択の自由を有する。
② 何人も、外国に移住し、又は国籍を離脱する自由を侵されない。

第二三条 学問の自由は、これを保障する。

第二四条 ① 婚姻は、両性の合意のみに基いて成立し、夫婦が同等の権利を有することを基本として、相互の協力により、維持されなければならない。
② 配偶者の選択、財産権、相続、住居の選定、離婚並びに婚姻及び家族に関するその他の事項に関しては、法律は、個人の尊厳と両性の本質的平等に立脚して、制定されなければならない。

第二五条 ① すべて国民は、健康で文化的な最低限度の生活を営む権利を有する。
② 国は、すべての生活部面について、社会福祉、社会保障及び公衆衛生の向上及び増進に努めなければならない。

第二六条 ① すべて国民は、法律の定めるところにより、ひとしく教育を受ける権利を有する。
② すべて国民は、法律の定めるところにより、その保護する子女に普通教育を受けさせる義務を負ふ。

第一章　天　皇

第一条　天皇は、日本国の象徴であり日本国民統合の象徴であつて、この地位は、主権の存する日本国民の総意に基く。

第二条　皇位は、世襲のものであつて、国会の議決した皇室典範の定めるところにより、これを継承する。

第三条　天皇の国事に関するすべての行為には、内閣の助言と承認を必要とし、内閣が、その責任を負ふ。

第四条　①　天皇は、この憲法の定める国事に関する行為のみを行ひ、国政に関する権能を有しない。

②　天皇は、法律の定めるところにより、その国事に関する行為を委任することができる。

第五条　皇室典範の定めるところにより摂政を置くときは、摂政は、天皇の名でその国事に関する行為を行ふ。この場合には、前条第一項の規定を準用する。

第六条　①　天皇は、国会の指名に基いて、内閣総理大臣を任命する。

②　天皇は、内閣の指名に基いて、最高裁判所の長たる裁判官を任命する。

第七条　天皇は、内閣の助言と承認により、国民のために、左の国事に関する行為を行ふ。

一　憲法改正、法律、政令及び条約を公布すること。
二　国会を召集すること。
三　衆議院を解散すること。
四　国会議員の総選挙の施行を公示すること。
五　国務大臣及び法律の定めるその他の官吏の任免並びに全権委任状及び大使及び公使の信任状を認証すること。
六　大赦、特赦、減刑、刑の執行の免除及び復権を認証すること。
七　栄典を授与すること。
八　批准書及び法律の定めるその他の外交文書を認証すること。
九　外国の大使及び公使を接受すること。
十　儀式を行ふこと。

第八条　皇室に財産を譲り渡し、又は皇室が、財産を譲り受け、若しくは賜与することは、国会の議決に基かなければならない。

第二章　戦　争　の　放　棄

第九条　①　日本国民は、正義と秩序を基調とする国際平和を誠実に希求し、国権の発動たる戦争と、武力による威嚇又は武力の行使は、国際紛争を解決する手段としては、永久にこれを放棄する。

②　前項の目的を達するため、陸海空軍その他の戦力は、これを保持しない。国の交戦権は、これを認めない。

第三章　国民の権利及び義務

第一〇条　日本国民たる要件は、法律でこれを定める。

第一一条　国民は、すべての基本的人権の享有を妨げられない。この憲法が国民に保障する基本的人権は、侵すことのできない永久の権利として、現在及び将来の国民に与へられる。

第一二条　この憲法が国民に保障する自由及び権利は、国民の不断の努力によつて、これを保持しなければならない。又、国民は、これを濫用してはならないのであつて、常に公共の福祉のためにこれを利用する責任を負ふ。

第一三条　すべて国民は、個人として尊重される。生命、自由及び幸福追求に対する国民の権利については、公共の福祉に反しない限り、立法その他の国政の上で、最大の尊重を必要

付　録　445

日本国憲法

〔一九四六（昭和二一）・一一・三公布〕
〔一九四七（昭和二二）・五・三施行〕

朕は、日本国民の総意に基いて、新日本建設の礎が、定まるに至つたことを、深くよろこび、枢密顧問の諮詢及び帝国憲法第七十三条による帝国議会の議決を経た帝国憲法の改正を裁可し、ここにこれを公布せしめる。

　　　御　名　御　璽

　　昭和二十一年十一月三日

　　　　内閣総理大臣兼
　　　　外　務　大　臣　　　　吉　田　　　茂
　　国　務　大　臣　男爵　幣　原　喜　重　郎
　　司　法　大　臣　　　　　　木　村　篤　太　郎
　　内　務　大　臣　　　　　　大　村　清　一
　　文　部　大　臣　　　　　　田　中　耕　太　郎
　　農　林　大　臣　　　　　　和　田　博　雄
　　国　務　大　臣　　　　　　斎　藤　隆　夫
　　逓　信　大　臣　　　　　　一　松　定　吉
　　商　工　大　臣　　　　　　星　島　二　郎
　　厚　生　大　臣　　　　　　河　合　良　成
　　国　務　大　臣　　　　　　植　原　悦　二　郎
　　運　輸　大　臣　　　　　　平　塚　常　次　郎
　　大　蔵　大　臣　　　　　　石　橋　湛　山
　　国　務　大　臣　　　　　　金　森　徳　次　郎
　　国　務　大　臣　　　　　　膳　　桂　之　助

日本国憲法

　日本国民は、正当に選挙された国会における代表者を通じて行動し、われらとわれらの子孫のために、諸国民との協和による成果と、わが国全土にわたつて自由のもたらす恵沢を確保し、政府の行為によつて再び戦争の惨禍が起ることのないやうにすることを決意し、ここに主権が国民に存することを宣言し、この憲法を確定する。そもそも国政は、国民の厳粛な信託によるものであつて、その権威は国民に由来し、その権力は国民の代表者がこれを行使し、その福利は国民がこれを享受する。これは人類普遍の原理であり、この憲法は、かかる原理に基くものである。われらは、これに反する一切の憲法、法令及び詔勅を排除する。

　日本国民は、恒久の平和を念願し、人間相互の関係を支配する崇高な理想を深く自覚するのであつて、平和を愛する諸国民の公正と信義に信頼して、われらの安全と生存を保持しようと決意した。われらは、平和を維持し、専制と隷従、圧迫と偏狭を地上から永遠に除去しようと努めてゐる国際社会において、名誉ある地位を占めたいと思ふ。われらは、全世界の国民が、ひとしく恐怖と欠乏から免かれ、平和のうちに生存する権利を有することを確認する。

　われらは、いづれの国家も、自国のことのみに専念して他国を無視してはならないのであつて、政治道徳の法則は、普遍的なものであり、この法則に従ふことは、自国の主権を維持し、他国と対等関係に立たうとする各国の責務であると信ずる。

　日本国民は、国家の名誉にかけ、全力をあげてこの崇高な理想と目的を達成することを誓ふ。

判例索引

◆最高裁判所◆

最大判昭23・3・12 刑集2・3・191 （「死刑こそ最も残虐な刑罰」事件）……………250
最大判昭23・3・24 裁時9・8 （窃盗被告事件）………………………………………78
最大判昭23・5・5 刑集2・5・447 （公文書偽造事件）………………………………240
最大判昭23・5・26 刑集2・6・529 （プラカード事件）………………………………27
最大判昭23・7・8 刑集2・8・801 （裁判所法施行法等違憲訴訟）…………………372
最大判昭23・7・19 刑集2・8・952 （食糧管理法違反事件）…………………………242
最大判昭23・7・29 刑集2・9・1012 （食糧管理法違反事件）…………………………247
最大判昭23・7・29 刑集2・9・1045 （暴力行為等処罰法違反事件）…………………242
最大判昭23・9・29 刑集2・10・1235 （食糧管理法事件）………………………………272
最大判昭23・11・17 刑集2・12・1565 （裁判官の良心事件）……………………………355
最大判昭23・12・15 刑集2・13・1783 （裁判官の良心事件）……………………………355
最大判昭23・12・27 刑集2・14・1934 （窃盗事件）………………………………………242
最大判昭24・11・30 刑集3・11・1857 （公文書偽造詐欺事件）…………………………244
最大判昭24・5・18 刑集3・6・789 （恐喝ならびに銃砲等所持禁止令違反事件）……242
最大判昭24・5・18 刑集3・6・839 （食糧緊急措置令違反事件）……………………173
最大判昭25・2・1 刑集4・2・73 （食糧管理法違反事件）…………………………371
最大判昭25・6・21 刑集4・6・1049 （職業安定法違反事件）…………………………205
最大判昭25・9・27 刑集4・9・1805 （衆議院議員選挙法違反事件）…………………249
最大判昭25・10・11 刑集4・10・2037 （尊属傷害致死事件）……………………………120
最大判昭25・10・25 刑集4・10・2126 （尊属殺人事件）…………………………………120
最大判昭25・11・22 刑集4・11・2380 （賭博開帳図利事件）……………………………102
最大判昭27・8・6 刑集6・8・974 （石井記者事件）………………………………181
最大判昭27・10・8 民集6・9・783 （警察予備隊違憲訴訟）…………………………371
最大判昭28・12・23 民集7・13・1523 （農地改革事件）…………………………………219
最大判昭28・12・23 民集7・13・1561 （皇居前広場事件）………………………………189
最大判昭28・6・24 刑集76・1366 （強姦罪合憲判決）…………………………………116
最一判昭29・2・11 民集83・4・19 （村議会予算決議無効訴訟）……………………350
最二判昭29・7・16 刑集8・7・1151 （麻薬取締法違反事件）…………………………246
最大判昭29・11・24 刑集8・11・1866 （新潟県公安条例事件）…………………………190
最大判昭30・1・26 刑集9・1・89 （公衆浴場法違反事件）……………………205,209
最大判昭30・4・27 刑集9・5・924 （酒税法違反幇助事件）……………………………238
最二判昭30・10・7 民集9・11・1616 （芸娼妓担保契約事件）…………………………227
最大判昭30・12・14 刑集9・13・2760 （公務執行妨害傷害事件）………………………235
最大判昭31・7・4 民集10・7・785 （謝罪広告事件）……………………………………138
最大判昭32・2・13 刑集11・3・997 （チャタレイ事件）………………………………171
最二判昭33・3・28 民集12・4・624 （通達課税違憲訴訟）……………………………377
最大判昭33・9・10 民集12・13・1969 （帆足計事件）……………………………………223

判例索引　447

最大判昭 34・12・16 刑集 13・13・3225　（砂川事件）……………………………53, 66, 67, 68, 71, 352, 372
最大決昭 35・7・6 民集 14・9・1657　（強制調停事件）……………………………………………254
最大判昭 35・7・20 刑集 14・9・1243　（東京都公安条例事件）……………………………………191
最大判昭 36・2・15 刑集 15・2・347　（あん摩師はり師きゆう師及び柔道整復師法違反事件）……175
最大判昭 35・6・8 民集 14・7・1206　（苦米地事件）……………………………………………336, 352
最二判昭 36・7・14 刑集 15・7・1097　（売春防止法違反事件）……………………………………204
最大判昭 37・3・7 民集 16・3・445　（警察法改正無効訴訟）……………………………………351
最大判昭 37・5・2 刑集 16・5・495　（無免許飲酒運転重過失致死事件）…………………………246
最大判昭 37・5・30 刑集 16・5・577　（大阪市売春取締条例事件）……………………………………410
最大判昭 37・11・28 刑集 16・11・1593　（第三者所有物没収事件）………………………………231
最大判昭 38・3・27 刑集 17・2・121　（特別区区長公選制廃止事件）………………………………392
最大判昭 38・5・15 刑集 17・4・302　（加持祈禱事件）……………………………………………143
最大判昭 38・5・22 刑集 17・4・370　（東大ポポロ事件）……………………………162, 163, 165
最大判昭 38・6・26 刑集 17・5・521　（奈良県ため池条例事件）……………………………215, 410
最大判昭 39・2・5 民集 18・2・270　（参議院議員定数不均衡訴訟）………………………125, 126
最大判昭 41・7・13 刑集 20・6・609　（郵便物窃盗事件）……………………………………………236
最大判昭 41・10・26 刑集 20・8・901　（全通東京中郵事件）………………………………………286
最大判昭 42・5・24 民集 21・5・1043　（朝日訴訟）……………………………………………272, 273
最大判昭 42・5・24 刑集 21・4・505　（県議会妨害監禁事件）………………………………………298
最大判昭 43・11・27 刑集 22・12・1402　（河川附近地制限令違反事件）……………………………218
最大判昭 43・12・4 刑集 22・13・1425　（公職選挙法違反事件）……………………………………324
最大判昭 44・4・2 刑集 23・5・305　（都教組事件）……………………………………………287, 374
最大判昭 44・6・25 刑集 23・7・975　（夕刊和歌山時事事件）…………………………………94, 173
最大判昭 44・10・15 刑集 23・10・1239　（『悪徳の栄え』事件）……………………………………172
最大決昭 44・11・26 刑集 23・11・1490　（博多駅テレビフィルム提出命令事件）…………………178
最大判昭 44・12・24 刑集 23・12・1625　（京都府学連事件）……………………………………………87
最大判昭 45・6・24 民集 24・6・625　（八幡製鉄政治献金事件）……………………………………17
最大判昭 47・11・22 刑集 26・9・554　（川崎民商事件）……………………………………………238
最大判昭 47・11・22 刑集 26・9・586　（小売市場距離制限事件）…………………………………205
最大判昭 47・12・20 刑集 26・10・631　（高田事件）……………………………………………240
最大判昭 48・4・4 刑集 27・3・265　（尊属殺重罰規定違憲判決）……………………………114, 120
最大判昭 48・4・25 刑集 27・4・547　（全農林警職法事件）……………………………………288, 289
最一判昭 48・10・18 民集 27・9・1210　（土地収用補償金請求事件）………………………………220
最大判昭 48・12・12 民集 27・11・1536　（三菱樹脂事件）……………………………………………18
最一判昭 49・9・26 刑集 28・6・329　（尊属傷害致死事件）………………………………………121
最大判昭 49・11・6 刑集 28・9・393　（猿払事件）……………………………………………170
最大判昭 50・4・30 民集 29・4・572　（薬局距離制限事件）………………………………………207
最大判昭 50・9・10 刑集 29・8・489　（徳島市公安条例事件）………………………168, 192, 232, 409
最大判昭 51・4・14 民集 30・3・223　（衆議院議員定数不均衡訴訟）………………………125, 126
最大判昭 51・5・21 刑集 30・5・615　（旭川学力テスト事件）………………………163, 278, 279
最大判昭 51・5・21 刑集 30・5・1178　（岩手教組学力テスト事件）………………………………290
最三判昭 52・3・15 民集 31・2・234　（富山大学単位不認定事件）………………………………353

最大判昭 52・5・4 刑集 31・3・182　（全逓名古屋中郵事件）……………………290
最大判昭 52・7・13 民集 31・4・533　（津地鎮祭訴訟）………………………149, 150, 151
最一決昭 53・5・31 刑集 32・3・457　（外務省秘密漏洩事件）………………………179
最大判昭 53・9・7 刑集 32・6・1672　（覚せい剤取締法違反事件）…………………238
最大判昭 53・10・4 民集 32・7・1223　（マクリーン事件）……………………………15, 16
最二判昭 55・11・28 刑集 34・6・433　（『四畳半襖の下張』事件）…………………172
最三判昭 56・3・24 民集 35・2・300　（日産自動車男女別定年制訴訟）……………117
最三判昭 56・4・7 民集 35・3・443　（板まんだら事件）………………………………350
最三判昭 56・4・14 民集 35・3・620　（前科照会事件）………………………………88, 94
最一判昭 56・4・16 刑集 35・3・84　（『月刊ペン』事件）………………………95, 96, 173
最大判昭 57・7・7 民集 36・7・1235　（堀木訴訟）……………………………………275
最一判昭 57・9・9 民集 36・9・1679　（長沼事件）……………………………52, 59, 61
最三判昭 57・11・16 刑集 36・11・908　（エンタープライズ寄港阻止闘争事件）……192
最大判昭 58・4・27 民集 37・3・345　（参議院大阪地方区議員定数訴訟）…………131
最大判昭 58・11・7 民集 37・9・1243　（衆議院議員定数不均衡訴訟）………………129
最一判昭 59・5・17 民集 38・7・721　（東京都議会議員定数不均衡訴訟）…………133
最大判昭 59・12・12 民集 38・12・1308　（税関検査事件）………………………168, 182
最三判昭 59・12・18 刑集 38・12・3026　（吉祥寺駅事件）……………………………189
最大判昭 60・3・27 民集 39・2・247　（サラリーマン税金訴訟）………………………116
最大判昭 60・7・17 民集 39・5・1100　（衆議院議員定数不均衡訴訟）………………129
最一判昭 60・11・21 民集 39・7・1512　（在宅投票制廃止事件）…………………256, 257
最二判昭 61・2・14 刑集 40・1・48　（オービス撮影事件）……………………………87
最大判昭 61・6・11 民集 40・4・872　（北方ジャーナル事件）…………………94, 167, 184
最大判昭 62・4・22 民集 41・3・408　（森林法共有林事件）………………………212, 213
最二判昭 62・4・24 民集 41・3・490　（サンケイ新聞意見広告事件）…………………176
最三判昭 63・12・20 判タ 694・92 判時 1307・113　（共産党袴田事件）………………353
最大判昭 63・6・1 民集 42・5・277　（殉職自衛官合祀訴訟）…………………………153
最二判昭 63・7・15 判タ 675・58 判時 1287・65　（麹町中学内申書事件）……………139
最二判平 1・1・20 刑集 43・1・1　（公衆浴場法違反事件）……………………………210
最三判平 1・3・7 判時 1308・111 判タ 694・84　（公衆浴場営業不許可処分取消請求事件）……210
最大判平 1・3・8 民集 43・2・89　（法廷メモ採取事件）…………………………181, 367
最三判平 1・6・20 民集 43・6・385　（百里基地訴訟）………………………………62, 64
最三判平 1・9・19 刑集 43・8・785　（岐阜県青少年保護育成条例違反事件）………184
最二判平 1・11・20 民集 43・10・1160　（天皇に対する不当利得返還請求事件）……32
最一判平 1・12・14 刑集 43・13・841　（どぶろく事件）………………………………103
最一判平 1・12・18 民集 43・12・2139　（千葉県議会議員定数不均衡訴訟）…………135
最一判平 1・12・21 民集 43・12・2297　（兵庫県議会議員定数不均衡訴訟）…………135
最一判平 2・1・18 民集 44・1・1　（伝習館事件）………………………………………164
最三判平 2・2・6 訟月 36・12・2242　（西陣ネクタイ訴訟）……………………………210
最三判平 2・4・17 民集 44・3・547　（政見放送削除事件）……………………………186
最二判平 2・9・28 刑集 44・6・463　（沖縄返還阻止闘争事件）………………………174
最三判平 3・4・23 民集 45・4・554　（東京都議会議員定数不均衡訴訟）……………135

判例索引　449

最三判平 3・9・3 判時 1401・56 判タ 770・157　(「三ない原則」退学勧告事件)･･････････････104
最大判平 4・7・1 民集 46・5・437　(成田新法事件)･･232
最一判平 4・11・16 裁集民事 166・575　(森川キャサリーン事件)･･････････････････････････････16
最三判平 4・12・15 民集 46・9・2829　(酒類販売免許制違憲訴訟)････････････････････････････210
最大判平 5・1・20 民集 47・1・67　(衆議院議員定数不均衡訴訟)････････････････････････････129
最三判平 5・2・16 民集 47・3・1687　(箕面忠魂碑訴訟)･･････････････････････････････154,386
最三判平 5・3・16 民集 47・5・3483　(家永訴訟)･･184
最二判平 5・10・22 民集 47・8・5147　(愛知県議会議員定数不均衡訴訟)･･････････････････････135
最三判平 6・2・8 民集 46・2・149　(ノンフィクション『逆転』事件)･････････････････････94,95
最大判平 7・2・22 刑集 49・2・1　(ロッキード事件丸紅ルート)････････････････････････････246
最三判平 7・2・28 民集 49・2・639　(外国人地方参政権訴訟)･･････････････････････････････321
最三判平 7・3・7 民集 49・3・687　(泉佐野市民会館事件)･･････････････････････････････189,373
最一判平 7・4・13 刑集 49・4・619　(東京税関わいせつ物輸入事件)････････････････････････103
最一判平 7・5・25 民集 49・5・1279　(日本新党繰上当選事件)････････････････････････････354
最一判平 7・6・8 民集 49・6・1443　(衆議院議員定数不均衡訴訟)･･････････････････････････129
最大決平 7・7・5 民集 49・7・1789　(非嫡出子相続分差別事件)････････････････････････122,420
最三判平 7・9・5 判タ 891・77 判時 1546・115　(関西電力事件)･･････････････････････････112
最三判平 7・12・5 判時 1563・81 判タ 906・180　(女性の再婚禁止期間違憲訴訟)･･････････････117
最三判平 7・12・15 刑集 49・10・842　(指紋押なつ拒否事件)･････････････････････････････89
最一決平 8・1・30 民集 50・1・199　(宗教法人オウム真理教解散事件)･･････････････････････144
最二判平 8・3・8 民集 50・3・469　(「エホバの証人」剣道実技拒否事件)････････････････････145
最一判平 8・7・18 判時 1599・53 判タ 936・201　(修徳高校パーマ退学訴訟)･･････････････････105
最大判平 9・4・2 民集 51・4・1673　(愛媛玉串料訴訟)････････････････････････････150,154,155
最三判平 9・8・29 民集 51・7・2921　(家永訴訟)･･184
最三判平 9・9・9 民集 51・8・3850　(病院長自殺国賠訴訟)････････････････････････････････299
最大決平 10・12・1 民集 52・9・1761　(寺西判事補分限裁判)･････････････････････････････359
最大判平 11・11・10 民集 53・8・1441　(衆議院議員小選挙区比例代表並立制選挙無効訴訟)･････130
最三決平 11・12・16 刑集 53・9・1327　(旭川覚せい剤密売電話傍受事件)･･････････････････199
最一判平 12・1・27 判時 1707・121 判タ 1027・90　(預金払戻請求事件)････････････････････124
最三判平 12・2・8 刑集 54・2・1　(司法書士法違反事件)･････････････････････････････････211
最三判平 12・2・29 民集 54・2・582　(エホバの証人輸血拒否事件)･･････････････････････････99
最大決平 13・3・30 判時 1760・68 判タ 1071・99　(裁判官懲戒申立事件)････････････････････359
最大判平 14・2・13 民集 56・2・331　(短期売買利益返還請求事件)････････････････････････215
最三判平 14・6・11 民集 56・5・958　(土地収用補償金請求事件)･･････････････････････････220
最三判平 14・9・24 判時 1802・60 判タ 1106・72　(『石に泳ぐ魚』事件)････････････････････92
最二判平 15・3・14 民集 57・3・229　(少年法 61 条推知報道禁止事件)･････････････････415,416
最二判平 15・3・28 判時 1820・62 判タ 1120・87　(預金返還請求事件)･･････････････････････124
最一判平 15・3・31 判時 1820・64 判タ 1120・88　(預金返還請求事件)････････････････････124
最一判平 15・9・12 民集 57・8・973　(早稲田大学講演会名簿提出事件)････････････････････90
最一判平 16・10・14 判時 1884・40 判タ 1173・181　(不当利得返還請求事件)････････････････124
最二判平 16・11・29 判時 1879・58 判タ 1170・144　(韓国人従軍慰安婦訴訟)･･････････････219
最大判平 17・9・14 民集 59・7・2087　(在外選挙権制限違憲訴訟)･････････････････258,322,372

最二判平 18・6・23 判時 1940・122 判タ 1218・183　（靖国訴訟）……………………………… *160*
最三判平 19・2・27 民集 61・1・291　（君が代ピアノ伴奏拒否事件）……………………………… *139*
最二決平 19・3・23 民集 61・2・619　（代理出産児出生届不受理事件）……………………………… *101*
最大判平 19・6・13 民集 61・4・1617　（郵政選挙無効訴訟）……………………………………… *131*
最一判平 20・3・6 民集 62・3・665　（住基ネット訴訟）…………………………………………… *414*
最大判平 20・6・4 民集 62・6・1367　（国籍法違憲訴訟）………………………………………… *427*
最大判平 21・9・30 民集 63・7・1520　（参議院議員定数不均衡訴訟）…………………………… *132*
最二決平 21・9・30 判タ 1314・123 判時 2064・61　（遺産分割申立事件）……………………… *124*
最大判平 22・1・20 民集 64・1・1　（砂川・空知太神社訴訟）……………………………… *156, 157*
最大判平 23・3・23 民集 65・2・755　（1人別枠方式訴訟）………………………………… *422, 423*
最一判平 24・2・16 民集 66・2・673　（砂川・空知太神社訴訟）………………………………… *427*
最大判平 24・10・17 民集 66・10・3357　（参議院議員定数不均衡訴訟）………………………… *426*
最大決平 25・9・4 民集 67・6・1320　（非嫡出子相続分差別事件）……………………………… *420*
最大判平 25・11・20 民集 67・8・1503　（衆議院議員選挙無効訴訟）…………………………… *425*
最大判平 27・12・16 裁時 1642・1　（再婚禁止期間違憲訴訟）…………………………………… *417*

◆高等裁判所◆

東京高判昭 22・6・28 刑集 2・6・607　（プラカード事件）…………………………………………… *27*
東京高判昭 31・5・8 高刑集 9・5・425　（東大ポポロ事件）……………………………………… *165*
東京高判昭 38・11・4 行集 14・11・1963　（朝日訴訟）…………………………………………… *273*
東京高判昭 40・11・16 高刑集 18・7・742　（都教組事件）……………………………………… *287*
広島高判昭 43・7・30 行集 19・7・1346　（薬局距離制限事件）………………………………… *207*
札幌高判昭 44・6・24 判時 560・30 判タ 236・227　（猿払事件）……………………………… *170*
東京高判昭 44・12・17 高刑集 22・6・924　（第二次国会乱闘事件）…………………………… *298*
東京高判昭 45・5・12 判時 619・93 判タ 255・235　（尊属殺人事件）………………………… *120*
名古屋高判昭 46・5・14 行集 22・5・680　（津地鎮祭訴訟）……………………………………… *151*
仙台高判昭 46・5・28 判時 645・55　（東北大学事件）…………………………………………… *165*
東京高判昭 49・4・30 行集 25・4・356　（衆議院議員定数不均衡訴訟）………………………… *126*
大阪高判昭 50・11・10 行集 26・10-11・1268　（堀木訴訟）……………………………… *267, 275*
大阪高判昭 50・11・27 判時 797・36 判タ 330・116　（大阪空港騒音訴訟）…………………… *97*
東京高判昭 51・7・20 高刑集 29・3・429　（外務省秘密漏洩事件）……………………………… *179*
札幌高判昭 51・8・5 行集 27・8・1175　（長沼事件）……………………………………… *52, 59, 60*
大阪高判昭 51・12・21 下民集 27・9-12・809　（前科照会事件）………………………………… *88*
大阪高判昭 54・2・28 民集 37・3・397　（参議院大阪地方区議員定数訴訟）……………………… *131*
東京高判昭 54・12・12 刑集 35・3・104　（『月刊ペン』事件）…………………………………… *96*
東京高判昭 56・7・7 判時 1004・3 判タ 445・70　（百里基地訴訟）…………………………… *62, 63*
広島高判昭 57・6・1 判時 1046・3 判タ 468・54　（殉職自衛官合祀訴訟）…………………… *153*
仙台高判昭 57・7・23 行集 33・7・1616　（秋田市国民健康保険税条例事件）………………… *377*
東京高判昭 59・7・18 高刑集 37・2・360　（『月刊ペン』事件）………………………………… *97*
名古屋高判昭 60・4・12 下民集 34・1-4・461　（名古屋新幹線騒音訴訟）……………………… *97*
東京高判昭 61・9・29 高刑集 39・4・357　（どぶろく事件）……………………………………… *103*
大阪高判昭 62・7・16 行集 38・6-7・561　（箕面忠魂碑訴訟）…………………………………… *154*

判例索引　451

東京高判平 1・9・5 高民集 42・3・325　（ノンフィクション『逆転』事件）…………………… 95
東京高決平 3・3・29 民集 49・7・1822　（非嫡出子相続分差別事件）………………………… 122
高松高判平 4・5・12 行集 43・5・717　（愛媛玉串料訴訟）……………………………………… 155
大阪高判平 4・7・30 判タ 789・94 判時 1434・38　（靖国訴訟）………………………………… 159
東京高判平 4・10・30 判タ 800・161 判時 1443・30　（修徳高校パーマ退学訴訟）………… 105
東京高判平 4・12・18 高民集 45・3・212　（予防接種ワクチン禍事件）……………………… 218
東京高判平 9・9・16 判タ 986・206　（東京都青年の家事件）………………………………… 118
東京高判平 10・2・9 高民集 51・1・1　（エホバの証人輸血拒否事件）……………………… 99, 100
大阪高判平 12・2・29 判時 1710・121　（少年犯罪の実名報道事件）…………………………… 91, 92
名古屋高判平 12・6・29 判時 1736・35　（少年法 61 条推知報道禁止事件）…………………… 416
東京高判平 13・2・15 判時 1741・68 判タ 1061・289　（『石に泳ぐ魚』事件）……………… 92, 93
東京高判平 13・8・20 判時 1757・38 判タ 1092・241　（男女別逸失利益算定事件）……… 118
大阪高判平 17・9・30 訟月 52・9・2979　（靖国訴訟）………………………………………… 160
東京高判平 18・2・28 家庭裁判月報 58・6・47　（国籍法違憲訴訟）………………………… 428
東京高決平 18・9・29 高民集 59・3・4　（代理出産児出生届不受理事件）…………………… 102
大阪高判平 18・11・30 判時 1857・92　（住基ネット訴訟）…………………………………… 414
札幌高判平 19・6・26 民集 64・1・119　（砂川・空知太神社訴訟）………………………… 157
名古屋高判平 20・4・17 判時 2056・74 判タ 1313・137　（自衛隊イラク派遣違憲訴訟）… 51, 74
東京高判平 22・2・24 判例地方自治 342・30　（1 人別枠方式訴訟）………………………… 423
東京高判平 22・11・17 判時 2098・24 判タ 1339・71　（参議院議員定数不均衡訴訟）…… 426
札幌高判平 22・12・6 宗務時報 113・99　（砂川・空知太神社訴訟）………………………… 426
東京高決平 24・6・22 金融・商事判例 1425・29　（非嫡出子相続分差別事件）…………… 420

◆地方裁判所◆

東京地判昭 29・5・11 判時 26・3　（東大ポポロ事件）………………………………………… 165
東京地判昭 34・3・30 下刑集 1・3・776　（砂川事件）……………………………………… 66, 67
東京地判昭 34・8・8 刑集 14・9・1281　（東京都公安条例事件）…………………………… 191
東京地判昭 35・10・19 行集 11・10・2921　（朝日訴訟）……………………………………… 273
東京地判昭 37・4・18 下刑集 4・3-4・303　（都教組事件）…………………………………… 287
東京地判昭 39・9・28 下民集 15・9・2317　（『宴のあと』事件）…………………………… 86
津地判昭 42・3・16 行集 18・3・246　（津地鎮祭訴訟）……………………………………… 151
東京地判昭 42・3・27 判時 493・72 判タ 206・200　（公職選挙法違反事件）……………… 169
札幌地判昭 42・3・29 下刑集 9・3・359　（恵庭事件）………………………………………… 58
広島地判昭 42・4・17 行集 18・4・501　（薬局距離制限事件）……………………………… 207
旭川地判昭 43・3・25 下刑集 10・3・239　（猿払事件）……………………………………… 169
宇都宮地判昭 44・5・29 判時 237・262　（尊属殺人事件）…………………………………… 120
神戸地判 47・9・20 行集 23・8-9・711　（堀木訴訟）………………………………………… 275
札幌地判昭 48・9・7 判時 712・24 判タ 298・140　（長沼事件）…………………………… 51, 59
東京地判昭 49・1・31 判時 732・12 判タ 306・91　（外務省秘密漏洩事件）……………… 179
京都地判昭 50・9・25 判時 819・69 判タ 333・276　（前科照会事件）……………………… 88
水戸地判昭 52・2・17 判時 842・22 判タ 345・166　（百里基地訴訟）……………………… 62
東京地判昭 53・6・29 刑集 35・3・97　（『月刊ペン』事件）………………………………… 96

山口地判昭 54・3・22 判時 921・44 判タ 311・42 （殉職自衛官合祀訴訟）……………………153
東京地判昭 55・7・24 判時 982・3 （ロッキード事件日商岩井ルート）……………………320
大阪地判昭 57・3・24 行集 33・3・564 （箕面忠魂碑訴訟）……………………154
大阪地判昭 58・3・1 行集 34・3・358 （箕面市慰霊祭訴訟）……………………154
東京地判昭 58・6・10 判時 1084・37 判タ 498・67 （『月刊ペン』事件）……………………97
東京地判昭 59・5・18 判時 1118・28 判タ 527・165 （予防接種ワクチン禍事件）……………………218
熊本地判昭 60・11・13 行集 36・11-12・1875 （丸刈り校則事件）……………………104
東京地判昭 61・3・20 行集 37・3・347 （日曜日授業参観事件）……………………144
千葉地判昭 61・3・26 判時 1187・157 判タ 593・141 （どぶろく事件）……………………103
千葉地判昭 62・10・30 判時 1266・81 （「三ない原則」退学勧告事件）……………………104
東京地判昭 62・11・20 判時 1258・22 判タ 658・60 （ノンフィクション『逆転』事件）……………………95
松山地判平 1・3・17 行集 40・3・188 （愛媛玉串料訴訟）……………………155
東京地判平 3・6・21 判時 1388・3 判タ 764・107 （修徳高校パーマ退学訴訟）……………………105
横浜地判平 7・3・23 判時 1530・28 判タ 877・148 （東海大学病院「安楽死」事件）……………………100
東京地判平 9・3・12 判タ 964・82 （エホバの証人輸血拒否事件）……………………100
名古屋地判平 11・6・30 判時 1688・151 （少年法 61 条推知報道禁止事件）……………………416
東京地判平 13・6・13 判時 1755・3 判タ 1069・245 （宗教団体アレフ観察処分取消請求事件）……………………195
東京地判平 13・6・30 判時 1787・112 （通信傍受法無効確認等請求事件）……………………200
大阪地判平 16・2・27 判時 1857・92 （住基ネット訴訟）……………………414
福岡地判平 16・4・7 判時 1859・76 判タ 1157・125 （九州靖国訴訟）……………………159, 160
東京地判平 17・4・13 判時 1890・27 判タ 1175・106 （国籍法違憲訴訟）……………………427
札幌地判平 18・3・3 民集 64・1・89 （砂川・空知太神社訴訟）……………………157
東京地判平 22・4・9 判時 2076・19 判タ 1326・76 （沖縄密約情報公開訴訟）……………………181
京都地判平 22・5・27 判タ 1331・107 （障害等級男女差事件）……………………118

◆その他◆

大判昭 4・5・31 刑集 8・317 （治安維持法違反事件）……………………23
東京刑地判昭 21・11・2 刑集 2・6・603 （プラカード事件）……………………27
妙寺簡判昭 43・3・12 判時 512・76 （公職選挙法違反事件）……………………169
神戸簡判昭 50・2・20 判時 768・3 判タ 318・219 （牧会活動事件）……………………143
静岡家熱海出張所審平 2・12・12 民集 49・7・1820 （非嫡出子相続分差別事件）……………………122
東京家審判平 24・3・26 金融・商事判例 1425・30 （非嫡出子相続分差別事件）……………………420

［著者紹介］

池　田　実　（いけだ　みのる）

1961（昭和36）年生
早稲田大学政治経済学部政治学科卒業
早稲田大学大学院政治学研究科修士課程（憲法専修）修了
早稲田大学大学院政治学研究科博士後期課程（憲法専修）単位取得退学
山梨大学講師・助教授，日本大学法学部助教授・准教授を経て，
現在，日本大学法学部教授

憲　法［第2版］　　　　　　　　　　　　　　　　　《検印省略》

2011年 5 月20日　第 1 版第 1 刷発行
2015年 3 月31日　第 1 版第 4 刷発行
2016年 4 月20日　第 2 版第 1 刷発行
2020年 6 月30日　第 2 版第 4 刷発行

著　者　池　田　　　実
発行者　前　田　　　茂
発行所　嵯峨野書院

〒615-8045　京都市西京区牛ヶ瀬南ノ口町39　TEL 075-391-7686　振替 01020-8-40694

© Minoru Ikeda, 2011　　　　　　　　　　　　　　創栄図書印刷・吉田三誠堂製本所

ISBN978-4-7823-0562-1

|JCOPY|〈出版者著作権管理機構　委託出版物〉
本書の無断複製は著作権法上での例外を除き禁じられています。複製される場合は，そのつど事前に，出版者著作権管理機構（電話03-5244-5088，FAX03-5244-5089, e-mail:info@jcopy.or.jp）の許諾を得てください。

◎本書のコピー，スキャン，デジタル化等の無断複製は著作権法上での例外を除き禁じられています。本書を代行業者等の第三者に依頼してスキャンやデジタル化することは，たとえ個人や家庭内の利用でも著作権法違反です。

人権の条件

小林昭三　監修
憲法政治学研究会　編

人権を支える条件とは何か？　近代的人権の理念・理想の絶対にとらわれることなく，人権を支える社会的・歴史的条件，また，人権が適正に作用する場はどこなのかを鋭く問う。既成の人権論や人権運用の現状に対して疑問の提起を試みた１冊。

Ａ５・並製・380頁・定価(本体3000円＋税)

現代スペイン法入門

日本スペイン法研究会
サラゴサ大学法学部
Nichiza 日本法研究班　共編

日本初！　和訳のスペイン法概説書。現地の研究者による原文を日本国内のスペイン法研究者がわかりやすく翻訳。スペイン法の歴史から，憲法その他の各法律，そして現在のEU法との関わりまでを体系的に知ることができる。スペインに興味を持つ人にオススメの１冊。

Ａ５・上製・438頁・定価(本体4800円＋税)

嵯峨野書院